21世纪会计系列规划教材·致用型

审计学
Auditing

倪明辉 主编

东北财经大学出版社
Dongbei University of Finance & Economics Press
大连

图书在版编目（CIP）数据

审计学 / 倪明辉主编. —大连：东北财经大学出版社，2025.5.—（21世纪
会计系列规划教材·致用型）. —ISBN 978-7-5654-5591-9

Ⅰ.F239.0

中国国家版本馆CIP数据核字第2025H99G44号

审计学

SHENJIXUE

东北财经大学出版社出版

（大连市黑石礁尖山街217号　邮政编码　116025）

网　　　址：http://www.dufep.cn

读者信箱：dufep@dufe.edu.cn

大连天骄彩色印刷有限公司印刷　东北财经大学出版社发行

幅面尺寸：185mm×260mm　　　字数：530千字　　　印张：22.25

2025年5月第1版　　　　　　　2025年5月第1次印刷

责任编辑：王　莹　周　晗　　　责任校对：何　群

封面设计：张智波　　　　　　　版式设计：原　皓

书号：ISBN 978-7-5654-5591-9　　　定价：56.00元

教学支持　售后服务　　联系电话：(0411) 84710309

版权所有　侵权必究　　举报电话：(0411) 84710523

如有印装质量问题，请联系营销部：(0411) 84710711

前言

新时代新征程下，审计以其特有的"免疫系统功能"为维系国家经济与政治安全发挥着重要作用，已成为推动国家治理体系进一步完善的重要力量，担负着强国建设的重要使命。审计学已成为各类高校会计学专业、审计学专业和其他经济管理类学生必修的主干课程，是一门集专业性、应用性、综合性于一体的课程。

本教材遵循"以树人为核心，以立德为根本"的原则，贯彻落实社会主义核心价值观，将"公正、法治、敬业、诚信"等思政元素融入专业课堂，培养学生忠于职守、敢于担当的职业观和价值观，让学生成为德才兼备的审计人才。

本教材在编写过程中突出以下特点：

1. 前瞻性。本教材根据最新发布的企业会计准则和中国注册会计师执业准则体系的核心要求，体现审计理论和实务的最新发展趋势与成果。按照风险导向审计的思想，紧贴信息时代特点和教育发展趋势，融入思政元素，强化应用能力，关注教学创新，系统地阐述审计业务的基本原理与实务，具有极强的前瞻性及鲜明的时代感。

2. 创新性。本教材内容体系完整，采用项目任务式学习方式，以注册会计师审计为主线，兼顾政府审计和内部审计的相关内容，能够更好地适应专业教学的现状以及就业对知识和技能的需求。教材实务部分以业务循环为主、报表项目为辅。从业务循环的视角论述审计实务，便于开阔审计理论视野，掌握审计实务要点，实现对审计知识体系的融会贯通。

3. 应用性。本教材注重综合能力的培养，突出风险导向审计的思路，融入修订后的审计准则的主要核心理念。本教材选择典型的审计工作底稿，运用前沿的审计理论与方法拓展思路，系统地总结资本市场上可能遇到的错弊以及识别技巧，并辅以二维码视频资料，有助于提升读者运用报表进行决策的实战有效性。

4. 系统性。本教材语言精练、通俗易懂；图文并茂，内容深浅有度、重点突出、层次结构合理；精选典型实例，前后内容照应，侧重体现教学对象的需求与审计知识的可理解性。本教材通过每个项目内容的任务引例和学习目标，引发读者的学习兴趣，引导读者的审计思维。在章节内容安排上重视审计的关键问题，凸显对审计业务的承接与实践能力的培养。本教材各章还设置了思维导图、素养提升、知识链接、思考拓展、提示、例题、项目小结和项目实训题等内容，有助于读者理解理论知识点。

本教材编写团队负责人倪明辉为黑龙江工程学院经济管理学院教授、省级教学名师。该校会计学专业1996年被评为国家示范性专业，2014年被评为省级重点建设专业，2019

年被评为省一流重点专业。作为专业负责人，倪明辉教授长年以双师型教师身份从事教学与实践工作，教学之余深入会计师事务所进行调研与咨询辅导工作，并将实践经验带入课堂，组织开展课程建设、实践教学建设、师资队伍建设等方面的专业建设研究。在近三十年的会计教学与工作经验及教材编写经验的基础上，汲取全国会计专业建设和课程改革成果，最终形成独特的编写思路。本教材在编写过程中注重校企合作，沈阳跃客教育科技有限公司在视频资料方面给予了一定的支持。本教材的具体分工如下：黑龙江工程学院倪明辉负责编写项目一至项目五，黑龙江工程学院田丽开负责编写项目七、项目八和练习题参考答案，商丘工学院李婧编写项目六、项目九和项目十，商丘学院孙永旭编写项目十一和项目十二，倪晓辉负责本书校对工作。本书可作为本科、专科、高职高专层次经济管理类和财经类专业课程的教学用书，也可作为会计和财务管理人员的培训、自学用书。包括练习题参考答案在内的配套教学资源请登录东北财经大学出版社网站（http：//www.dufep.cn）下载使用。

由于编者理论水平和实践经验有限，书中不足之处在所难免，恳请广大读者提出宝贵意见。

编　者

2025 年 4 月

课程思政元素

审计是强化经济监督以及发展社会事业的重要手段，也是推动国家治理体系和治理能力现代化的重要力量。在强国建设、民族复兴新征程上，审计担负重要使命。审计学课程思政元素设计以习近平新时代中国特色社会主义思想为指导，以引导学生坚定"四个自信"为方向，结合审计学课程教学特点，强化社会主义核心价值观在审计学课程思政教学中的引领作用，充分体现家国情怀、责任担当、法治意识和公民意识，注重职业道德、职业操守的培养，弘扬革命精神、审计精神，引导学生"以审计精神立身，以创新规范立业"，传承审计光荣传统和优良作风，塑造职业精神，提高专业能力。

科学合理设计教学内容，将专业知识传授与思政育人结合，侧重培养学生践行社会主义核心价值观的意识，引导学生体验和感悟思政元素的趣味所在，形成思专深度融合的育人新模式。在设计教学内容时，充分利用线上线下混合式教学方式，通过多种教学途径和方式，营造生动的教学场景，将价值塑造、知识传授和能力培养深度融合，提升学生的整体素质。实施课程思政的基础在于实践性、参与性和主动性，教师在课程思政教学中可参考表1的专业知识与思政元素导引，针对相关知识点或案例，启发学生思考与研讨。

表1   专业知识与思政元素导引

项目单元	教学知识点	思政素材	思政元素
项目一	走近审计	1.南海公司破产案 2.中国的"审计风暴" 3.我国审计发展历史 4.莫茨和夏拉夫的《审计理论结构》	1.坚定的理想信念 2.民族自信心 3.社会责任感
项目二	职业道德与质量管理	国内外审计失败事件： 1.安然事件 2.辉山乳业案例 3.绿大地审计案例（项目质量控制复核）	1.增强学生的法治观念和品德修养 2.提升职业道德 3.塑造审计职业责任心和荣誉感
项目三	审计目标与审计计划	1.云南路桥濒临破产案例 2.一汽集团审计案例（审计计划）	坚守职业底线，勤勉尽责

项目单元	教学知识点	思政素材	思政元素
项目四	重要性与审计风险	1.獐子岛案例 2.ST西发高管频繁辞职案例	1.培养学生全局观和大局意识 2.强化学生责任意识
项目五	审计技术和方法	1.乐视网案例 2.康美药业案例	融入"公正""诚信"理念
项目六	审计证据与审计工作底稿	1.财务预警信号 2.营业利润和非持续性收益呈现互补性分析	1.弘扬中华优秀传统文化 2.培养学生工匠精神、勤勉敬业态度和团结协作意识
项目七	风险评估与风险应对	绿大地财务造假案例	增强学生责任意识和爱岗敬业的职业素养
项目八	采购与付款循环审计	美国巨人零售公司审计案例	培养学生严谨认真、诚实守信、自律自强精神
项目九	生产与仓储循环审计	1."獐子岛扇贝"案例（存货管理和监盘重要性） 2."轻资产变为重资产，锦和商业难以承受之重"案例	传达审计核心价值观，彰显文化自信和制度自信
项目十	销售与收款循环审计	1.瑞幸咖啡案例 2."收入和收账水平齐降，威盛电子下年或亏"案例分析 3.销售收入与经营活动产生的现金流量的趋势不一致分析	1.树立民族自信心、使命感 2.传承审计精神
项目十一	货币资金循环审计	1.康得新虚构货币资金案例 2.同时出现高负债和高货币资金余额分析	提升学生爱岗敬业的职业素养
项目十二	终结审计与审计报告	1.第一份否定意见审计报告——渝汰白公司审计案 2."财务预警信号"案例分析	培养审计的职业素养和沟通协作能力

目录

项目一

走近审计

项目一

【任务引例】

2024 年 12 月 26 日，永利有限责任公司的总经理张勇因工作原因，调离该岗位。新上任的总经理李志在与前任交接工作时，要求单位的财务负责人提供该年度的财务报表。报表数据显示"管理费用"账户金额异常，2022 年全年管理费用 1 220 000 元，2023 年全年管理费用 320 000 元，同比增长率高引起了张勇的注意。于是询问单位的财务负责人，该负责人解释为办公费消耗，对于该回答李志并不满意。

任务分析：

1. 张勇在离任交接工作时，需要从审计角度作何种处理？

2. 梳理财务报表框架结构，分析财务负责人提供的财务报表中的数据指向。

3. 如果你是审计人员，应如何在审计过程中发现此类错误？

❀ 学习目标

知识目标：

了解审计的产生与发展历程。

了解审计产生的客观基础。

了解不同类型的审计机关或机构的职责与权限。

熟悉审计的定义、职能与分类。

掌握财务报表审计的定义。

职业能力目标：

通过全面了解审计行业的背景和发展历程，激发学生对审计职业的兴趣和学习动力，引导学生主动探索审计领域的前沿知识和实践技能，为未来的职业发展做好准备。

❋ 本章内容思维导图

```
                              ┌─ 审计产生的客观基础
                              ├─ 政府审计的产生与发展
              ┌─ 审计的产生与发展 ┤
              │               ├─ 内部审计的产生与发展
              │               └─ 民间审计的产生与发展
              │               ┌─ 审计的定义
  走近审计 ─────┼─ 审计的定义和职能 ┤─ 财务报表审计的定义
              │               └─ 审计的职能
              │               ┌─ 审计的基本分类
              ├─ 审计的分类 ────┤
              │               └─ 审计的其他分类
              │               ┌─ 政府审计机关
              └─ 审计组织 ──────┤─ 内部审计机构
                              └─ 民间审计组织
```

任务一　审计的产生与发展

一、审计产生的客观基础

审计是一种社会现象，它是人类社会发展到一定阶段的产物，是基于对受托经济责任监督与考核的需要而产生和发展起来的。当财产所有权与经营管理权分离或管理者内部分权制形成时，出现了委托经营管理，从而产生受托经济责任关系。受托经济责任关系是审计产生的客观基础，这种由经营者或管理者向所有者承担的经济责任，只有经过与责任双方不存在经济利害关系的第三人，接受财产所有者委托而独立地进行审查和评价，才能确认经营者或管理者履行经济责任的情况，于是产生了审计。

二、政府审计的产生与发展

（一）我国政府审计的产生与发展

我国政府审计经历了一个漫长的发展过程，大体上可分为六个阶段：西周时期为审计初步形成阶段；秦汉时期为审计的最终确立阶段；隋唐至宋为审计日臻健全阶段；元明清为审计的停滞不前阶段；中华民国时期为审计的不断演进阶段；中华人民共和国成立以后为审计的振兴阶段。

1.西周时期

西周时期我国审计进入萌芽阶段。西周在周王之下设天官（冢宰）、地官（司徒）、春官（宗伯）、夏官（司马）、秋官（司寇）、冬官（司空）六官。其中，国家财计机构大体分为两个系统：一是"地官司徒"系统，掌握财政收入；二是"天官冢宰"系统，掌握财政支出、会计核算、审计监督等。天官冢宰为天官之长，辅佐周王总理国务大事，独揽财计大权，掌管财政支出、会计核算、审计监督，相当于后世的宰相。天官之下设小宰和司会，小宰掌管财物、财政筹划及支出、政治经济监察，司会掌管会计；；小宰之下设宰夫，行使外部审计之权。"天官冢宰"系统不仅设有行使就地稽查之权的审计职能官员——宰夫，而且建立了较为科学的原始财计牵制制度。宰夫是独立于财计部门之外的职官，该职务的出现标志着我国政府审计的产生。周朝财计组织图如图1-1所示。

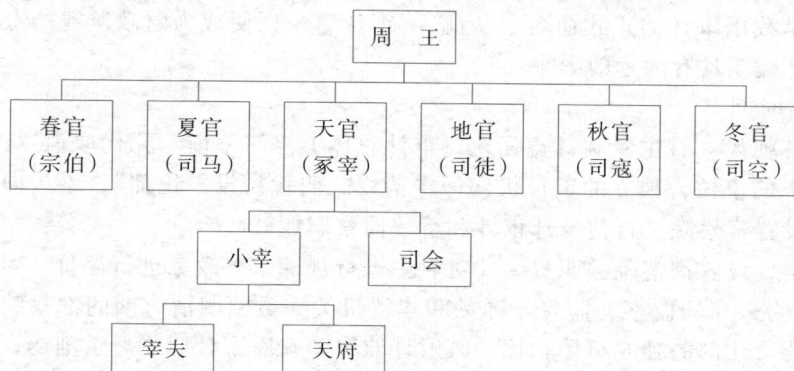

图1-1　周朝财计组织图

2.秦汉时期

秦汉时期是我国封建社会的建立和成长时期，封建社会经济的发展促进了秦汉时期逐渐形成全国审计机构与监察机构、经济法制与审计监督制度相统一的审计模式。秦汉时期是我国审计的确立阶段，主要表现为以下几个方面：

（1）初步形成了统一的审计模式

秦汉时期中央设"三公""九卿"辅佐政务。御史大夫为"三公"之一，执掌弹劾、纠察之权，专门监察全国的民政、财政以及财物审计事项，并协助丞相处理政事。西汉初期，继承秦制，中央仍设"三公""九卿"，仍由御史大夫执掌监督审计大权。御史监察网的形成标志着全国性的统一审计模式初步形成。

（2）上计制度的建立和日趋完善

上计制度是指皇帝亲自参加听取和审核各级地方官吏的财政会计报告，以确定赏罚的制度。该制度始于周朝。秦朝继承了上计制度，到了汉朝，汉武帝在原来上计制度的基础上制定了"上计律"，使审计与法律相结合，成为我国审计立法的开端。

（3）审计地位的提高和职权的扩大

秦汉时期审计制度已经确立，审计的地位职权也在不断地提高和扩大。御史制度是秦汉时期审计建制的重要组成部分，秦汉时期的御史大夫不仅行使政治、军事的监察之权，还行使经济的监督权力，控制和监督财政收支活动，稽考财政收入情况。

3.隋唐宋时期

隋唐时期是我国封建社会的鼎盛时期，审计制度也随之日臻健全。隋朝开创一代新制，设置"比部"，隶属于都官或刑部，负责掌管国家财计监督，行使审计职权。比部制度的建立和发展开创了独立审计和司法监督性审计建制的先例。比部也是我国最早的独立于财政机关以外的审计监督机关。

唐代的比部仍隶属于刑部，比部审计之权遍及国家财经各领域。凡国家的财计均通过比部加以查核审理。审计的性质也从财政、行政监督变为司法监督的一部分，审计工作更具有较强的独立性和较高的权威性。

宋代是我国封建社会经济持续发展时期，宋代审计在制度方面也随之日臻健全。宋代初百余年，审计一度并无发展。元丰改制后，审计之权重归刑部之下的比部执掌，审计机构重新发挥其作用。宋代设置专门的"审计司"，北宋时将其改称为"审计院"。宋代审计院的建立，是我国审计的正式命名，从此，"审计"一词便成为财政监督的专用名词，对后世中外审计建制具有深远的影响。

4. 元明清时期

元明清各朝代，君主专制日益强化，审计总体上停滞不前。元代取消"比部"，户部兼管会计报告的审核，独立的审计机构即告消亡。明代初设"比部"，不久即取消。明代洪武十五年设置都察院，行使外部审计和行政监察职能。

清承明制，设置都察院，职责为"对君主进行规谏，对政务进行评价，对大小官吏进行纠弹"，成为最高的监察、监督、弹劾和建议机关。虽然明清时期的都察院制度有所加强，但却不能与比部的独立审计相比，其财计监督和政府审计职能严重削弱，与唐代行使司法审计监督职能的比部相比，功能大大削弱。

5. 中华民国时期

辛亥革命结束了清王朝的封建统治。1912年中华民国政府在国务院下设中央审计处，并先后颁布了《审计处暂行规定》和《暂行审计规则》。1914年北洋政府改审计处为审计院，同年颁布了《审计法》和《审计法实施规则》，这是我国正式颁布的第一部《审计法》。1928年中华民国政府颁布《审计法》和实施细则，次年颁布《审计组织法》。

6. 中华人民共和国成立后

中华人民共和国成立后的20多年中，我国没有设立独立的审计机构，对财政经济的监督，需要由财政、税务、银行等部门通过其本身的业务来进行。党的十一届三中全会以后，党和政府采取了一系列的方针政策，把工作重点转移到经济建设上来。审计制度和审计工作进入了振兴时期。

我国已把建立政府审计机构和实行审计监督载入我国1982年修改的《中华人民共和国宪法》，并于1983年9月成立了我国政府审计的最高机关——审计署，在县以上各级人民政府设置各级审计机关，1985年8月发布了《国务院关于审计工作的暂行规定》，1988年11月颁发了《中华人民共和国审计条例》。1995年1月1日，《中华人民共和国审计法》的实施，从法律上进一步确立了政府审计的地位，并于2006年2月28日第十届全国人民代表大会常务委员会第二十次会议第一次修正，2021年10月23日第十三届全国人民代表大会常务委员会第三十一次会议第二次修正。2010年2月2日国务院第100次常务会议修订通过《中华人民共和国审计法实施条例》，自2010年5月1日起施行。

（二）国外政府审计的产生与发展

国外一些国家的政府审计已有数千年历史，早在奴隶制度的古罗马、古埃及和古希腊就有了官厅审计机构及政府审计的事实。审计官员以"听证"（Audit）的方式，对掌管国家财物和赋税的官吏进行考核，成为具有审计性质的经济监督工作。

在西方的封建王朝中，也设有审计机构和人员，对国家的财政收支进行监督。例如，法国在资产阶级大革命前就设有审计厅，在资产阶级大革命后，拿破仑一世创建了审计法院，其至今仍是法国政府实施事后审计的最高法定机构。

在资本主义时期，随着社会的发展和资产阶级国家政权组织形式的完善，政府审计也有了进一步的发展。欧洲的许多国家于19世纪在宪法或特别法令中都规定了审计的法律地位，确立政府审计机关的职权、地位和审计范围，授权独立地对财政、财务收支进行监督。

资本主义国家大多实行立法、行政、司法三权分立的国家政权组织形式，议会为国家的最高立法机关，并对政府行使包括财政监督在内的监督权。为了监督政府财政收支，执行财政预算法案，维护统治阶级的利益，多数国家在议会下设有专门的审计机构，由议会或国会授权，对政府及国有企业单位财政财务收支进行审计监督。

目前，世界上已有160多个国家（地区）建立了适合自己国情的政府审计制度，根据最高审计机关独立性的不同，主要可分为"立法模式""司法模式""行政模式""独立模式"等四大模式。一个国家采取何种模式与该国的政治、经济和文化传统紧密相连，相互适应。判断哪种模式更为有效的关键还是执行以及独立性和协调性的统一。各种模式也不是完全明确区分，都有相互借鉴、相互融合、不断演变和发展的过程。

★ **素养提升**（素养目标：树立职业自豪感和历史使命感）

注册会计师：市场经济中的"经济警察"

根据中国结算官网的公开数据，截至2023年7月，中国A股投资者数量约为2.2亿。在资本市场中，许许多多的中小股东不可能具体参与公司的经营管理工作，为了有效地监督大股东（董事会）的经营管理情况，必然要求大股东（董事会）定期报告公司的财务状况和经营成果。在这种情况下，要保证大股东（董事会）所报告的财务状况和经营成果真实可信，需要由与各股东均无利害关系的第三者（会计师事务所）来完成监督、检查。

在公司上市前的审计以及上市后的年报审计过程中，注册会计师的专业服务发挥着不可替代的作用。随着上海和深圳两个交易所规模的不断扩大，经济体系对审计的需求也越来越强。注册会计师被称为"经济警察"，不仅在资本市场发挥着至关重要的作用，在社会经济的各个环节也发挥着非常重要的作用，小到一个企业的设立和一个项目的结算，大到整个国家经济运行的安全保障，都有注册会计师的身影。

三、内部审计的产生与发展

（一）我国内部审计的产生与发展

1983年8月20日，中华人民共和国审计署设立前夕，国务院转发了审计署《关于开展审计工作几个问题的请示》，报告提出建立内部审计监督制度问题。根据国务院的指示精神，我国的部门和单位开始边组建、边开展内部审计活动。1983年9月，中国石化总公司率先成立审计部，开展了内部审计监督活动。1985年8月，国务院发布《内部审计暂行规定》，为内部审计提供了法律依据。《内部审计暂行规定》要求政府部门和大中型企业事业单位实行内部审计监督制度。

1985 年 12 月 5 日，审计署颁布《审计署关于内部审计工作的若干规定》，这是审计署成立后第一个关于内部审计工作的法规文件，对我国的内部审计工作进行了规范。1989年 12 月 5 日，审计署重新颁布《审计署关于内部审计工作的规定》，废止 1985 年的规定，此次规定是对 1985 年规定的查缺补漏。1995 年 7 月 14 日，原审计长郭振乾颁布中华人民共和国审计署令第 1 号《审计署关于内部审计工作的规定》取代 1989 年的规定，这一规定较之以前有了较大的改变，目前我国的内部审计工作大多都是按照此规定进行的。2003年 3 月 4 日，原审计长李金华签署了中华人民共和国审计署令第 4 号《审计署关于内部审计工作的规定》，要求自 2003 年 5 月 1 日起实行新规定，此规定是在总结 1995 年规定的经验教训基础上，适应新的形势需要而制定的，是我国内部审计质的飞跃。

到 2009 年，内部审计准则体系初步建成。2012 年开始，中国内部审计协会对原准则体系进行了系统修订，并于 2013 年发布了修订后的内部审计准则体系，为新时期的内部审计工作提供了科学、规范的指引。2018 年审计署修订发布的《审计署关于内部审计工作的规定》开启了新时代内部审计工作的新征程。

（二）国外内部审计的产生与发展

20 世纪前后，资本主义经济的发展，使生产和资本高度集中，托拉斯式的大型企业大量出现，企业内部只能采取分级、分散管理体制。这就导致了大型企业内部要设立专门的机构和人员，由最高管理当局授权，对其所属分支机构的经营业绩进行独立的内部审计监督，内部审计也就因此而产生。第二次世界大战以后，资本主义经济得到了空前的发展，竞争更激烈。企业为了在竞争中求生存、求发展，十分重视加强内部经济监督，实行事前预防性控制，现代内部审计随着内部控制的加强而产生和发展起来。

1. 以"控制"为导向的内部审计阶段

20 世纪 40—60 年代，在内部审计制度产生的初期，企业只在总公司一级设立内部审计机构，实行自上而下的巡回式审计，一般由会计部门领导，实质上履行的是会计监督职能。为了独立和及时开展内部审计工作，第二次世界大战后，许多西方企业纷纷建立了专门且独立的内部审计部门，并成为公司控制系统中的核心环节，主要从财会资料和财务收支出发，关注对交易事项记录的核实、比对以及合规的检查，这是一种事后的控制机制。

2. 以"流程"为导向的内部审计阶段

20 世纪 70—80 年代，内部审计职能以业务流程为关注点，对组织内关键业务流程的设计、效果和效益进行评价。因为这个时期的法律法规更为强调企业管理当局的责任，要求企业的内控制度必须随着企业发展而完善，并且组织的效率没有因业务控制点的设置而降低，从而产生了需要内部审计对业务流程的控制点设置给予评价的机制，强调业务流程的梳理与优化，关注当前流程与最佳流程之间的差异。

3. 以"风险基础"为导向的内部审计阶段

20 世纪 80—90 年代，国际金融一体化进程加快，全球化市场竞争日益激烈。衍生性金融商品的自由交易、信息技术和电子交易的广泛应用、计算机犯罪机会的增加等因素使企业所面临的风险日益增加。英国巴林银行的倒闭、日本住友银行期货铜交易巨额亏损案等金融风暴，都迫使企业管理当局不得不深思如何透过内部审计功能来控制这些风险，以"风险基础"为导向的内部审计应运而生。此阶段的内部审计职能主要关注对企业关键业务流程以及关键控制的风险辨识，从而采取措施有效降低组织面临的风险。

4.以"企业风险管理"为导向的内部审计阶段

20世纪90年代后期，管理当局认为企业所面临的是包含了财务管理、业务经营、流程管理以及战略管理等多方面的风险，是企业的整体风险，而不是局限于某一部分、某一功能或某一区域的风险。这种关注企业整体风险管理的观念，逐渐为更多企业所接纳。在这过程中，内部审计部门为配合管理当局需要，主动调整自己的工作方向，更加关注组织战略目标的实践、管理层的风险容忍度、关键风险度量、业绩指标以及风险管理能力。在此发展趋势下，COSO委员会应企业需求所制定的《企业风险管理整体框架》逐步成形并出台。

四、民间审计的产生与发展

（一）我国民间审计的产生与发展

我国民间审计的产生与发展依附于并伴随着中国民族工商业的兴起，1918年6月，著名会计学家谢霖向北洋政府农商部申请开办会计师事务所，标志着我国民间审计的正式产生。1927年秋国民政府定都南京，将会计师的管辖权移归财政部，同年南京政府财政部颁布了《注册会计师章程》。1930年1月国民党政府公布《会计师条例》，1935年5月4日又修正公布了《会计师条例》，对会计师资格的限制有了适度放宽。中华人民共和国成立初期，国民经济中存在多种经济成分，注册会计师仍在执行业务。民族工商业实行公私合营，民间审计失去了从事业务活动的社会条件，长期处于中断状况。

★ **素养提升**（素养目标：树立职业自豪感和历史使命感）

中国注册会计师第一人：谢霖

谢霖教授（1885—1969），字霖甫，江苏武进人，中国第一位注册会计师，第一个会计师事务所的创办者，中国执业会计师制度的引进者和奠基人，会计改革实干家和会计教育家。

谢霖教授少年东渡日本，攻读明治大学商科，获商学学士学位。1904年回国后，以"母实业而父教育"的宗旨，热心教育事业，建立会计师制度，改革会计制度，设立会计师事务所，传播会计知识，为我国会计科学发展和会计工作实践作出了巨大贡献。

谢霖教授兼任中国银行、交通银行总会计师职务期间，根据西方借贷复式记账原理和中国实际情况，设计银行会计制度，将中国传统收付记账改革为现金收付复式记账，使我国由传统的单式记账向科学的复式记账迈出了关键的一步，并为借贷复式记账法在我国的运用打下了坚实基础。

为了维护我国主权和民族利益，他于1918年6月上书北洋政府的农商、财政两部，建议设立"中国会计师制度"。经批准后，受两部委托起草了《会计师章程》（草案）十条，于同年9月7日公布试行。同时向他颁发了第一号会计师证书，是中国第一个会计师。

为执行会计师制度，他设立了第一个会计师事务所——"正则"会计师事务所。随着业务的开展，"正则"会计师事务所的分支机构遍及中国南北，在全国会计界中享有很高的声誉。

资料来源：佚名. 教师节，向十位远去的中国会计大师致敬［EB/OL］.［2022-09-11］.https：//www.shangyexinzhi.com/article/5180395.html.

我国在1980年恢复和重建了注册会计师制度，实行审计监督。许多企业和经济组织都要求民间审计为他们提供服务。1981年1月，上海会计师事务所宣告成立，这标志着我国注册会计师制度正式恢复，使注册会计师行业建设进入了一个新时期。1994年1月1日实施了《中华人民共和国注册会计师法》，使民间审计进入了法制的轨道。

1995年2月财政部发布了《中国注册会计师独立审计准则》，规范了注册会计师执行审计业务的标准。截至2005年，中国注册会计师协会先后制定了6批独立审计准则，共计48个项目。2006年2月15日，对26项原准则进行修订，拟定了22项新准则，该执业准则体系于2007年1月1日起实施。2010年11月1日又对38项审计准则进行修订，自2012年1月1日起实施，保持了与国际审计准则持续全面趋同。

2019年2月20日，财政部发出《关于印发〈中国注册会计师审计准则第1101号——注册会计师的总体目标和审计工作的基本要求〉等18项准则的通知》（财会〔2019〕5号），修订了18项审计准则；同年3月29日，中国注册会计师协会针对上述修订的审计准则发布24项应用指南。本次修订，旨在满足资本市场改革与发展对高质量会计信息的需求，规范和指导注册会计师应对审计环境变化和利用内部审计人员的工作、应对违反法律法规行为、财务报表披露审计等三个方面审计实务的新发展，并保持中国审计准则与国际准则的持续全面趋同。

为贯彻落实《国务院办公厅关于进一步规范财务审计秩序促进注册会计师行业健康发展的意见》中"持续提升审计质量"和"完善审计准则体系"的要求，2021年12月16日，中国注册会计师协会修订了1601号、1603号和1604号3项审计准则并于2022年1月1日起施行；2022年1月5日中国注册会计师协会对《中国注册会计师鉴证业务基本准则》等11项准则进行了一致性修订。

（二）国外民间审计的产生与发展

民间审计起源于企业所有权和经营权的分离，是市场经济发展到一定阶段的产物。从民间审计发展的历程看，民间审计最早起源于意大利合伙企业，在英国股份公司出现后得以形成，伴随着美国资本市场的发展而逐步完善起来。

1.西方民间审计的起源

民间审计起源于16世纪的意大利。当时地中海沿岸的商业城市已经比较繁荣，其中，威尼斯是地中海沿岸国家航海贸易最为发达的地区，是东西方贸易的枢纽。由于经济规模的扩大，单个业主难以向企业投入巨额资金，为适应筹集资金的需要，合伙制企业应运而生。合伙制企业的兴起使企业的所有权与经营权进一步分离。这时，客观上需要独立的熟悉会计专业的第三方对合伙企业的经济活动进行鉴证，也开始聘请会计专家来担任查账和公证工作。因此，16世纪意大利的商业城市中出现了一批具有良好的会计知识、专门从事查账和公证工作的专业人员，这也是西方民间审计的起源。随着会计专业人员人数的不断增多，1581年在威尼斯创立了威尼斯会计协会，随后米兰等城市的职业会计师也成立了类似的组织。

2.西方民间审计的形成

民间审计比政府审计、内部审计的产生相对要晚。民间审计产生于工业革命时代，最早出现在英国。18世纪下半叶，资本主义社会的生产力得到了迅速发展，生产的社会化程度大大提高，股份有限公司的兴起使企业的所有权与经营权进一步分离。绝大多数股东已完全脱离经营管理，为维护自身利益而关心企业的经营成果，便于作出是否继续持有公司股票的决定。

在1720年之前，已有民间审计这一行业，但世界上绝大多数的审计理论工作者都认为，查尔斯·斯耐尔是世界上第一位民间审计人员，他所撰写的查账报告是世界上第一份民间审计报告，而英国"南海公司"的舞弊案例也被列为世界上第一起较正式的民间审计事件。

✒ **知识链接**

> 资料收集与思考：英国"南海公司"破产案
> （1）该事件的历史意义及其对民间审计产生的深远影响；
> （2）股份公司发展对民间审计的客观需求。

3.西方民间审计的发展

随着资本主义商品经济的兴起与发展，西方民间审计得到了迅速发展，其发展过程大致可以分为详细审计阶段、资产负债表审计阶段、会计报表审计阶段和现代审计阶段四个阶段。

（1）详细审计阶段（16世纪末期）

由于详细审计产生于英国，并在英国盛行，故该阶段的民间审计又称为英国式审计。该阶段的民间审计特点是没有成套的理论依据和方法，审计的目的主要是查错揭弊。审计的对象是会计资料，审计人员对大量的会计资料进行周密、详尽的逐笔审查。

16世纪末期，地中海沿岸国家的商品贸易得到迅速发展，出现了为筹集大量资金进行贸易活动的合伙经营方式。许多人合伙筹资并委托其他人去经营贸易，同时，所有者需要聘请会计工作者对经营管理者进行监督，这种情况下，财产的所有权和经营权便出现了分离。

17世纪初、中期，英国的苏格兰也出现了类似的会计工作者。这是早期的萌芽状态的民间审计。1721年，南海公司的破产案是民间审计产生的"催化剂"，它促成了独立会计师——注册会计师的诞生。

18世纪初期到19世纪中叶，英国产业革命的全面展开极大地推动了资本主义商品经济的发展。西方出现了以发行股票筹集资金为特征的股份有限责任公司，该企业组织形式的出现，使对经营管理者的监督成为必要，促进了民间审计的产生。1853年在苏格兰的爱丁堡成立了"爱丁堡会计师协会"，成为世界上第一个职业会计师的专业团体。之后，英国有数家会计师协会相继成立，民间审计队伍迅速扩大。

（2）资产负债表审计阶段（19世纪末20世纪初）

民间审计产生于英国，发展于美国。19世纪末20世纪初，民间审计在美国得到了迅速发展。由于资产负债表审计是美国首先实施的，又称为美国式审计。该阶段的审计多数采用英国式的详细审计，审计对象由详细审计查账范围发展到反映经营状况的资产负债表，审计的目标是对资产负债表内各项目的表达进行认定。

美国南北战争结束后，巨额的英国资本流入美国，对美国经济发展起到了积极的促进作用。为了保护广大投资者和债权人的合法利益，英国的执业会计师到美国开展民间审计业务，同时美国本身也形成了自己的民间审计队伍。1887年美国会计师工会成立，1916年该工会改组为美国会计师协会，后又发展为美国注册公共会计师协会（AICPA），成为目前世界上最大的民间审计专业团体。

（3）会计报表审计阶段（20世纪20年代至40年代）

会计报表审计阶段的审计对象主要是会计报表，包括资产负债表和损益表等，此外还对内部控制制度的健全性和有效性进行测试和评价。审计的目的在于对会计报表的真实性、公允性发表审计意见，提供合理的保证。

20世纪20年代以后，随着资金市场的发育成熟，证券交易的业务量和规模都得到迅速发展，资产负债表审计已无法满足需要，美国率先进入会计报表审计阶段。为了加强对资金市场的管制，1933年美国政府颁布了《证券法》。该法规定：在证券交易所上市有价证券的所有企业的会计报表都必须进行强制性审计，其会计报表都必须由注册会计师出具报告。1934年又颁布了《证券交易法》。该法规定：所有出售股票的公司必须建立严格的会计制度，建立内部控制系统和内部审计机构。法规的颁布促进了审计业务的迅速发展。

（4）现代审计阶段（20世纪40年代至今）

20世纪40年代后，审计组织机构不断发展壮大，民间审计开始走向国际化，出现了毕马威、安永、普华永道、德勤等国际会计公司，其机构庞大，人员众多，有统一的工作程序和质量要求。国际会计公司能够适应不同国家和地区的业务环境，可以为当地和跨国的公司或企业服务，其每年的业务收入可观。国际会计公司的出现也为国际投资的健康发展提供了有力的保证。

审计技术在不断完善，系统导向审计技术得到广泛推广，计算机审计在审计中被广泛采用。抽样审计方法得到普遍运用，独立的审计准则体系已经建立，形成了以独立审计准则制约的规范化、制度化的审计工作程序。民间审计业务的范围在不断拓宽，从财政财务审计扩展到经济效益审计，管理咨询、代理纳税、代理记账和参与可行性研究等业务也异军突起。

经营现金净流量多年为正

任务二　审计的定义和职能

一、审计的定义

审计经过不断地发展和完善，已经形成了一套比较完备的科学体系。人们对审计的含义也进行了深入的研究和科学总结，最具代表性的是美国会计学会（AAA）审计基本概念委员会于1973年发表的《基本审计概念说明》（A Statement of Basic Auditing Concepts），考虑了审计的过程和目标，将审计定义为："审计是一个系统化过程，即通过客观地获取和评价有关经济活动与经济事项认定的证据，以证实这些认定与既定标准的符合程度，并将结果传达给有关使用者。"对于该定义可以从以下几方面理解：

（一）经济活动和经济事项的认定

经济活动和经济事项是指引起被审计单位的资产、负债、所有者权益及收入和费用发生增减变化的活动。审计的对象是被审计单位有关经济活动和经济事项的认定，它可以是公司的财务报表，也可以是某一建造合同的总成本等。

（二）客观地获取和评价证据

获取和评价证据是审计的中心环节。客观没有偏见地获取和评价证据是对信息获取方法的质量要求，也是对审计人员的道德要求。它要求对被审计单位有关认定的形成基础加以审查，并对其结果加以公正地评估，不因为支持或反对作此认定的个人或单位而有所偏差或持有任何偏见。审计人员通过获得准确的审计证据来确定被审计的认定与既定标准是否一致。

（三）与既定标准相符合的程度

既定的标准是指判断认定时所采用的衡量标准。这些标准可能是立法机关所制定的规则，或财务会计委员会和其他权威机构所制定的一般公认会计原则，也可能是管理层所制定的预算或绩效衡量标准。符合的程度是将被审计单位所作的认定与既定标准相比较，验证两者的接近程度。

（四）审计结果

审计结果是基于对证据的分析与评价而得出的对认定与结果的一致程度的评价。审计结果的传达通常采用书面报告的形式，如财务报表审计报告。

（五）有利害关系的用户

审计服务的对象并不仅限于被审计的单位或审计的委托人，可能是全部有利害关系的用户，包括债权人、股东、证券交易机构、税务机构及潜在投资者等。

（六）系统化过程

系统化过程是指合理、有序、有组织的步骤或程序。由于审计是一种遵循顺序、逻辑严密的活动，因而审计的事前规划必须做到详细周到，执行过程必须合乎顺序，传达结果的报告必须用词明确且报送及时。审计的系统化过程如图1-2所示。

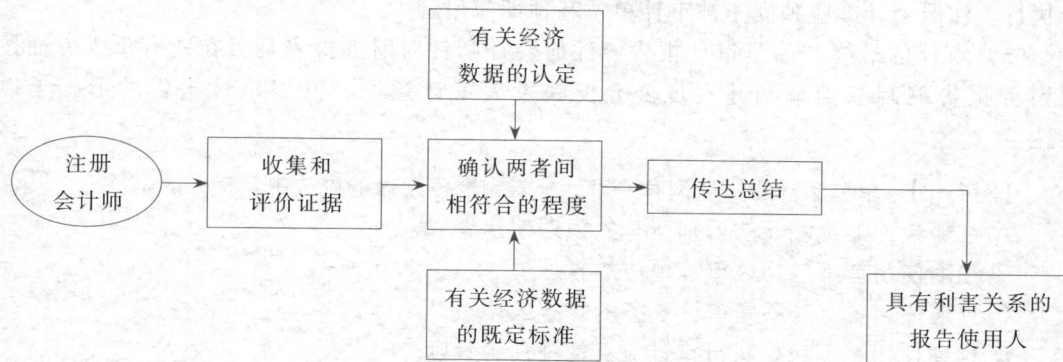

图1-2　审计的系统化过程

简单地说，审计是对有关经济活动和经济事项的一些说法加以认定。例如，财务报表是企业的管理层表示认定主张的一种方式，这些认定是否真实地反映了企业的财务状况，还需要审计人员加以验证。通常情况下，审计人员应当将这些认定同有关的标准进行比较，看它是否与既定的标准相符并判断其相符合的程度。在验证过程中，审计人员应当公正、公允地收集审计证据，并保证审计的质量。验证结束，以一定的方式将审计的结论传达给信息使用者，审计过程最终完成。

【例1-1】（单项选择题）下列有关审计业务的说法中，正确的是（　　）。

A.审计业务的最终产品是审计报告和后附财务报表

B.如果不存在除责任方之外的其他预期使用者，则该项业务不属于审计业务

C.审计的目的是改善财务报表质量，因此，审计可以减轻被审计单位管理层对财务报表的责任

D.执行审计业务获取的审计证据大多数是结论性而非说服性的

【正确答案】B

二、财务报表审计的定义

财务报表审计是指注册会计师对财务报表是否不存在重大错报提供合理保证，以积极方式提出意见，增强除管理层之外的预期使用者对财务报表信赖的程度。可以从以下五个方面理解：

（1）审计的用户是财务报表的预期使用者，即审计可以用来有效满足财务报表预期使用者的需求。

（2）审计的目的是改善财务报表的质量或内涵，增强预期使用者对财务报表的信赖程度，即以合理保证的方式提高财务报表的质量，而不涉及为如何利用信息提供建议。

（3）审计的保证程度是合理保证。当注册会计师获取充分、适当的审计证据将审计风险降至可接受的低水平时，就获取了合理保证。由于审计存在固有限制，注册会计师据以得出结论和形成审计意见的大多数审计证据是说服性而非结论性的，因此，审计只能提供合理保证，不能提供绝对保证。

（4）审计的基础是独立性和专业性，通常由具备专业胜任能力和独立性的注册会计师来执行。注册会计师应独立于被审计单位和预期使用者。

（5）审计的最终产品是审计报告。注册会计师针对财务报表是否在所有重大方面按照财务报告编制基础编制并实现公允反映发表审计意见，并以审计报告的形式予以传达。

【例1-2】（单项选择题）下列有关审计报告预期使用者的说法中，错误的是（　　）。

A.注册会计师可能无法识别所有的预期使用者

B.预期使用者不包括被审计单位的管理层

C.预期使用者可能不是审计业务的委托人

D.预期使用者不包括执行审计业务的注册会计师

【正确答案】B

三、审计的职能

审计职能是指审计本身所固有的功能，它不以人们的主观意志为转移，是适应社会经济发展需要所具备的能力。审计的职能不是一成不变的，它是随着社会的进步、经济的发展而发展变化的。审计具有经济监督、经济评价和经济鉴证三项职能。

（一）经济监督

经济监督是指审计机构和审计人员依法对被审计单位的财政、财务收支、经营管理活动等进行监察和督促，判断被审计单位的各项经济活动是否符合一定的标准和要求，对违反标准的部门或个人予以揭露并提出处理意见和建议，以严肃财经纪律，加强控制和管理。

经济监督是存在于各种审计形式之中的一种固有职能。政府审计的经济监督表现为对社会再生产过程中的生产、交换、分配和消费等宏观和微观经济活动的全面监察与督促。内部审计的经济监督是对本部门、本单位的财政、财务收支及有关的经济活动进行监督。建立现代企业制度的重要内容之一就是完善企业内部监督机制，而内部审计监督则在其中占有重要位置。民间审计的经济监督是通过对被审计单位的经济活动进行审查、鉴证来实现审计委托者对被审计单位的经济监督。

思考拓展

会计的监督职能与审计的经济监督职能的区别是什么？

（二）经济评价

经济评价是通过审核检查，评定被审计单位的计划、预算、决策方案的先进性和可行性，经济活动的效益性，内部控制系统的健全性、有效性等，以便有针对性地提出意见和建议，促使其改善经营管理，提高经济效益。经济评价要注意防止片面性，不能只从微观角度进行分析，要做到宏观与微观、局部与整体相结合。经济评价要依据国家的法律、法规以及财经纪律，有一定的评价标准和依据。经济评价要力求准确，对被审计单位的财政、财务收支状况及有关经济活动作出客观公正的评价。

由于经济评价是在经济监督的基础上对被审计单位取得的成就和存在的问题进行更为深刻的揭示，从而使被审计单位加强管理水平，提高经济效益，因此，在现代审计中，经济评价的职能更为重要。经济评价职能既体现在政府审计的经济效益审计、经济责任审计和内部审计的经营管理审计中，又体现在注册会计师审计对被审计单位内部控制情况的管理建议中。

（三）经济鉴证

经济鉴证是在西方财务报表审计阶段发展起来的一项重要职能。随着现代审计的不断发展，经济鉴证在现代生活中也发挥着越来越重要的作用。经济鉴证是指审计主体对被审计单位的会计资料及有关经济资料所反映的财务收支和有关经济活动的合法性、公允性、真实性进行审查核实，确定其可信赖程度，出具查验结果证明，以取得审计委托人或其他有关方面的信任。

审计的三项职能既有联系，又有区别，相互结合，相辅相成，使现代审计的职能和作用得以充分发挥。但不同的审计组织形式在审计职能的体现上侧重点有所不同，政府审计和内部审计侧重于经济监督和经济评价，民间审计则侧重于经济鉴证。经济鉴证职能突出地体现在民间审计组织对企事业单位的验资、上市公司财务报告的审查等方面。例如，我国外商投资企业和股份有限公司的财务报表必须经中国注册会计师审计并出具审计报告后，才可以对外报出。

> 👆 **提示**
>
> （1）经济监督职能是审计最基本的职能。经济监督职能侧重审查经济活动的真实性和准确性，借以维护财经法纪，充当"经济卫士"。
>
> （2）经济评价职能着重评价经济活动的差异性和效益性，借以提出改进建议，充当"经济医师"。
>
> （3）经济鉴证职能着重证明经济活动的合法性和可信性，借以确认或解除经济责任，充当"经济裁判"。

任务三 审计的分类

随着审计环境的不断变迁，审计的内涵和外延也越加丰富，审计的形态也呈现出多样化发展。为了正确理解与掌握不同的审计形态，需要按照一定的标准对审计予以科学的分类。参照国际审计分类的惯例，结合我国经济类型和审计监督的特点，将我国审计划分为基本分类和其他分类两大类。

一、审计的基本分类

基本分类体现了审计本质属性。审计的基本分类包括按照审计主体与按照审计的内容和目的进行的分类两种形式。

（一）按照主体不同分类

审计主体是指执行审计的组织机构及人员，即审计活动的执行者。审计按其执行主体的不同，可分为政府审计、内部审计和民间审计。

1. 政府审计

政府审计（Government Audits），又称国家审计，是指由政府审计机关代表国家依法对政府机构及国有企业进行的审计。政府审计的主要特点是具有强制性。政府审计的主要内容为：

（1）政府财政收支审计。政府财政收支审计指对与各级政府财政收支有关的机关、事业单位的财政收支和会计资料进行审计，监督检查其财政收支，以及公共资金的收支、运用情况。

（2）国有企业审计。国有企业审计指对国家拥有、控制或经营的企业进行财务或管理方面的审计。一般只对大、中型国有企业进行审计。

我国政府审计的对象具体包括：本级人民政府各部门和下级人民政府各部门；国家金融机构；全民所有制企业事业单位和基本建设单位；国家给予财政拨款或者补贴的其他单位；拥有国家资产的中外合资经营企业、中外合作经营企业、国内联营企业和其他企业；国家法律、法规规定应当进行审计监督的其他单位。

我国政府审计根据宪法规定设立审计机构。政府审计的组织机构由国务院所设立的审计署，县级以上的地方各级人民政府所设立的审计局和审计机关派出机构所组成。国务院所属的审计署是国家最高审计机关，具有组织领导全国审计工作和直接进行审计的双重任务。县以上各级政府所属的审计机构具有组织领导各级政府区域内的审计工作及其审计范围内的审计工作的任务。按有关规定，审计机关不仅对本级政府负责并报告工作，而且对上一级审计机关负责并报告工作。

2.内部审计

内部审计（Internal Audit）是指本部门和本单位内部设置专职的审计机构和审计人员所实施的审计。内部审计机构和审计人员在行政上接受本单位的领导，在审计业务上要接受同级政府审计机关的指导，上级单位的内部审计机构和审计人员还负有帮助、指导下级单位从事内部审计的责任。内部审计有利于单位内部控制、管理的实施与改进，但由于内部审计是由单位内部人员所完成的，其独立性相对较弱。

3.民间审计

民间审计，又称社会审计或注册会计师审计（CPA Audits），是指由政府有关部门审核批准的注册会计师组成的会计师事务所进行的审计。会计师事务所不附属于任何机构，独立核算、自收自支、自负盈亏、依法纳税，具有法人资格，因此在业务上具有较强的独立性、客观性和公正性。民间审计的特点是受托审计，依法对被审计单位的财务收支及其经济效益承办审计鉴证、经济案件鉴定、注册资本验证和年检、管理咨询服务等业务。三种审计主体的比较如表1-1所示。

表1-1　　　　　　　　　　　　　　　三种审计主体的比较

审计分类	审计主体	特点
政府审计	由各级政府审计机关依法对被审计单位的财政、财务收支状况和经济效益所实能的审计，其审计权限的取得、审计范围和对象的确定、审计调查和取证的方式等均由法律明确规定，所作出的审计决定可以依法强制执行	具有法定性和强制性
内部审计	由部门和单位内部设置的审计机构或专职审计人员对本部门、本单位及其下属单位进行的审计	具有内向性、广泛性、及时性
民间审计	是指由依法成立的社会审计组织接受委托人的委托所实施的审计，社会审计组织主要是经政府有关主管部门审核批准成立的会计师事务所	具有独立性、委托性、有偿性

（二）按内容和目的分类

我国审计按其内容和目的不同，可分为财政财务审计、财经法纪审计和经济效益审计。

1.财政财务审计

财政财务审计是指审计机构对被审计单位的财务报表及有关资料的公允性及其所反映的财政收支、财务收支的合法性和合规性所进行的审计。财政财务审计也称为传统审计或常规审计，包括检查会计处理的合法性、公允性和验证被审计单位受托经济责任的履行情况。

2.财经法纪审计

财经法纪审计是指审计机构对被审计单位和个人严重侵占国家资财、严重损失浪费，以及其他严重损害国家经济利益等违反财经纪律行为所进行的专案审计。财经法纪审计主要审查严重侵占国家资财，严重损失浪费，在经济交易中行贿受贿、贪污，以及其他严重损害国家和企业利益的重大经济案件等情况。

3.经济效益审计

经济效益审计是指审计机构对被审计单位的财政财务收支及经营管理活动的经济性和效益性所实施的审计。其审查的重点包括两个方面：一是对被审计单位资金使用、投资项目资源利用等方面的效益性进行审查和分析；二是对被审计单位预算或计划执行情况的效益性进行审查和分析。

思考拓展

国家审计、内部审计和民间审计有哪些区别和联系？

二、审计的其他分类

除了审计的基本分类以外，还可以对审计进行其他分类。

（一）按审计范围分类

审计按其范围分类，可以分为全部审计、局部审计和专项审计。

1.全部审计

全部审计，又称全面审计，是指对被审计单位一定期间的财政财务收支及有关经济活动的各个方面及相关的资料进行全面的审计。这种审计业务范围较广泛，它既可以是针对财务收支活动的审计，也可以是针对经营管理活动的审计。其优点是审查详细、彻底；缺点是工作量大、耗费时间多。全部审计一般适用规模较小、业务较简单、会计资料较少的企事业单位，或适用于被审计单位内部控制制度及会计核算工作质量差等情况。除小型企事业单位和确有必要的很重要的项目外，一般很少运用这种审计方式。

2.局部审计

局部审计，又称部分审计，是指对被审计单位一定期间的部分经济活动或部分资料进行的审计。其优点是针对性强、效率高、成本低，能及时发现和纠正问题，达到预定的审计目的和要求；缺点是由于审计的范围不全面，审计结论往往容易出现遗漏甚至失误，具有一定的局限性。

3.专项审计

专项审计，又称专题审计，是指对某一特定项目所进行的审计。该种审计业务范围比局部审计要小，针对性要强，如自筹基建资金来源审计、世界银行贷款审计、汶川地震抗震救灾物资审计等。专项审计有利于及时围绕工作重点展开审计工作，有利于有针对性地提出意见和建议。

（二）按审计主体与被审计单位的关系分类

审计按其主体与被审计单位的关系分类，可以分为外部审计和内部审计。

1.外部审计

外部审计是指由独立于被审计单位之外的审计组织实施的审计。外部审计强调审计组织必须独立于被审计单位。政府审计机关和会计师事务所实施的审计都属于外部审计。

2.内部审计

内部审计是由部门或单位内部的审计部门所进行的审计。内部审计强调审计组织隶属于被审计单位，主要监督本单位的财务收支和经营管理活动。

（三）按审计实施时间分类

审计按照被审计单位经济业务发生时间来划分可以分为事前、事中和事后审计，按照是否定期实施可以分为定期审计和不定期审计。

1.事前审计

事前审计是指在被审计单位经济业务发生以前所进行的审计。事前审计一般用于编制预算或计划和对经济事项的预测及决策。这种审计的重要特点是具有较强的预防控制作用。

2.事中审计

事中审计是指在被审计单位经济业务执行过程中进行的审计。例如，对费用预算、经济合同的执行情况进行审查。这种审计便于及时发现并纠正偏差，保证经济活动的合法性、合理性和有效性。

3.事后审计

事后审计是指在被审计单位经济业务完成以后所进行的审计。政府审计、民间审计大多实施事后审计，内部审计也经常进行事后审计。

4.定期审计和不定期审计

定期审计是按照预先规定的时间进行的审计，例如，注册会计师对股票上市公司年度会计报表进行的每年一次的审计，民间审计对外商投资企业和股份制企业的年度会计报表审计。不定期审计是出于需要而临时安排进行的审计，例如，政府审计机关对被审计单位存在的贪污、受贿案件而进行的财经法纪审计。

（四）按审计的执行地点分类

审计按其执行地点分类，可以分为就地审计和送达审计。

1.就地审计

就地审计是指审计人员直接到被审计单位进行审计。就地审计是一种普遍采用的审计方法。就地审计是我国审计监督中使用最广泛的一种方式。这种审计方式适用于财务审计和经济效益审计。按照就地审计具体方式不同，又分为驻在审计、专程审计和巡回审计三种。驻在审计是审计机构委派审计人员长期驻在被审计单位所进行的就地审计，如大型企业的驻厂审计。专程审计是审计机构为查明有关问题而委派有关人员专程到被审计单位进行的就地审计。巡回审计是审计机构委派审计人员轮流对若干被审计单位所进行的就地审计。

2.送达审计

送达审计是指审计人员在审计组织所在地对被审计单位报送的资料进行的审计。例如，当前审计机关一般对行政事业单位的财务收支活动实行定期送达审计方式。其优点是节省人力、物力，缺点是不易从报表资料中发现被审计单位的实际问题。送达审计主要适用于政府审计机关对规模较小的行政、事业单位执行财务审计。

（五）按审计动机分类

审计按其动机分类，可以分为强制审计和任意审计。

1.强制审计

强制审计是指审计机构根据法律、法规规定对被审计单位行使审计监督权而进行的审计。这种审计是按照审计机关的审计计划进行的，不管被审计单位是否愿意接受审查，都应依法进行。

2.任意审计

任意审计是被审计单位根据自身的需要，要求审计组织对其进行的审计。一般民间审计接受委托人的委托，按照委托人的要求对其进行的财务审计或经济效益审计即属于这种审计。

★ **素养提升**（素养目标：传承审计光荣传统和优良作风）

《求是》杂志发表习近平总书记《在二十届中央审计委员会第一次会议上的讲话》

2023年11月1日出版的第21期《求是》杂志发表了中共中央总书记、国家主席、中央军委主席习近平的重要文章《在二十届中央审计委员会第一次会议上的讲话》。

文章指出，要进一步推动审计工作高质量发展。做好新时代新征程审计工作，总的要求是在构建集中统一、全面覆盖、权威高效的审计监督体系，更好发挥审计监督作用上聚焦发力，具体要做到"三个如"：

一是如臂使指。审计监督要集中统一，坚持和加强党中央对审计工作的集中统一领导，在审计系统内部形成上下贯通、步调一致的全国一盘棋，增强审计的政治属性和政治功能，把党中央意图和部署把握准、领会透、落实好。

二是如影随形。审计监督要全面覆盖，让审计对象感到审计像影子一样时时在身边。在形式上，对所有管理使用公共资金、国有资产、国有资源的地方、部门和单位的审计监督权无一遗漏、无一例外，形成常态化、动态化震慑；在内容上，兼顾质量和效率，形成实际的、实质的震慑。

三是如雷贯耳。审计监督要权威高效，让审计监督能够顺畅实施、审计成果能够高效运用、审计作用能够有效发挥。一方面，增强斗争本领，打造经济监督的"特种部队"，把问题查准、查深、查透；另一方面，做好审计监督与其他监督的贯通协同，形成监督合力。审计的"尚方宝剑"是党中央授予的，必须对党中央负责，当好党之利器、国之利器。

资料来源：佚名.习言道 | 审计的"尚方宝剑"是党中央授予的 [EB/OL]. [2023-10-31]. http://www.chinanews.com.cn/gn/2023/10-31/10103892.shtml.

任务四　审计组织

审计组织体系是指一个国家根据本国的有关法律、法规规定的权力或职能，开展各类审计工作的部门或组织相互联系、相互制约而构成的整体审计系统的总称。审计组织体系的建立和完善，是开展审计工作的必要组织保证，它对于履行审计职能，行使审计权力，发挥审计作用，维护国家的经济秩序，促进国民经济的发展具有重要的意义。

一、政府审计机关

（一）政府审计机关的设置

我国政府审计机关是代表国家依法行使审计监督权的行政机关。它具有宪法赋予的独立性和权威性。根据《中华人民共和国宪法》第九十一条规定："国务院设立审计机关，对国务院各部门和地方各级政府的财政收支，对国家的财政金融机构和企业事业组织的财务收支，进行审计监督。审计机关在国务院总理领导下，依照法律规定独立行使审计监督权，不受其他行政机关、社会团体和个人的干涉。"

1.中央审计机关

政府审计机关实行统一领导、分级负责的原则组织和领导全国的审计工作。我国最高审计机关是审计署，成立于1983年9月15日。它是国务院所属的部委级国家机关，在总理的领导下负责组织领导全国的审计工作，对国务院负责并报告工作。审计署最高行政长官审计长是国务院组成人员，由国务院总理提名，全国人民代表大会选举产生，由国家主席任免，副审计长由国务院任免。

审计署的主要职责是：接受委托起草审计法律、行政法规草案，提出修改审计法律、行政法规的草案；制定审计工作的方针、政策，发布审计工作的命令、指示和规章，确定审计工作重点，编制全国审计项目计划；办理审计署管辖范围内的审计事项，组织、指导全国性行业和专项资金审计，领导、管理我国审计机关的审计业务和其他审计工作，制定审计准则；指导、监督全国的内部审计工作；依照法律和国务院的规定，指导、监督、管理全国的民间审计工作；协助省级主管部门依照法定程序办理省级审计机关负责人的任免事项；办理法律、行政法规规定和国务院交办的其他事项。

2.地方审计机关

地方审计机关主要包括审计厅和审计局，审计厅是指省、自治区、直辖市的审计机关，审计局是指其他各级的地方审计机关。地方审计机构的审计厅长、局长由本级人民代表大会决定任免，副厅长和副局长由本级人民政府任免。地方审计机关组织领导本行政区的审计工作，负责领导本级审计机关审计范围的审计事项，并对上一级审计机关和本级人民政府负责并报告工作。

地方审计机关的主要职责是：接受委托起草地方性审计法规、规章和其他规范文件草案，提出修改地方性审计法规、规章和其他规范性文件的草案；制定审计规章制度，根据本级人民政府和上级审计机关的要求，确定审计管辖范围内的审计工作重点，编制审计项目计划，办理本级审计机关审计管辖范围内的审计事项，组织、指导审计管辖范围内行业和专项资金审计，组织实施对本级财政收支有关的特定事项的专项审计调查；领导、管理下级审计机关的审计业务和其他审计工作；具体指导、监督和管理审计管辖范围内的民间审计和内部审计工作等。

（二）我国政府审计机关的权限

根据《中华人民共和国审计法》的规定，政府审计机关在审计过程中行使下列职权：

1.有权要求被审计单位提供有关资料

审计机关有权要求被审计单位按照规定报送预算或者财务收支计划、预算执行情况、决算、财务报告，民间审计机构出具的审计报告，以及其他与财政收支或者财务收支有关的资料，被审计单位不得拒绝、拖延、谎报。

2.监督检查权

审计机关进行审计时，有权检查被审计单位的会计凭证、会计账簿、会计报表以及其他与财政收支或者财务收支有关的资料和资产，被审计单位不得拒绝。

3.调查取证权

审计机关进行审计时，有权针对审计事项的有关问题向有关单位和个人进行调查，并取得相关证明材料。有关单位和个人应当予以支持、协助审计机关工作，如实向审计机关反映情况，提供有关证明材料。

4.采用临时强制措施权

审计机关进行审计时，被审计单位不得转移、隐匿、篡改、毁弃会计凭证、会计账簿、会计报表以及其他与财政收支或者财务收支有关的资料，不得转移、隐匿所持有的违反国家规定取得的资产。审计机关对被审计单位正在进行的违反国家规定的财政收支、财务收支行为，有权予以制止；制止无效的，经县级以上审计机关负责人批准，通知财政部门和有关主管部门暂停拨付与违反国家规定的财政收支、财务收支行为直接有关的款项，已经拨付的，暂停使用。采取该项措施不得影响被审计单位的合法业务活动和生产经营活动。

5.建议纠正处理权

审计机关认为被审计单位所执行的上级主管部门有关财政收支、财务收支的规定与法律、行政法规相抵触的，应当建议有关主管部门纠正；有关主管部门不予纠正的，审计机关应当提请有权处理的机关依法处理。

6.对外公布与保守秘密权

审计机关可以向政府有关部门通报或者向社会公布审计结果。审计机关通报或者公布审计结果，应当依法保守国家秘密和被审计单位的商业秘密，遵守国务院的有关规定。

7.请求协助权

审计机关履行审计监督职责，可以提请公安、监察、财政、税务、海关、市场监督管理等部门予以协助。

（三）我国政府审计人员

《中华人民共和国审计法》第十三条规定：审计人员应当具备与其从事的审计工作相适应的专业知识和业务能力。审计人员执行审计业务，应当具备下列职业要求：遵守法律法规和《中华人民共和国国家审计准则》；恪守审计职业道德；保持应有的审计独立性；具备必需的职业胜任能力；其他职业要求。

审计人员应当恪守严格依法、正直坦诚、客观公正、勤勉尽责、保守秘密的基本审计职业道德。严格依法就是审计人员应当严格依照法定的审计职责、权限和程序进行审计监督，规范审计行为。正直坦诚就是审计人员应当坚持原则，不屈从于外部压力；不歪曲事实，不隐瞒审计发现的问题；廉洁自律，不利用职权谋取私利；维护国家利益和公共利益。客观公正就是审计人员应当保持客观公正的立场和态度，以适当、充分的审计证据支持审计结论，实事求是地作出审计评价和处理审计发现的问题。勤勉尽责就是审计人员应当爱岗敬业，勤勉高效，严谨细致，认真履行审计职责，保证审计工作质量。保守秘密就是审计人员应当保守其在执行审计业务中知悉的国家秘密、商业秘密；对于执行审计业务取得的资料、形成的审计记录和掌握的相关情况，未经批准不得对外提供和披露，不得用于与审计工作无关的目的。

二、内部审计机构

内部审计机构是指在国家各级主管部门、单位内部从事组织和办理审计业务的专门审计组织。内部审计机构主要监督检查本部门、本单位的财务收支和经营管理活动。目前，世界各国内部审计机构的设置因领导关系不同而大致分为三种类型：（1）受本单位总会计师或主管财务的副总经理领导；（2）受本单位总经理领导；（3）受本单位董事会领导。从审计的独立性和权威性来讲，领导层次越高，越有保障。

（一）内部审计机构的设置

目前，我国的内部审计机构一般由本部门、本单位的主要负责人领导，业务上接受当地政府审计机构或上一级主管部门审计机构的指导。相对外部审计而言，内部审计的独立性较弱。我国内部审计机构主要包括部门内部审计机构和单位内部审计机构。

1.部门内部审计机构

国务院和县以上地方各级人民政府各部门应当建立内部审计监督制度。根据审计业务需要，分别设立审计机构并配备审计人员。在本部门主要负责人领导下，负责所属单位和本行业的财务收支及其经济效益的审计监督，审计业务受同级政府审计机构的指导，向本部门和同级政府审计机关报告工作。

2.单位内部审计机构

大中型企业事业单位应当建立内部审计监督制度，设立内部审计机构。内部审计机构在本单位主要负责人领导下，依照国家的法律和政策的规定对本单位及下属单位的财务收支以及经济效益进行审计监督，并向单位负责人报告工作。

国有金融机构、国有大中型企业、国有资产占控股地位或主导地位的大中型企业、大型基建项目的建设单位和财务收支较大的国家事业单位以及审计机关未设立派出机构的政府部门等，可以根据需要设置内部审计机构。

（二）我国内部审计机构的职责

内部审计机构和内部审计人员对本单位以及本单位的下属单位的下列事项进行内部审计监督：

1.对本单位及所属单位的财政收支、财务收支及其有关的经济活动进行审计。

2.对本单位及所属单位预算内、预算外资金的管理和使用情况进行审计。

3.对本单位内设机构及所属单位领导人员的任期经济责任进行审计。

4.对本单位及所属单位固定资产投资项目进行审计。

5.对本单位及所属单位内部控制制度的健全性和有效性以及风险管理进行评审。

6.对本单位及所属单位经济管理和效益情况进行审计。

7.法律、法规规定以及本单位主要负责人或者权力机构要求办理的其他审计事项。

（三）我国内部审计机构的职权

为了保证内部审计机构能独立行使审计监督权，完成其审计任务，我国内部审计机构被赋予下列职权：

1.要求被审计单位按时报送生产、经营、财务收支计划、预算执行情况、决算、财务会计报告和其他有关文件资料。

2.参加本单位有关会议，召开与审计事项有关的会议。

3.参与研究制定有关的规章制度，提出内部审计规章制度，由单位审定公布后施行。

4.检查有关生产、经营和财务活动的资料、文件和现场勘查实物。

5.检查有关的计算机系统及其电子数据和资料。

6.对与审计事项有关的问题向有关单位和个人进行调查，并取得证明材料。

7.对正在进行的严重违法违规、严重损失浪费行为作出临时制止决定。

8.对可能转移、隐匿、篡改、毁弃会计凭证、会计账簿、财务会计报告以及与经济活动有关的资料，经本单位主要负责人或者权力机构批准，有权予以暂时封存。

9.提出纠正、处理违法违规行为的意见以及改进经济管理，提高经济效益的建议。

10.对违法违规以及造成损失浪费的单位和人员，给予通报批评或者提出追究责任的建议。

此外，内部审计机构所在单位可以在管理权限范围内，授予内部审计机构经济处理和处罚的权限。

（四）内部审计人员

根据我国《审计署关于内部审计工作的规定》，内部审计机构和内部审计人员从事内部审计工作，应当严格遵守有关法律法规、本规定和内部审计职业规范，忠于职守，做到独立、客观、公正、保密。内部审计人员应当具备从事审计工作所需要的专业能力。单位应当严格内部审计人员录用标准，支持和保障内部审计机构通过多种途径开展继续教育，提高内部审计人员的职业胜任能力。内部审计机构负责人应当具备审计、会计、经济、法律或者管理等工作背景。

三、民间审计组织

民间审计组织是指根据国家法律或条例规定，经政府有关部门审核批准并经注册登记，依法独立从事委托审计业务和咨询服务的社会组织。

（一）民间审计组织的类型

民间审计组织主要是经政府有关部门审核批准的注册会计师组成的会计师事务所，其受注册会计师行业协会统一管理。会计师事务所具有法人资格，不附属于任何机构，自收自支、独立核算、自负盈亏、依法纳税。因此，会计师事务所在业务上具有较强的独立性和客观公正性，并且为社会公众所认可。会计师事务所是注册会计师的工作机构，注册会计师只有加入会计师事务所才能承接委托业务，办理审计、会计咨询等业务。

1.国际会计师事务所

在西方国家，会计师事务所的组织形式主要有独资制、普通合伙制、有限责任合伙制和股份有限公司制四种形式。国际会计师事务所组织形式及特点如表1-2所示。

表1-2   国际会计师事务所组织形式及特点

名称	组织形式	特点
独资制	注册会计师个人独立开办的事务所	个人出资并承担无限责任，但难以承接综合业务
普通合伙制	两个以上符合规定条件的注册会计师合伙设立的会计师事务所	多人出资，并以各自财产对合伙会计师事务所债务承担无限责任。合伙人的执业行为会影响整个事务所的生存和发展，风险较大

续表

名称	组织形式	特点
有限责任合伙制	多个合伙人通过设立有限责任公司方式来组建会计师事务所	事务所以其资产对债务承担有限责任，各合伙人对其执业行为承担无限责任
股份有限公司制	通过设立股份有限公司方式组建会计师事务所	执业的注册会计师以其认购的事务所股份为限对本所债务承担有限责任，能扩大事务所业务规模，但不利于注册会计师关注执业风险

在世界各地，尤其在经济发达国家，会计师事务所数量颇多。国际资本的流动带动了民间审计的飞速发展，形成了一大批国际会计师事务所。20世纪70年代前后，在国际上形成了"八大"国际会计师事务所，20世纪80年代末"八大"合并为"六大"，之后又合并为"五大"，即安达信、毕马威、安永、德勤以及普华永道会计师事务所。2001年，安达信涉及美国安然公司会计造假丑闻，之后宣布关闭，世界各地的安达信成员所也随即与其他国际会计师事务所合并，因此，形成了目前的"四大"国际会计师事务所。20世纪80年代以来，这些国际会计师事务所先后在我国设立了办事处、合作所和成员所，促进了我国民间审计的不断发展。

2.中国会计师事务所

会计师事务所可以由注册会计师合伙设立，应当采用普通合伙或者特殊普通合伙组织形式。

（1）普通合伙会计师事务所。设立普通合伙会计师事务所，应当具备下列条件：2名以上由注册会计师担任的合伙人，且合伙人均符合国务院财政部门规定的条件；书面合伙协议；实地经营场所。

（2）特殊普通合伙会计师事务所。设立特殊普通合伙会计师事务所，应当具备下列条件：15名以上由注册会计师担任的合伙人，且合伙人均符合国务院财政部门规定的条件；60名以上注册会计师；书面合伙协议；实地经营场所；国务院财政部门规定的其他条件。其他专业资格人员担任特殊普通合伙会计师事务所合伙人的条件，由国务院财政部门规定。

思考拓展

目前，国外和国内大型的会计师事务所有哪些？

（二）民间审计组织的职责

我国于1994年1月1日开始实施的《中华人民共和国注册会计师法》明确规定了注册会计师的业务职责，注册会计师依法承办审计业务和会计咨询、会计服务业务。此外，还可以根据委托人的委托，从事审阅业务、其他鉴证业务和相关服务。

1.审计业务

我国注册会计师依法可以从事的审计业务如下：

（1）审查企业财务报表并出具审计报告。按照中国注册会计师审计准则的规定，对财务报表发表意见是注册会计师的责任。对企业年度财务报表实行审计制度，可以有效制止和防范利用财务报表弄虚作假，提高财务报表质量，增强财务报表使用人对报表的信赖程度。

（2）办理企业合并、分立、清算事宜中的审计业务，出具有关报告。企业在合并、分立或终止清算时，应当分别编制合并、分立财务报表以及清算财务报表。注册会计师应充分关注企业合并、分立及清算过程中出现的特定事项，通过检查形成财务报表的所有会计资料及其反映的经济业务，出具相应的审计报告。该审计报告具有法定证明效力，承办注册会计师及其所在的会计师事务所应当承担相应的法律责任。

（3）办理法律、行政法规规定的其他审计业务，出具相应的审计报告。注册会计师可以根据国家法律、行政法规的规定接受委托，对一些特殊目的业务进行审计。特殊目的的业务包括：①按照特殊编制基础编制的财务报表；②财务报表的组成部分，包括财务报表特定项目、特定账户或特定账户的特定内容；③简要财务报表；④合同遵循情况。注册会计师办理特殊业务时，需要具备和运用相关的专业知识。注册会计师出具的审计报告具有法定证明效力，注册会计师及其所在的会计师事务所应承担相应的法律责任。

2. 审阅业务

随着社会经济的不断发展，注册会计师的服务范围和领域也在不断地拓展。目前，注册会计师除承办传统的审计业务以外，还承办审阅业务，以增强信息使用者对所鉴证信息的可信度。

与审计业务相比，审阅业务的程序较简单，保证程度有限，审阅成本也较低。审阅业务的目标是注册会计师在实施审阅程序的基础上，说明是否注意到某些事项，使其相信财务报表没有按照适用的会计准则的规定编制，没能在所有重大方面公允反映被审阅单位的财务状况、经营成果和现金流量。

3. 其他鉴证业务

我国注册会计师承办的业务范围较广泛，除了审计业务和审阅业务以外，还承办历史财务信息以外的其他鉴证业务，如预测性财务信息审核、系统鉴证等。

4. 相关服务

相关服务包括对财务信息执行商定程序、代编财务信息、税务服务、管理咨询以及会计服务等。

（1）对财务信息执行商定程序。对财务信息执行商定程序是注册会计师对特定财务数据、单一或整套的财务报表等财务信息执行与特定主体商定的具有审计性质的程序，并根据执行的商定程序及其结果出具报告。

（2）代编财务信息。代编财务信息是注册会计师运用会计的专业知识和技能，替代客户编制一套完整或非完整的财务报表，或代为收集、分类和汇总其他财务信息。

（3）税务服务。税务服务包括税务代理和税务合规管理。税务代理是注册会计师接受企业或个人委托，为其填制纳税申报表，办理纳税申报等事项。税务合规管理是注册会计师站在客户利益的角度，在不违背会计准则和会计制度的原则基础上，根据纳税义务发生范围和时间的不同，代替纳税义务人设计可替代或不同结果的纳税方案。税务合规管理的范围现已由所得税扩展到财产税、遗产税等诸多税种。

（4）管理咨询。管理咨询服务是注册会计师与非注册会计师相互竞争的一个业务领域。从20世纪50年代起，注册会计师的管理咨询服务收入开始增长。管理咨询服务范围很广,主要包括对公司治理结构、信息系统、预算管理、人力资源管理、财务会计、经营效率、效果和效益等提供诊断及专业意见与建议。

(5)会计服务。注册会计师提供的会计咨询和会计服务业务,除了代编财务信息外,还包括对会计政策的选择和运用提供建议、培训会计人员、担任常年会计顾问等。注册会计师执行的会计咨询、会计服务业务属于服务性质,是所有具备条件的中介机构甚至个人都能够从事的非法定业务。

注册会计师的专业服务如图1-3所示。

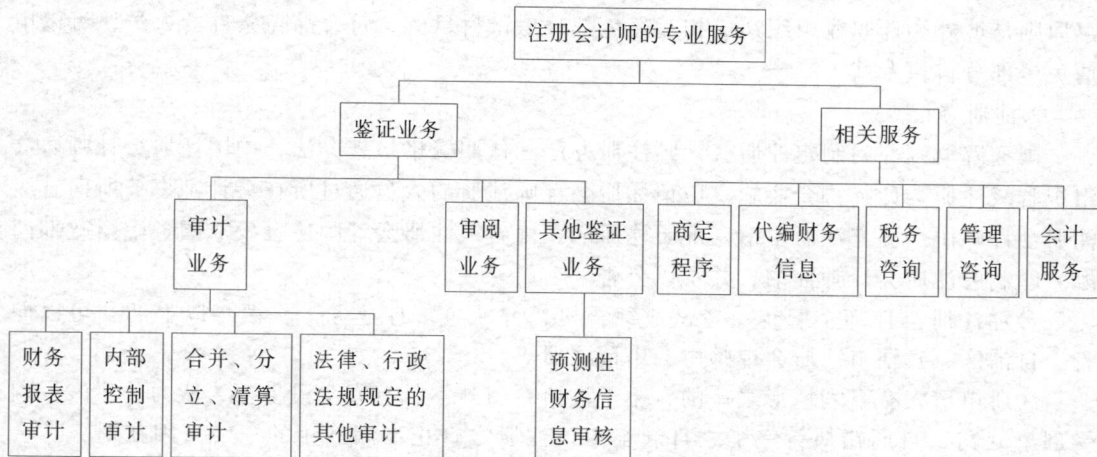

图1-3 注册会计师的专业服务

【例1-3】(多项选择题)下列各项中,属于鉴证业务的有( )。

A.财务报表审计   B.财务报表审阅

C.代编财务信息   D.对财务信息执行商定程序

【正确答案】AB

(三)民间审计组织的人员

民间审计人员是指在民间审计组织中接受委托从事审计和会计咨询、会计服务的执业人员。我国民间审计人员是指注册会计师。注册会计师是依法取得注册会计师证书并接受委托从事审计和会计咨询、会计服务业务的执业人员。我国自1991年起实行注册会计师全国统一考试制度。考试办法由财政部制定,由中国注册会计师协会组织实施。

注册会计师考试分为专业阶段和综合阶段两个阶段。专业阶段考试科目为《会计》《审计》《财务成本管理》《经济法》《税法》《公司战略与风险管理》,专业阶段考试的单科考试合格成绩五年内有效。对在连续五个年度考试中取得专业阶段考试全部科目合格成绩的考生,财政部考委会颁发注册会计师全国统一考试专业阶段考试合格证。通过专业阶段考试的考生,可以继续报考综合阶段考试。综合阶段为职业能力综合测试。

1.报考条件

(1)专业阶段。同时符合下列条件的中国公民,可以申请参加注册会计师全国统一考试专业阶段考试:具有完全民事行为能力;具有高等专科以上学校毕业学历,或者具有会计或者相关专业中级以上技术职称。

（2）综合阶段。同时符合下列条件的中国公民，可以申请参加注册会计师全国统一考试综合阶段考试：具有完全民事行为能力；已取得注册会计师全国统一考试专业阶段考试合格证。

（3）免试条件。具有高级会计师、高级审计师、高级经济师和高级统计师或具有经济学、管理学和统计学相关学科副教授、副研究员以上高级技术职称的人员，可以申请免予注册会计师全国统一考试专业阶段考试1个专长科目的考试。中国注册会计师协会按照互惠原则与境外会计职业组织达成相互豁免部分考试科目的，符合豁免条件的人员，可以申请免予部分科目考试。

2. 注册登记

国务院财政部门制定注册会计师注册办法和任职资格检查办法，中国注册会计师协会组织省级注册会计师协会实施。申请注册会计师注册的人员通过所在会计师事务所向省级注册会计师协会提交注册申请。准予注册的，由省级注册会计师协会发放国务院财政部门统一印制的注册会计师证书，并予以公告。

参加注册会计师全国统一考试成绩合格，并从事审计业务工作两年以上的，可以向省、自治区、直辖市注册会计师协会申请注册。

注册申请人有下列情形之一的，不予注册：（1）不具有完全民事行为能力的；（2）因受刑事处罚，自刑罚执行完毕之日起至申请注册之日止不满五年的；（3）因在财务、会计、审计、企业管理或者其他经济管理工作中犯有严重错误受行政处罚、撤职以上处分，自处罚、处分决定之日起至申请注册之日止不满二年的；（4）受吊销注册会计师证书的处罚，自处罚决定之日起至申请注册之日止不满五年的；（5）国务院财政部门规定的其他不予注册的情形。

❋ 项目小结

知识点❶　受托经济责任关系是审计产生的客观基础。按照政府审计、内部审计和民间审计三种审计类型分别从我国和西方进行阐述审计的产生与发展。

知识点❷　可以从六个方面理解美国会计学会对审计的定义：经济活动和经济事项的认定；客观地获取和评价证据；与既定标准相符合的程度；审计结果；有利害关系的用户；系统化过程。

知识点❸　财务报表审计是指注册会计师对财务报表是否不存在重大错报提供合理保证，以积极方式提出意见，增强除管理层之外的预期使用者对财务报表信赖的程度。

知识点❹　审计按其执行主体的不同，可以分为政府审计、内部审计和民间审计。

知识点❺　审计组织包括政府审计机关、内部审计机构和民间审计组织。

❋ 项目实训题

一、判断题

1. 我国审计制度经历了一个漫长的发展过程，大体可分为四个阶段。（　　）

2. 宰夫职务的出现，标志着我国政府审计的产生。（　　）

3.唐朝开创了一代新制,设置"比部"。　　　　　　　　　　　　　　　　　　(　　)

4.审计产生于所有权与经营权相分离而产生的受托经济责任关系。　　　　　　(　　)

5.详细审计产生于英国,其目的主要是查错揭弊。　　　　　　　　　　　　　(　　)

6.审计是对有关经济活动和经济事项的一些说法加以认定。　　　　　　　　　(　　)

7.财政、银行所从事的经济监督活动,同样可称为审计。　　　　　　　　　　(　　)

8.审计的职能不是一成不变的,它是随着经济的发展而发展变化的。　　　　　(　　)

9.内部审计对外不起鉴证作用,因此,内部审计通常不进行财务报表审计。　　(　　)

10.审计业务与审阅业务相比,程序较简单,保证程度有限,成本也较低。　　　(　　)

二、单项选择题

1."审计"一词最早出现在(　　　)。

A.唐朝　　　　　　　　　B.汉朝　　　　　　　C.宋朝　　　　　　　D.明朝

2.审计是一种(　　　)。

A.经济管理活动　　　　　　　　　　　　B.经济服务活动

C.经济建设活动　　　　　　　　　　　　D.经济监督活动

3.审计的主体是(　　　)。

A.被审计单位　　　　　　　　　　　　　B.专职审计机构或人员

C.被审计单位的财政财务经济活动　　　　D.有关的法规和审计标准

4.审计最基本的职能是(　　　)。

A.经济评价　　　　B.经济监察　　　　　C.经济监督　　　　　D.经济鉴证

5.会计师事务所接受委托审计并出具审计报告的行为,体现了审计职能中的(　　　)。

A.监督职能　　　　B.调控职能　　　　　C.评价职能　　　　　D.鉴证职能

6.我国的注册会计师应当加入(　　　),才可以执业。

A.会计师事务所　　　　　　　　　　　　B.政府审计机关

C.审计署特派机构　　　　　　　　　　　D.企业内部审计机构

7.审计按其内容及目的分类,是审计的(　　　)。

A.基本分类　　　　B.其他分类　　　　　C.技术分类　　　　　D.综合分类

8.一般进行财务审计和经济效益审计时,多采用(　　　)事先向被审计单位下达审计通知书。

A.报送审计　　　　B.预告审计　　　　　C.就地审计　　　　　D.突击审计

9.对被审计单位在执行财经纪律方面所进行的审计,称为(　　　)。

A.事后审计　　　　B.强制审计　　　　　C.财政财务审计　　　D.财经法纪审计

10.下列各项中,不属于审计职能的是(　　　)。

A.经济评价　　　　B.经济监督　　　　　C.经济鉴证　　　　　D.经济核算

三、多项选择题

1.秦汉时期是我国审计的确立阶段,主要表现在(　　　)。

A.初步形成了统一的审计模式　　　　　　B."上计制度"日趋健全

C.审计地位提高　　　　　　　　　　　　D.职权扩大

E.设置了独立的机构

2.审计的职能是(　　　)。

A.经济监督　　　　　　B.经济鉴证　　　　　C.经济仲裁　　　　D.经济评价

3.我国的审计监督体系主要包括（　　　）。

A.政府审计　　　　　　B.事前审计　　　　　C.民间审计　　　　D.内部审计

4.审计按其内容及目的分类可分为（　　　）。

A.民间审计　　　　　　B.财政财务审计　　　C.财经法纪审计　　D.经济效益审计

5.审计按审查的业务范围分类，可分为（　　　）。

A.综合审计　　　　　　B.专项审计　　　　　C.全面审计　　　　D.局部审计

6.审计按其执行地点分类，可分为（　　　）。

A.预告审计　　　　　　B.突击审计　　　　　C.就地审计　　　　D.报送审计

7.按审计工作是否具有强制性，可将审计分为（　　　）。

A.报送审计　　　　　　B.强制审计　　　　　C.就地审计　　　　D.任意审计

8.以下属于独立审计业务范围的是（　　　）。

A.审计服务　　　　　　B.纳税服务　　　　　C.会计服务　　　　D.管理咨询

9.大数据环境下的新型审计观念包括（　　　）。

A.总体审计观　　　　　　　　　　　　　　B.关联审计观

C.混杂审计观　　　　　　　　　　　　　　D.协同审计观

E.持续审计观

10.以下有关财务报表审计的说法中正确的有（　　　）。

A.审计可以用来有效满足财务报表预期使用者的需求

B.审计涉及为如何利用信息提供建议

C.审计的保证程度是合理保证

D.审计的最终产品是财务报告

四、简答题

1.审计产生的客观基础是什么？简述我国审计产生与发展的历程。

2.简述西方民间审计发展的历程。

3.如何理解审计的含义？

4.简述审计基本分类的内容。

5.简述全面审计的优点、缺点和适用范围。

6.简述就地审计和送达审计的不同点。

7.简述我国政府审计机关的设置。

8.简述我国内部审计机构的职责。

9.简述我国会计师事务所的组织形式。

10.简述民间审计组织的职责。

职业道德与质量管理

【任务引例】

上市公司宏达股份有限公司是海盛会计师事务所的常年审计客户。审计项目组实习生王永在参与审计宏达股份有限公司2024年财务报表时遇到下列事项：

1.审计项目组成员接受宏达股份有限公司的超标招待。

2.审计项目组部分成员首次参与审计项目，向会计师事务所内其他审计项目组借阅了同行业公司的审计工作底稿。

3.宏达股份有限公司财务总监私下透露本公司即将投资新能源汽车项目，审计项目成员立刻将该内幕信息告知亲属购买其股票。

任务分析：

1.审计项目组成员是否能够接受宏达股份有限公司的超标招待？

2.审计项目组部分成员是否能够借阅同行业公司的审计工作底稿？

3.审计项目成员是否可以将该内幕信息告知亲属购买其股票？

✲ 学习目标

知识目标：

熟悉会计师事务所质量管理体系。

理解职业道德概念框架、项目质量复核。

掌握注册会计师职业道德基本原则。

运用独立性概念框架评价不利影响的严重程度。

职业能力目标：

能够运用职业道德规范的基本原理，判断符合注册会计师职业道德的行为，并能够针对实际审计工作中可能出现的职业道德风险，制定并实施有效的应对策略，确保审计工作的合规性和专业性。

❋ **本章内容思维导图**

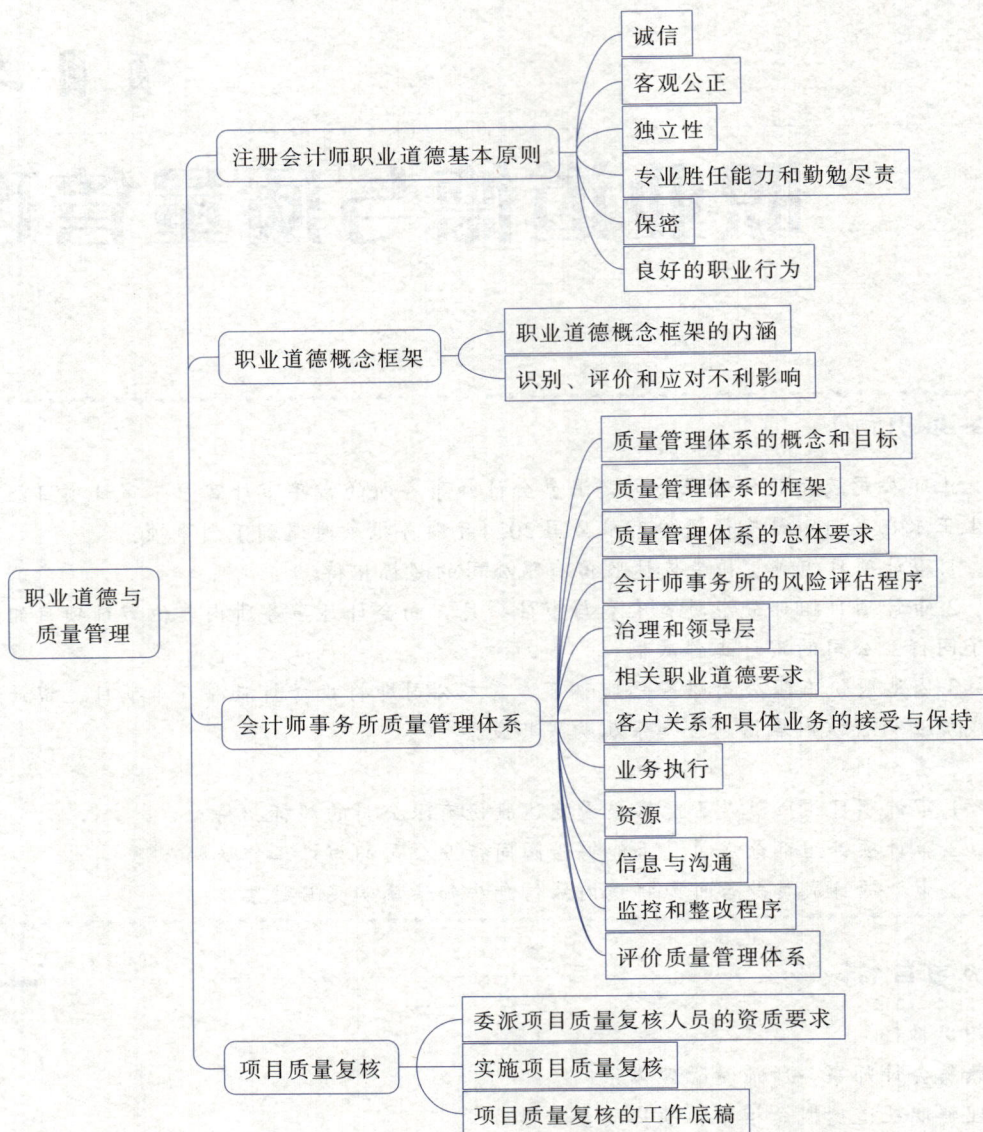

```
                    ┌─────────────────────┐     ┌─ 诚信
                    │ 注册会计师职业道德基本原则 ├─────┤   客观公正
                    └─────────────────────┘     │   独立性
                                                 │   专业胜任能力和勤勉尽责
                                                 │   保密
                                                 └─ 良好的职业行为

                    ┌──────────────┐     ┌─ 职业道德概念框架的内涵
                    │  职业道德概念框架 ├─────┤
                    └──────────────┘     └─ 识别、评价和应对不利影响

                                                 ┌─ 质量管理体系的概念和目标
                                                 │   质量管理体系的框架
                                                 │   质量管理体系的总体要求
┌──────────┐                                     │   会计师事务所的风险评估程序
│ 职业道德与 │        ┌──────────────────┐        │   治理和领导层
│ 质量管理  ├────────┤  会计师事务所质量管理体系 ├────────┤   相关职业道德要求
└──────────┘        └──────────────────┘        │   客户关系和具体业务的接受与保持
                                                 │   业务执行
                                                 │   资源
                                                 │   信息与沟通
                                                 │   监控和整改程序
                                                 └─ 评价质量管理体系

                    ┌──────────┐     ┌─ 委派项目质量复核人员的资质要求
                    │  项目质量复核 ├─────┤   实施项目质量复核
                    └──────────┘     └─ 项目质量复核的工作底稿
```

任务一　注册会计师职业道德基本原则

注册会计师为实现执业目标，必须遵守一些基本原则。与职业道德有关的基本原则包括诚信、客观公正、独立性、专业胜任能力和勤勉尽责、保密、良好职业行为。

一、诚信

诚信是指诚实、守信，即尊重事实、信守约定，履行约定而取得对方的信任。诚信原则要求注册会计师应当在所有的职业活动中保持正直、诚实可信。注册会计师应当采取措施消除关联，不得与下列问题发生关联：

（1）含有虚假记载、误导性陈述。

（2）含有缺乏充分根据的陈述或信息。

（3）存在遗漏或含糊其词的信息，而这种遗漏或含糊其词可能会产生误导。

二、客观公正

客观是指按照事物的本来面目去考察，不添加个人的偏见。公正是指公平、正直、不偏袒。客观公正原则要求注册会计师应当公正处事、实事求是，不得由于偏见、利益冲突或他人的不当影响而损害自己的职业判断。如果存在职业判断产生过度不当影响的情形，注册会计师不得从事与之相关的职业活动。

三、独立性

独立性是指不受外来力量控制、支配，按照一定的规则行事。独立性原则通常是针对执业注册会计师而言，而不是对非执业注册会计师的要求。如果注册会计师不能与客户保持独立性，而是存在经济利益、关联关系，或屈从于外界压力，就很难取信于社会公众。

1.独立性包含的内容

（1）实质上的独立性

实质上的独立性是一种内心状态，使得注册会计师在提出结论时不受损害职业判断的因素影响，诚信行事，遵循客观公正原则，保持职业怀疑。

（2）形式上的独立性

形式上的独立性是一种外在表现，使得一个理性且掌握充分信息的第三方，在权衡所有相关事实和情况后，认为会计师事务所或审计项目团队成员没有损害诚信原则、客观公正原则或职业怀疑。

> **知识链接**
>
> 注册会计师执行审计和审阅业务、其他鉴证业务时，应当从实质上和形式上保持独立性，不得因任何利害关系影响其客观公正。会计师事务所在承接审计和审阅业务、其他鉴证业务时，应当从会计师事务所整体层面和具体业务层面采取措施，以保持会计师事务所和项目团队的独立性。

2.损害独立性的因素

会计师事务所和注册会计师应当考虑可能损害独立性的因素，包括经济利益、自我评价、关联关系和外界压力等。

（1）经济利益因素。可能损害独立性的情形主要包括：

① 与鉴证客户存在专业服务收费以外的直接经济利益或重大的间接经济利益关系；

② 收费主要来源于某一鉴证客户；

③ 过分担心失去某项业务；

④ 与鉴证客户存在密切的经营关系；

⑤ 对鉴证业务采取或有收费的方式；

⑥ 可能与鉴证客户发生雇佣关系。

（2）自我评价因素。可能损害独立性的情形主要包括：

① 鉴证小组成员曾是鉴证客户的董事、经理、其他关键管理人员或能够对鉴证业务产生直接重大影响的员工；

② 为鉴证客户提供直接影响鉴证业务对象的其他服务；

③ 为鉴证客户编制属于鉴证业务对象的数据或其他记录。

（3）关联关系因素。可能损害独立性的情形主要包括：

① 与鉴证小组成员关系密切的家庭成员是鉴证客户的董事、经理、其他关键管理人员或能够对鉴证业务产生直接重大影响的员工；

② 鉴证客户的董事、经理、其他关键管理人员或能够对鉴证业务产生直接重大影响的员工是会计师事务所的前高级管理人员；

③ 会计师事务所的高级管理人员或签字注册会计师与鉴证客户长期交往；

④ 接受鉴证客户或其董事、经理、其他关键管理人员或能够对鉴证业务产生直接重大影响的员工的贵重礼品或超出社会礼仪的招待。

（4）外界压力因素。可能损害独立性的情形主要包括：

① 在重大会计、审计等问题上与鉴证客户存在意见分歧而受到解聘威胁；

② 受到有关单位或个人不恰当的干预；

③ 受到鉴证客户要求降低收费的压力而不恰当地缩小工作范围。

（5）过度推介因素。可能损害独立性的情形主要包括：

①注册会计师公开为客户的会计处理或财务数据辩护。

②注册会计师协助客户对抗监管或质疑。

【例2-1】（案例题）上市公司甲公司是ABC会计师事务所的常年审计客户。审计项目组在甲公司2024年度财务报表审计中遇到下列事项：项目质量复核合伙人注册会计师A曾担任甲公司2019年度至2022年度财务报表审计项目合伙人，未参与2023年度财务报表审计。

【要求】指出是否可能存在违反中国注册会计师职业道德守则有关独立性规定的情况，并简要说明理由。

【正确答案】违反。前任项目合伙人在担任项目质量复核人员之前应冷却两年，否则会因自我评价对独立性产生不利影响。

【解析】在任期内，如果某人员继担任项目合伙人之后立即或短时间内担任项目质量复核人员，可能因自我评价对客观公正原则产生不利影响，该人员不得在二年内担任该审计业务的项目质量复核人员。

3.业务期间和财务报表涵盖的期间要独立于审计客户

注册会计师应当在业务期间和财务报表涵盖的期间独立于审计客户。业务期间自审计项目组开始执行审计业务之日起，至出具审计报告之日止。如果审计业务具有连续性，业务期间结束日应以其中一方通知解除业务关系或出具最终审计报告两者时间孰晚为准。

如果一个实体委托会计师事务所对其财务报表发表意见，并且在该财务报表涵盖的期间或之后成为审计客户，会计师事务所应当确定下列因素是否对独立性产生不利影响：

（1）在财务报表涵盖的期间或之后、接受审计业务委托之前，与审计客户之间存在的经济利益或商业关系。

（2）以往向审计客户提供的服务。如果在财务报表涵盖的期间或之后，在审计项目组开始执行审计业务之前，会计师事务所向审计客户提供了非鉴证服务，并且该非鉴证服务在业务期间不允许提供，会计师事务所应当评价提供的非鉴证服务对独立性产生的不利影响。如果不利影响超出可接受的水平，会计师事务所只有在采取防范措施将其降低至可接受的水平的情况下，才能接受审计业务。

4.会计师事务所应当识别和评价各种对独立性的不利影响

如果不利影响超出可接受的水平，在确定是否接受某项业务或某一特定人员能否作为审计项目组成员时，会计师事务所应当确定能否采取防范措施以消除不利影响或将其降低至可接受的水平。如果无法采取适当的防范措施消除不利影响或将其降低至可接受的水平，注册会计师应当消除产生不利影响的情形，或者拒绝接受审计业务委托或终止审计业务。在执行业务过程中，如果发现对独立性产生不利影响的新情况，会计师事务所应当运用独立性评价不利影响的严重程度。

【例2-2】（案例题）上市公司甲公司是ABC会计师事务所的常年审计客户。审计项目组在甲公司2024年度财务报表审计中遇到下列事项：

（1）2024年8月，甲公司收购了乙公司100%的股权。2024年9月，审计项目合伙人注册会计师A发现其母亲持有乙公司发行的债券，面值人民币1万元，要求其母亲立即处置了这些债券。该投资对A注册会计师的母亲而言不重要。

（2）2024年7月，甲公司某独立董事的妻子与会计师事务所的合伙人D合资开办了一家餐厅。D不是甲公司审计项目团队成员。

【要求】针对上述第（1）和（2）项，逐项指出是否可能存在违反中国注册会计师职业道德守则有关独立性规定的情况，并简要说明理由。

【正确答案】（1）违反。项目组成员的主要近亲属持有甲公司关联实体的直接经济利益，在收购前未处置其持有的乙公司的直接经济利益，因自身利益对独立性产生严重不利影响。

（2）不违反。D不是审计项目团队成员，其和独立董事的妻子合作开办餐厅不属于禁止的商业关系。

四、专业胜任能力和勤勉尽责

1.专业胜任能力

专业胜任能力原则要求注册会计师通过教育、培训和执业实践获取和保持专业胜任能力。注册会计师应当持续了解并掌握当前法律、技术和实务的发展变化，将专业知识和技能始终保持在应有的水平，确保为客户提供具有专业水准的服务。

在应用专业知识和技能时，注册会计师应当合理运用职业判断。专业胜任能力可以分为两个独立阶段：①专业胜任能力的获取；②专业胜任能力的保持。注册会计师应当持续了解和掌握相关的专业技术和业务的发展，以保持专业胜任能力。持续职业发展能够使注册会计师发展和保持专业胜任能力，使其能够胜任特定业务环境中的工作。

2.勤勉尽责

勤勉尽责原则要求注册会计师遵守法律法规、相关职业准则的要求并保持应有的职业怀疑，认真、全面、及时地完成工作任务。同时，注册会计师应当采取适当措施以确保在其授权下从事专业服务的人员得到应有的培训和督导。在适当时，注册会计师应当使客户、工作单位和专业服务的其他使用者了解专业服务的固有局限。

> 提示
>
> 独立性只适用于鉴证业务。注册会计师执行非鉴证业务时，没有独立性的要求。如果实质上独立，形式上不独立也会造成审计报告丧失可信度，从而使审计工作失去意义。因此，通常以形式上的独立作为评价独立性的依据。

五、保密

注册会计师从事职业活动必须建立在为客户、为单位等利益相关方信息保密的基础上。保密原则要求注册会计师应当对职业活动中获知的涉密信息保密。遵循保密原则可以促进信息在注册会计师与客户、注册会计师与工作单位之间的自由传输。如果注册会计师遵循保密原则，信息提供者通常可以放心地向注册会计师提供其从事职业活动所需的信息，而不必担心该信息被其他方获知，这有利于注册会计师更好地维护公众利益。

1.注册会计师遵守保密原则的范围

（1）警觉无意中泄密的可能性，包括在社会交往时无意中泄密的可能性，特别要警觉无意中向关系密切的商业伙伴或近亲属泄密的可能性。近亲属是指配偶、父母、子女、兄弟姐妹、祖父母、外祖父母、孙子女、外孙子女。

（2）对所在会计师事务所内部的涉密信息保密。

（3）对职业活动中获知的涉及国家安全的信息保密。

（4）对拟承接的客户、拟受雇的工作单位向其披露的涉密信息保密。

（5）在未经客户工作单位授权的情况下，不得向会计师事务所以外的第三方披露其所获知的涉密信息，除非法律法规或职业准则规定注册会计师在这种情况下有权利或义务进行披露。

（6）不得利用因职业关系而获知的涉密信息为自己或第三方谋取利益。

（7）不得在职业关系结束后利用或披露因该职业关系获知的涉密信息。

（8）采取适当措施，确保下级员工以及为注册会计师提供建议和帮助的人员履行保密义务。

2.注册会计师可以披露涉密信息的情况

（1）法律法规允许披露，并且取得客户或工作单位的授权。

（2）根据法律法规的要求，为法律诉讼、仲裁准备文件或提供证据，以及向有关监管机构报告发现的违法行为。

（3）法律法规允许的情况下，在法律诉讼、仲裁中维护自己的合法权益。

（4）接受注册会计师协会或监管机构的执业质量检查，答复其询问和调查。

（5）法律法规、执业准则和职业道德规范规定的其他情形。

六、良好的职业行为

注册会计师应当遵守相关法律法规的规定，避免发生任何可能损害职业声誉的行为。在向公众传递信息以及推介自己和工作时，应当客观、真实、得体，不得损害职业形象。不得有下列行为：

（1）夸大宣传提供的服务拥有的资质或获得的经验。

（2）贬低或无根据地比较他人的工作。

★ **素养提升**（素养目标：恪守职业规范，提高职业道德水准，诚信、敬业、公正）

全国首例证券集体诉讼案——康美药业造假案件

康美药业（股票代码：600518）成立于1997年，于2001年在上交所上市。公司为"药品生产及经营"企业。2018年12月28日，公司收到证监会下达的《调查通知书》，因涉嫌信息披露违法违规而受到立案调查；随后公司发布会计差错更正公告，负责审计的广东正中珠江会计师事务所对公司2018年度的财务报告及内部控制分别发布保留意见和否定意见的审计报告。作为注册会计师应当秉承诚信、敬业、公正的操守，发表恰当的审计意见。

2019年4月29日，康美药业发布《关于前期会计差错更正的公告》，修改了2017年的年报数据：存货少计195亿元，营业收入多计89亿元，现金多计299亿元。

2019年5月9日，广州正中珠江会计师事务所被中国证监会广东监管局立案调查。

2019年5月17日，中国证监会公布康美药业披露的2016年至2018年财务报告存在重大作假，涉嫌违反《证券法》相关规定。

2019年5月21日起，康美药业（600518）交易时只能卖不能买，公司股票简称变更为"ST康美"。

2022年7月21日，拥有41年历史的广东正中珠江会计师事务所注销其执业证书。

康美药业案例警示，审计人员应当提高自身的政治站位，要有全局观、大局观，秉持审计职业价值观，树立职业责任感、使命感，提高执业能力，增强审计职业道德素养。不忘审计工作的初心，以维护资本市场的有序运行、金融市场的安全稳定以及中小股东的利益为己任，切实履行好社会经济监督的责任，保护投资者合法权益，守护审计质量的生命线。

资料来源 作者根据网络资料整理而成。

任务二　职业道德概念框架

中国注册会计师职业道德守则提出职业道德概念框架，以指导注册会计师遵循职业道德基本原则，履行维护公众利益的职责。

一、职业道德概念框架的内涵

职业道德概念框架是指用以指导注册会计师解决职业道德问题的思路和方法：识别对职业道德基本原则的不利影响；评价不利影响的严重程度；必要时采取防范措施消除不利影响或将其降低至可接受的水平。在运用职业道德概念框架时，注册会计师应当运用职业判断。

二、识别、评价和应对不利影响

如果发现存在可能违反职业道德基本原则的情形，注册会计师应当评价其对职业道德基本原则的不利影响。在评价不利影响的严重程度时，应当从性质和数量两个方面予以考虑。如果认为对职业道德基本原则的不利影响超出可接受的水平，注册会计师应当确定是否能够采取防范措施消除不利影响或将其降低至可接受的水平。

在运用职业道德框架时，如果某些不利影响是重大的，或者合理的防范措施不可行或无法实施，注册会计师可能面临不能消除不利影响或将其降至可接受水平的情形。如果无法采取适当的防范措施，注册会计师应当拒绝或终止所从事的特定专业服务，必要时与客户解除合约关系，或向其工作单位辞职。

（一）对遵循职业道德基本原则产生不利影响的因素

对职业道德基本原则产生不利影响的因素包括自身利益、自我评价、过度推介、密切关系和外在压力。

1.自身利益导致的不利影响

如果经济利益或其他利益对注册会计师的职业判断或行为产生不当影响，将产生自身利益导致的不利影响。

2.自我评价导致的不利影响

如果注册会计师对其（或者其所在会计师事务所或工作单位的其他人员）以前的判断或服务结果作出不恰当的评价，并且将据此形成的判断作为当前服务的组成部分，将产生自我评价导致的不利影响。

3.过度推介导致的不利影响

如果注册会计师过度推介客户或工作单位的某种立场或意见，使其客观性受到损害，将产生过度推介导致的不利影响。

4.密切关系导致的不利影响

如果注册会计师与客户或工作单位存在长期或亲密的关系，而过于倾向他们的利益，或认可他们的工作，将产生密切关系导致的不利影响。

5.外在压力导致的不利影响

如果注册会计师受到实际的压力或感受到压力而无法客观行事，将产生外在压力导致的不利影响。

（二）对遵循职业道德基本原则产生不利影响的防范措施

应对不利影响的防范措施是指可以消除不利影响或将其降至可接受水平的行动或其他措施，包括法律法规和职业规范规定的防范措施与在具体工作中采取的防范措施。

1.法律法规和职业规范规定的防范措施

（1）取得注册会计师资格必需的教育、培训和经验要求。

（2）持续的职业发展要求。

（3）公司治理方面的规定。

（4）执业准则和职业道德规范的规定。

（5）监管机构或注册会计师协会的监控和惩戒程序。

（6）由依法授权的第三方对注册会计师编制的业务报告、申报资料或其他信息进行外部复核。

2.注册会计师在工作环境中应采取的防范措施

（1）领导层强调遵循职业道德基本原则的重要性。

（2）领导层强调鉴证业务项目组成员应当维护公众利益。

（3）制定有关政策和程序，实施项目质量控制，监督业务质量。

（4）制定有关政策和程序，识别对职业道德基本原则的不利影响，评价不利影响的严重程度，采取防范措施消除不利影响或将其降低至可接受的水平。

（5）制定有关政策和程序，保证遵循职业道德基本原则。

（6）制定有关政策和程序，识别会计师事务所或项目组成员与客户之间的利益或关系。

（7）制定有关政策和程序，监控对某一客户收费的依赖程度。

（8）向鉴证客户提供非鉴证服务时，指派鉴证业务项目组以外的其他合伙人和项目组，并确保鉴证业务项目组和非鉴证业务项目组分别向各自的业务主管报告工作。

（9）制定有关政策和程序，防止项目组以外的人员对业务结果施加不当影响。

（10）及时向所有合伙人和专业人员传达会计师事务所的政策和程序及其变化情况，并针对这些政策和程序进行适当的培训。

（11）向合伙人和专业人员提供鉴证客户及其关联实体的名单，并要求合伙人和专业人员与之保持独立。

（12）建立惩戒机制，保障相关政策和程序得到遵守。

（13）对已执行的鉴证业务，由鉴证业务项目组以外的注册会计师进行复核，或在必要时提供建议。

（14）向客户治理层说明提供服务的性质和收费的范围。

（15）由其他会计师事务所执行或重新执行部分业务。

（16）轮换鉴证业务项目组合伙人和高级员工。

（三）道德冲突的解决

在遵循职业道德基本原则时，注册会计师应当解决遇到的道德冲突问题，着重考虑下列因素：

（1）与道德冲突问题有关的事实。

（2）道德冲突问题涉及的道德问题、职业道德基本原则。

（3）会计师事务所或工作单位制定的解决道德冲突问题的程序。

（4）可供选择的措施。

注册会计师权衡可供选择措施的后果后，应当确定适当的措施。如果道德冲突问题仍无法解决，注册会计师应当考虑向会计师事务所或工作单位内部的适当人员咨询，寻求帮助解决问题。如果道德问题涉及注册会计师与某一组织的冲突或是组织内部的冲突，注册会计师还应当确定是否向该组织的治理层咨询。

如果某项重大冲突未能解决，注册会计师可以考虑向相关职业团体或法律顾问获取专业建议。如果道德冲突仍未解决，注册会计师应当在拒绝继续与产生冲突的事项发生关联，可视情况确定是否解除业务约定或退出某项特定任务，或完全退出该项业务。

> **思考拓展**
>
> 查阅康美药业审计案例相关资料，从审计职业道德角度，思考分析康美药业审计失败的原因及应对策略，从案例引申应得出何样感悟？

任务三　会计师事务所质量管理体系

一、质量管理体系的概念和目标

质量管理体系是会计师事务所为实施质量管理而设计、实施和运行的系统，其目标是在下列两个方面提供合理保证：

（1）会计师事务所及其人员按照适用的法律法规和职业准则的规定履行职责，并根据这些规定执行业务；

（2）会计师事务所和项目合伙人出具适合具体情况的业务报告。

二、质量管理体系的框架

会计师事务所质量管理体系的框架包括八个要素：

（1）会计师事务所的风险评估程序；

（2）治理和领导层；

（3）相关职业道德要求；

（4）客户关系和具体业务的接受与保持；

（5）业务执行；

（6）资源；

（7）信息与沟通；

（8）监控和整改程序。

以上八个要素应当有效衔接、互相支撑、协同运行，以保障会计师事务所能够积极有效地实施质量管理，会计师事务所质量管理体系框架如图2-1所示。

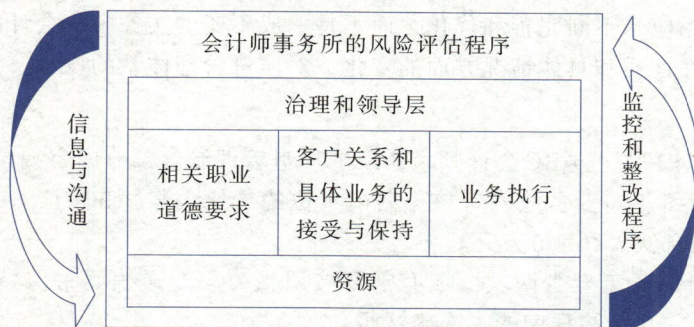

图2-1 会计师事务所质量管理体系框架

三、质量管理体系的总体要求

会计师事务所质量管理体系应当满足以下总体要求：

1.全所范围内统一设计、实施和运行

会计师事务所应当在全所范围内（包括分所或分部）统一设计、实施和运行质量管理体系，实现人事、财务、业务、技术标准和信息管理五个方面的统一管理；如果会计师事务所通过合并、新设等方式成立分所，应当将该分所纳入质量管理体系中统一实施质量管理。

2.风险导向的思路

会计师事务所在设计、实施和运行质量管理体系时，应当采用风险导向的思路。按照风险导向的思路，会计师事务所应当采取下列三个步骤：

（1）设定质量目标。会计师事务所设定的质量目标是由质量管理体系各组成要素相关的目标构成的。

（2）识别和评估质量风险。会计师事务所应当识别和评估质量风险，为设计和采取应对措施奠定基础。

（3）设计和采取应对措施以应对质量风险。应对措施通常是指会计师事务所为应对质量风险而设计和实施的政策和程序，应对措施的性质、时间安排和范围取决于相关质量风险的评估结果及得出该评估结果的理由。

3.根据会计师事务所自身实际需要"量身定制"

实务中，会计师事务所应当实事求是，根据本会计师事务所及业务的性质和具体情况，以及本会计师事务所质量管理的实际需要，"量身定制"适合本会计师事务所的质量管理体系。由于不同会计师事务所的规模、组织结构、业务类型、业务风险等方面不同，质量管理体系在设计上会存在差异，特别是其复杂程度和规范程度也会存在差异，不应当机械执行会计师事务所质量管理准则，也不应当盲目地"照搬照抄"其他事务所的政策和程序。

会计师事务所在"量身定制"适合本所的质量管理体系时，针对质量管理体系的框架，可以根据实际情况调整这些要素，但是调整的范围仅限于更改要素的名称、将某个要素进行拆分或将某些要素进行合并。

4.不断完善和优化

质量管理体系应当不断完善和优化，而不是一成不变。实务中，会计师事务所应当根据本所及其业务在性质和具体情况方面的变化，对质量管理体系的设计、实施和运行进行动态调整。

【例2-3】（案例题）ABC会计师事务所的质量管理制度部分内容摘录如下：

（1）事务所每年对业务收入考核排名前十位的合伙人奖励50万元，对业务质量考核排名后十位的合伙人罚款5万元。

（2）事务所每三年至少两次向所有需要按照相关职业道德要求保持独立性的人员获取其遵守独立性政策和程序的书面确认函。

（3）为确保客观性，项目质量管理复核人员不得为其复核的审计项目提供咨询。

【要求】针对上述第（1）至（3）项，逐项指出ABC会计师事务所的质量管理制度的内容是否恰当。如不恰当，简要说明理由。

【正确答案】（1）不恰当。事务所的奖惩制度没有体现以质量为导向。

（2）不恰当。对事务所中需要按照职业道德要求保持独立性的人员，须每年至少一次获得这些人员遵守独立性政策和程序的书面确认函。

（3）恰当。

四、会计师事务所的风险评估程序

会计师事务所应当设计和实施风险评估程序，以设定质量目标，识别和评估质量风险，并设计和采取应对措施以应对质量风险。

（一）识别和评估质量风险并采取应对措施

会计师事务所在识别和评估质量风险时，应当了解可能对实现质量目标产生不利影响的事项或情况，包括相关人员的作为或不作为，包括下列方面：

1.会计师事务所的性质和具体情况

（1）会计师事务所的复杂程度和经营特征。

（2）会计师事务所在战略和运营方面的决策与行动、业务流程和业务模式。

（3）会计师事务所领导层的特征和管理风格。

（4）会计师事务所的资源，包括其拥有的内部资源和可获得的外部资源。

（5）法律法规、职业准则的规定。

（6）会计师事务所运营所处的环境。

（7）会计师事务所所在网络向其成员组织统一提出的要求或统一提供的服务的性质和范围。

2.会计师事务所业务的性质和具体情况

（1）会计师事务所执行业务的类型和出具报告的类型。例如，所执行业务的类型是否是审计等要求提供保证程度较高的业务。

（2）业务执行对象的实体类型。例如，业务执行对象是否为上市公司。

在了解上述事项或情况的基础上，会计师事务所应当考虑这些事项或情况可能对实现质量目标产生哪些不利影响，以及不利影响的程度。会计师事务所应当根据质量风险的评估结果以及得出该评估结果的理由设计和采取应对措施，以应对质量风险。

（二）针对变化对风险评估程序的动态调整

实务中，会计师事务所或其业务性质和具体情况可能发生变化。会计师事务所应当制定政策和程序以识别变化。如果识别出变化，会计师事务所应当考虑调整之前实施风险评估程序的结果，在适当时采取下列措施：

（1）设定额外的质量目标或调整之前设定的额外质量目标。

（2）识别和评估额外的质量风险、调整之前评估的质量风险或重新评估质量风险。

（3）设计和采取额外的应对措施，或调整已采取的应对措施。

五、治理和领导层

（一）相关质量目标

治理和领导层应当为质量管理体系的设计、实施和运行营造良好的环境。针对治理和领导层，会计师事务所应当设定下列质量目标：

1.树立全所范围的质量至上的文化认同

会计师事务所在全所范围内形成一种质量至上的文化，树立质量意识。文化认同包括下列方面：

（1）会计师事务所有责任通过持续高质量地执行业务服务于公众利益。

（2）职业价值观、职业道德和职业态度的重要性。

（3）会计师事务所所有人员都对其执行业务的质量承担责任，或对质量管理体系中执行活动的质量承担责任，并且这些人员的行为应当得当。

（4）会计师事务所的战略决策和行动，包括会计师事务所在财务和运营方面对优先事项的安排，都不能以牺牲质量为代价。

2.传递质量至上的执业理念

会计师事务所领导层向会计师事务所人员传递质量至上的执业理念，培育以质量为导向的文化。

3.对质量负责

会计师事务所领导层对质量负责，并通过实际行动展现对质量的重视。

4.保证组织结构和人员分配的恰当性

会计师事务所的组织结构以及对相关人员角色、职责、权限的分配是恰当的，能够满足质量管理体系设计、实施和运行的需要。

5.资源取得和分配的保障性

会计师事务所的资源（包括财务资源）需求有计划，并且资源的取得和分配能够保障会计师事务所履行其对质量的承诺。

【例2-4】（案例题）ABC会计师事务所的质量管理制度部分内容摘录如下：

（1）合伙人的收益以各业务部门为单位进行分配，具体分配方案由各业务部门制定，原则上以执业质量为首要考核指标。

（2）事务所质量管理部对上市实体审计业务的关键审计合伙人轮换进行实时监控，

并每年对轮换情况实施复核。其他审计业务的关键审计合伙人轮换由各业务部门自行监控及复核。

（3）项目合伙人对项目管理和项目质量承担总体责任，项目质量复核人员对项目质量复核的实施承担总体责任。

（4）事务所对项目实施内部质量检查时，该项目的项目组成员及项目质量复核人员均不得担任检查人员。

（5）项目合伙人和项目组其他成员不得担任本项目的项目质量复核人员，但可以为本项目的项目质量复核提供协助。

【要求】针对上述第（1）至（5）项，逐项指出ABC会计师事务所的质量管理制度的内容是否违反《会计师事务所质量管理准则》的相关规定。

【正确答案】（1）违反。应当在全所范围内进行合伙人收益分配。

（2）违反。会计师事务所应当针对公众利益实体审计业务对关键审计合伙人的轮换进行实时监控和复核。

（3）不违反。

（4）不违反。

（5）违反。为确保协助人员的客观性，项目合伙人和项目组其他成员不得为本项目的项目质量复核提供协助。

（二）会计师事务所质量管理领导层

会计师事务所应当在其质量管理领导层中设定三种角色，以保障该体系能够得以恰当地设计、实施和运行：

1.会计师事务所主要负责人应当对质量管理体系承担最终责任，如首席合伙人、主任会计师或者同等职位的人员。

2.会计师事务所应当指定专门的合伙人对质量管理体系的运行承担责任。

3.会计师事务所应当指定专门的合伙人对质量管理体系特定方面的运行承担责任。"特定方面"是指质量管理体系的特定要素，或者特定要素进一步细分的特定方面。例如，会计师事务所可以指定专门的合伙人对相关职业道德要求、监控和整改等要素的运行承担责任，也可以指定专门的合伙人对独立性要求的履行承担责任。

会计师事务所应当确保上述三类人员同时满足下列条件：

1.具备适当的知识、经验和资质。

2.在会计师事务所内具有履行其责任所需要的权威性和影响力。

3.具有充足的时间和资源履行其责任。

4.充分理解其应负的责任并接受对这些责任履行情况的问责。

会计师事务所应当确保对质量管理体系的运行承担最终责任的人员、对质量管理体系特定方面的运行承担责任的人员，能够直接与对质量管理体系承担最终责任的人员（即主要负责人）沟通。良好的沟通有助于在质量管理体系领导层之间传递信息，有利于相关人员能够及时获取相关信息并迅速作出相关决策。质量管理体系领导层中的三种角色的沟通关系，如图2-2所示。

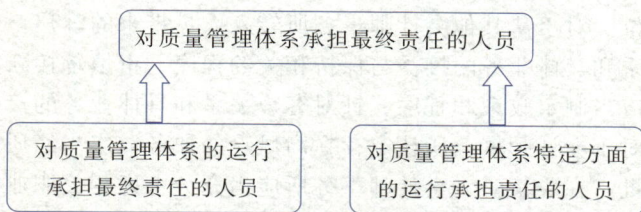

图2-2 质量管理体系领导层中的三种角色的沟通关系

六、相关职业道德要求

(一)相关质量目标

针对相关人员按照相关职业道德要求履行职责,会计师事务所应当设定下列质量目标:

1.会计师事务所及其人员充分了解规范会计师事务所及其业务的职业道德要求,并严格按照这些职业道德要求履行职责。

2.受职业道德要求约束的其他组织或人员,包括网络、网络事务所、网络或网络事务所中的人员、服务提供商,充分了解与其相关的职业道德要求,并严格按照这些职业道德要求履行职责。

(二)关键审计合伙人轮换机制

会计师事务所应当按照相关职业道德要求,建立并完善与公众利益实体审计业务有关的关键审计合伙人轮换机制,明确轮换要求,确保做到实质性轮换,防止流于形式。

针对公众利益实体审计业务,会计师事务所应当对关键审计合伙人的轮换情况进行实时监控,通过建立关键审计合伙人服务年限清单等方式管理关键审计合伙人相关信息。每年对轮换情况实施复核,并在全所范围内统一进行轮换。

👆 **提示**

会计师事务所应当完善利益分配机制,保证全所的人力资源和客户资源实现一体化统筹管理,避免某合伙人或项目组的利益与特定客户长期直接挂钩,影响独立性。会计师事务所应当定期评价利益分配机制的设计和执行情况。

七、客户关系和具体业务的接受与保持

(一)相关质量目标

针对客户关系和具体业务的接受与保持,会计师事务所应当设定下列质量目标:

1.会计师事务所是否针对业务的性质和具体情况以及客户(包括客户的管理层和治理层)的诚信和道德价值观获取了足够可以支持作出判断的充分信息。

2.会计师事务所是否具备按照适用的法律法规和职业准则的规定执行业务的能力。

3.会计师事务所在财务和运营方面对优先事项的安排,并没有导致接受或保持客户关系或具体业务作出不恰当的判断。

(二)树立风险意识

会计师事务所应当在客户关系和具体业务的接受与保持方面树立风险意识,确保项目

风险评估真实、到位。对于从其他会计师事务所转入人员带来的客户，会计师事务所应当严格执行与客户关系和具体业务的接受与保持相关的程序，审慎承接新客户。

会计师事务所应当制定政策和程序，针对客户关系和具体业务的接受与保持，在全所范围内统一决策。对于会计师事务所认定存在高风险的业务，应当经质量管理主管合伙人或其授权的人员审批。在决策时，会计师事务所应当充分考虑相关职业道德要求、管理层和治理层的诚信状况、业务风险以及是否具备执行业务必要的时间和资源，审慎作出承接与保持的决策。

> **提示**
>
> 对于在客户关系和具体业务的接受与保持方面具有较高风险的客户，会计师事务所应当设计和实施专门的质量管理程序，例如，加强与前任注册会计师的沟通、与相关监管机构沟通、访谈拟承接客户以了解有关情况、加强内部质量复核等。

八、业务执行

（一）相关质量目标

针对业务执行，会计师事务所应当设定下列质量目标：

1.项目组了解并履行其与所执行业务相关的责任，包括项目合伙人对项目管理和项目质量承担总体责任，并充分、适当地参与项目全过程。

2.基于项目的性质和具体情况、向项目组分配的资源以及项目组可获得的资源，对项目组进行的指导和监督以及对项目组已执行的工作进行的复核是恰当的，并且由经验较为丰富的项目组成员对经验较为缺乏的项目组成员的工作进行指导、监督和复核。

3.项目组恰当运用职业判断并保持职业怀疑。

4.对困难或有争议的事项已经进行咨询，并已按照达成的一致意见执行。

5.项目组内部、项目组与项目质量复核人员之间，以及项目组与会计师事务所内负责执行质量管理体系相关活动的人员之间存在的意见分歧，能够得到会计师事务所的关注并予以解决。

6.业务工作底稿能够在业务报告日之后及时整理，并得到妥善保存和维护，以遵守法律法规、相关职业道德要求和其他职业准则的规定，并满足会计师事务所自身的需要。

（二）对项目合伙人的要求

项目合伙人是指会计师事务所中负责某项业务及其执行，并代表会计师事务所在出具的报告上签字的合伙人。会计师事务所应当按照质量管理体系的要求，对项目合伙人的委派进行复核。

会计师事务所应当制定政策和程序，在全所范围内统一委派具有足够专业胜任能力、时间，并且无不良执业诚信记录的项目合伙人执行业务。其中，对专业胜任能力的评价包括下列方面：

1.是否充分了解相关法律法规和监管要求。

2.是否能够熟练掌握和运用相关职业准则的规定。

3.是否充分了解客户所在行业的业务特点、发展趋势、重大风险，以及该行业对信息技术的运用情况等。

（三）项目组内部复核

项目组是指执行某项业务的所有合伙人和员工，以及为该项业务实施程序的所有其他人员，但不包括外部专家，以及为项目组提供直接协助的内部审计人员。

项目组内部复核是指在项目组内部实施的复核。会计师事务所应当制定与内部复核相关的政策和程序，对内部复核的层级、各层级的复核范围、执行复核的具体要求以及对复核的记录要求等作出规定。

（四）项目质量复核

项目质量复核是指在报告日或报告日之前，项目质量复核人员对项目组作出的重大判断以及据此得出的结论作出的客观评价。项目质量复核人员是指会计师事务所中实施项目质量复核的合伙人或其他类似职位的人员，或者由会计师事务所委派实施项目质量复核的外部人员。会计师事务所应根据项目质量复核制定政策和程序，并对下列业务实施项目质量复核：

1. 上市实体财务报表审计业务。

2. 法律法规要求实施项目质量复核的审计业务或其他业务。

3. 会计师事务所认为，为应对一项或多项质量风险，有必要实施项目质量复核的审计业务或其他业务。

> **思考拓展**
>
> 项目质量复核与项目组内部复核有哪些区别？

（五）意见分歧

在业务执行中，可能会出现项目组内部、项目组与被咨询者之间以及项目合伙人与项目质量复核人员之间的意见分歧。会计师事务所应当制定与解决意见分歧相关的政策和程序，包括下列方面：

1. 项目合伙人和项目质量复核人员复核并评价项目组是否已对疑难问题或涉及意见分歧的事项进行适当咨询，判断咨询得出的结论是否可以执行。

2. 业务工作底稿中要记录意见分歧的解决过程和结论。如果项目质量复核人员和项目组成员以外的其他人员参与形成审计报告中的专业意见，应当在业务工作底稿中作出适当记录。

3. 所执行的项目应当在意见分歧解决后出具审计报告。

（六）出具审计报告

出具审计报告之前，应当经项目合伙人、项目质量复核人员进行复核确认，保证其内容、格式符合职业准则的规定，并由项目合伙人签署。会计师事务所应当加强对审计报告签发过程的把控，委派专门人员负责对报告的签章进行严格管理。

【例2-5】（多项选择题）针对财务报表审计的质量管理，注册会计师应当在审计工作底稿中记录的事项有（　　）。

A. 针对相关职业道德要求（包括独立性要求）识别出的事项

B. 针对客户关系和审计业务的接受与保持等与相关人员进行的讨论以及讨论得出

的结论

C. 在审计过程汇总进行咨询的性质、范围、得出的结论，以及这些结论是如何得到执行的

D. 如果审计项目需要实施项目质量复核，则应当记录项目质量复核已经在审计报告日或之前完成

【正确答案】ABC

【解析】针对财务报表审计的质量管理，注册会计师应当在审计工作底稿中记录下列事项：①针对相关职业道德要求（包括独立性要求）、客户关系和审计业务的接受与保持等方面识别出的事项、与相关人员进行的讨论，以及讨论得出的结论；②在审计过程中进行咨询的性质、范围、得出的结论，以及这些结论是如何得到执行的；③如果审计项目需要实施项目质量复核，则应当记录项目质量复核已经在审计报告日或之前完成。

九、资源

（一）相关质量目标

会计师事务所应当适当地获取、开发、利用、维护和分配各种资源，支持质量管理体系的设计、实施和运行。

1. 招聘、培养和留住具备胜任能力的人员

招聘、培养和留住那些具备与会计师事务所执行的业务相关的知识和经验，能够持续高质量地执行业务的人员。为保证高质量地执行业务，会计师事务所可以为每项业务分派具有胜任能力的项目合伙人和其他项目组成员。

2. 培养和保持胜任能力以履行其职责

通过业绩评价、薪酬调整、晋升和其他奖惩措施对执行业务的人员进行考评。

3. 保证获取外部协调资源

当会计师事务所在质量管理体系的运行时缺乏胜任的人员时，能够从外部获取必要的人力资源支持。

（二）与资源相关的政策与程序

1. 投入足够资源打造一支专业性强、经验丰富、运作规范的质量管理体系团队，以维持质量管理体系的日常运行。

2. 建立与专业技术支持相关的政策和程序，配备具备相应专业胜任能力、时间和权威性的技术支持人员，确保相关业务能够获得专业技术支持。

3. 建立和运行完善的工时管理系统，确保相关人员投入足够的时间执行业务，并为业绩评价提供依据。

4. 建立和完善与业务操作规程、业务软件等有关的指引，确保执业人员恰当记录判断过程、程序执行情况及得出的结论。

十、信息与沟通

（一）相关质量目标

会计师事务所应确保相关方及时获取、生成和利用与质量管理体系有关的信息，并及

时在会计师事务所内部或与外部各方沟通信息。

1.信息系统能够识别、获取、处理和维护来自内外部的为质量管理体系提供支持的准确信息。

2.通过文化认同强化会计师事务所人员与会计师事务所之间，以及这些人员之间交换信息的责任。

3.会计师事务所内部、各项目组之间以及外部各方能够交换和传递可靠的信息。

（二）与信息与沟通相关的政策与程序

1.执行上市实体财务报表审计业务时，应当与治理层沟通掌握质量管理体系持续高质量地执行业务的支撑过程。

2.向外部各方沟通与质量管理体系相关信息的性质、时间、范围、形式等，恰当地选择有效沟通的方式。

十一、监控和整改程序

为了定期和持续对质量管理体系的运行情况进行把控，会计师事务所需要实施监控和整改程序。如果发现质量管理体系存在缺陷，应当评价缺陷的严重程度，并采取恰当的整改措施。

（一）相关质量目标

在全所范围内建立统一的监控和整改程序，开展实质性监控，保证质量管理体系的设计、实施和运行所需信息真实、可靠，并针对识别出的质量管理体系的缺陷及时采取措施进行整改。

（二）监控活动

会计师事务所应当定期实施监控活动和持续实施监控活动。会计师事务所的监控活动应当包括从会计师事务所已经完成的项目中周期性地选择部分项目进行检查。每个周期内，针对每个项目合伙人需要至少选择一项已完成的项目进行检查。对承接上市实体审计业务的每个项目合伙人，检查周期最长不得超过三年。

（三）会计师事务所质量管理体系的缺陷

会计师事务所质量管理体系的设计、实施或运行无法合理保证实现其目标的情况下即产生缺陷。当存在下列情况之一时，表明会计师事务所质量管理体系存在缺陷：

1.未能设定质量管理体系所必需的质量目标。

2.未能识别或恰当评估一项或多项质量风险。

3.未能恰当设计和采取应对措施，或者应对措施未能有效发挥作用，导致质量风险发生的可能性不能降低至可接受的水平。

4.质量管理体系存在某些方面的缺失，或者某些方面未能得到恰当的设计、实施或有效运行。

在实施监控的过程中，会计师事务所应当评价监控和整改程序中发现的缺陷情况，采取恰当的方法调查缺陷的根本原因，评价缺陷单独或累积对质量管理体系造成的影响。

（四）整改措施

会计师事务所应当根据对根本原因的调查结果，设计和采取整改措施，以应对识别出的缺陷。对监控和整改程序的运行承担责任的人员应当评价整改措施，评价针对识别出的缺陷采取的整改措施是否有效。未达到预期效果的，应当采取适当措施作出必要调整使其能够达到预期效果。

对监控和整改程序的运行承担责任的人员，应当及时与会计师事务所主要负责人以及对质量管理体系的运行承担责任的人员沟通下列事项：

1.已执行的监控活动。

2.识别出的缺陷的严重程度和广泛性。

3.针对识别出的缺陷采取必要的整改措施。

十二、评价质量管理体系

质量管理体系在建成并运行后，会计师事务所应当对其运行情况进行评价，并根据质量管理体系的评价结果，对相关人员进行业绩评价。

（一）对质量管理体系的评价

会计师事务所主要负责人应当代表会计师事务所对质量管理体系进行评价。评价应当以某一时点为基准，至少每年进行一次评价。根据评价的结果，主要负责人可能得出下列结论：

1.质量管理体系能够向会计师事务所合理保证该体系的目标得以实现。

2.质量管理体系的设计、实施和运行存在严重但不具有广泛影响的缺陷，除与这些缺陷相关的事项外，质量管理体系能够向会计师事务所合理保证该体系的目标得以实现。

3.质量管理体系不能向会计师事务所合理保证该体系的目标得以实现。

如果得出第2项或第3项结论，会计师事务所应当采取适当措施。针对责任相关的事项与各项目组、在质量管理体系中承担相关责任的其他人员进行沟通，按照政策和程序与外部各方进行沟通。

高利润但缺乏
现金流

（二）对相关人员的业绩评价

会计师事务所应当结合对质量管理体系的评价结果，定期对相关人员进行业绩评价，包括主要负责人、对质量管理体系承担运行责任的人员、对质量管理体系特定方面承担运行责任的人员。

任务四　项目质量复核

一、委派项目质量复核人员的资质要求

会计师事务所应当在全所范围内统一委派项目质量复核人员，并确保负责实施委派工作的人员具有胜任能力。负责委派项目质量复核人员的人员需要独立于项目组，项目组成员不能负责委派本项目的项目质量复核人员。项目质量复核人员应当同时满足下列条件：

1.具备适当的胜任能力，包括充足的时间和适当的权威性以实施项目质量复核。项目质量复核人员的胜任能力应当至少与项目合伙人相当。

2.遵守相关职业道德要求，在实施项目质量复核时保持独立、客观、公正。

3.内部的项目质量复核人员应当是合伙人或类似职位的人员，会计师事务所也可以委派外部人员。

二、实施项目质量复核

(一) 复核程序

在实施项目质量复核时，项目质量复核人员应当实施下列程序：

1.阅读并了解相关信息，包括与项目和客户的性质以及具体情况沟通的信息，对监控和整改程序进行沟通获取的信息，尤其要对影响重大判断的领域识别出的缺陷进行沟通。

2.评价财务报表审计业务中项目合伙人遵守独立性要求的依据。

3.评价疑难问题或争议事项、涉及意见分歧的事项是否进行了适当咨询，并评价咨询得出的结论。

4.针对下列方面实施复核：

(1) 针对财务报表审计业务，复核被审计财务报表和审计报告，以及审计报告中对关键审计事项的描述。

(2) 针对财务报表审阅业务，复核被审阅财务报表或财务信息，以及拟出具的审阅报告。

(3) 针对财务报表审计和审阅以外的其他鉴证业务或相关服务业务，复核业务报告和鉴证对象信息。

> **提示**
>
> 对于财务报表审计业务，应评价项目合伙人得出结论的依据：
> (1) 项目合伙人对审计过程的参与程度是充分且适当。
> (2) 项目合伙人能够确定作出的重大判断和得出的结论适合项目的性质和具体情况。

(二) 与项目质量复核相关的政策和程序

会计师事务所应当制定项目质量复核的政策和程序：

1.为客观评价项目组作出的重大判断和结论是否正确，项目质量复核人员有责任在项目的适当时点实施复核程序。

2.项目合伙人与项目质量复核相关的责任。例如，项目合伙人不允许在已完成项目质量复核发出的通知之前签署业务报告。

3.应当对项目质量复核人员的客观性产生不利影响的情形采取适当行动。

(三) 项目质量复核的完成

如果项目质量复核人员怀疑项目组作出的重大判断或据此得出的结论不恰当，应当告知项目合伙人。如果项目质量复核人员确定项目质量复核已经完成，应当通知项目合伙人并签字确认。

【例2-6】(多项选择题) 下列各项中，上市实体的项目质量管理复核人应当执行的有 (   )。

A.与项目合伙人讨论重大事项

B.复核与重大错报风险相关的所有审计工作底稿

C.复核财务报表与拟出具的审计报告

D.考虑项目组就具体审计业务对会计师事务所独立性作出判断

【正确答案】ACD

三、项目质量复核的工作底稿

项目质量复核人员应当对项目质量复核实施形成的工作底稿负责。工作底稿应当足以使未曾接触该项目的执业人员了解项目复核执行程序的性质、时间安排和范围，以及在实施复核过程中得出的结论。项目质量复核工作底稿应当包括：项目质量复核人员及协助人员的姓名；已复核的业务工作底稿的识别特征；项目质量复核人员确定项目质量复核已经完成的依据；项目质量复核人员对已完成或无法完成的项目质量复核所发出的通知；完成项目质量复核的日期。

❄ **项目小结**

知识点❶ 注册会计师为实现执业目标，必须遵守一些基本原则。与职业道德有关的基本原则包括诚信、客观公正、独立性、专业胜任能力和勤勉尽责、保密、良好职业行为。

知识点❷ 中国注册会计师职业道德守则提出职业道德概念框架，它是指解决职业道德问题的思路和方法，用以指导注册会计师识别对职业道德基本原则的不利影响，必要时采取防范措施消除不利影响或将其降低至可接受的水平。

知识点❸ 质量管理体系是会计师事务所为实施质量管理而设计、实施和运行的系统。质量管理体系框架包括八个要素：（1）会计师事务所的风险评估程序；（2）治理和领导层；（3）相关职业道德要求；（4）客户关系和具体业务的接受与保持；（5）业务执行；（6）资源；（7）信息与沟通；（8）监控和整改程序。

知识点❹ 项目质量复核是指在报告日或报告日之前，项目质量复核人员对项目组作出的重大判断以及据此得出的结论作出的客观评价。会计师事务所应当在全所范围内统一委派项目质量复核人员，并确保负责实施委派工作的人员具有必要的胜任能力。

❄ **项目实训题**

一、判断题

1.诚信原则要求注册会计师不得与含有虚假记载或误导性陈述的信息发生关联，但可以接受存在遗漏的信息。（　）

2.实质上的独立性强调注册会计师的外在表现，需让第三方认为其未损害职业判断。（　）

3.注册会计师为鉴证客户编制属于鉴证业务对象的数据，属于自我评价对独立性的损害。（　）

4.会计师事务所对上市实体财务报表审计业务必须实施项目质量复核。（　）

5.若注册会计师发现客户存在财务舞弊，必须立即公开披露，无须考虑保密原则。（　）

6.关键审计合伙人轮换机制仅适用于上市公司审计业务。（　）

7.项目质量复核人员可由项目组成员兼任，以提高效率。　　　　（　　）

8.会计师事务所监控活动中，对项目合伙人的检查周期最长不得超过5年。（　　）

9.职业道德概念框架要求注册会计师先识别不利影响，再评价其严重程度，最后采取防范措施。　　　　　　　　　　　　　　　　　　　　　　　　　（　　）

10.业务工作底稿应在业务报告日后立即销毁，以节约存储成本。　　（　　）

二、单项选择题

1.下列有关职业道德基本原则的表述中，不正确的是（　　）。

A.诚信原则要求会员应当在所有的职业关系和商业关系中保持正直和诚实，秉公处事、实事求是

B.在执行任何业务时，注册会计师都必须保持独立性

C.客观和公正原则要求会员应当公正处事、实事求是，不得由于偏见、利益冲突或他人的不当影响而损害自己的职业判断

D.在终止与客户或工作单位的关系之后，会员仍然应当对在职业关系和商业关系中获知的信息保密

2.下列可能因自身利益导致不利影响的情形是（　　）。

A.审计项目团队成员的近亲属担任或最近曾经担任客户的董事或高级管理人员

B.在客户与第三方发生诉讼或纠纷时，注册会计师担任该客户的辩护人

C.注册会计师与客户存在重要密切的商业关系

D.客户对所沟通的事项比注册会计师更具有专长

3.下列情形中，属于因密切关系对职业道德基本原则产生不利影响的情形是（　　）。

A.审计项目团队成员的姐姐担任审计客户的董事

B.由于客户对所沟通的事项更具专长，注册会计师面临服从该客户判断的压力

C.注册会计师推介客户的产品、股份或其他利益

D.注册会计师与审计客户之间由于商务关系存在密切的商业关系

4.下列各项中，不属于会计师事务所质量管理体系框架包括的要素的是（　　）。

A.控制环境　　　　　B.资源　　　　　　　C.监控和整改程序　　D.相关职业道德要求

5.下列有关对质量管理体系运行中承担责任的表述中，正确的是（　　）。

A.会计师事务所主要负责人对质量管理体系承担最终责任

B.质量管理主管合伙人对项目质量复核的实施承担责任

C.项目质量复核人员对质量管理体系运行承担总体责任

D.主管合伙人对管理和实现审计项目的质量承担总体责任

6.下列有关质量管理体系的总体要求的说法中，错误的是（　　）。

A.会计师事务所应当在全所（不包括分所或分部）范围内统一设计、实施和运行质量管理体系

B.会计师事务所在设计、实施和运行质量管理体系时，应当采用风险导向的思路

C.会计师事务所应当根据本会计师事务所及业务的性质和具体情况，以及本会计师事务所质量管理的实际需要，量身定制适合本会计师事务所的质量管理体系

D.质量管理体系应当是动态的，不应一成不变

7.针对需要实施项目质量复核的审计项目，下列有关审计项目合伙人应当承担的责任的说法中，错误的是（　　）。

A.委派项目质量复核人员

B.配合项目质量复核人员的工作

C.与项目质量复核人员讨论在审计中遇到的重大事项和重大判断

D.在项目质量复核完成后，才签署审计报告

8.会计师事务所在委派项目组时，下列做法中，正确的是（　　）。

A.项目合伙人和项目质量复核人共同对项目总体质量负责

B.对高风险业务的承接，安排质量管理主管合伙人复核审批

C.委派项目的上年合伙人离任后继续负责对项目进行项目质量复核

D.对于同一客户的连续审计业务应尽量委派同一具有经验的人员担任项目合伙人

9.注册会计师利用因职业关系和商业关系而获知的涉密信息为自己或第三方谋取利益，违背了职业道德的（　　）原则。

A.保密　　　　　B.独立　　　　　C.客观　　　　　D.公正

10.甲注册会计师作为C公司年度财务报表审计的项目经理，应当在整个审计过程中对项目组成员违反职业道德要求的迹象保持警惕。在发现项目组成员乙违反了职业道德要求后，甲注册会计师首先应采取的最恰当的行动是（　　）。

A.将乙调离项目小组，并对乙所做的工作进行复核

B.确定乙的行为是否已对审计质量造成实质性的损害

C.解除业务约定，并向C公司管理层说明具体原因

D.与会计师事务所相关人员商讨，以便采取适当的措施

三、多项选择题

1.下列各项中，关于独立性基本原则的表述，错误的有（　　）。

A.独立性是对注册会计师而不是非执业会员提出的要求

B.注册会计师的独立性包括实质上的独立和形式上的独立

C.独立性原则只对注册会计师执行鉴证业务有要求，而不适用于非鉴证业务

D.在执行鉴证业务时，注册会计师必须保持独立性，但另有约定除外

2.下列各项中，体现质量管理体系的目标的有（　　）。

A.会计师事务所及其人员按照适用的法律法规的规定履行职责

B.会计师事务所和项目合伙人出具适合具体情况的业务报告

C.会计师事务所及其人员按照适用的职业准则的规定履行职责

D.会计师事务所和项目合伙人出具无保留意见的报告

3.下列各项中，会计师事务所在执行客户接受与保持程序时应当获取的相关信息有（　　）。

A.没有信息表明客户缺乏诚信

B.具有执行业务必要的素质和专业胜任能力

C.具有执行业务必要的时间和资源

D.能够遵守相关职业道德要求

4.下列关于ABC会计师事务所对项目合伙人的挑选及委派的做法中，正确的有（ ）。

A.对每项鉴证业务，委派两名项目合伙人

B.项目合伙人应具有履行职责所要求的适当的胜任能力、必要素质和权限

C.会计师事务所应清楚地界定项目合伙人的职责，但无须告知项目合伙人其职责

D.将项目合伙人的身份和作用告知客户管理层和治理层的关键成员

5.下列各行为中，损害了注册会计师职业声誉的行为有（ ）。

A.注册会计师把尽可能招揽更多的业务作为事务所首要目标

B.注册会计师按照服务成果大小决定收费标准

C.会计师事务所没有雇用正在其他会计师事务所执业的注册会计师

D.会计师事务所向他人支付佣金但没有收取他人佣金

6.关于项目质量复核人员客观性的保持，以下政策可行的有（ ）。

A.不由项目合伙人委派

B.在复核期间不以其他方式参与该业务

C.项目质量复核人员应当确保协助人员的客观性

D.项目之间交叉实施项目质量复核

7.会计师事务所和注册会计师应当考虑可能损害独立性的因素，包括（ ）。

A.经济利益   B.关联关系   C.自我评价   D.外界压力

8.下列关于接受新客户或现有客户的新业务的说法中，正确的有（ ）。

A.在接受新客户的业务前，需要考虑客户的诚信，确定没有信息表明客户缺乏诚信

B.如果识别出潜在的利益冲突，会计师事务所确定接受业务是否适当

C.在考虑接受现有客户的新业务时，由于以前承接过业务，因此可以不评价是否能够遵守相关职业道德要求

D.当识别出问题而又决定接受或保持客户关系或具体业务时，会计师事务所应当记录问题如何得到解决

9.会计师事务所能够接受或保持客户关系和具体业务应满足的条件包括（ ）。

A.能够胜任该项业务，并具有执行该项业务必要的素质、时间和资源

B.能够遵守相关职业道德要求

C.已考虑客户的诚信，没有信息表明客户缺乏诚信

D.业务风险

10.下列各项中，属于注册会计师应当遵守的职业道德基本原则的有（ ）。

A.保密   B.客观公正

C.专业胜任能力和勤勉尽责   D.诚信

四、案例分析题

练习一

【资料】ABC会计师事务所首次接受委托，负责审计上市公司甲公司2024年度财务报表，并委派A注册会计师担任审计项目合伙人。审计报告日为2025年3月2日。相关事项如下：

（1）ABC会计师事务所委派B注册会计师担任该项目质量控制复核人，并负责甲公司某重要子公司的审计。

（2）在接受委托后，A 注册会计师向甲公司前任注册会计师询问甲公司变更会计师事务所的原因，得知原因是甲公司在某一重大会计问题上与前任注册会计师存在分歧。

（3）A 注册会计师拟在审计完成阶段实施针对特定项目（包括持续经营、法律法规、关联方等）的必要程序。

（4）在签署审计报告前，A 注册会计师授权会计师事务所另一合伙人 C 注册会计师复核了所有审计工作底稿，并就重大事项与其进行了讨论。

（5）A 注册会计师就某一重大审计问题咨询会计师事务所技术部门，但直至审计报告日，仍未与技术部门达成一致意见。经与 B 注册会计师讨论，A 注册会计师出具了审计报告。

（6）B 注册会计师在 2025 年 3 月 5 日完成了项目质量控制复核。

【要求】针对上述第（1）至（6）项，逐项指出 ABC 会计师事务所及甲公司审计项目组成员是否恰当。如不恰当，简要说明理由。

练习二

【资料】张永是达利会计师事务所的注册会计师。该事务所于 2025 年 1 月接受委托，对源品有限责任公司 2024 年度的会计报表进行审计，假设出现以下不同种情况：

（1）张永是源品有限责任公司 2023 年度的财务总监。

（2）张永的父亲持有源品有限责任公司数额不大的股票。

（3）张永的妻子拥有源品有限责任公司超过 5% 的股权。

（4）源品有限责任公司 2024 年度会计报表是在张永的协助下编制的。

（5）张永的好朋友是源品有限责任公司的总经理。

【要求】在以上各种情况下，张永是否需要回避？并说明理由。

练习三

【资料】兴业银行拟申请公开发行股票，委托华义会计师事务所审计其 2022 年度、2023 年度和 2024 年度财务报表，双方于 2024 年年底签订审计业务约定书。假定华义会计师事务所及其审计小组成员与兴业银行存在以下情况：

（1）华义会计师事务所与兴业银行签订的审计业务约定书约定：审计费用为 1 500 000 元，兴业银行在华义会计师事务所提交审计报告时支付 50% 的审计费用，剩余 50% 视股票能否发行上市决定是否支付。

（2）2023 年 8 月，华义会计师事务所按照正常借款程序和条件，向兴业银行以抵押贷款方式借款 10 000 000 元，用于购置办公用房。

（3）华义会计师事务所的合伙人注册会计师张芳目前担任兴业银行的独立董事。

（4）审计小组负责人注册会计师王丽 2021 年曾担任兴业银行的审计部经理。

（5）审计小组成员注册会计师李小平自 2023 年以来一直协助兴业银行编制财务报表。

（6）审计小组成员注册会计师张强的妻子自 2021 年度起一直担任兴业银行的统计员。

【要求】根据上述第（1）至（6）项，判断华义会计师事务所或相关注册会计师的独立性是否会受到损害，并说明理由。

审计目标与审计计划

❋ 学习目标

　　知识目标：

　　掌握具体审计目标和管理层认定目标。

　　理解审计总体目标、具体审计目标和管理层认定目标的关系。

　　掌握初步业务活动的内容。

　　掌握制定总体审计策略时注册会计师应考虑的内容。

　　职业能力目标：

　　能够与被审计单位的管理层进行有效沟通，获取必要的信息，了解管理层对财务报表的认定和内部控制的执行情况；在初步业务活动中，能够协调审计团队的工作，确保各项任务的顺利进行。

本章内容思维导图

```
                              ┌─ 注册会计师审计的总体目标
                              ├─ 管理层认定
                   ┌─审计目标─┤
                   │          ├─ 具体审计目标
                   │          └─ 审计总体目标、具体审计目标与管理层认定的关系
                   │
                   │              ┌─ 初步业务活动的目的
审计目标与审计计划──┼─初步业务活动─┤ 初步业务活动的内容
                   │              └─ 审计业务约定书
                   │
                   │                        ┌─ 总体审计策略
                   └─总体审计策略和具体审计计划─┤ 具体审计计划
                                            └─ 审计过程中对计划的修改
```

任务一　审计目标

一、注册会计师审计的总体目标

审计目标分为审计总体目标和具体审计目标。审计总体目标是指注册会计师为完成整体审计工作而达到的预期目的。具体审计目标是指注册会计师通过实施审计程序以确定管理层在财务报表中确认的各类交易、账户余额、披露层次认定是否恰当，注册会计师在了解每个项目的认定后，就容易确定每个项目的具体审计目标。

在执行财务报表审计工作时，注册会计师的总体目标是：

（1）对财务报表整体是否不存在由舞弊或错误导致的重大错报获取合理保证，使得注册会计师能够对财务报表是否存在所有重大方面按照适用的财务报告编制基础编制发表审计意见；

（2）按照审计准则的规定，根据审计结果对财务报表出具审计报告，并与管理层和治理层沟通。

在任何情况下，如果不能获取合理保证，并且在审计报告中发表保留意见也不足以实现向财务报表预期使用者报告的目的，注册会计师应当按照审计准则的规定出具无法表示意见的审计报告，或者在法律法规允许的情况下终止审计业务或解除业务约定。

【例3-1】（多项选择题）关于注册会计师执行财务报表审计工作的总体目标，下列说法中，正确的有（　　）。

A.对财务报表整体是否不存在由于舞弊或错误导致的重大错报获取合理保证，使得注册会计师能够对财务报表是否存在所有重大方面按照适用的财务报告编制基础编制发表审计意见

B.对被审计单位的持续经营能力提供合理保证

C.对被审计单位内部控制是否存在值得关注的缺陷提供合理保证

D.按照审计准则的规定，根据审计结果对财务报表出具审计报告，并与管理层和治理层沟通

【正确答案】AD

【解析】注册会计师审计的总体目标是：（1）对财务报表整体是否不存在由于舞弊或错误导致的重大错报获取合理保证，使得注册会计师能够对财务报表是否在所有重大方面按照适用的财务报告编制基础编制发表审计意见（选项A）；（2）按照审计准则的规定，根据审计结果对财务报表出具审计报告，并与管理层和治理层沟通（选项D）。

提示

审计意见旨在提高财务报表的可信度，并不是对被审计单位持续经营能力或管理层经营效率、经营效果提供的保证。

二、管理层认定

（一）管理层认定的含义

管理层认定与具体审计目标密切相关，注册会计师首要职责就是确定被审计单位管理层对本单位财务报表的认定是否恰当。注册会计师了解认定就是要确定每个项目的具体审计目标。管理层认定是指管理层在财务报表中作出的明确或隐含的表述，注册会计师通过考虑可能发生的不同类型的潜在错报，运用认定评估风险，并据此设计审计程序以应对评估的风险。

当管理层声明财务报表已经按照适用的财务报告框架进行编制，在所有重大方面作出公允反映时，即意味着管理层对财务报表各组成要素的确认、计量、列报以及相关的披露已作出了认定。管理层在财务报表上的认定有的是明确的，有的是隐含的。

【例3-2】（案例题）管理层在资产负债表中列报存货10万元。

【要求】列报存货10万元意味着管理层作出了哪些明确和隐含的认定？

【正确答案】管理层作出下列明确的认定：①记录的存货是存在的；②存货以恰当的金额包括在财务报表中，与存货相关的计价或分摊调整等都已恰当地记录。

管理层作出下列隐含的认定：①所有应当记录的存货均已经记录；②记录的存货所有权都属于被审计单位；③与存货相关的披露恰当。

（二）关于所审计期间各类交易、事项及相关披露的认定

关于所审计期间各类交易、事项及相关披露的认定通常分为下列类别：

1.发生：记录或披露的交易和事项已发生，且这些交易和事项与被审计单位有关。

2.完整性：所有应当记录的交易和事项均已记录，所有应当包括在财务报表中的相关披露均已包括。

3.准确性：与交易和事项有关的金额及其他数据已恰当记录，相关披露已得到恰当计量和描述。

4.截止：交易和事项已记录于正确的会计期间。

5.分类：交易和事项已记录于恰当的账户。

6.列报：交易和事项已经被恰当地汇总或分解且表述清楚，相关披露在适用的财务报告编制基础下是相关的、可理解的。

（三）关于期末账户余额及相关披露的认定

关于期末账户余额及相关披露的认定通常分为下列类别：

1.存在：记录的资产、负债和所有者权益是存在的。

2.权利和义务：记录的资产由被审计单位拥有或控制，记录的负债是被审计单位应当履行的偿还义务。

3.完整性：所有应当记录的资产、负债和所有者权益均已记录，所有应当包括在财务报表中的相关披露均已包括。

4.准确性、计价和分摊：资产、负债和所有者权益以恰当的金额包括在财务报表中，与之相关的计价或分摊调整已恰当记录，相关披露已得到恰当计量和描述。

5.分类：资产、负债和所有者权益已记录于恰当的账户。

6.列报：资产、负债和所有者权益已被恰当地汇总或分解且表述清楚，相关披露在适用的财务报告编制基础下是相关的、可理解的。

【例3-3】（单项选择题）下列各项认定中，与交易和事项、期末账户余额以及列报和披露均相关的是（　　）。

A.发生　　　　　　B.完整性　　　　　C.截止　　　　　　D.权利和义务

【正确答案】B

【解析】与账户余额和交易事项都相关的是完整性认定。

三、具体审计目标

注册会计师了解认定后，就较容易确定每个项目的具体审计目标，并以此作为评估重大错报风险以及设计和实施进一步审计程序的基础。

（一）与所审计期间各类交易、事项及相关披露的审计目标

1.发生

由发生认定推导出的审计目标是确认已记录的交易是真实的。例如，如果没有发生销售交易，但在销售日记账中却记录了销售业务，则违反了该目标。

发生认定所要解决的问题是管理层是否把那些不曾发生的项目列入财务报表，它主要与财务报表组成要素的高估有关。例如，如果没有发生销售业务，但在销售明细账中记录了一笔销售交易，则违反发生的目标。

2.完整性

由完整性认定推导出的审计目标是确认已发生的交易确实已经记录，所有应包括在财务报表中的相关披露均已包括。例如，如果发生了销售交易，但没有在销售明细账和总账中记录，则违反了该目标。

发生和完整性两者强调的是不同的关注点。发生目标针对多记、虚构交易（高估），而完整性目标则针对漏记交易（低估）。

3.准确性

由准确性认定推导出的审计目标是确认已记录的交易是按正确金额反映的，相关披露已得到恰当计量和描述。例如，如果在销售交易中，发出商品的数量与账单上的数量不符，或是开账单时使用了错误的销售价格，或是账单中的乘积或加总有误，或是在销售明细账中记录了错误的金额，则违反了该目标。

准确性与发生、完整性之间存在区别。例如，若已记录的销售交易是不应当记录的（如发出的商品是寄销商品），则即使发票金额是准确计算的，仍违反了发生目标。再如，若已入账的销售交易是对正确发出商品的记录，但金额计算错误，则违反了准确性目标，而没有违反发生目标。在完整性与准确性之间也存在同样的关系。

4.截止

由截止认定推导出的审计目标是确认接近于资产负债表日的交易记录于恰当的期间。例如，如果本期交易推到下期，或下期交易提到本期，均违反了截止目标。

5.分类

由分类认定推导出的审计目标是确认被审计单位记录的交易经过适当分类。例如，如果将出售经营性固定资产所得的收入记录为营业收入，则导致交易分类的错误，违反了分类的目标；如果将现销业务记录为赊销，将出售经营性固定资产所得的收入记录为主营业务收入，则会导致交易分类的错误，违反分类的目标。

6.列报

由列报认定推导出的审计目标是确认被审计单位的交易和事项已被恰当地汇总或分解且表述清楚，相关披露在适用的财务报告编制基础下是相关的、可理解的。

【例3-4】（单项选择题）注册会计师实施的下列审计程序中，主要实现对相关项目的存在目标的是（　　）。

A.从与形成应收账款有关的订购单、发运凭证、销售发票等入手，追查至应收账款账簿记录

B.重新计算当年对固定资产计提的累计折旧

C.函证银行存款余额

D.检查年末存货的可变现净值

【正确答案】C

【解析】选项A主要实现相关资产的完整性目标；选项B、D主要实现相关资产的准确性、计价和分摊目标。

（二）与期末账户余额及相关披露相关的审计目标

1.存在

由存在认定推导出的审计目标是确认记录的金额确实存在。例如，如果不存在某顾客的应收账款，在应收账款明细表中却列入了对该顾客的应收账款，则违反了存在目标。

2.权利和义务

由权利和义务认定推导出的审计目标是确认资产归属于被审计单位，负债属于被审计单位的义务。例如，将他人寄售商品列入被审计单位的存货中，违反了权利目标；将不属于被审计单位的债务记入账内，违反了义务目标。

3.完整性

由完整性认定推导出的审计目标是确认已存在的金额均已记录，所有应包括在财务报表中的相关披露均已包括。例如，如果存在某顾客的应收账款，而应收账款明细表中却没有列入，则违反了完整性目标。

4.准确性、计价和分摊

资产、负债和所有者权益以恰当的金额包括在财务报表中，与之相关的计价或分摊调整已恰当记录，相关披露已得到恰当计量和描述。

5.分类

资产、负债和所有者权益已记录于恰当的账户。

6.列报

资产、负债和所有者权益已被恰当地汇总或分解且表述清楚，相关披露在适用的财务报告编制基础下是相关的、可理解的。

由此可见，认定是确定具体审计目标的基础。注册会计师通常将认定转化为能够通过审计程序予以实现的审计目标。针对财务报表每一项目所表现出的各项认定，注册会计师相应地确定一项或多项审计目标，然后通过执行一系列审计程序获取充分、适当的审计证据以实现审计目标。管理层认定与具体审计目标的对应关系，如表3-1所示。

表3-1　　　　　　　　　　管理层认定与具体审计目标的对应关系

报表项目	管理层认定	具体审计目标
所审计期间各类交易、事项及相关披露	发生	确认已记录的交易是真实的
	完整性	确认已发生的交易确实已经记录，所有应包括在财务报表中的相关披露均已包括
	准确性	确认已记录的交易是按正确金额反映的，相关披露已得到恰当计量和描述
	截止	确认接近于资产负债表日的交易记录于恰当的期间
	分类	确认被审计单位记录的交易经过适当分类
	列报	确认被审计单位的交易和事项已被恰当地汇总或分解且表述清楚，相关披露在适用的财务报告编制基础下是相关的、可理解的
期末账户余额及相关披露	存在	确认记录的金额确实存在
	权利和义务	确认资产归属于被审计单位，负债属于被审计单位的义务
	完整性	确认已存在的金额均已记录，所有应包括在财务报表中的相关披露均已包括
	准确性、计价和分摊	资产、负债和所有者权益以恰当的金额包括在财务报表中，与之相关的计价或分摊调整已恰当记录，相关披露已得到恰当计量和描述
	分类	资产、负债和所有者权益已记录于恰当的账户
	列报	资产、负债和所有者权益已被恰当地汇总或分解且表述清楚，相关披露在适用的财务报告编制基础下是相关的、可理解的

四、审计总体目标、具体审计目标与管理层认定的关系

管理层认定是确定具体审计目标的基础和依据，具体审计目标又是注册会计师总体目标的具体化，并受到总体目标的制约。具体审计目标必须根据被审计单位管理层的认定和注册会计师的总体目标来确定。为了实现总体目标，注册会计师在计划和实施审计工作时，需要明确各具体审计项目的审计目标。注册会计师针对财务报表每一项目所表现出的各项认定，相应地确定一项或多项审计目标，然后通过执行一系列审计程序获取充分、适当的审计证据以实现审计目标。

一般情况下，注册会计师应以财务报表审计的总体目标为指导，以管理层的认定为基础，明确适合于各类交易、账户余额和列报的具体审计目标，然后通过执行一系列审计程序获取充分、适当的审计证据以实现审计目标。审计总体目标、具体审计目标与管理层认定的关系，如图3-1所示。

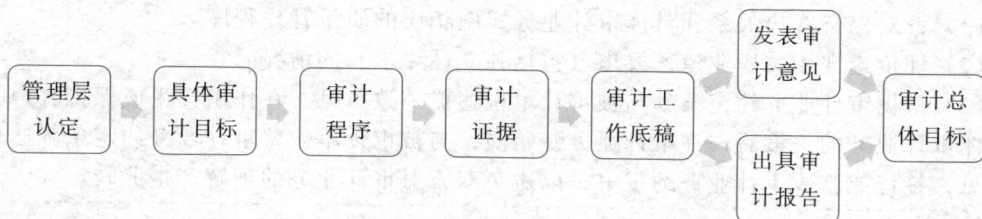

图3-1 审计总体目标、具体审计目标与管理层认定的关系

【例3-5】（案例题）利达股份公司2024年12月份业务描述的财务报表数据见表3-2第1列。

【要求】请分析该公司管理层认定、审计目标和审计程序三者之间的关系，以表格的形式列明三者之间的关系。

【正确答案】管理层认定、审计目标和审计程序之间的关系见表3-2。

表3-2　　　　　　　　管理层认定、审计目标和审计程序

业务描述	管理层认定	审计目标	审计程序
存货100万元	存在性	资产负债表列示的存货存在	实施存货监盘程序
主营业务收入500万元	完整性	销售收入包括了所有已发货的交易	检查发货单和销售发票的编号以及销售明细账
应收账款1 300万元	准确性	应收账款反映的销售业务是否基于正确的价格和数量，计算是否正确	比较价格清单与发票上的价格、发货单与销售订购单上的数量是否一致，重新计算发票上的金额
12月份主营业务收入8万元	截止	销售业务记录在恰当的期间	比较上一年度最后几天和下一年度最初几天的发货单日期与记账日期
固定资产2 500万元	权利和义务	资产负债表中的固定资产确实为公司拥有	查阅所有权证书、购货合同、结算单和保险单
应收账款净值900万元	计价和分摊	以净值记录应收账款	检查应收账款账龄分析表，评估计提的坏账准备是否充足

任务二　初步业务活动

一、初步业务活动的目的

注册会计师在计划审计工作前，需要开展初步业务活动。初步业务活动主要有三个目的：

1.确保注册会计师已具备执行业务所需要的独立性和专业胜任能力。

2.确保不存在因管理层诚信问题而影响注册会计师保持该项业务意愿的情况。

3.确保与被审计单位不存在对业务约定条款的误解。

二、初步业务活动的内容

注册会计师应当在审计业务开始时开展下列初步业务活动：

（1）针对保持客户关系和具体审计业务实施相应的质量管理程序。

（2）评价遵守相关职业道德要求（包括独立性要求）的情况。

（3）根据审计业务约定条款与被审计单位达成一致意见。在作出接受或保持客户关系及具体审计业务的决策后，在审计业务开始前，与被审计单位就审计业务约定条款达成一致意见，签订或修改审计业务约定书，以避免双方对审计业务的理解产生分歧。

> ✒️ **知识链接**
>
> 初步业务活动，要在签订业务约定书之前开展（双方接洽，确定是否合作），包括三项内容：
>
> 1.考量对方。客户质量控制（目的：后续不会因管理层诚信问题，影响是否继续该业务）。
>
> 2.打量自身。遵守职业道德情况（目的：确保独立性和专业胜任能力）。
>
> 3.达成一致。签订业务约定书（目的：明确双方的权利和义务）。

【例3-6】（单项选择题）注册会计师应当在审计业务开始时开展初步业务活动。下列各项中，不属于初步业务活动的是（　　）。

A.评价遵守相关职业道德要求的情况

B.针对保持客户关系和具体审计业务实施相应的质量管理程序

C.在执行首次审计业务时，查阅前任注册会计师的审计工作底稿

D.就审计业务约定条款与被审计单位达成一致意见

【正确答案】C

【解析】查阅前任审计工作底稿应当在受托后才能进行。

三、审计业务约定书

（一）审计业务约定书的定义

审计业务约定书是指会计师事务所与被审计单位签订的，用以记录和确认审计业务的

委托与受托关系、审计目标和范围、双方的责任以及报告的格式等事项的书面协议。会计师事务所承接任何审计业务，都应与被审计单位签订审计业务约定书。如果被审计单位不是委托人，在签订审计业务约定书前，注册会计师应当与委托人、被审计单位就审计业务约定相关条款进行充分沟通，并达成一致意见。

（二）审计业务约定书的内容

审计业务约定书的内容和格式会因被审计单位的不同而各异，但主要内容包括：

①财务报表审计的目标与范围；②注册会计师的责任；③管理层的责任；④指出编制财务报表所适用的财务报告编制基础；⑤提及注册会计师拟出具的审计报告的预期形式和内容，以及对在特定情况下出具的审计报告可能不同于预期形式和内容的说明。

（三）审计业务约定书的特殊考虑

如果情况需要，注册会计师应当考虑在审计业务约定书中列明下列内容：①在某些方面对利用其他注册会计师和专家工作的安排；②与审计涉及的内部审计人员和被审计单位其他员工工作的协调；③预期向被审计单位提交的其他函件或报告；④与治理层整体直接沟通；⑤在首次接受审计委托时，对与前任注册会计师沟通的安排；⑥注册会计师与被审计单位之间需要达成进一步协议的事项；⑦收费的计算基础和收费安排；⑧说明对注册会计师责任可能存在的限制。

【例3-7】（多项选择题）下列属于审计业务约定书的特殊考虑的是（　　）。

A.提及注册会计师拟出具的审计报告的预期形式和内容，以及对在特定情况下出具的审计报告可能不同于预期形式和内容的说明

B.关于注册会计师按照规定，在审计报告中沟通关键审计事项的要求

C.预期管理层将允许注册会计师接触管理层知悉的与财务报表编制相关的所有信息

D.管理层同意向注册会计师及时提供财务报表草稿和其他所有附带信息，以使注册会计师能够按照预定的时间完成审计工作

【正确答案】BCD

【解析】选项A属于审计业务约定书基本内容。

（四）审计业务约定条款的变更

1.变更审计业务约定条款的要求

在完成审计业务前，如果被审计单位或委托人要求将审计业务变更为保证程度较低的业务，注册会计师应当确定是否存在合理理由予以变更。

可能导致被审计单位要求变更业务的原因有：

①环境变化对审计服务的需求产生影响；②对原来要求的审计业务的性质存在误解；③审计范围可能由于管理层施加压力或是其他原因而受到限制。

上述第①和第②项通常被认为是变更业务的合理理由，但如果有迹象表明该变更要求与错误的、不完整的或者不能令人满意的信息有关，注册会计师应该认为该变更是不合理的。

如果没有合理的理由，注册会计师不应该同意变更业务。如果注册会计师不同意变更审计业务约定条款，而管理层又不允许继续执行原审计业务，注册会计师应当：①在法律法规允许的情况下，解除审计业务约定；②确定是否有约定义务或其他义务向治理层、所有者或监管机构等报告该事项。

2.变更为审阅业务或相关服务业务的要求

在同意将审计业务变更为审阅业务或相关服务业务前，接受委托的按照审计准则执行审计工作的注册会计师，除考虑可能变更的原因以外，还需要评估变更业务对法律责任或业务约定的影响。

如果注册会计师认为将审计业务变更为审阅业务或相关服务业务具有合理理由，截至变更日已执行的审计工作可能与变更后的业务相关，则需要执行的工作和出具的报告要适用于变更后的业务。为避免引起报告使用者的误解，对相关服务业务出具的报告不应提及原审计业务和在原审计业务中已执行的程序。只有将审计业务变更为执行商定程序业务，注册会计师才可以在报告中提及已执行的程序。审计业务约定书，如图3-2所示。

审计业务约定书

索引号：A-C

甲方：（取被审计单位信息、被审计单位名称）_____

乙方：（取审计单位信息、审计单位名称）_____

兹有甲方委托乙方对（取项目信息）（取项目年度）财务报表进行审计经双方协商达成以下约定：

一、业务范围与审计目标

1.乙方接受甲方委托，对甲方按照企业会计准则和《会计制度》编制的项目____年____月____日的资产负债表，项目年度利润表、股东权益变动表和现金流量表以及财务报表附注（以上统称财务报表）进行审计。

2.乙方通过执行审计工作，对财务报表的下列方面发表审计意见：（1）财务报表是否按照企业会计准则_____和《_____会计制度》的规定编制；（2）财务报表是否在所有重大方面公允反映甲方的财务状况、经营成果和现金流量。

二、甲方的责任与义务

（一）甲方的责任

1.根据《中华人民共和国会计法》以及《企业财务会计报告条例》。甲方及甲方负责人有责任保证会计资料的真实性和完整性。因此，甲方管理层有责任妥善保存和提供会计记录（包括但不限于会计凭证、会计账簿及其他会计资料），这些记录必须真实、完整地反映甲方的财务状况、经营成果和现金流量。

2.按照企业会计准则和《_____会计制度》的规定编制财务报表是甲方管理层的责任，这种责任包括：（1）设计、实施和维护与财务报表编制相关的内部控制，以使财务报表不存在由于舞弊或错误而导致的重大错报；（2）选择和运用恰当的会计政策；（3）作出合理的会计估计。

（二）甲方的义务

1.及时为乙方的审计工作提供其所要求的全部会计资料和其他有关资料（在20____年____月____日之前提供审计所需的全部资料），并保证所提供资料的真实性和完整性。

2.确保乙方不受限制地接触任何与审计有关的记录、文件和所需的其他信息。

［下段适用于集团财务报表审计业务，使用时需按每位客户/约定项目的特定情况而修改，如果加入此段，应相应修改下面其他条款编号］

［3.为满足乙方对甲方合并财务报表发表审计意见的需要，甲方须确保：

乙方和为组成部分执行审计的其他会计师事务所的注册会计师（以下简称其他注册会计师）之间的沟通不受任何限制。

组成部分是指甲方的子公司、分部、分公司、合营企业、联营企业等。

如果甲方管理层、负责编制组成部分财务信息的管理层（以下简称组成部分管理层）对其他注册会计师的审计范围施加了限制，或客观环境使其他注册会计师的审计范围受到限制，甲方管理层和组成部分管理层应当及时告知乙方。

乙方及时获悉其他注册会计师与组成部分治理层和管理层之间的重要沟通（包括就内部控制重大缺

陷进行沟通）。

乙方及时获悉组成部分治理层和管理层与监管机构就财务信息事项进行的重要沟通。

在乙方认为必要时，允许乙方接触组成部分的信息、组成部分管理层或其他注册会计师（包括其他注册会计师的审计工作底稿），并允许乙方对组成部分的财务信息实施审计程序。]

3.甲方管理层对其作出的与审计有关的声明予以书面确认。

4.为乙方派出的有关工作人员提供必要的工作条件和协助，主要事项将由乙方于外勤工作开始前提供清单。

5.按本约定书的约定及时足额支付审计费用以及乙方人员在审计期间的交通、食宿和其他相关费用。

三、乙方的责任和义务

（一）乙方的责任

1.乙方的责任是在实施审计工作的基础上对甲方财务报表发表审计意见。乙方按照中国注册会计师审计准则（以下简称审计准则）的规定进行审计。审计准则要求注册会计师遵守职业道德规范，计划和实施审计工作，以对财务报表是否不存在重大错报获取合理保证。

[下段适用于集团财务报表审计业务，使用时需按每位客户/约定项目的特定情况而修改，如果加入此段，应相应修改下面其他条款编号]

[2.乙方不对非由乙方审计的组成部分的财务信息单独出具审计报告；有关的责任由对该组成部分执行审计的其他注册会计师及其所在的会计师事务所承担。]

2.审计工作涉及实施审计程序，以获取有关财务报表金额和披露的审计证据。选择的审计程序取决于乙方的判断，包括对由于舞弊或错误导致的财务报表重大错报风险的评估，在进行风险评估时，乙方考虑与财务报表编制相关的内部控制，以设计恰当的审计程序，但目的并非对内部控制的有效性发表意见。审计工作还包括评价管理层选用会计政策的恰当性和作出会计估计的合理性，以及评价财务报表的总体列报。

3.乙方需要合理计划和实施审计工作，以使乙方能够获取充分、适当的审计证据，为甲方财务报表是否不存在重大错报获取合理保证。

4.乙方有责任在审计报告中指明所发现的甲方在某重大方面没有遵循企业会计准则和《_____会计制度》编制财务报表且未按乙方的建议进行调整的事项。

5.由于测试的性质和审计的其他固有限制，以及内部控制的固有局限性，不可避免地存在着某些重大错报在审计后可能仍未被乙方发现的风险。

6.在审计过程中，乙方若发现甲方内部控制存在乙方认为的重要缺陷，应向甲方提交管理建议书。但乙方在管理建议书中提出的各种事项，并不代表已全面说明所有可能存在的缺陷或已提出所有可行的改善建议。甲方在实施乙方提出的改善建议前应全面评估其影响。未经乙方书面许可，甲方不得向任何第三方提供乙方出具的管理建议书。

7.乙方的审计不能减轻甲方及甲方管理层的责任。

（二）乙方的义务

1.按照约定时间完成审计工作，出具审计报告。乙方应于20____年____月____日前出具审计报告。

2.除下列情况外，乙方应当对执行业务过程中知悉的甲方信息予以保密：（1）取得甲方的授权；（2）根据法律法规的规定，为法律诉讼准备文件或提供证据，以及向监管机构报告发现的违反法规行为；（3）接受行业协会和监管机构依法进行的质量检查；（4）监管机构对乙方进行行政处罚（包括监管机构处罚前的调查、听证）以及乙方对此提起行政复议。

四、审计收费

1.本次审计服务的收费是以乙方各级别工作人员在本次工作中所耗费的时间为基础计算的。乙方预计本次审计服务的费用总额为人民币_____万元。

2.甲方应于本约定书签署之日起____日内支付____%的审计费用，其余款项于［审计报告草稿完成日）结清。

3.如果由于无法预见的原因，致使乙方从事本约定书所涉及的审计服务实际时间较本约定书签订时预计的时间有明显的增加或减少时，甲乙双方应通过协商，相应调整本约定书第四条第1项下所述的审计费用。

4.如果由于无法预见的原因，致使乙方人员抵达甲方的工作现场后，本约定书所涉及的审计服务不再进行，甲方不得要求退还预付的审计费用；如上述情况发生于乙方人员完成现场审计工作，并离开甲方的工作现场之后，甲方应另行向乙方支付人民币____元的补偿费，该补偿费应于甲方收到乙方的收款通知之日起____日内支付。

5.与本次审计有关的其他费用（包括交通费、食宿费等）由甲方承担。

五、审计报告和审计报告的使用

1.乙方按照《中国注册会计师审计准则第1501号——审计报告》和《中国注册会计师审计准则第1502号——非标准审计报告》规定的格式和类型出具审计报告。

2.乙方向甲方出具审计报告一式____份。

3.甲方在提交或对外公布审计报告时，不得修改乙方出具的审计报告及其后附的已审计财务报表。当甲方认为有必要修改会计数据、报表附注和所作的说明时，应当事先通知乙方，乙方将考虑有关的修改对审计报告的影响，必要时，将重新出具审计报告。

六、本约定书的有效期间

本约定书自签署之日起生效，并在双方履行完毕本约定书约定的所有义务后终止，但其中第三（二）2、四、五、八、九、十项并不因本约定书终止而失效。

七、约定事项的变更

如果出现不可预见的情况，影响审计工作如期完成，或需要提前出具审计报告，甲、乙双方均可要求变更约定事项，但应及时通知对方，并由双方协商解决。

八、终止条款

1.如果根据乙方的职业道德及其他有关专业职责、适用的法律法规或其他任何法定的要求，乙方认为已不适宜继续为甲方提供本约定书约定的审计服务时，乙方可以采取向甲方提出合理通知的方式终止履行本约定书。

2.在终止业务约定的情况下，乙方有权就其于本约定书终止之日前对约定的审计服务项目所做的工作收取合理的审计费用。

九、违约责任

甲、乙双方按照《中华人民共和国民法典》的规定承担违约责任。

十、适用法律和争议解决

本约定书的所有方面均应适用中华人民共和国法律进行解释并受其约束。本约定书履行地为乙方出具审计报告所在地，因本约定书所引起的或与本约定书有关的任何纠纷或争议（包括关于本约定书条款的存在、效力或终止，或无效之后果），双方选择以下第____种解决方式：

1.向有管辖权的人民法院提起诉讼。

2.提交_____仲裁委员会仲裁。

十一、双方对其他有关事项的约定

本约定书一式两份，甲、乙方各执一份，具有同等法律效力。

甲方：（盖章）　　　（取被审计单位信息
　　　　　　　　　　被审计单位名称）_____

乙方：（盖章）　　　（取审计单位信息
　　　　　　　　　　审计单位名称）_____

授权代表：（签名并盖章）_____　　授权代表：（签名并盖章）_____

　二〇　　年　月　日　　　　　二〇　　年　月　日

图3-2　审计业务约定书

任务三　总体审计策略和具体审计计划

　　审计计划分为总体审计策略和具体审计计划两个层次。注册会计师应当针对总体审计策略中所识别的不同事项，制订具体审计计划，并考虑通过有效利用审计资源以实现审计目标。通常制定总体审计策略的过程需要在具体审计计划之前，但是两者具有紧密联系，对总体审计策略的制定可能会影响具体审计计划的决定。因此，注册会计师可能会在具体审计计划中制定相应的审计程序，并相应调整总体审计策略的内容。审计计划的两个层次如图3-3所示。

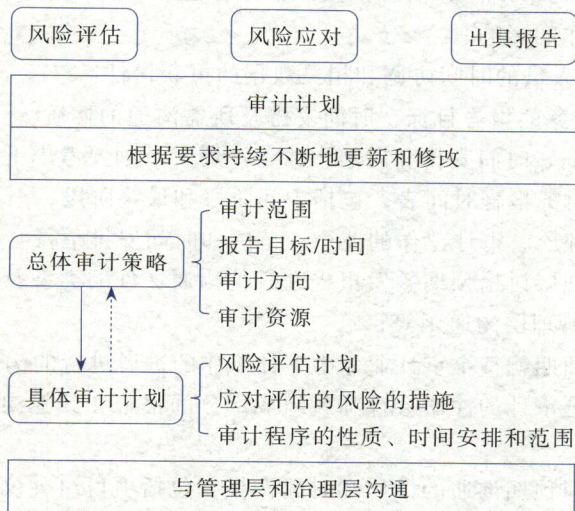

图3-3　审计计划的两个层次

一、总体审计策略

　　总体审计策略确定审计范围、时间和方向，并指导制订具体审计计划。注册会计师在制定总体审计策略时，应考虑以下可能会影响具体计划的事项：

（一）确定审计范围

　　注册会计师应当确定审计业务的特征，包括采用的会计准则和相关会计制度、特定行业的报告要求以及被审计单位组成部分的分布等，以确定审计范围。在确定审计范围时，注册会计师应当考虑下列事项：

　　1.编制财务报表适用的会计准则和相关会计制度。

　　2.特定行业的报告要求，如某些行业的监管部门要求提交的报告。

　　3.预期的审计工作的范围，包括需要审计的集团内组成部分的数量及所在地点。

　　4.母公司和集团内其他组成部分之间存在的控制关系的性质，以确定编制合并财务报表的方法。

　　5.其他注册会计师参与组成部分审计的范围。

　　6.拟审计的业务分部的性质，包括是否需要具备专门知识。

　　7.外币业务的核算方法、外币财务报表折算和有关信息披露。

8.除对合并目的执行的审计工作之外，对个别财务报表进行法定审计的需求。

9.内部审计工作的可获得性及注册会计师对内部审计工作的信赖程度。

10.被审计单位使用服务机构的情况及注册会计师如何取得有关服务机构内部控制设计、执行和运行有效性的证据。

11.拟利用在以前期间审计工作中获取的审计证据的程度，如获取的与风险评估程序和控制测试相关的审计证据。

12.信息技术对审计程序的影响，包括数据的可获得性和预期使用计算机辅助审计技术的情况。

13.协调审计工作与中期财务信息审阅的预期涵盖范围和时间安排，以及中期审阅所获取的信息对审计工作的影响。

14.与被审计单位人员的时间协调和相关数据的可获得性。

（二）明确审计业务的报告目标、时间安排及所需沟通的性质

为了明确报告目标、时间安排和所需沟通，注册会计师要考虑下列事项：

1.被审计单位的财务报告时间表，包括中间阶段和最终阶段；

2.与管理层和治理层就审计工作的性质、范围和时间安排举行会议；

3.与管理层和治理层讨论预期签发报告和其他沟通文件的类型及提交时间，如审计报告、管理建议书和与治理层沟通函等；

4.与管理层讨论预期就整个审计业务中审计工作的进展进行的沟通；

5.与负责组成部分审计的注册会计师就组成部分的报告和其他沟通文件的类型及提交时间进行的沟通；

6.项目组成员之间预期沟通的性质和时间安排，包括项目组会议的性质和时间安排及复核工作的时间安排；

7.是否需要跟第三方沟通，包括与审计相关的法律法规规定和业务约定书约定的报告责任。

提示

注册会计师在了解被审计单位及其环境的过程中，如果被审计单位对主要业务的处理依赖复杂的自动化信息系统，则计算机信息系统的可靠性及有效性对其经营、管理、决策以及编制可靠的财务报告具有重大影响。

（三）确定审计方向

制定总体审计策略时应当考虑影响审计业务的重要因素，以确定项目组工作方向。在确定审计方向时，注册会计师要考虑下列事项：

1.重要性方面。具体包括：①在制订审计计划时确定的重要性水平；②为组成部分确定重要性且与组成部分的注册会计师沟通；③在审计过程中重新考虑重要性；④识别重要的组成部分和账户余额。

2.重大错报风险较高的审计领域。

3.评估的财务报表层次的重大错报风险对指导、监督及复核的影响。

4.选择项目组成员和工作分工,包括向重大错报风险较高的审计领域分派具备适当经验的人员,必要时还需要考虑项目质量复核人员。

5.项目预算,包括考虑为重大错报风险较高的审计领域分配适当的工作时间。

6.向项目组成员强调在收集和评价审计证据过程中保持职业怀疑的必要性。

7.业务交易量规模,从基于审计的成本效率角度考虑是否信赖内部控制。

8.以往审计工作中对内部控制运行有效性评价的结果,包括所识别的内部控制缺陷的性质及应对措施。

9.管理层重视设计和实施内部控制的证据,包括内部控制得以记录的证据。

10.管理层对内部控制重要性的重视程度。

11.影响被审计单位经营的重大发展变化,如所处行业、信息技术和业务流程的变化,关键管理人员变化,收购、兼并和分立等变化。

12.重大的行业发展情况、会计准则及会计制度的变化,如行业法规变化和新报告规定。

(四)确定审计资源的规划和调配

1.向具体审计领域调配资源的范围,包括向高风险领域分派有适当经验的项目组成员,当遇到复杂的问题时可以利用专家工作。

2.向具体审计领域分配资源的数量,包括安排到重要存货存放地观察存货盘点的项目组成员的数量、对高风险领域安排的审计时间预算、对其他注册会计师工作的复核范围等。

3.安排调配资源的时间,如期中审计阶段、在关键的截止日期调配资源等。

4.管理、指导和监督资源的途径。例如,安排预期召开项目组预备会和总结会的时间,指导预期项目负责人和经理进行复核,决定是否需要实施项目质量控制复核等。总体审计策略格式如图3-4所示。

总体审计策略

单位名称:　　　　　　　编制人:　　　　　　　编制日期:
截止日期:　　　　　　　复核人:　　　　　　　复核日期:

一、审计范围

报告要求	
适用的会计准则和相关会计制度	
适用的审计准则	
与财务报告相关的行业特别规定	例如:监管机构发布的有关信息披露法规、特定行业主管部门发布的与财务报告相关的法规等
需审计的集团内组成部分的数量及所在地点	
需要阅读的含有已审计财务报表的文件中的其他信息	例如:上市公司年报
制定审计策略需考虑的其他事项	例如:单独出具报告的子公司范围等

二、审计业务时间安排

（一）对外报告时间安排

（二）执行审计时间安排

执行审计时间安排	时间
1.期中审计	
（1）制定总体审计策略	
（2）制订具体审计计划	
……	
2.期末审计	
（1）存货监盘	
……	

（三）沟通的时间安排

所需沟通	时间
与管理层及治理层的会议	
项目组会议（包括预备会和总结会）	
与专家或有关人士的沟通	
与其他注册会计师沟通	
与前任注册会计师沟通	
……	

三、影响审计业务的主要因素

（一）重要性

确定的重要性水平	索引号

（二）可能存在较高重大错报风险的领域

可能存在较高重大错报风险的领域	索引号

（三）重要的组成部分和账户余额

填写说明：

1.记录所审计的集团内重要的组成部分；

2.记录重要的账户余额，包括本身具有重要性的账户余额（如存货），以及评估出存在重大错报风险的账户余额。

重要的组成部分和账户余额	索引号
1.重要的组成部分	
……	
2.重要的账户余额	
……	

四、人员安排

（一）项目组主要成员的责任

职位	姓名	主要职责

（在分配职责时可以根据被审计单位不同情况按会计科目划分，或按交易类别划分）

（二）与项目质量控制复核人员的沟通（如适用）

复核的范围：

沟通内容	负责沟通的项目组成员	计划沟通时间
风险评估、对审计计划的讨论		
对财务报表的复核		
……		

五、对专家或有关人士工作的利用（如适用）

（注：如果项目组计划利用专家或有关人士的工作，需要记录其工作的范围和涉及的主要会计科目等。另外，项目组还应按照相关审计准则的要求对专家或有关人士的能力、客观性及其工作等进行考虑及评估）

（一）对内部审计工作的利用

主要报表项目	拟利用的内部审计工作	索引号
存货	内部审计部门对各仓库的存货每半年至少盘点一次。在中期审计时，项目组已经对内部审计部门盘点步骤进行观察，对其结果满意，因此项目组将审阅其年底的盘点结果，并缩小存货监盘的范围	
……		

（二）对其他注册会计师工作的利用

其他注册会计师名称	利用其工作范围及程度	索引号

（三）对专家工作的利用

主要报表项目	专家名称	主要职责及工作范围	利用专家工作原因	索引号

（四）对被审计单位使用服务机构的考虑

主要报表项目	服务机构名称	服务机构提供的相关服务及其注册会计师出具的审计报告意见及日期	索引号

图3-4　总体审计策略

二、具体审计计划

（一）总体审计策略与具体审计计划的关系

总体审计策略和具体审计计划的制订紧密相联。注册会计师应当针对总体审计策略，制订具体审计计划，并考虑通过有效利用审计资源以实现审计目标。虽然编制总体审计策略通常在具体审计计划之前，但是两项计划活动并不是孤立的。具体审计计划比总体审计策略更加详细，其内容包括为获取充分、适当的审计证据以将审计风险降至可接受的低水平，项目组成员拟实施的审计程序的性质、时间和范围。在实务中，注册会计师将制定总体审计策略和具体审计计划相结合，可能会使计划审计工作更有效率，也可以采用将总体审计策略和具体审计计划合并的方式，提高编制及复核工作的效率。

（二）具体审计计划的内容

具体审计计划应当包括风险评估程序、计划实施的进一步审计程序和其他审计程序。

1.风险评估程序

风险评估程序是指注册会计师为了解被审计单位及其环境，以识别和评估财务报表层次和认定层次的重大错报风险而实施的审计程序。

2.计划实施的进一步审计程序

审计计划会贯穿于整个审计过程。针对评估的认定层次的重大错报风险，注册会计师需要计划实施进一步审计程序的性质、时间和范围。例如，计划风险评估程序通常在审计开始阶段进行，需要依据风险评估程序的结果进行进一步的审计计划程序。因此，为达到编制具体审计计划的要求，注册会计师需要完成风险评估程序，识别和评估重大错报风险，并针对评估的认定层次的重大错报风险，计划实施进一步审计程序的性质、时间和范围。

通常，注册会计师计划的进一步审计程序可以分为进一步审计程序的总体方案和拟实施的具体审计程序两个层次。进一步审计程序的总体方案主要是指注册会计师针对各类交易、账户余额和列报决定采用的总体方案。具体审计程序则是对进一步审计程序的总体方案的延伸和细化，它通常包括控制测试和实质性程序的性质、时间和范围。

在实务中，注册会计师通常单独编制一套包括这些具体程序的"进一步审计程序表"，待具体实施审计程序时，注册会计师将基于所计划的具体审计程序，进一步记录所实施的审计程序及结果，并最终形成有关进一步审计程序的审计工作底稿。

> 👆 **提示**
>
> 在实务中，注册会计师可以统筹安排进一步审计程序的先后顺序，如果对某类交易、账户余额或列报已经作出计划，则可以安排先行开展工作，与此同时，再制定其他交易、账户余额和列报的进一步审计程序。

3.计划实施的其他审计程序

计划实施的其他审计程序包括上述进一步程序的计划中没有涵盖的、根据其他审计准则的要求注册会计师应当执行的既定程序等。在审计计划阶段，注册会计师还需要兼顾其他准则规定、特定项目在审计计划阶段应执行的程序及记录要求。当然，由于被审计单位所处行业、环境各不相同，特定项目可能也会不同，被审计单位应当根据具体情况确定特定项目并执行相应的审计程序。例如，有些被审计单位可能会涉及电子商务的环境事项等。

三、审计过程中对计划的修改

审计计划工作并非审计业务的孤立阶段，而是一个持续和修正的过程，贯穿于整个审计业务。如果发生条件变化或在实施审计程序中获取的审计证据不足等情况，注册会计师应当在审计过程中对总体审计策略和具体审计计划作出及时的更新和修改。通常这些更新和修改的计划会涉及比较重要的事项。例如，对被审计单位重要性水平的修改，对某类交易、账户余额和列报的重大错报风险的评估和进一步审计程序的修改等。一旦计划被更新和修改，审计工作也就应当进行相应修正。

【例3-8】（案例题）华夏会计师事务所委派张华等人对达利集团进行年度财务报表审计。张华在制订审计计划时，基于对材料采购交易的相关控制的设计和执行获取的审计证据，认为相关控制设计合理并得以执行，未将其评价为高风险领域，准备实施控制测试。但是在实施控制测试时，张华发现获取的审计证据与审计计划阶段获取的审计证据相矛盾，应如何处理？

某个会计期间出现"洗大澡"式的资产减值

【正确答案】张华认为该类交易的控制没有得到有效执行。因此，张华应该需要修正采购交易的风险评估，并基于修正的风险评估结果修改原来计划的审计方案，增加采用实质性审计程序。

👆 **提示**

在实务中，审计过程可以分为不同阶段，通常前一阶段的工作结果会对后一阶段的工作计划产生影响，而后一阶段的工作过程中又可能发现需要对已制订的相关计划进行相应的更新和修改。

❋ **项目小结**

知识点❶ 在执行财务报表审计工作时，注册会计师的总体目标是：（1）对财务报表整体是否不存在由舞弊或错误导致的重大错报获取合理保证，使得注册会计师能够对财务报表是否在所有重大方面按照适用的财务报告编制基础编制发表审计意见；（2）按照审计准则的规定，根据审计结果对财务报表出具审计报告，并与管理层和治理层沟通。

知识点❷ 管理层认定是确定具体审计目标的基础和依据，具体审计目标又是注册会计师总体目标的具体化，并受到总体目标的制约。

知识点❸ 注册会计师应当针对总体审计策略中所识别的不同事项，制订具体审计计划，并考虑通过有效利用审计资源以实现审计目标。

知识点❹ 总体审计策略用以确定审计范围、时间和方向，并指导制订具体审计计划。具体审计计划应当包括风险评估程序、计划实施的进一步审计程序和其他审计程序。

知识点❺ 计划审计工作并非审计业务的一个孤立阶段，而是一个持续修正的过程，贯穿于整个审计业务。注册会计师应当在审计过程中对总体审计策略和具体审计计划作出必要的更新和修改。

❋ **项目实训题**

一、判断题

1.注册会计师的总体目标是对财务报表整体是否不存在由舞弊或错误导致的所有错报获取合理保证。   （   ）

2.认定是指注册会计师在财务报表中作出的明确或隐含的表述。   （   ）

3.发生认定是指所有应当记录的交易和事项均已记录，所有应当包括在财务报表中的相关披露均已包括。   （   ）

4.若已入账的销售交易是对正确发出商品的记录，但金额计算错误，则违反了发生目标。   （   ）

5.会计师事务所承接任何审计业务，都应与被审计单位签订审计业务约定书。 （   ）

6.注册会计师在计划审计工作前，需要开展初步业务活动。   （   ）

7.环境变化对审计服务的需求产生影响是变更业务的合理理由。 （   ）

8.在确定审计范围时，应当确定重要性。 （   ）

9.虽然编制总体审计策略的过程通常在具体审计计划之前，但是两项计划活动并不是孤立、不连续的过程。 （   ）

10.注册会计师不能在审计过程中对总体审计策略和具体审计计划作出必要的更新和修改。 （   ）

二、单项选择题

1.在完成审计业务前，如果被审计单位要求将审计业务变更为保证程度较低的鉴证业务，注册会计师通常认为合理的理由是（   ）。

A.注册会计师不能获取完整和令人满意的信息

B.环境变化使得被审计单位对审计服务的需求产生影响

C.被审计单位提出大幅度削减费用

D.注册会计师不能获取充分、适当的审计证据

2.针对初步业务活动，下列相关说法中，错误的是（   ）。

A.确认注册会计师具备执行业务所需的独立性和能力是开展初步业务活动的目的之一

B.初步业务活动的内容不包括制定总体审计策略

C.就审计业务约定条款达成一致意见属于初步业务活动

D.评价遵守相关职业道德要求的情况贯穿于审计业务的全过程，可以安排在其他审计工作之后

3.如果企业没有发生销售业务，但在销售明细账中记录了一笔销售交易，则违反（   ）的目标。

A.发生 　　　　　B.完整性 　　　　　C.准确性 　　　　　D.分类

4.会计师事务所在接受业务委托时，应该与客户签订（   ），并对审计约定条款达成一致意见。

A.审计裁定书 　　　B.审计通知书 　　　C.审计约定书 　　　D.审计合作书

5.通常无须包含在审计业务约定书中的是（   ）。

A.财务报表审计的目标与范围 　　　　B.出具审计报告的日期

C.财务报表使用财务报告编制基础 　　D.管理层和治理层的责任

6.下列关于审计业务约定书的说法中，不正确的是（   ）。

A.审计业务约定书的签署双方分别是会计师事务所和被审计单位

B.审计业务约定书中既包括被审计单位管理层应当承担的责任，又包括会计师事务所应履行的义务

C.会计师事务所在与被审计单位签订审计业务约定书之前，应委派注册会计师了解被审计单位的基本情况，并对与财务报表编制直接相关的内部控制进行测试

D.会计师事务所的专业胜任能力和独立性是承接审计业务的先决条件

7.关于审计计划，下列说法中不正确的是（   ）。

A.在确定审计范围时，需要考虑内部审计工作的可获得性及对内部审计工作的拟依赖程度

B.签订审计业务约定书一般都是在了解被审计单位及其环境时进行

C.注册会计师应当在总体审计策略中清楚地说明审计资源的规划和调配

D.在计划审计工作时，注册会计师需要进行初步业务活动、制定总体审计策略和具体审计计划等

8.下列关于审计计划的说法中，错误的是（　　　）。

A.具体审计计划包括风险评估程序、计划实施的进一步审计程序和其他审计程序

B.计划审计工作贯穿于整个审计过程

C.具体审计计划比总体审计策略更加详细

D.注册会计师需要通过风险评估程序，识别和评估重大错报风险，并针对评估的财务报表层次的重大错报风险，计划实施进一步审计程序的性质、时间安排和范围

9.ABC会师事务所接受甲公司年度财务报表审计业务，A注册会计师作为项目合伙人，以下处理中不正确的是（　　　）。

A.为使审计程序与甲公司的工作相协调，在编制审计计划时，A注册会计师同甲公司的财务经理就总体审计策略的要点和某些审计程序进行了讨论

B.A注册会计师在总体审计策略中制订了风险评估计划

C.A注册会计师要求在审计过程中，项目组成员应及时反馈对审计计划的执行情况，以便对审计计划进行修改、补充

D.A注册会计师在计划中包含了审计工作进度、时间预算和费用预算等内容

10.下列有关计划审计工作的说法中，错误的是（　　　）。

A.在制定总体审计策略时，注册会计师应当考虑初步业务活动的结果

B.注册会计师制订的具体审计计划应当包括风险评估程序、计划实施的进一步审计程序和其他审计程序

C.注册会计师在制订审计计划时，应当确定对项目组成员的工作进行复核的性质、时间安排和范围

D.具体审计计划通常不影响总体审计策略

三、多项选择题

1.注册会计师在确定审计范围时，应考虑的事项有（　　　）。

A.编制财务报表适用的会计准则和相关会计制度

B.预期利用在以前期间审计工作中获取的审计证据的程度

C.会计准则及会计制度的变化

D.信息技术对审计程序的影响

2.管理层在资产负债表中列报存货100万元，意味着管理层作出（　　　）明确的认定。

A.财务报表中的存货金额恰当

B.存货相关的计价或分摊调整等已恰当地记录

C.记录的存货是存在的

D.与存货相关的披露恰当

3.关于审计准则中的"目标"的作用，下列说法中，正确的有（　　　）。

A."目标"将审计准则中的"要求"与注册会计师的总体目标联系起来

B."目标"能够使注册会计师关注每项审计准则预期实现的结果

C."目标"可以帮助注册会计师理解所需完成的工作，以及在必要时为完成工作使用的恰当手段

D."目标"可以帮助注册会计师确定在审计业务的具体情况下是否应当完成更多的工作以实现目标

4.管理层认定中账户余额的一般审计目标通常包括（　　）。

A.存在 　　　　　 B.完整性 　　　　　 C.权利和义务 　　　　 D.计价和分摊

5.注册会计师应当实施进一步的审计程序，包括实施（　　）两种程序。

A.控制测试 　　　 B.实质性程序 　　　 C.风险评估测试 　　 D.有效性测试

四、简答题

1.简述管理层认定的内容。

2.简述注册会计师审计的总体目标。如何理解注册会计师的总体目标？

3.简述注册会计师审计的具体目标。如何理解注册会计师的具体目标？

4.如何理解具体目标中与期末账户余额相关的审计目标？

5.如何理解注册会计师的总体审计目标、具体审计目标和管理层认定的关系？

五、案例分析题

【资料】A注册会计师在审计工作底稿中记录了审计计划，部分事项如下：

（1）因实施穿行测试时发现甲公司与投资和筹资相关的内部控制未得到执行，A注册会计师将投资和筹资循环的审计策略由综合性方案改为实质性方案，并用新编制的审计计划工作底稿替换了原工作底稿。

（2）因其他应收款和其他应付款的年初年末余额均低于实际执行的重要性，A注册会计师拟不对其实施进一步审计程序。

（3）拟实施的进一步审计程序的范围是：金额高于实际执行的重要性的财务报表项目；金额低于实际执行的重要性但存在舞弊风险的财务报表项目。

【要求】针对上述资料，假定不考虑其他条件，指出A注册会计师的做法是否恰当。若不恰当，请简要说明理由。

重要性与审计风险

【任务引例】

龙翰会计师事务所接受委托对佳义有限公司会计报表审计时，初步判断的会计报表层次的重要性水平按资产总额的1%计算为150万元，即资产账户可容忍的错误或漏报为150万元，并采用分配方案将150万元的重要性水平分给了各资产账户。但是在执行审计过程中发现该公司出售个别重要子公司、出现了重要审计调整等业务导致预期的年度利润与审计后的年度利润差异较大，则注册会计师应如何处理？

任务分析：

1.注册会计师是否需要修改重要性水平？

2.如果审计后重要性水平的基准金额变大，是否需要修改重要性水平？

3.修改重要性水平时，还需要考虑与其变化相关联的哪些因素？

❄ 学习目标

知识目标：

理解审计重要性的含义。

掌握审计重要性的运用与审计风险的内涵。

理解审计风险与重要性之间的关系。

职业能力目标：

能够识别被审计单位面临的重大错报风险，培养审计人员规避审计风险的能力，强化职业操守与专业能力。

本章内容思维导图

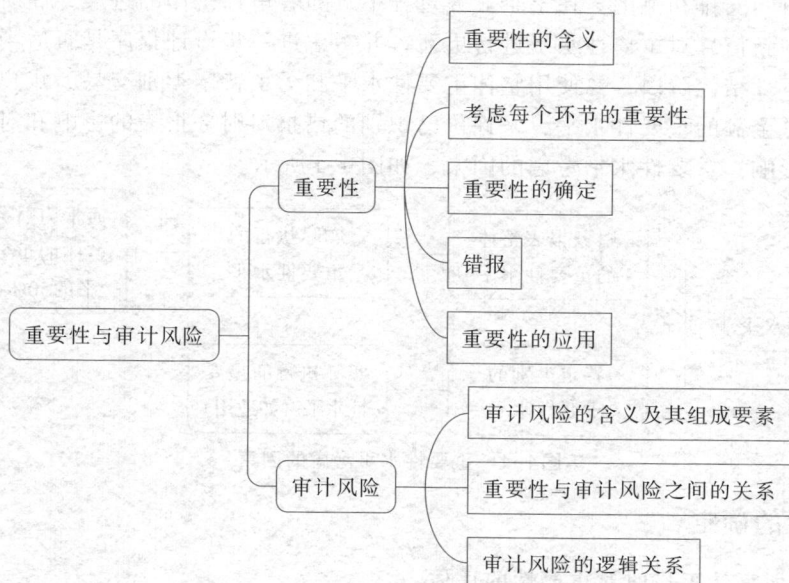

任务一　重要性

一、重要性的含义

财务报告编制基础通常可以从编制和列报财务报表的角度解释重要性概念。重要性概念可以从下列方面进行理解：

（1）如果合理预期错报（包括漏报）单独或汇总起来可能影响财务报表使用者依据财务报表作出的经济决策，通常认为该错报是重大的。

（2）根据具体环境判断重要性水平，重要性水平会受错报的金额或性质的影响，也会受两者共同作用的影响。

（3）在考虑财务报表使用者整体共同的财务信息需求的基础上，判断某事项对财务报表使用者是否重大。由于不同财务报表使用者对财务信息的需求可能差异较大，因此，不考虑错报对个别财务报表使用者可能产生的影响。

二、考虑每个环节的重要性

在制定总体审计策略时，注册会计师就必须对重大错报的金额和性质作出一个判断，包括确定财务报表整体的重要性水平和适用于特定类别交易、账户余额和披露的一个或多个重要性水平。当错报金额高于整体重要性水平时，就很可能对使用者根据财务报表作出的经济决策产生影响。在计划审计工作时确定的重要性金额，并不是单独或汇总起来低于该金额的未更正错报的一定被评价为不重大。即使某些错报低于重要性，与这些错报相关的具体情形也可能使注册会计师将其评价为重大。因此，注册会计师在评价未更正错报对财务报表的影响时，不仅要考虑错报金额的大小，还要考虑错报的性质以及错报发生的特定环境。

注册会计师还应当确定实际执行的重要性，以评估重大错报风险并确定进一步审计程序的性质、时间安排和范围。在整个业务过程中，随着审计工作的进展，注册会计师应当根据所获得的新信息对重要性水平进行更新，并考虑进一步审计程序是否适当。

在形成审计结论阶段，要使用整体重要性水平和为了特定类别交易、账户余额和披露而确定的较低金额的重要性水平，来评价已识别的错报对财务报表的影响和对审计报告中审计意见的影响。重要性水平考虑的因素，如图4-1所示。

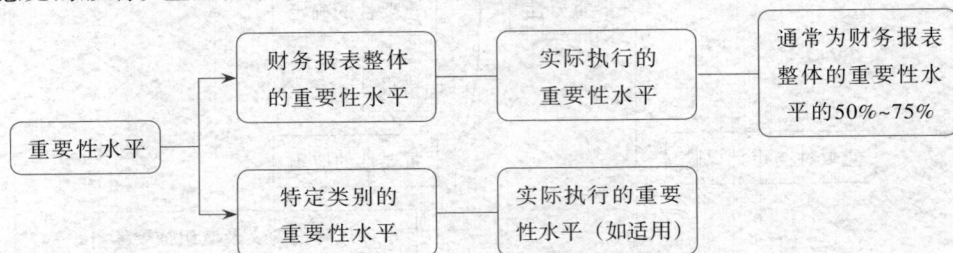

图4-1　重要性水平考虑的因素

三、重要性的确定

（一）计划审计工作时对重要性的评估

1.确定计划的重要性水平时应考虑的因素

只要影响预期财务报表使用者决策的因素，都可能对重要性水平产生影响。在计划审计工作时，注册会计师应当确定一个可接受的重要性水平，以发现在金额上重大的错报。注册会计师应当考虑较小金额错报的累计结果可能对财务报表产生重大影响。注册会计师应当在计划阶段充分考虑这些因素，并采用合理的方法，确定重要性水平。在确定计划的重要性水平时应当考虑的主要因素，如表4-1所示。

表4-1　　　　　　　　　　确定计划的重要性水平应考虑的主要因素

因素	内容
对被审计单位及其环境的了解	被审计单位的行业状况、法律环境与监管环境等其他外部因素，以及被审计单位业务的性质，对会计政策的选择和应用，被审计单位的目标、战略及相关的经营风险，被审计单位的内部控制等因素，都将影响注册会计师对重要性水平的判断
审计的目标	特定报告要求、信息使用者的要求等因素会影响注册会计师对重要性水平的确定。例如，对特定财务报表项目进行审计的业务，其重要性水平可能需要以该项目金额，而不是以财务报表的一些汇总性财务数据为基础加以确定
财务报表各项目的性质及其相互关系	财务报表使用者对不同的报表项目的关心程度不同。一般而言，如果认为流动性较高的项目出现较小金额的错报就会影响报表使用者的决策，注册会计师应当对此从严确定重要性水平。由于财务报表各项目之间是相互联系的，注册会计师在确定重要性水平时，需要考虑这种相互联系
财务报表项目的金额及其波动幅度	财务报表项目的金额及其波动幅度可能促使财务报表使用者作出不同的反应，因此，注册会计师在确定重要性水平时，应当深入研究这些项目的金额及其波动幅度

2.财务报表层次的重要性水平

由于财务报表审计的目标是注册会计师通过执行审计工作对财务报表发表审计意见，注册会计师运用职业判断的结果，确定多大错报会影响到财务报表使用者所作的决策，因此，注册会计师应当考虑财务报表层次的重要性。注册会计师在制定总体审计策略时，就应当确定财务报表层次的重要性水平。每个会计师事务所都会运用惯例和自己的经验确定重要性水平。注册会计师通常先选择一个恰当的基准，再选用适当的百分比乘以该基准，从而得出财务报表层次的重要性水平。公式如下：

财务报表整体的重要性水平 = 基准 × 百分比

在实务中，有许多汇总性财务数据可以用作确定财务报表层次重要性水平的基准，如总资产、净资产、销售收入、费用总额、毛利、净利润等。在选择适当基准时，注册会计师应当考虑的因素包括：

① 财务报表的要素（如资产、负债、所有者权益、收入和费用等）、适用的会计准则和相关会计制度定义的财务报表指标（如财务状况、经营成果和现金流量等），以及适用的会计准则和相关会计制度提出的其他具体要求。

② 对某被审计单位而言，是否存在财务报表使用者特别关注的财务报表项目（如特别关注与评价经营成果相关的信息）。

③ 被审计单位的性质及所在行业。

④ 被审计单位的规模、所有权性质以及融资方式。

在确定恰当的基准后，注册会计师通常运用职业判断合理选择百分比，据以确定重要性水平。确定重要性水平依据的基准如表4-2所示。

表4-2　　　　　　　确定重要性水平依据的基准

被审计单位的情况	可能选择的基准	适用的百分比
企业的盈利水平保持稳定	经常性业务的税前利润	5%~10%
企业近年来经营状况大幅度波动，盈利和亏损交替发生，或者正常盈利变为微利或微亏，或者本年度税前利润因情况变化而出现意外增加或减少	营业收入	0.5%~1%
企业为新设企业，处于开办期，尚未开始经营，目前正在新建厂房及购买机器设备	总资产	0.5%~2%
企业处于新兴行业，目前侧重于抢占市场份额、扩大企业知名度和影响力	营业收入	0.5%~1%

此外，注册会计师在确定重要性时，通常考虑以前期间的经营成果和财务状况、本期的经营成果和财务状况、本期的预算和预测结果、被审计单位情况的重大变化（如重大的企业购并）以及宏观经济环境和所处行业环境发生的相关变化。例如，注册会计师在将净利润作为确定某被审计单位重要性水平的基准时，因情况变化使该被审计单位本年度净利润出现意外的增加或减少，注册会计师可能认为选择近几年的平均净利润作为确定重要性水平的基准更加合适。

【例4-1】（单项选择题）注册会计师为确定财务报表整体的重要性而选择基准时，通常无须考虑的是（　　）。

　　A.是否为首次接受委托的审计项目　　　B.被审计单位的所有权结构

　　C.被审计单位的融资方式　　　　　　　D.被审计单位的性质

【正确答案】A

【解析】选项A，是否为首次接受委托的审计项目影响实际执行重要性而不影响财务报表整体的重要性。

> ✒ **知识链接**
>
> 　　注册会计师在确定财务报表的重要性水平时，不会因为报表中存在某些特别不确定的大额估计而改变重要性水平的判断。例如，即使财务报表里有很不确定的大额估计，注册会计师也不会因此把重要性水平定得比没有这些估计时更高或更低。即不管财务报表里有没有特别不确定的大额估计，注册会计师在确定重要性水平时，都会按照统一的标准来判断，不会因为这些不确定因素而特别提高或降低重要性水平。

　　3.各类交易、账户余额和披露认定层次的重要性水平

　　由于财务报表提供的信息是由各类交易、账户余额和披露认定层次的信息汇集加工而成，注册会计师只有通过对各类交易、账户余额和披露认定层次实施审计，才能得出财务报表是否公允反映的结论。因此，注册会计师还应当考虑各类交易、账户余额和披露认定层次的重要性。各类交易、账户余额和披露认定层次的重要性水平称为"可容忍错报"，它对审计证据数量有直接的影响。因此，注册会计师应当合理确定可容忍错报。可容忍错报的确定以注册会计师对财务报表层次重要性水平的初步评估为基础。它是在不导致财务报表存在重大错报的情况下，注册会计师对各类交易、账户余额和披露确定的可接受的最大错报。

　　在确定"可容忍错报"时，应当考虑以下主要因素：①各类交易、账户余额和披露的性质及错报的可能性；②各类交易、账户余额和披露的重要性水平与财务报表层次重要性水平的关系。

> 👆 **提示**
>
> 　　在制定总体审计策略时，应当对那些金额本身就低于所确定的财务报表层次重要性水平的特定项目作额外的考虑，包括：①会计准则、法律法规是否影响财务报表使用者对特定项目计量和披露的预期（如关联方交易、管理层及治理层的报酬）；②与被审计单位所处行业及其环境相关的关键性披露（如制药业的研究与开发成本）；③财务报表使用者是否特别关注财务报表中单独披露的特定业务分部的财务业绩（如新近购买的业务）。

　　（二）实际执行的重要性

　　实际执行的重要性是指注册会计师确定的低于财务报表整体重要性的一个或多个金

额，旨在将未更正和未发现错报的汇总数超过财务报表整体的重要性的可能性降至适当的低水平。实际执行的重要性还指注册会计师确定的低于特定类别的交易、账户余额和披露认定层次的重要性水平的一个或多个金额。通常而言，实际执行的重要性通常为财务报表整体重要性的50%～75%。在实务中，单项非重大错报的汇总数可能导致财务报表出现重大错报。

确定实际执行的重要性需要注册会计师运用职业判断，考虑下列因素的影响：①对被审计单位的了解；②前期审计工作中识别出的错报的性质和范围；③根据前期识别出的错报对本期错报作出的预期。实际执行的重要性经验值和影响因素如表4-3所示。

表4-3　　　　　　　　　　　实际执行的重要性经验值和影响因素

经验值	影响因素
较低的百分比来确定实际执行的重要性（50%）	①首次接受委托的审计项目。 ②连续审计项目，以前年度审计调整较多。 ③项目总体风险较高，如处于高风险行业、管理层能力欠缺、面临较大市场竞争压力或业绩压力等。 ④存在或预期存在值得关注的内部控制缺陷
较高的百分比来确定实际执行的重要性（75%）	①连续审计项目，以前年度审计调整较少。 ②项目总体风险为低到中等，如处于非高风险行业、管理层有足够能力、面临较低的业绩压力等。 ③以前期间的审计经验表明内部控制运行有效

审计准则要求注册会计师确定低于财务报表整体重要性的一个或多个金额作为实际执行的重要性，注册会计师无须通过将财务报表整体的重要性平均分配或按比例分配至各个报表项目的方法来确定实际执行的重要性，而是根据对报表项目的风险评估结果，确定如何确定一个或多个实际执行的重要性。例如，根据以前期间的审计经验和本期审计计划阶段的风险评估结果，注册会计师认为可以以财务报表整体重要性的75%作为大多数报表项目的实际执行的重要性；与营业收入项目相关的内部控制存在控制缺陷，而且以前年度审计中存在审计调整，因此考虑以财务报表整体重要性的50%作为营业收入项目的实际执行的重要性，从而有针对性地对高风险领域执行更多的审计工作。

【例4-2】（单项选择题）下列有关实际执行的重要性的说法中，错误的是（　　　）。

A.注册会计师可以确定一个或多个实际执行的重要性

B.实际执行的重要性应当低于财务报表整体的重要性

C.并非所有审计业务都需要确定实际执行的重要性

D.实际执行的重要性可以被用作细节测试中的可容忍错报

【正确答案】C

【解析】选项A、B说法正确，"实际执行的重要性"是指注册会计师确定的低于"财务报表整体重要性"的一个或多个金额。

选项C说法错误，在所有审计业务中都必须设定财务报表整体重要性。

选项D说法正确，可容忍错报可以小于或等于实际执行的重要性水平。

（三）审计过程中修改重要性

注册会计师可能需要修改财务报表整体的重要性和特定类别的交易、账户余额和披露认定层次的重要性水平，原因有：①审计过程中情况发生重大变化（如决定处置被审计单位的一个重要组成部分）；②获取新信息；③通过实施进一步审计程序，对被审计单位及其经营所了解的情况发生变化。例如，注册会计师在审计过程中发现，实际财务成果与最初确定财务报表整体的重要性时使用的预期和本期财务成果相比存在着很大差异，需要修改重要性。

> **提示**
>
> 如果审计后重要性水平的基准金额变小，意味着重要性变小，则注册会计师通常会用审计后的基准数据来修改重要性水平；如果审计后重要性水平的基准金额变大，如果大得不是特别离谱，注册会计师通常会出于谨慎性原则不修改重要性水平。

四、错报

（一）错报的概念

错报可能是由于错误或舞弊导致的。错报是指某一财务报表项目的金额、分类或列报，与按照适用的财务报告编制基础应当列示的金额、分类或列报之间存在的差异；或根据注册会计师的判断，需要对金额、分类或列报作出的必要调整。

（二）评价错报的影响

1.尚未更正错报的汇总数

尚未更正错报的汇总数包括事实错报、判断错报和推断错报，错报类型和错报来源如表4-4所示。

表4-4 错报类型和错报来源

错报类型	错报来源	举例
事实错报	事实错报产生于被审计单位收集和处理数据的错误，对事实的忽略或误解，或故意舞弊行为	注册会计师在审计测试中发现购入存货的实际价值为15 000元，但账面记录的金额为10 000元。因此，存货和应付账款分别被低估了5 000元，这里被低估的5 000元就是已识别的对事实的具体错报
判断错报	判断错报是由于注册会计师认为管理层对财务报表中的确认、计量和列报作出不合理或不恰当的判断而导致的差异。判断错报产生于两种情况：①管理层和注册会计师对会计估计值的判断差异；②管理层和注册会计师对选择和运用会计政策的判断差异，注册会计师认为管理层选用会计政策造成错报，管理层却认为选用会计政策适当，导致出现判断差异	A公司有一笔应收账款1 000万元，账龄已超过1年，管理层预计坏账率为5%（即计提坏账准备50万元）。注册会计师基于行业数据和历史回款情况，认为该客户信用风险较高，合理的坏账率为10%（应计提100万元）

续表

错报类型	错报来源	举例
推断错报	注册会计师在抽样审计中，基于已发现的样本错报，对总体可能存在的错报作出的最佳估计。其计算公式为： 推断错报 = 根据样本错报推算的总体错报 – 已识别的具体错报	应收账款年末余额为2 000万元，注册会计师测试样本发现样本金额有100万元的高估，高估部分为样本账面金额的20%，据此注册会计师推断总体的错报金额为400万元（2 000×20%），则100万元就是已识别的具体错报，其余300万元为推断错报

2.评价尚未更正错报的汇总数的影响

　　注册会计师应当评估在审计过程中已识别但尚未更正错报的汇总数是否重大。注册会计师需要在出具审计报告之前，评估尚未更正错报单独或累积的影响是否重大。在评估时，注册会计师应当从特定的某类交易、账户余额及列报认定层次和财务报表层次考虑这些错报的金额和性质，以及这些错报发生的特定环境。

　　注册会计师应当分别考虑每项错报对相关交易、账户余额及列报的影响，包括错报是否超过之前为特定交易、账户余额及列报所设定的比财务报表层次重要性水平更低的可容忍错报。此外，如果某项错报是由舞弊造成的，无论其金额大小，注册会计师均应考虑其对整个财务报表审计的影响。

　　注册会计师在评估未更正错报是否重大时，不仅需要考虑每项错报对财务报表的单独影响，而且需要考虑所有错报对财务报表的累积影响及其形成原因，尤其是一些金额较小的错报，虽然单个看起来并不重大，但是其累计数却可能对财务报表产生重大的影响。例如，某个月末发生的错报可能并不重要，但是如果每个月末都发生相同的错报，其累计数就有可能对财务报表产生重大影响。因此，注册会计师应将已识别的具体错报和推断误差进行汇总。

　　考虑到某些错报发生的环境，即使其金额低于计划的重要性水平，注册会计师仍可能认为其单独或连同其他错报在性质上是重大的。例如，是否与违反监管要求或合同规定有关；是否掩盖了收益或其他趋势的变化；是否影响用来评价被审计单位财务状况、经营成果和现金流量的相关比率；是否会导致管理层报酬的增加；是否影响财务报表中列示的分部信息等。尚未更正错报与财务报表层次重要性水平比较表，如表4-5所示。

表4-5　　　　　　　　　　尚未更正错报与财务报表层次重要性水平比较

比较情形	应对策略
尚未更正错报的汇总数低于重要性水平，并且特定项目的尚未更正错报也低于考虑其性质所设定的更低的重要性水平	如果尚未更正错报的汇总数低于重要性水平，对财务报表的影响不重大，注册会计师可以发表无保留意见的审计报告
尚未更正错报的汇总数超过或接近重要性水平	如果尚未更正错报的汇总数超过了重要性水平，对财务报表的影响可能是重大的，注册会计师应当考虑通过扩大审计程序的范围或要求管理层调整财务报表以降低审计风险

需要注意的是，在任何情况下，注册会计师应当要求管理层根据已识别的错报调整财务报表。如果管理层拒绝调整财务报表，并且扩大审计程序范围后注册会计师认为尚未更正错报的汇总数仍然重大，注册会计师应当考虑出具非无保留意见的审计报告。

如果已识别但尚未更正错报的汇总数接近重要性水平，注册会计师应当考虑该汇总数连同尚未发现的错报是否可能超过重要性水平，并考虑通过实施追加的审计程序，或要求管理层调整财务报表以降低审计风险。在评价审计程序结果时，注册会计师确定的重要性和审计风险，可能与计划审计工作评估的重要性和审计风险存在一定差异，注册会计师应当考虑实施的审计程序是否充分。

👆 **提示**

> 可能导致错报的事项：①收集或处理用以编制财务报表的数据时出现错误；②遗漏某项金额或披露；③疏忽或明显误解有关事实导致作出不正确的会计估计；④注册会计师认为管理层对会计估计作出不合理的判断或对会计政策作出不恰当的选择和运用；⑤信息的分类、汇总或分解不恰当。

五、重要性的运用

(一) 实际执行重要性的运用

1.运用实际执行的重要性确定进一步审计程序的性质、时间安排和范围。

2.在计划审计工作时，注册会计师可以根据实际执行的重要性确定是否需要对交易、账户余额和披露认定层次再实施进一步审计程序，即通常选取金额超过实际执行的重要性的财务报表项目。在实务中，对所有金额低于实际执行的重要性的财务报表项目并不都需要实施进一步审计程序，原因有：

① 单个金额低于实际执行的重要性的财务报表项目汇总起来可能金额重大，甚至可能超过财务报表整体的重要性，需要考虑汇总后的潜在错报风险。

② 对于存在低估风险的财务报表项目，不能仅因为其金额低于实际执行的重要性而不实施进一步审计程序。

③ 对于识别出存在舞弊风险的财务报表项目，不能因为其金额低于实际执行的重要性而不实施进一步审计程序。

(二) 从性质方面考虑重要性

金额不重要的错报从性质上看有可能是重要的。在判断错报的性质是否重要时应该考虑下列具体情况：

1.错报对遵守法律法规要求的影响程度。

2.错报对遵守债务契约或其他合同要求的影响程度。

3.错报掩盖收益或其他趋势变化的程度，尤其在联系宏观经济背景和行业状况进行考虑时。

4.错报对用于评价被审计单位财务状况、经营成果或现金流量的有关比率的影响程度。

5.错报对财务报表中列报的分部信息的影响程度。例如，错报事项对分部或被审计单位其他经营部分的重要程度，而这些分部或经营部分对被审计单位的经营或盈利有重大影响。

6.错报对增加管理层报酬的影响程度。例如，管理层通过错报来达到有关奖金或其他激励政策规定的要求，从而增加其报酬。

7.错报对某些账户余额之间错误分类的影响程度，这些错误分类影响到财务报表中应单独披露的项目。例如，经营收益和非经营收益之间的错误分类，非营利组织的受到限制资源和非限制资源的错误分类。

8.相对于注册会计师所了解的以前向报表使用者传达的信息（如盈利预测）而言，错报的重大程度。

9.错报是否与涉及特定方的项目相关。例如，与被审计单位发生交易的外部单位是否与被审计单位管理层的成员有关联。

10.错报对信息漏报的影响程度。在有些情况下，适用的会计准则和相关会计制度并未对该信息作出具体要求，但是注册会计师运用职业判断，认为该信息对财务报表使用者了解被审计单位的财务状况、经营成果或现金流量很重要。

11.错报对与已审计财务报表一同披露的其他信息的影响程度，该影响程度能被合理预期将对财务报表使用者作出经济决策产生影响。

思考拓展

会计信息质量要求中的重要性与审计中的重要性的区别与联系是什么？错报金额10万元是否重要？

任务二　审计风险

一、审计风险的含义及其组成要素

审计风险是指财务报表存在重大错报而注册会计师发表不恰当审计意见的可能性。可接受的审计风险的确定，需要考虑会计师事务所对审计风险的态度、审计失败对会计师事务所可能造成的损失的大小等因素。但必须注意，审计业务是一种保证程度高的鉴证业务，可接受的审计风险应当足够低，以使注册会计师能够合理保证所审计财务报表不含有重大错报。审计风险取决于重大错报风险和检查风险。

注册会计师应当合理设计审计程序的性质、时间和范围，并有效执行审计程序，以控制检查风险。审计计划应当围绕确定设计审计程序的性质、时间和范围而展开。在实务中，注册会计师不一定用绝对数量表述这些风险水平，而选用"高""中""低"等文字描述。

（一）重大错报风险

重大错报风险是指财务报表在审计前存在重大错报的可能性。在设计审计程序以确定财务报表整体是否存在重大错报时，注册会计师应当从财务报表层次和各类交易、账户余额及相关披露的认定层次考虑重大错报风险。

1.财务报表层次的重大错报风险

财务报表层次重大错报风险与财务报表整体存在广泛联系，它可能影响多项认定。该类风险通常与控制环境有关，如管理层缺乏诚信、治理层形同虚设而不能对管理层进行有效监督等；但也可能与其他因素有关，如经济萧条、企业所处行业处于衰退期。该类风险难以被界定于某类交易、账户余额及相关披露的具体认定，相反，该类风险增大了一个或多个不同认定发生重大错报的可能性。该类风险与注册会计师考虑由舞弊引起的风险特别相关。

2.认定层次的重大错报风险

注册会计师要考虑各类交易、账户余额及相关披露的认定层次的重大错报风险，考虑的结果直接有利于注册会计师确定认定层次上实施的进一步审计程序的性质、时间和范围，以可接受的低审计风险水平对财务报表整体发表意见。认定层次的重大错报风险又可以分为固有风险和控制风险。审计风险的构成图如图4-2所示。

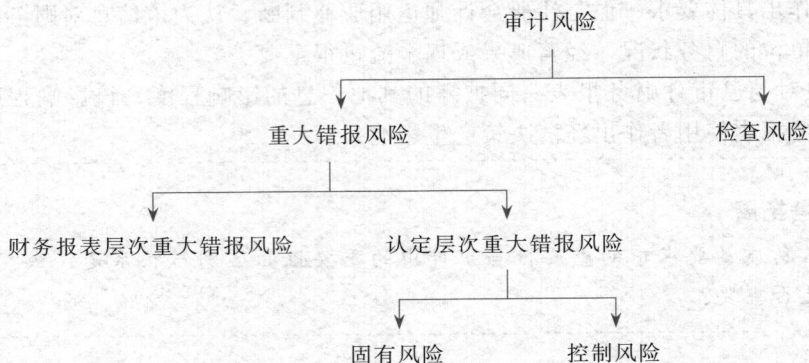

图4-2　审计风险的构成图

（1）固有风险。固有风险是指在不考虑内部控制结构的前提下，因相关类别的交易、账户余额或披露的具体特征而导致重大错报的可能性。固有风险是被审计单位经营过程中所固有的风险，审计人员可以通过获取相关的信息，来评价被审计单位的固有风险。

某些类别的交易、账户余额及相关披露认定，固有风险很高。例如，复杂的计算比简单的计算更可能出错；受重大计量不确定性影响的会计估计发生错报的可能性较大。产生经营风险的外部因素也可能影响固有风险。例如，技术进步可能导致某项产品陈旧，进而导致存货易于发生高估错报。被审计单位及其环境中的某些因素还可能与多个类别的交易、账户余额及相关披露有关，而影响多个认定的固有风险。例如，维持经营的流动资金匮乏、被审计单位处于夕阳行业等。

（2）控制风险。控制风险是指某类交易、账户余额或披露的某一认定发生错报，该错报单独或连同其他错报是重大的，但没有被内部控制及时防止或发现并纠正的可能性。控制风险取决于与财务报表编制有关的设计和运行的有效性。由于控制的固有局限性，某种程序的控制风险始终存在。

固有风险和控制风险存在着不可分割的紧密关系，有时无法单独进行评估，审计准则通常不再单独提及固有风险和控制风险，而是将两者合并称为"重大错报风险"。在实务中,注册会计师既可以对两者单独进行评估,也可以对两者进行合并评估,具体采用的评估方法取决于会计师事务所偏好的审计技术和方法及实务上的考虑。

【例4-3】(单项选择题)下列有关固有风险和控制风险的说法中,正确的是(   )。

A.固有风险和控制风险与被审计单位的风险相关,独立于财务报表审计存在

B.财务报表层次和认定层次的重大错报风险可以分为固有风险和控制风险

C.注册会计师无法单独对固有风险和控制风险进行评估

D.固有风险始终存在,而运行有效的内部控制可以消除控制风险

【正确答案】A

【解析】选项A正确,固有风险和控制风险属于认定层次的重大错报风险,独立于财务报表审计而存在。

选项B错误,认定层次的重大错报风险可以进一步分为固有风险和控制风险。

选项C错误,注册会计师既可以对固有风险和控制风险进行单独评估,也可以对其进行合并评估。

选项D错误,由于内部控制的固有局限性,控制风险始终存在,不可能消除。

(二)检查风险

检查风险是指某一认定存在错报,该错报单独或连同其他错报是重大的,但注册会计师未能发现这种错报的可能性。检查风险取决于审计程序设计的合理性和执行的有效性。由于注册会计师通常并不对所有的交易、账户余额和列报进行检查,因此检查风险不可能降低为零。对于不恰当地选择审计程序、审计程序执行不当或者错误地理解了审计结论等情况,可以通过保持职业怀疑态度、适当计划、在项目组成员之间进行职责分配,以及监督、指导和复核助理人员所执行的审计工作得以解决。

(三)检查风险与重大错报风险的反向关系

在既定的审计风险水平下,可接受的检查风险水平与认定层次重大错报风险的评估结果成反向关系。评估的重大错报风险越高,可接受的检查风险越低;评估的重大错报风险越低,可接受的检查风险越高。注册会计师根据确定的可接受的检查风险,设计审计程序的性质、时间和范围。通过审计风险模型可以表示检查风险与重大错报风险的反向关系。审计风险模型如图4-3所示。

$$审计风险=重大错报风险×检查风险$$

$$检查风险_y = \frac{审计风险_k}{重大错报风险_x}$$

图4-3 审计风险模型

【例4-4】(单项选择题)下列有关审计风险的说法中,错误的是(   )。

A.如果注册会计师将某一认定的可接受审计风险设定为10%,评估的重大错报风险为35%,则可接受的检查风险为25%

B.实务中,注册会计师不一定用绝对数量表述审计风险水平,可选用文字进行定性表述

C.审计风险并不是指注册会计师执行业务的法律后果

D.在审计风险模型中，重大错报风险独立于财务报表审计而存在

【正确答案】A

【解析】根据审计风险模型，审计风险=重大错报风险×检查风险，因此，检查风险=审计风险÷重大错报风险=10%÷35%=28.6%，而不是25%。

$$检查风险28.6\% = \frac{审计风险10\%}{重大错报风险35\%}$$

图4-4 审计风险模型

二、重要性与审计风险之间的关系

重要性与审计风险之间存在反向关系。重要性水平越高，审计风险越低；重要性水平越低，审计风险越高。这种反向关系对注册会计师将要执行的审计程序的性质、时间和范围有直接的影响。重要性水平高低是指金额的大小。重要性与审计风险的反向关系如图4-5所示。

图4-5 重要性与审计风险的反向关系

例如，5 000元的重要性水平高于3 000元的重要性水平。如果重要性水平是5 000元，则意味着低于5 000元的错报不会影响到财务报表使用者的判断和决策，注册会计师只需通过实施有关的审计程序查出高于5 000元的错报；如果重要性水平是3 000元，则意味着低于3 000元的错报不会影响到财务报表使用者的判断和决策，但金额在3 000元至5 000元之间及5 000元以上的错报仍然会影响到财务报表使用者的判断和决策，注册会计师需要通过实施有关审计程序查出金额在3 000元以上的错报。显然，重要性水平为5 000元时的审计风险低于重要性水平为3 000元时的审计风险。重要性水平和审计风险示意图如图4-6所示。

总之，重要性水平越高，审计风险越低；反之，重要性水平越低，审计风险越高。审计风险越高，越要求注册会计师收集更多的审计证据，以将审计风险降至可接受的低水平。因此，重要性和审计证据的数量之间是反向变动关系。

重要性水平为5 000元时的审计风险低
于重要性水平为3 000元时的审计风险

通过实施有关的审计程序
查出高于5 000元的错报

通过实施有关的审计程序
查出高于3 000元的错报

重要性水平
5 000元

重要性水平
3 000元

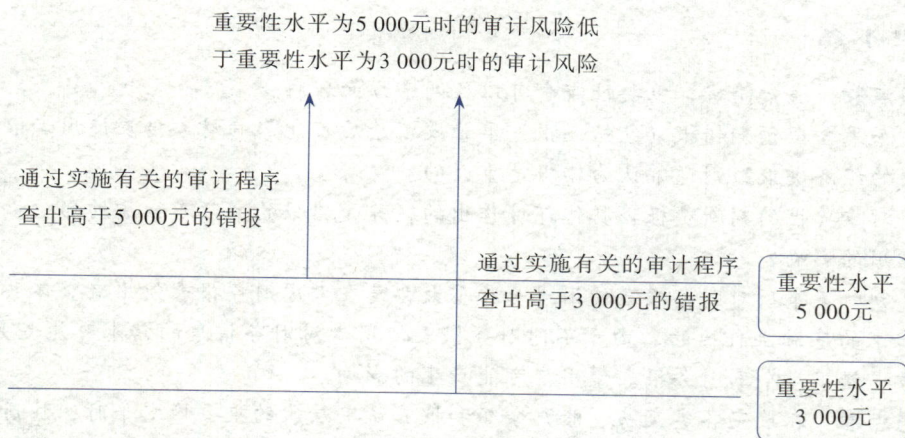

图4-6　重要性水平和审计风险示意图

三、审计风险的逻辑关系

企业的经营风险可能会导致对财务报表产生影响，但并不是所有经营风险都会直接转换成重大错报风险。经营风险是如何转换为审计风险的呢？通常情况下，企业的经营风险越大，财务报表中越容易出现错误（固有风险）。如果企业缺乏内部控制或内部控制不能有效识别和防范这些风险，这些风险则将成为财务报表中的重大错报风险。如果注册会计师执行的审计程序不能将财务报表中的所有重大错报风险检查出来，则经营风险便会转换为审计风险。审计风险的逻辑关系如图4-7所示。

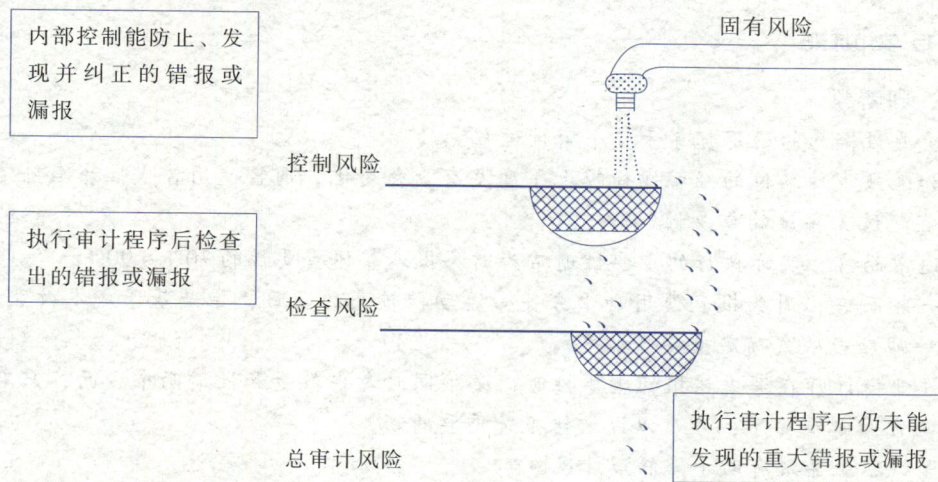

内部控制能防止、发现并纠正的错报或漏报

固有风险

控制风险

执行审计程序后检查出的错报或漏报

检查风险

总审计风险

执行审计程序后仍未能发现的重大错报或漏报

图4-7　审计风险的逻辑关系

在实务中，注册会计师不能通过不合理地人为调高重要性水平来降低审计风险。因为重要性是依据重要性概念中所描述的判断标准确定的，而不是由主观期望的审计风险水平决定的，因此，注册会计师应当综合考虑各种因素，合理确定重要性水平。

盈利质量与资产
质量相互背离

思考拓展

如何理解评估的重大错报风险越高，可接受的检查风险越低？

项目小结

知识点❶　通常而言，重要性概念可以从两个方面理解：

（1）如果合理预期错报（包括漏报）单独或汇总后可能影响财务报表使用者依据财务报表作出的经济决策，则通常认为错报是重大的。

（2）对重要性的判断是根据具体环境作出的，并受错报的金额或性质的影响，或受两者共同作用的影响。

（3）判断某事项对财务报表使用者是否重大，是在考虑财务报表使用者整体共同的财务信息需求的基础上作出的。由于不同财务报表使用者对财务信息的需求可能差异很大，因此不考虑错报对个别财务报表使用者可能产生的影响。

知识点❷　在确定各类交易、账户余额和披露认定层次的重要性水平时，注册会计师应当考虑两个主要因素：①各类交易、账户余额和披露的性质及错报的可能性；②各类交易、账户余额和披露的重要性水平与财务报表层次重要性水平的关系。

知识点❸　重大错报风险包括财务报表层次和认定层次，认定层次的重大错报风险又可以进一步细分为固有风险和控制风险。

知识点❹　在既定的审计风险水平下，可接受的检查风险水平与认定层次重大错报风险的评估结果成反向关系。评估的重大错报风险越高，可接受的检查风险越低；评估的重大错报风险越低，可接受的检查风险越高。

知识点❺　重要性与审计风险之间存在反向关系。重要性水平越高，审计风险越低；重要性水平越低，审计风险越高。

项目实训题

一、判断题

1.重要性概念的运用贯穿于整个审计过程。（　　）

2.如果被审计单位的经营规模较上年度没有重大变化，通常使用替代性基准确定的重要性不宜超过上年度的重要性。（　　）

3.通常而言，实际执行的重要性通常为财务报表整体重要性的70%~90%。（　　）

4.一般而言，财务报表使用者十分关心流动性较高的项目，但是基于成本效益原则，注册会计师应当从宽确定重要性水平。（　　）

5.注册会计师在考虑错报的重要性时，必须同时考虑数量和性质两个方面，只有数量和性质两方面都重要了，才可以说该错报是重要的。（　　）

6.保持职业怀疑有助于降低审计风险。（　　）

7.检查风险不可能降低为零。（　　）

8.注册会计师应通过设计和实施恰当的审计程序以降低重大错报风险。（　　）

9.在既定的审计风险水平下，可接受的检查风险与财务报表层次重大错报风险的评估结果成反向关系。（　　）

10.重大错报风险可进一步区分为固有风险和检查风险。（　　）

二、单项选择题

1.下列各项中，不属于注册会计师使用财务报表整体重要性的目的的是（　　）。

A.决定风险评估程序的性质、时间安排和范围

B.确定审计中识别出的错报是否需要累积

C.评价已识别的错报对审计意见的影响

D.识别和评估重大错报风险

2.下列情形中，注册会计师通常考虑采用较高的百分比确定实际执行的重要性的是（　　）。

A.首次接受委托执行审计

B.以前年度审计调整较少

C.本年被审计单位面临较大的市场竞争压力

D.预期本年被审计单位存在值得关注的内部控制缺陷

3.下列关于实际执行的重要性的说法中，错误的是（　　）。

A.注册会计师在执行一项财务报表审计业务时可以确定多个实际执行的重要性

B.连续审计项目，以前年度审计调整较多，注册会计师通常选择较高的百分比确定实际执行的重要性

C.确定实际执行的重要性时需要考虑根据前期识别出的错报对本期错报作出的预期

D.无须通过将财务报表整体的重要性平均分配或按比例分配至各个报表项目的方法来确定实际执行的重要性

4.注册会计师在确定财务报表整体的重要性时通常选定一个基准。下列各项因素中，在选择基准时不需要考虑的是（　　）。

A.被审计单位所处的生命周期阶段

B.被审计单位的所有权结构和融资方式

C.基准的相对波动性

D.基准的重大错报风险

5.下列关于确定财务报表整体重要性水平的表述中，正确的是（　　）。

A.如果财务报表中存在高度不确定的大额估计，注册会计师应适当提高重要性水平，以减少审计工作量

B.重要性水平的确定应基于财务报表使用者对财务信息的需求，而不受管理层估计的不确定性影响

C.注册会计师应根据财务报表中不确定项目的数量来调整重要性水平

D.重要性水平的确定完全取决于注册会计师的主观判断，无须考虑财务报表的具体内容

6.下列情形中，注册会计师通常采用较高的百分比确定实际执行的重要性的是（　　）。

A.以前期间的审计经验表明被审计单位的内部控制运行有效

B.被审计单位面临较大的市场竞争压力

C.被审计单位管理层能力欠缺

D.注册会计师首次接受委托

7.下列有关检查风险的说法中，错误的是（　　）。

A.检查风险是指注册会计师未通过审计程序发现错报，因而发表不恰当审计意见的风险

B.检查风险通常不可能降低为零

C.保持职业怀疑有助于降低检查风险

D.检查风险取决于审计程序设计的合理性和执行的有效性

8.以下关于重大错报风险的说法中，正确的是（　　）。

A.注册会计师通过降低重大错报风险来降低审计风险

B.重大错报风险取决于固有风险和检查风险

C.重大错报风险包括固有风险和控制风险

D.注册会计师不能通过实施进一步审计程序降低重大错报风险

9.下列情形中，通常表明存在财务报表层次重大错报风险的是（　　）。

A.被审计单位的竞争者开发的新产品上市

B.被审计单位从事复杂的金融工具投资

C.被审计单位资产的流动性出现问题

D.被审计单位存在重大的关联方交易

10.下列有关固有风险和控制风险的说法中，正确的是（　　）。

A.固有风险和控制风险与被审计单位的风险相关，独立于财务报表审计而存在

B.财务报表层次和认定层次的重大错报风险可以细分为固有风险和控制风险

C.注册会计师无法单独对固有风险和控制风险进行评估

D.固有风险始终存在，而运行有效的内部控制可以消除控制风险

三、多项选择题

1.下列各项中，属于注册会计师使用财务报表整体重要性的目的的有（　　）。

A.决定风险评估程序的性质、时间安排和范围

B.确定进一步审计程序的性质、时间安排和范围

C.形成审计结论时评价已识别的错报对财务报表的影响

D.识别和评估重大错报风险

2.下列有关重要性的表述中，正确的有（　　）。

A.注册会计师确定的审计重要性水平越高，所需收集的审计证据的数量就越少

B.财务报表项目的金额及其波动幅度可能促使财务报表使用者作出不同的反应，基于谨慎性，注册会计师应按最近几年的最低金额确定重要性

C.从报表使用者决策的信息需求而言，如果财务报表中的某项错报足以改变或影响财务报表使用者的相关决策，则该项错报就是重要的

D.在计划审计工作时，注册会计师应当考虑导致财务报表发生重大错报的原因，并应当在了解被审计单位及其环境的基础上，确定一个可接受的重要性水平，即首先为财务报表层次确定重要性水平，以发现在金额上重大的错报

3.下列关于错报的说法中，不正确的有（　　）。

A.除非法律法规禁止，注册会计师应当及时将审计过程中累积的所有错报与适当层级的管理层进行沟通

B.注册会计师应当要求管理层更正所有累积的错报

C.如果管理层拒绝更正沟通的部分或全部错报，注册会计师应当认为管理层存在诚信问题

D.在评价未更正错报的影响之前，注册会计师不应重新评估重要性水平

4.下列各项中，注册会计师在所有审计业务中均应当确定的有（　　）。

A.财务报表整体的重要性

B.可容忍错报

C.明显微小错报的临界值

D.实际执行的重要性

5.下列有关重要性的说法中，正确的是（　　）。

A.注册会计师应当从定量和定性两方面考虑重要性

B.注册会计师应当在制订具体审计计划时确定财务报表整体的重要性

C.注册会计师应当在每个审计项目中确定财务报表整体的重要性、实际执行的重要性
和明显微小错报的临界值

D.注册会计师在确定实际执行的重要性时需要考虑重大错报风险

6.确定财务报表层次重要性水平时常用的基准包括（　　）。

A.资产总额　　　　　B.净资产　　　　　C.营业收入　　　　D.营业外收入

7.下列与审计工作相关的表述中，正确的有（　　）。

A.审计风险取决于重大错报风险和检查风险

B.因为审计的固有限制，注册会计师不可能将审计风险降至零

C.注册会计师可以识别、评估和应对重大错报风险，但不能控制

D.审计的固有限制可以作为注册会计师满足于说服力不足的审计证据的理由

8.以下针对重大错报风险，说法恰当的有（　　）。

A.重大错报风险是指如果存在某一错报，该错报单独或连同其他错报可能是重大的，注
册会计师为将审计风险降至可接受的低水平而实施程序后没有发现这种错报的风险

B.注册会计师可以恰当设计审计程序的性质、时间安排和范围以降低重大错报风险

C.在既定的审计风险水平下，可接受的检查风险水平与认定层次重大错报风险的评估
结果成反向关系

D.由于审计存在固有限制，注册会计师不可能将审计风险降至零

9.下列有关审计风险的说法中，正确的有（　　）。

A.审计风险是当财务报表存在重大错报时，注册会计师发表不恰当审计意见的可能性

B.实务中，注册会计师应当使用绝对数量表达审计风险水平

C.审计风险是指注册会计师执行业务的法律后果

D.在审计风险模型中，重大错报风险独立于财务报表审计而存在

10.下列关于检查风险的说法中，错误的有（　　）。

A.检查风险包括财务报表层次的检查风险和认定层次的检查风险

B.检查风险在注册会计师审计前就已经存在

C.检查风险取决于审计程序设计的合理性和执行的有效性

D.检查风险和固有风险属于认定层次的重大错报风险

四、简答题

1.如何理解重要性的概念?

2.简述注册会计师确定计划的重要性水平时应考虑的因素。

3.简述在选择适当的基准时，注册会计师应当考虑的因素。

4.简述审计风险的含义及其组成要素。

5.简述重要性与审计风险之间的关系。

五、案例分析题

运达公司是大华会计师事务所的常年审计客户，主要从事家电产品的生产、批发和零售。高宇注册会计师负责审计运达公司2024年度财务报表，确定财务报表整体的重要性为1 000万元，明显微小错报的临界值为140万元。

【资料1】注册会计师高宇在审计工作底稿中记录了所了解的该公司情况及其环境，部分摘录如下：

（1）2024年6月，运达公司推出了采用新技术的V8型号洗衣机，新产品迅速占领市场并持续热销。该公司自2024年末起以成本价清理旧款洗衣机库存。

（2）为使空调产品在激烈竞争中保持市场占有率，运达公司自2024年3月起推出30天保价和赠送5次空调免费清洗服务的促销措施。

（3）2023年12月31日，运达公司取得常年合作的电商平台宏博公司20%股权，对其具有重大影响。宏博公司2024年接受委托对运达公司自有电子商务平台进行升级改造。宏博公司2024年度净利润为3亿元。

（4）2024年，运达公司获得节能产品价格补贴5 000万元和家电研发补助6 000万元。

（5）2024年1月起，运达公司将A5家电产品的质保期由一年延长至两年，产品销量因此有所增长。

【资料2】注册会计师高宇在审计工作底稿中记录了运达公司的财务数据，部分内容摘录如表4-6所示。

表4-6　　　　　　　　　　　　　　部分财务数据　　　　　　　　　　　　　　单位：万元

项目	未审数	已审数
	2024年	2023年
营业收入——洗衣机（旧款）	140 000	220 000
营业成本——洗衣机（旧款）	110 000	160 000
营业收入——空调	280 000	300 000
营业成本——空调	200 000	200 000
其他收益——节能产品价格补贴	5 500	0
其他收益——研发补助	6 000	3 000
研发费用	23 000	24 000
存货——洗衣机（旧款）	30 000	40 000
存货——洗衣机（旧款）存货跌价准备	1 800	1 700
长期股权投资——乙公司	58 000	52 000
固定资产——电子商务平台系统	16 000	6 000
预计负债——空调产品售后清洗服务	6 000	0
预计负债——A5家电产品质量保证	7 200	6 000

【要求】针对资料第（1）至（5）项，结合资料2，假定不考虑其他条件，逐项指出资料1所列事项是否可能表明存在重大错报风险。如果认为可能表明存在重大错报风险，简要说明理由，并说明该风险主要与财务报表项目的哪些认定相关（不考虑税务影响）。

项目五
审计技术和方法

【任务引例】

省纪检监察组专项审计小组在对国企审计时发现建达国企集团的各项费用支出中，管理费用金额巨大，且增长速度迅速。该企业的法定代表人张松长年权力过大，企业内部控制体系失效是造成该国企贪腐的直接原因。审计人员迅速锁定敏感领域，经过更深层次的调查、取证，发现张松为贪腐重点，随后审计人员采取抽查法对具体业务进行抽样检查。

任务分析：

1.对于张松的贪腐行为，审计人员采取什么审计方法比较合适？

2.根据审计部门提供的线索，有关部门对张松应当如何处理？

3.针对该企业内部控制体系失效的情况，审计人员应当提出何种建议？

❋ 学习目标

知识目标：

了解账项导向审计、系统导向审计及风险导向审计的形成。

掌握审查书面资料与证实客观事物的审计方法。

掌握审计抽样的概念和种类。

理解抽样风险与非抽样风险。

理解审计抽样的应用。

职业能力目标：

培养审计人员具有正确运用审计技术的职业判断能力。

❊ 本章内容思维导图

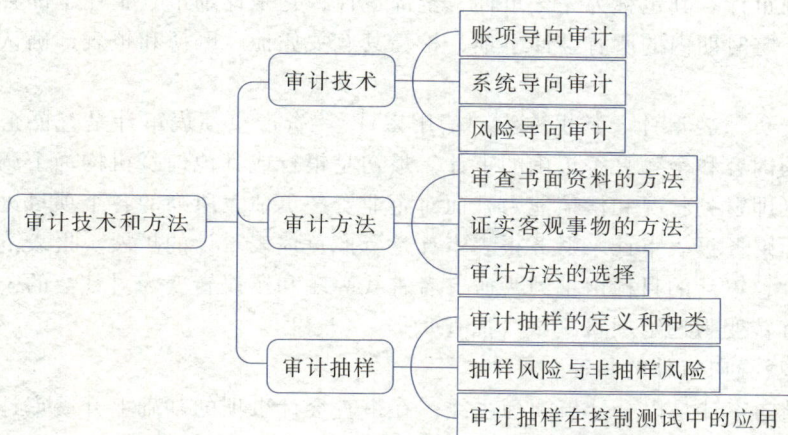

```
                                    ┌─ 账项导向审计
                        ┌─ 审计技术 ─┼─ 系统导向审计
                        │           └─ 风险导向审计
                        │           ┌─ 审查书面资料的方法
  审计技术和方法 ────────┼─ 审计方法 ─┼─ 证实客观事物的方法
                        │           └─ 审计方法的选择
                        │           ┌─ 审计抽样的定义和种类
                        └─ 审计抽样 ─┼─ 抽样风险与非抽样风险
                                    └─ 审计抽样在控制测试中的应用
```

任务一 审计技术

一、账项导向审计

(一) 账项导向审计的形成

1.账项导向审计的含义

账项导向审计也称为账项基础审计，它是基于查错防弊的审计目标，对所有会计事项都加以审查的传统审计，是将审计工作建立在对被审计单位的具体账目进行详细检查基础上的审计模式。它是审计模式的一种最初模式，其审计目标旨在对被审计单位有无舞弊发表意见。账项导向审计要求对账户余额进行直接、全面且详细的审查，而不考虑被审计单位的内部控制和风险情况。

2.账项导向审计产生的原因

账项导向审计产生的根本原因是财产所有权与经营管理权的分离及由此形成的受托经济责任。审计的主要目标是查错揭弊。其重点是以交易为基础的详细审查，以交易为基础的全部审计工作都是围绕着交易过程而进行的。

3.账项导向审计的发展过程

账项导向审计的发展过程主要经历了形式审计、账簿审计、详细审计、资产负债表审计和全面财务报表审计等阶段。账项导向审计的发展过程，如图5-1所示。

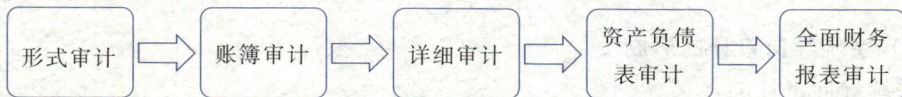

```
┌────────┐    ┌────────┐    ┌────────┐    ┌────────┐    ┌────────┐
│ 形式审计 │ ⇒ │ 账簿审计 │ ⇒ │ 详细审计 │ ⇒ │资产负债 │ ⇒ │全面财务 │
│        │    │        │    │        │    │表审计  │    │报表审计 │
└────────┘    └────────┘    └────────┘    └────────┘    └────────┘
```

图5-1 账项导向审计的发展过程

（1）形式审计。其也称为数据稽核，它是以检查账簿记录、账户余额与结账报表的数据是否一致及计算是否正确为目的。德国在18世纪以前盛行形式审计。

（2）账簿审计。检查账簿记录的内容和金额；核对凭证单据与登记簿上的记录；检查有关账户之间的过账情况；验证各账簿中的数字计算。19世纪末，英国审计以检查会计账簿所反映的会计事项为主线，主要进行账证、账簿、账表的核对。

（3）详细审计。其也称为完全审计、全部审计，它是详细审查企业全部会计事项的审计。它要对一定时期内的所有会计事项，检验其有关凭证、账簿和报表，确认是否存在错误和弊端。

（4）资产负债表审计。其也称为"信用审计"。资产负债表审计是查证企业资产负债表各个项目的内容和金额是否正确的审计。最初是银行或其他信贷机构为了调查借款单位的信用状况（即财务状况和偿债能力）而对企业资产负债表所列的各个项目进行审查。

（5）全面财务报表审计。财务报表审计是资产负债表审计的扩展。报表范围扩大，适应范围也扩大，审计的目标由单纯为所有者查找弊端和错误转变为对社会的公证，在审计方法上由详查转变为选定项目测试（抽查）。

（二）账项导向审计的特征

1.账项导向审计是以会计事项为主线。在审查会计事项的基础上开展审计工作，其工作量比较大，适应早期审计的需要。

2.账项导向审计的主要目标是纠弊查错，但不审查内部牵制制度，不对内部牵制制度发表评价意见。

3.账项导向审计主要采用查账的方法，其中资产负债表审计虽然采用测试的方法，但不采用符合性测试和统计抽样方法，仅凭经验或随意选择部分项目测试，是减少工作量的权宜之计，但科学性较差。

4.账项导向审计没有区分步骤，在着手审计之前无所谓准备阶段，只要求了解被审计单位的概况和收集试算表、总账、明细账等会计资料。即使是当时的资产负债表审计，审计过程也只是按照资产负债表项目的排列顺序逐笔查证。

（三）账项导向审计的局限性

账项导向审计适用于评价简单的受托经济责任，是审计模式发展的第一阶段，其局限性主要表现为：①费时费力，审计成本高。在账项导向审计中，对每一笔交易从原始凭证的记录到与交易有关的各类会计文件的形成及其在会计系统内的周转过程均要进行详细检查，耗费大量的人力、物力、财力和时间；②在账项导向审计中，进行抽查时容易遗漏含有重大问题项目的事件；③不容易发现会计工作中的程序性错误。

账项导向审计由于存在局限性，已经不能圆满地完成审计任务，必须寻找更为可靠、更有效率的审计模式。在审计实践中，当会计系统中责任明确、控制健全时，审计工作很容易进行，审计风险也很小时，以内部控制系统审查为基础的系统导向审计便应运而生。

二、系统导向审计

（一）系统导向审计的形成

1.系统导向审计的含义

系统导向审计也称为制度基础审计，它是为了证实财务报表的公允性，以内部控制制度的评价为导向的审计模式。

2.系统导向审计产生的原因

系统导向审计是由账项导向审计发展而来的，它的产生和运用被认为是审计理论研究的突破和审计模式的重大革命。系统导向审计的产生有其深刻的根源。企业在经营发展过程中建立内部控制系统，促使注册会计师把注意力转移到与会计相关的内部控制系统的控制功能上，而不花费过多的时间和精力在会计记录的机械结果上。系统导向审计模式将审计的重点放在对内部控制各个控制环节的审查上，目的是发现内部控制的薄弱之处，找出问题发生的根源，然后针对这些环节扩大检查范围。该审计模式下，可以发现与某些内部控制相关的会计信息的系统性错误，从而提高了审计效率。系统导向审计从20世纪40年代以后就成为注册会计师审计的主要模式。

3.系统导向审计的发展过程

系统导向审计脱胎于内部控制，而内部控制又来源于内部控制制度。现代意义上的内部控制诞生于20世纪40年代至70年代的美国企业。纵观各时期的内部牵制，可以发现它基本是以查错防弊为目的，以职务分离和账目核对为手段，以钱、账、物等为主要控制对象，其主要特点是以任何个人或部门不能单独控制任何一项或一部分业务权力的方式进行组织上的责任分工，每项业务要通过交互检查或控制。

在现代内部控制理论中，内部牵制仍占有相当重要的地位，并成为现代内部控制中有关组织控制、职务分离控制的雏形。随着资本主义经济的发展，社会化大生产程度日益提高，企业内部分工不断细化。以科学管理为先导，进行管理尝试与创新的实践活动日益推进和展开。内部控制的发展逐渐开始与注册会计师法律责任的不断加强及对审计风险的日益关注有着密切的关系。不断发生的诉讼案件和有关法规的颁布实施，进一步强化了注册会计师的法律责任，使其更加关注审计风险，并使内部控制的研究和评价成为一项法定的审计步骤。

（二）系统导向审计的特征

1.审计目标主要是证实财务报表的公允性，而查错纠弊退居次要地位。

2.研究和评价内部控制制度的导向性目标，即首先了解、记录和评价内部控制制度，确定内部控制制度的优点和弱点，然后确定实质性测试的重点和范围。

3.审计测试主要包括符合性测试和实质性测试。评审内部会计控制，主要是确定和评价其可信赖程度。依据评价结果，决定是否进行符合性测试。如果内部控制制度不可以信赖，就要对账簿进行实质性测试；如果内部控制制度可以信赖，则进行符合性测试。经过符合性测试后，如果满意，可进行有限的实质性测试；如果不满意，应了解有无适当的补救措施。如果有，可以进行有限的实质性测试；如果没有，则应进行广泛的实质性测试。

4.研究和评价内部控制制度主要涉及内部会计控制，很少涉及内部管理控制，忽视对控制环境的研究和评价。

> 提示
>
> 系统导向审计模式下，仍可使用账项导向审计的传统方法，如审阅、核对、盘点、顺查、逆查等方法。

（三）系统导向审计的审计程序

系统导向审计重视审计的计划和设计阶段，将对内部控制制度的评价作为导向性目标，在评审内部控制制度的基础上确定审计的重点和范围。审计工作过程一般由准备、实施和结束三个阶段组成。不同审计导向模式在准备、结束两个阶段的步骤和方法基本相同，其差别主要表现在实施阶段的具体步骤方面。系统导向审计在实施阶段的基本步骤如图 5-2 所示。

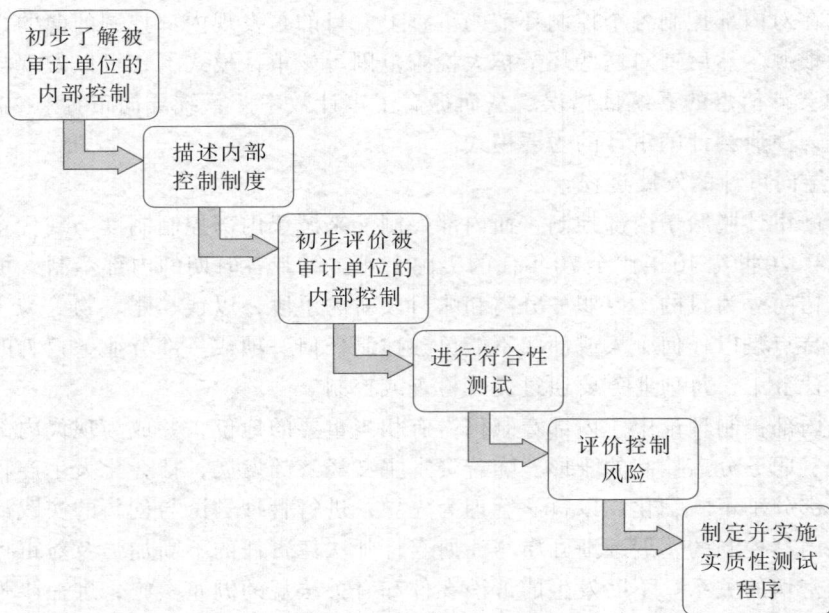

图5-2 系统导向审计在实施阶段的基本步骤

1.初步了解被审计单位的内部控制

系统导向审计以被审计单位存在内部控制为前提，如果被审计单位现行的内部控制极为有限又软弱无力，就不宜采用系统导向审计模式，应该采用账项导向审计模式。因此，在对被审计单位的内部控制进行测试之前，应首先确定是否值得测试。

如果通过了解和测试被审计单位的内部控制，认为其内部控制设计基本完善且能够被有效执行，进而可以确定采取范围较小的实质性测试程序来测试账户余额。注册会计师对内部控制的了解，可以从两方面进行：①了解每一控制要素的政策和程序的设计；②这些政策和程序是否已得到执行。

2.描述内部控制制度

注册会计师对于调查了解的内部控制情况，必须采用一定的方法，以书面的形式，正确地记录或描述出来。描述的方法主要有调查表法、流程图法和文字说明法。

3.初步评价被审计单位的内部控制

采用系统导向审计的优越性就在于通过对被审计单位内部控制的研究与评价，减少实质性测试的工作量，提高审计工作效率。为了保证这种研究和评价工作的质量，必须对上一步骤的工作结果即记录下来的内部控制进行初步评价，确定内部控制制度的健全性和合理性，以便确认是否值得对内部控制进行符合性测试。如果内部控制制度不可以信赖，就要对账簿进行实质性测试；如果内部控制制度可以信赖，则进行符合性测试。

4.进行符合性测试

符合性测试又称控制测试，是基于正确评价内部控制的执行情况的需要而产生的，是为了确定内部控制政策和程序的设计与执行是否有效而实施的审计程序。符合性测试是在了解内部控制的基础上，来确定其设计和执行的有效性。经过符合性测试后，如果满意，可进行有限的实质性测试；如果不满意，应了解有无适当的补救措施。

5.评价控制风险

注册会计师执行符合性测试以后，应对内部控制进行重新评价，根据再次评价的控制风险水平，重新考虑和推算检查风险的水平，从而可以确定将要执行的实质性测试程序的性质、时间和范围。

6.制定并实施实质性测试程序

实质性测试是为了直接查证各种具体数据、结论的真实、公允性而执行的审计程序。实质性测试的方法仍旧可以采用账项导向审计模式的传统方法，如审阅、核对、盘点等方法。实质性测试完成以后，就可以总结综合审计实施阶段的工作结果，形成审计结论和审计意见，转入审计的报告阶段。

（四）系统导向审计的局限性

进入20世纪后半期，系统导向审计的缺陷就逐渐暴露出来。一方面，众多的实际诉讼案件表明，内部控制制度存在着固有的局限性，即使是设计最完美的内部控制制度，也可能因为执行人员的粗心大意、判断失误等原因造成控制失效。另一方面，被审计单位管理层的确存在着提供虚假财务报表的动因，随着企业组织形式和经济业务的复杂化，这种舞弊的动因更强。

【例5-1】（案例题）顺达有公司集团内部存在众多关联方交易，由于融资、投资和经营方式，以及企业内部激励方式的创新等，使企业管理层舞弊造假的空间和手法也有所扩大和增加。当企业管理层存在舞弊造假行为时，他们会利用其掌握的内部控制制定权与操作权，刻意掩盖其舞弊造假的迹象，蒙蔽和利用注册会计师，使他们在审计报告中出具错误的审计意见，成为其舞弊造假行为的替罪羊。

【要求】分析此时检查内部控制制度能否发现这些舞弊行为？

【正确答案】一旦被审计单位的高级管理人员串通舞弊，或最高管理层超越控制而蓄意造假，从表面上看内部控制依然存在并良好运行，但实际上内部控制所要求的相互制约已经不再存在，而且有可能掩盖舞弊造假迹象。此时，检查内部控制制度往往无法发现这种刻意隐瞒的舞弊造假行为。

（五）系统导向审计与账项导向审计的比较

系统导向审计与账项导向审计都属于财务审计的范畴，账项导向审计与系统导向审计的区别如表5-1所示。

表5-1 账项导向审计与系统导向审计的区别

序号	账项导向审计	系统导向审计
1	以会计事项为主线，在审查会计事项的基础上开展审计工作	在评价内部控制系统的基础上确定审计的重点和范围，目的是降低详细测试的工作量
2	财务审计的初级阶段	财务审计发展的高一级阶段，必要时仍需运用账项导向审计的查账方法

续表

序号	账项导向审计	系统导向审计
3	主要目标是纠弊查错，但不审查内部控制制度，不发表评价意见	主要目标是确认财务报表的公正表述，揭露错误和弊端的原因只是由于错误和弊端会影响财务报表的公允性。系统导向审计必须详细检查内部控制系统并提出评价意见
4	主要采用查账的方法，其中资产负债表审计虽然采用测试的方法，但不采用符合性测试和统计抽样方法，只凭经验选择部分项目测试	主要采用符合性测试，适用统计抽样，并且吸收系统工程中的系统分析法进行审计
5	账项导向审计没有区分阶段、步骤，在着手审计之前无所谓准备阶段，只要求了解被查单位的概况和收集试算表、总账、明细账等会计资料	系统导向审计已形成标准化的程序步骤，重视准备（计划）阶段，把评审内部控制系统列为关键阶段

提示

内部控制制度可能因员工的串通舞弊而形同虚设，特别是当内部控制无法制约最高管理层的行为时，他们可以很轻松地超越控制的限制。

三、风险导向审计

（一）风险导向审计的产生

1.风险导向审计的含义

风险导向审计是在账项导向审计和系统导向审计基础上发展起来的审计模式，是指审计人员在对被审计单位的内部控制充分了解和评价的基础上，分析、判断被审计单位的风险程度，把审计资源集中于高风险的审计领域，加强对高风险点的实质性测试，根本目标是将审计风险降低至可接受水平。

2.风险导向审计产生的原因

由于系统导向审计模式的缺陷明显，一种新型的以风险防范为基础的风险导向审计模式逐渐兴起。它的根本目标是将审计风险降低至可接受水平。该模式代表了现代审计发展的最新趋势。由系统导向审计发展为风险导向审计可以归结为下列原因：

（1）审计风险的急剧增加是风险导向审计产生的直接原因。随着经济的发展与社会的进步，最初的审计模式已无法满足社会的需求，审计期望差距逐渐产生。特别是在现代企业的经营规模越来越大、经营活动日趋复杂和多样化的情况下，如果注册会计师只注重对被审计单位内部控制的评审，就可能承接不应接受的审计委托，掉入"审计陷阱"。于是，风险导向审计在弥补日益扩大的审计期望差距的社会因素中应运而生。

（2）系统导向审计的内在缺陷及其解决需要风险导向审计。审计风险的存在是客观的和无法避免的，注册会计师必须在审计成本与审计风险之间寻找平衡点。风险导向审计是在系统导向审计的基础上发展起来的。系统导向审计是在对内部控制制度进行符合性测试的基础上进行的，它只考虑内部控制制度，其中主要是内部会计控制，忽略内部控制系统以外的其他方面，这样在企业内部控制失效的情况下，系统导向审计模式实际上已经不能存在了。

（3）成本效益原则驱使风险导向审计模式产生。从经济因素分析，审计市场的竞争日益激烈，致使会计师事务所的边际收益不断下降，会计师事务所为了在审计市场中生存和发展，只有降低审计成本才能维持期望的边际收益。系统导向审计只是根据内部控制的强弱，而没有根据承担风险大小合理分配审计工作，因此，有可能发生对低风险审计项目审计过量和高风险审计项目审计不足的现象。风险导向审计则克服了系统导向审计的弱点。

（二）风险导向审计的特征

1.审计目标是证实财务报表的公允性，同时考虑审计风险，将审计风险降低至可接受水平。

2.以评价审计风险为导向性目标并指导审计的全过程。

3.风险导向审计测试包括：了解内部控制结构、控制测试、交易业务的实质性测试、分析性程序、余额详细测试。

4.对内部控制的研究范围不断扩展，由系统导向审计模式下的二分法（内部会计控制和内部管理控制）扩展到风险导向审计模式下的五分法，即控制环境、管理部门的风险评价、会计信息与传递系统、控制行为、监督。

思考拓展

结合审计技术的发展与市场经济的关系谈一谈审计在资本市场的重要作用，在"大智移云物区"背景下审计技术的发展前景如何？

（三）风险导向审计的利弊

风险导向审计体现的审计思路是以项目的审计风险为质量控制依据。风险导向审计虽然比以往的审计模式有效，但毕竟风险导向审计模式仍处于发展的初期，相继爆发的审计失败事件更是暴露出其缺陷。

1.风险导向审计的优点

（1）有利于审计人员全面认识被审计单位。审计过程是审计人员不断加深对被审计单位的认识过程，通过调查了解、收集证据，从各个角度逐步地验证某项认定是否正确，形成审计意见。客观地讲，审计人员的认识过程应该是一个由表及里、逐步深入的过程。

（2）风险导向审计方法注重在保证质量的前提下提高效率。在风险导向审计方法中，对被审计单位的了解、对内部控制的研究与评价、分析性测试均属于效率较高的审计手段，可以有效地减少效率较低的细节测试工作。

（3）风险导向审计方法有助于合理确定重要性水平。审计风险的高低往往取决于注册会计师对重要性水平的判断和确定，如果注册会计师确定的重要性水平较低，审计风险就会增加，因此，注册会计师必须通过实施有关审计程序以降低审计风险。

2.风险导向审计的缺点

（1）把控制风险要素作为审计风险模型的乘积因子会有隐患。从理论上来说，如果注册会计师能把控制风险评估得比较低，就可以大大减少实质性测试的工作量，于是，注册会计师只要通过控制测试得到了一个较满意的结果，就认为已经有了一个比较高的可接受检查风险水平。然而，这样就可能为注册会计师的审计埋下了一个很大的隐患。因为控制测试得到的是内部证据，而且内部证据是可以被管理当局操纵的。

（2）风险导向审计不能用于财务报表整体，无法满足对财务报表审计整体审计风险的把握和控制。虽然该风险模型要求在评估固有风险时应当从会计报表层次和账户余额层次两个方面加以考虑，但在评估控制风险时却并不涉及报表层次，只能要求注册会计师对各重要账户或交易类别的相关认定所涉及的控制风险进行评估。

> 👆 **提示**
>
> 实际上，"一条龙"造假往往是管理当局策划并执行的，可以轻易绕过内控。如果是员工舞弊，内控导向的实质性测试是有效的，但对管理舞弊往往无效。基于这种管理舞弊，国际上已全面进入风险导向审计时代，审计就是要跳出账簿，跳出内控，进入以查找管理舞弊为核心的风险导向审计模式。

任务二　审计方法

一、审查书面资料的方法

审查书面资料的方法是指审计人员通过审查书面资料以从中获取证据的一系列审计方法。现代审计已经超越传统的事后查账技术，形成了一个较为完整的基本审计方法体系，按照会计资料形成的先后顺序、审计资料的范围及书面资料的内容分为三类。审查书面资料的方法如图5-3所示。

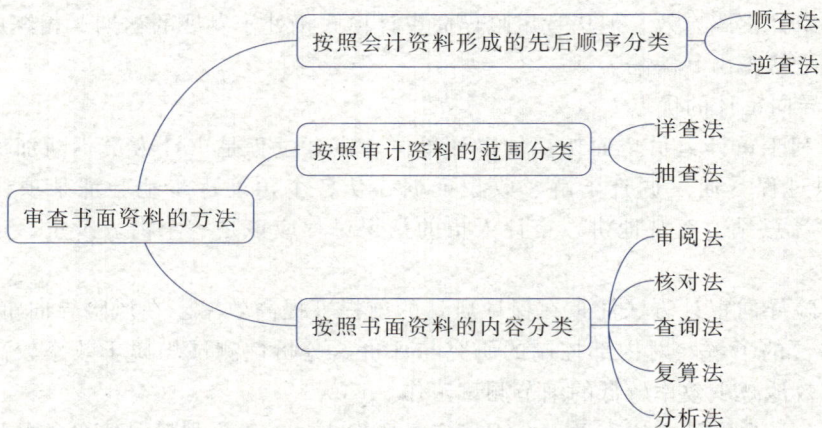

图5-3　审查书面资料的方法分类

（一）按照会计资料形成的先后顺序分类

1.顺查法

顺查法（正查法），是按照会计处理程序依次对证、账、表各个环节进行审查的一种方法。采用顺查法时，应按以下顺序进行：①先从原始凭证出发，着重审查和分析经济业务是否真实、正确及合法。②审查记账凭证，查明会计科目处理、金额计算是否正确。③审查会计账簿，查明记账、过账是否正确，核对账证、账账是否相符。④审查会计报表，查明报表各项目是否正确完整，核对账表、表表是否相符。

顺查法的优点：方法详细严密，不易发生疏漏，审查结果可靠。缺点：工作量太大，费时费力，不利于提高审计工作效率和降低审计成本。一般适用于规模较小、业务量少、内部控制制度不健全、账目比较混乱，贪污舞弊、问题较多的单位。

2.逆查法

逆查法（倒查法），是按照会计业务处理的相反程序依次对表、账、证各个环节进行审查的一种方法。采用逆查法审查时，应按以下顺序进行：①从审查被审计单位会计报表出发，从中发现和找出异常及存在错弊的项目，据此确定下一步审查的重点。②根据确定的可疑项目，追溯审查会计账簿，进行账表、账账核对。③进一步追查记账凭证和原始凭证，进行证证核对，以便查明主要问题的真相和原因。

逆查法的优点：省时省力，有利于提高工作效率，降低审计成本。缺点：不能全面地审查会计资料，易有遗漏；对审计人员业务素质要求较高，否则不易作出正确的判断，难以发现问题。一般适用于规模较大、业务量较多的大型企业和内部控制较好的单位。

顺查法和逆查法各有其优缺点，在实际工作中，两者应结合使用，扩大审计效果。

（二）按照审计资料的范围分类

1.详查法

详查法是指对被审计单位一定时期内的全部会计资料（包括凭证、账簿和报表）进行详细的审核检查，以判断、评价被审计单位经济活动的合法性、合规性，以及会计资料的真实性和正确性。在实务中，一般只对部分重要审计项目采用详查法。采用详查法进行审计，要对被审计单位一定时期的凭证、账簿和报表或特定项目会计资料，以及其所反映的财务收支及有关经济活动作全面、详细的审查，巨细无遗，以查明被审计单位或被审计项目所存在的各种差错和舞弊。

详查法的优点：容易查出问题，审计风险小，审计结果比较正确，特别是对弄虚作假、徇私舞弊等违反财经法纪行为，一般不易疏漏，可以保证审计质量。缺点：工作量大，审计成本高。一般适用于存在严重问题的专案审计或规模较小单位的审计。

2.抽查法

抽查法（抽样审计），是对审计时期内的会计资料只抽取其中一部分进行审查，以其抽查的结果来推断总体的合法性、合规性以及会计资料的真实性、正确性。

抽查法的优点：可以减少工作量、节约时间和人力、效率高、成本低。缺点：具有较大的局限性，如果抽样不当，容易使审计人员得出错误的审计结论，审计风险较大。一般适用于规模较大、业务较复杂，内部控制制度和会计基础工作较好，组织机构和现代管理工作比较健全的单位。

（三）按照书面资料的内容分类

按照书面资料的内容，审计方法可以分为审阅法、核对法、查询法、复算法、分析法、推理法等，这些方法是审计取证中常用的方法。例如，对于财务报表、会计账簿、会计凭证、原始凭证、管理报表、统计资料、合同资料、规章制度、管理文件、内部控制文件、各种法律性文件、重要会议记录、往来信件、行业资料和历史资料等的检查，都需要运用这些方法来取得审计证据。

1.审阅法

审阅法是指通过仔细地审查和翻阅会计凭证、会计账簿和会计报表，以及计划、预算、经济合同和可行性研究等书面资料，借以查明书面资料及其反映的经济业务的真实性、合法性，从中发现错弊，收集书面证据的一种审查方法。审阅法的主要内容见表5-2。

表5-2　　　　　　　　　　　　　　　　审阅法的主要内容

序号	方向	具体审阅内容
1	审阅原始凭证	审阅其所反映的经济业务是否合法、合规、合理。例如，审阅原始凭证上所反映的经济业务是否属于被审计单位的业务，其格式是否规范，要素是否完备，发票上的户名、日期、数量、单价、金额、经手人签章、单位财务专用章是否齐全等
2	审阅记账凭证	审阅其与所附原始凭证是否一致；其构成要素是否齐全（如日期、经济业务的内容、金额、经手人、审批人签章是否齐全等）；对应科目是否正确，会计分录是否正确，借、贷方向有无错误等
3	审阅账簿	审阅日记账。例如，审阅库存现金、银行存款日记账，着重审查是否按经济业务发生次序记录，时间、摘要、发生额的记录是否完整，"转下页""承上页"的余额是否一致，有无涂改痕迹，更正是否符合要求等
		审阅明细分类账。一般选择若干账户进行审查，着重审查业务是否正常、合理、合法、合规；记录是否正确；账户对应关系是否正常、合理；承上启下是否正确
		审阅总分类账。主要查阅其有无异常情况。例如，审阅资产类账户贷方余额，负债类账户借方余额，某会计期间的折旧额过多或过少的情况等
4	审阅会计报表	主要审查报表的格式、数量是否符合会计制度的规定；编制报表的手续是否齐备，编表人、主管签章是否完备；报表应填写的内容是否全部填齐，补充资料、说明书是否齐备和正确；各报表有关项目之间的勾稽关系是否正常，相关的数据是否一致

除了对会计记录采用审阅法取得审计证据，必要时，还应对计划资料、经济合同和其他有关经济资料进行审阅，以便全面地掌握情况并发现问题，取得证据。例如，注册会计师通过审阅有关投资协议确定被审计单位长期投资的真实性，通过审阅借款合同来确定银行借款的真实性。

2.核对法

核对法是指在相关的资料之间进行相互对照、比较，以认定其内容是否一致的方法。

运用核对法，可以进行证证、账证、账账、账单、账表、账实之间的核对。通过核对，查验有无计算及书写错误、漏记及重记等问题。

核对法的优点是能比较快地发现存在的问题，而且取得的证据也比较可信。缺点是由于其侧重于形式上的审查，难以查清"假账真做"的问题，因此，核对法应当与其他审计方法结合起来运用，以确保审计质量。审阅法和核对法是两种密不可分的审计方法，不存在只核对而不审阅的情况，若只审阅不核对也没有意义和作用。核对法的种类如表5-3所示。

表5-3 核对法的种类

序号	种类	核对的内容
1	证证核对	主要包括原始凭证之间的核对，如购货发票与验收单核对，领料单与材料耗用汇总表核对；记账凭证与原始凭证的核对；记账凭证与科目汇总表或汇总记账凭证的核对。主要核对其日期、内容、数量、金额是否相符
2	账证核对	主要包括记账凭证与总分类账、明细分类账、日记账相核对；总分类账与汇总记账凭证、科目汇总表相核对。主要核对其日期、会计分录等记录是否相符
3	账账核对	主要包括总分类账的借方余额与总分类账的贷方余额相核对；总分类账的余额与所属明细分类账的余额或日记账余额相核对。主要核对期初余额、本期发生额、期末余额是否相符
4	账单核对	主要包括银行存款日记账与银行对账单相核对；债权债务往来账与客户账单相核对。主要核对其内容、金额是否相符
5	账表核对	主要包括总分类账、明细分类账与会计报表相核对
6	账实核对	主要包括库存现金日记账账面余额与现金实际库存数相核对；材料物资及固定资产明细账与其实存数的核对等

3.查询法

查询法是指通过查对和询问取得必要的资料，以获得真实可靠的审计证据的方法。查询法分为面询法和函证法两种。

（1）面询法

面询法是指注册会计师在审计过程中，以口头的方式向被审计单位的有关人员提出问题，并将口头回答做成询问笔录的审计方法。利用面询法可以对会计凭证、会计账簿、会计报表、其他资料存在的问题进行询问。面询法的实施步骤如下：①确定询问事项；②确定被询问人；③向被询问人提出问题；④做成询问笔录；⑤被询问人在询问笔录上签名；⑥对被询问人的回答进行鉴别；⑦形成审计结论。询问时至少应有两名审计人员在场。使用面询法主要是为进一步审计提供线索。面询法应与其他书面证据结合运用。询问的内容主要包括经营管理情况、内部控制情况、会计核算、财务管理情况、在审计过程中产生的疑点和在审计过程中发现的问题等。

（2）函证法

函证（即外部函证），是指注册会计师直接从第三方（被询证者）获取书面答复作为审计证据的过程，书面答复可以采用纸质、电子或其他介质等形式。

> 通常情况下，注册会计师以函证方式直接从被询证者获取的审计证据，比被审计单位内部生成的审计证据更可靠。

①函证的方式

函证有积极式函证和消极式函证两种方式，如图5-4所示。

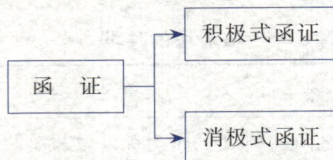

```
                    ┌──────────────┐
                 ──▶│   积极式函证   │
   ┌──────┐      │   └──────────────┘
   │ 函  证 │──────┤
   └──────┘      │   ┌──────────────┐
                 ──▶│   消极式函证   │
                    └──────────────┘
```

图5-4　函证方式

A.积极式函证，又称肯定式函证，是指要求被询证者直接向注册会计师回复，表明是否同意询证函所列示的信息，或填列所要求的信息的一种询证方式。这种方式结果可靠，但成本较高。

B.消极式函证，又称否定式函证，是指要求被询证者只有在不同意询证函所列示的信息时才直接向注册会计师回复的一种询证方式。消极式函证比积极式函证提供的审计证据的说服力低。

同时满足下列条件，注册会计师可以将消极式函证作为唯一的实质性程序：a.注册会计师将重大错报风险评估为低水平，并已就与认定相关的控制运行的有效性获取了充分、适当的审计证据；b.需要实施消极式函证程序的总体由大量小额、同质的账户余额、交易或事项构成；c.预期不符事项的发生率很低；d.没有迹象表明接收询证函的人员或机构不认真对待函证。

②实施函证的控制

A.询证函的发出和收回都应当由注册会计师直接进行，不能经过被审计单位，回函一般直接寄至会计师事务所。

B.当实施函证程序时，注册会计师应当对询证函保持控制，包括：a.确定需要确认或填列的信息；b.选择适当的被询证者；c.设计询证函，包括正确填列被询证者的姓名和地址，以及被询证者直接向注册会计师回函的地址等信息；d.发出询证函并予以跟进，必要时再次向被询证者寄发询证函。

C.如果存在对询证函回函的可靠性产生疑虑的因素，注册会计师应当进一步获取审计证据以消除这些疑虑。注册会计师应当评价其对评估的相关重大错报风险（包括舞弊风险），以及其他审计程序的性质、时间安排和范围的影响。

D.在未回函的情况下，注册会计师应当实施替代程序以获取相关、可靠的审计证据。

③实际工作中对函证的控制

实际工作中常见的三类函证是往来函证、银行函证和存货函证。未回函的替代程序以及回函中不符事项的处理是审计工作中的重要问题。由于回函效率存在较大的不可控性，函证工作很难与其他现场审计同步完成。当某个客户或供应商回函滞后或拒绝回函时，都将导致审计人员工作量明显增加。

往来回函是请对方客户、供应商以回函的形式对截至财务报表日的往来余额进行认定并作为外部审计证据的一种方式。往来款项包括应收账款、应付账款、其他应收款、其他应付款、预收账款和预付账款等。在对方不回函的情况下，注册会计师需要通过其他程序来认定某客户或供应商的期末往来余额。

与往来函证相比，银行函证程序的实施难度和替代测试就相对简单，银行不回函的概率相对较低。在实务中，如果审计报告日当天未收到银行的回函，相应地银行对账单便成为唯一的替代性程序测试对象。注册会计师在执行银行函证程序时，不能简单地只对企业打印出来的银行对账单进行检查，应该额外增加风险控制程序。例如，审计人员需要在企业财务陪同下，亲自到银行打印对账单，目的是有效降低管理层伪造银行对账单的风险。

> 提示
>
> 应对应收账款实施函证程序，除非有充分证据表明应收账款对财务报表不重要，或函证很可能无效。如果认为函证很可能无效，注册会计师应当实施替代审计程序，获取相关、可靠的审计证据。如果不对应收账款函证，注册会计师应当在审计工作底稿中说明理由。

4.复算法

复算法是指注册会计师对被审计单位书面资料中的某些数据，在核对其来源正确的基础上，按照应当采用的计算方法，进行重新计算，用来验证原计算结果是否正确的一种方法。

复算法一般应用于下列书面资料的计算：①复查有关原始凭证、原始凭证汇总表横向、竖向的合计数等；②复查报表中的合计、总计数；③复查凭证上的数量与单价的乘积数、小计和合计数，账簿中的小计、合计、累计数，以及过次页、承前页的数字；④复查有关费用提取、成本费用归集和分配结果的数据；⑤对流动比率、负债率、资产周转率、利润率等指标进行验算；⑥其他有关资料的复算，包括计划、预算、成本预测等。当复算结果与原计算结果不符合时，应以注册会计师的计算结果为准。

注册会计师应具备专业知识，确保计算结果正确。需要注意的是：①计算方法和口径应当恰当；②复算法只能验算计算结果本身是否正确，不能说明据以计算的数据是否正确，据以计算的数据是否正确须由其他审计方法获取的审计证据来证实；③当复算的内容较多时，注册会计师可采用抽查法，选择重点内容进行复算，以提高审计效率。

5.分析法

分析法是通过对会计资料有关指标的观察、推理、分解和综合，以揭示其本质和了解其构成要素的相互关系的审计方法。分析法在审计工作中的运用比较广泛：在初步计划阶段，可帮助注册会计师确定审计的基本程序、方法、时间和范围；在审计过程中，可用于符合性测试和实质性测试；在形成审计结论时，可帮助注册会计师进一步判断结论的正确性。审计分析方法按分析技术可以分为以下几类：

（1）比较分析法

比较分析法是指通过对被审计单位的书面资料与相关标准进行比较，获取审计证据，借以检查有无异常，并从中找出疑点，确定下一步审计重点的一种方法。相关标准根据审计目标而定，可以是计划数，也可以是上期实际数、同类企业的同类指标等。比较分析法常用于比较不同单位的资料，或本单位不同时期的资料，尤其适用于比较本单位不同时期变化较大的资料。

（2）比率分析法

比率分析法是指通过对两个性质不同但又相关的指标所构成的比率关系进行对比分析，从中发现疑点，以便进一步查明其原因的一种分析方法。注册会计师所用的比率通常分为财务比率和技术比率两类，前者主要用于财务报表审计，后者主要用于绩效审计。在实务中，财务比率的使用机会比较多，财务比率并不存在最佳的标准，不同的国情、经济环境、发展速度、管理模式等，都会对财务比率产生重大影响。

比率分析法适用于审计计划阶段对被审计单位财务报表进行总体的分析和把握，也广泛运用于审计报告阶段，主要用来对审计调整后财务报表的再评估。使用财务比率，一定要重视其局限性，要注意不同时期、不同环境、不同规模被审计单位财务比率可能存在的重大差异，避免为比率所误导。

（3）因素分析法

因素分析法是指将影响某一事项的各个因素分离出来，在此基础上分析各个因素变动对该事项的影响及影响程度，以便进一步查明原因的一种分析方法。例如，净资产收益率的影响因素可以分解为销售净利率、资产周转率、权益乘数，通过测定各因素的变动对净资产收益率的影响程度，便可以判明各因素影响程度的方向和大小，从中找出存在的问题及其具体原因。

（4）综合分析法

综合分析法是因素分析法的逆向过程，是将被审计事项有关的各个因素相互联系起来进行分析，以查明问题的一种方法。综合分析法对于注册会计师形成审计结论具有重要意义。

（5）账户分析法

账户分析法是指利用有关账户之间的对应关系，对其发生额、余额进行分析，从中发现错误和异常，为进一步审查提供线索的一种方法。注册会计师通常对容易发生问题的、往来业务多的、金额较大的总账及明细账，如库存现金、银行存款、应收应付款项和有关费用账户等进行分析，从中发现问题，为下一步的审计重点提供线索。

（6）账龄分析法

账龄分析法是指按有关账户的账龄（期限）长短进行归类，以便为审查账目提供审计重点的一种分析方法。

（7）逻辑分析法

逻辑分析法是对与被审计事项具有一定的内在逻辑关系的事项进行分析，确定它们对被审计事项的影响，从而佐证审计人员判断的一种审计方法。这些事项大多数不是直接确认的审计对象，但由于它们与被审计事项具有内在关系，对它们的分析有助于帮助注册会计师确定审计重点和方法。例如，内部控制制度的优劣程度与会计报表之间具有内在逻辑关系，内部控制制度良好，则会计报表的可靠程度高；反之，则低。

二、证实客观事物的方法

证实客观事物的方法是指注册会计师收集书面资料以外的审计证据，证明和落实事物的形态、性质、存放地点、数量和价值等的方法。这些方法包括盘点法、调节法、观察法和鉴定法。

1.盘点法（实物清查法）

盘点法是指对被审计单位各项财产物资进行实地盘点，以确定其数量、品种、规格及其金额等的实际状况，借以证实有关实物账户的余额是否真实、正确，从中收集实物证据的方法。运用盘点法进行审计的对象包括现金、有价证券、原材料、在产品、产成品、固定资产等。盘点法按组织方式可以分为直接盘点法和监督盘点法两种。

（1）直接盘点法

直接盘点法是指由注册会计师亲自到现场盘点实物，以确定实物数额的方法。直接盘点法通常包括通知盘点、突击盘点及抽查盘点。通知盘点是指审计人员在预先通知被审计单位有关人员的情况下组织的盘点工作。通知盘点的协调性较好，但不能很好地确定在一般情况下盘点对象的状态。对于容易出现舞弊行为的财产物资，如现金和贵重的原材料等，应采用突击盘点，即盘点前，预先不通知经管财产物资的人员，以防经管财产物资的人员在盘点前对其舞弊行为加以掩饰，盘点时应该有被审计单位的人员参加。对于大宗的存货等，则应采用抽查盘点，即只是抽取一部分财产物资进行盘点。

（2）监督盘点法

监督盘点法是由被审计单位的有关人员进行实物盘点清查，注册会计师只是在旁边对实物盘点进行观察监督的方法。如有必要，审计人员可以部分地进行盘点。对财产物资实施监督盘点法的过程包括：

① 做好准备工作。组成盘点小组；确定盘点对象；选择盘点时间，检查盘点工具、器具；督促盘存实物及时入账。

② 具体执行。审计人员监督被审计单位人员盘点实物数量和检查质量，及时填制盘存表，并纳入审计工作底稿。

③ 盘点时注意事项。实物保管部门应停止收入、发出业务；不得以账、证、表作为盘存表的记录依据；审查物品有无被损坏、积压、变质、偷盗等问题。

④ 盘点工作结束后，审计人员应该编制盘点表单，详细记录盘点结果，审计人员和被审计单位有关人员应在盘点表单上签字。盘点表单是一项重要的工作底稿，需整理归档保管。

> 👆 **提示**
>
> 不论采用哪种盘点方法，对于存放于不同地点的同一类财产物资应尽可能同时进行盘点，以防止被审计单位有足够的时间移东补西。对已经盘点过的盘点对象应做好标记，避免重复盘点或漏盘。

2.调节法

调节法是指由于被审计单位报告日数据和审计日数据存在差异或由于被审计项目存在

未达账项时，通过对某些数据进行增减调节，来验证报告日数据账实是否一致的一种审计方法。调节法可用于对银行存款、现金及其他结算类账户余额等存在未达账项时进行的调节，也用于对存货包括原材料、自制半成品、在产品、产成品等的检查。

调节法是一种取得实物证据的方法，通常结合盘点法使用：

① 对未达账项的调节。对企业单位与开户银行双方发生的未达账项进行增减调节，可通过编制银行存款余额调节表进行；对库存现金的调节，可通过编制库存现金盘存表进行调节。按盘点日与结账日之间所发生的已收已付款但尚未入账的金额，对各账户盘点日账面结存数进行增减调节，验证账面数与实际盘存数是否一致。其他结算类账户也可采用编制调节表的方法进行调节。

② 对其他财产物资的调节。运用调节法还可以证实财产物资是否账实相符。当盘点日与书面资料结存日不同时，结合实物盘点，按盘点日期与结存日期之间新发生的出入数量，对结存日期有关财产物资的结存数进行调节，以验证或推算结存日期有关财产物资的应结存数。其计算公式为：

$$\text{结存日（书面资料日期）数量} = \text{盘点日盘点数量} + \text{结存日至盘点日发出数量} - \text{结存日至盘点日收入数量}$$

【例5-2】（案例题）义泽公司2024年12月31日账面结存甲材料670件，经审阅和核对无差错。2024年1月1日至3月20日购进甲材料220件，发出甲材料120件，经核对、审阅无误。2024年3月20日下班后，审计盘点的实存数为甲材料800件。

【要求】审计人员应当如何验证账实是否相符？

【正确答案】结存日数量 = 800+120-220=700（件）

经过调节计算，2024年12月31日甲材料实存数为700件，与账面记录的甲材料670件不符。因此，审计人员应当进行进一步检查，查明责任原因并追究相关人员责任。

3.观察法

观察法是指审计人员进入被审计单位后，对于生产经营管理工作的实施、财产物资的保管、内部控制系统的执行等，亲临现场进行实地观察检查，借以查明被审计单位经济活动的事实真相，核实是否符合审计标准和书面资料的记载，并取得审计证据的方法。观察法提供的审计证据仅限于观察发生的时点，并且在相关人员已知被观察时，相关人员从事活动或执行程序可能与日常的做法不同，从而影响审计人员对真实情况的了解，因此，审计人员有必要获取其他类型的佐证证据。在实务中，审计人员应深入到被审计单位的仓库、车间、科室、工地等现场，对财产物资的保管和利用情况、工人的积极性和工作效率进行直接观察，从中发现薄弱环节和存在问题，以便收集审计证据，提出建议和意见，促进被审计单位改善经营管理，提高经济效益。采用观察法，通常包括对环境、行为和实物的观察。

（1）环境观察

环境观察是通过对被审计单位所处的环境进行观察，包括对外部环境和内部环境的观察，以了解被审计单位的经营氛围和经营素质。

外部环境观察包括对被审计单位的位置、交通状况、与周边环境的协调性、影响经营的有利和不利因素，以及经营状态等内容进行观察。例如，一个位置理想的公司，外部观察经营状态良好，有助于审计人员对营业收入和利润的真实性作出判断。

内部环境观察是从被审计单位内部的各个方面进行观察，包括被审计单位的整体布局、文明生产和文明管理状况、所取得的各种称号和荣誉等。内部观察的结果反映出被审计单位的素质。管理良好的被审计单位的会计处理过程比管理差的被审计单位的会计处理过程要可靠。

（2）行为观察

行为观察主要是通过对被审计单位人员行为的观察，发现存在的问题，以取得审计证据。人的行为会直接影响被审计单位对经济活动的处理。在财务审计中，行为观察的重点是对各级管理人员的行为和与管理有关的人员的行为进行观察。在对被审计单位内部控制制度及其实施状况进行了解和评审时，采用行为观察是一种很有效的手段。例如，通过对仓库人员收料、发料、保管等行为的观察，可以帮助审计人员了解在材料管理中实际存在的控制。

（3）实物观察

实物观察是审计人员对被审计单位的财产物资进行实地观察以寻找疑点，并收集审计证据。实物观察的重点是观察财产物资的存放、保管和使用状况。

4.鉴定法

鉴定法是指对书面资料、实物和经济活动等的分析、鉴别，超过一般审计人员的能力和知识水平而邀请有关专门部门或人员运用专门技术进行确定和识别的方法。

鉴定法可应用于财务审计、财经法纪审计和经济效益审计。鉴定法的鉴定结论必须是具体的、客观的和准确的，并作为一种独立的审计证据，详细地记录在审计工作底稿中，如对实物性能、质量、价值的鉴定，涉及书面资料真伪的鉴定，以及对经济活动的合理性和有效性的鉴定等。例如，当伪造凭证的人不承认其违法行为时，可以通过公安部门鉴定其笔迹，以确定其违法行为；对质次价高的商品材料的质量情况难于确定时，请商检部门通过检查化验确定商品质量和实际价值等；对基建工程进行质量检查可以邀请基建方面的专家等。

三、审计方法的选择

审计方法选用的一般原则为：审计方法之间应存在密切的关系；选择审计方法应同审计类型相适应；选择审计方法要考虑成本与效益以及审计项目的重要性等。

1.审计方法之间的相互关系

审计方法之间不是相互排斥的，而是存在密切的关系。顺查法和逆查法在实际工作中结合相当紧密；在运用顺查法时可以结合抽查法，也可以结合详查法；在运用逆查法可结合抽查法，或结合详查法。但从方法的特点而言，逆查更适合采用抽查法，而顺查更适合采用详查法。

2.审计方法和审计类型之间的相互关系

由于不同的审计类型具有不同的审计目的和特点，因而要求审计人员选用的审计方法要适应不同审计类型的目的和特点。例如，进行财务报表审计时，必须采用审阅、核对、盘点等方法。在采用分析法时，必然会与比较法结合使用。在采用审阅法时，往往与核对法和复核法结合使用。

3.应考虑成本与效益以及审计项目的重要性

审计方法应同被审计单位实际相适应，考虑成本与效益选用更为有效的方法。如果为了获取实物证据可以采用盘点法，第三方的外来证据可以运用函证法或询问法等获得。

> 👆 **提示**
>
> 审计方法的演进体现了提高审计效率和质量、规避审计风险和责任、满足所有权监督需要的内在动因，三个方面是互为一体的。

仁东控股 1　　　　　　仁东控股 2　　　　　　仁东控股 3

任务三　审计抽样

一、审计抽样的定义和种类

（一）审计抽样的定义

审计抽样是指注册会计师对具有审计相关性的总体中低于百分之百的项目实施审计程序，使所有抽样单元都有被选取的机会，为注册会计师针对整个总体得出结论提供合理基础。审计抽样使注册会计师能够获取和评价与被选取项目的某些特征有关的审计证据，以形成或帮助形成从中抽取样本的总体结论。

审计抽样应当具备三个基本特征：①对某类交易或账户余额中低于百分之百的项目实施审计程序；②所有抽样单元都有被选取的机会；③审计测试的目的是评价该账户余额或交易类型的某一特征。

> 📖 **思考拓展**
>
> 如何理解审计抽样与总书记在经济新常态下对审计工作提出的"应审尽审、凡审必严、严肃问责"十二字原则的辩证关系？

（二）审计抽样的种类

按抽样决策的依据不同，将审计抽样划分为统计抽样和非统计抽样。

1.统计抽样

统计抽样是指同时具备两个特征的抽样方法：第一，随机选取样本项目；第二，运用概率论评价样本结果，包括计量抽样风险。由于统计抽样具有明显的统计特征，即样本的选择是无偏的、随机的、有代表性的，因此，抽样结果可以用数学方法推算得出。目前统计抽样主要有属性抽样和变量抽样。

（1）属性抽样

属性抽样是一种用来对总体中某一事件的发生率得出结论的统计抽样方法。属性抽样在审计中的主要用途是测试某一控制的偏差率，以支持注册会计师评估的控制有效性。在属性抽样中，设定控制的每一次发生或偏离都被赋予同样的权重，而不管交易金额的大小。

（2）变量抽样

变量抽样是一种用来估计总体金额或错误金额的统计抽样方法。变量抽样在审计中的主要用途是进行细节测试，以确定记录金额是否合理。审计人员在实施实质性程序时，通常可以采用单位平均值估计抽样、差额估计抽样、比率估计抽样等变量抽样方法。

统计抽样法的优点是具有较强的科学性和准确性，能够客观地计量抽样风险，并通过调整样本规模精确地控制风险，这是与非统计抽样最重要的区别。统计抽样还有助于注册会计师高效地设计样本，计量所获取证据的充分性，以及定量评价样本结果。其缺点是操作难度大，要求审计人员有较高的数学水平，而且对于资料不全的单位以及揭露各种舞弊的专案审计均不宜采用。统计抽样又可能发生额外的成本。一般适用于内部控制制度比较健全、机构庞大、业务频繁的单位。

2.非统计抽样

非统计抽样是指不同时具备统计抽样的两个特征的抽样方法。非统计抽样包括任意抽样和判断抽样。非统计抽样的优点是灵活、方便、易学、易懂且应用面广，大大提高了审计工作效率。非统计抽样如果设计适当，也能提供与设计适当的统计抽样方法同样有效的结果。其缺点是不能科学确定抽样数量，样本单位的抽选有主观随意性，不能计算抽样误差并给出审计结论的可靠程度。注册会计师使用非统计抽样时，必须考虑抽样风险并将其降至可接受水平，但不能精确地测定出抽样风险。

> 👆**提示**
>
> 不管统计抽样还是非统计抽样，两种方法都要求注册会计师在设计、实施抽样和评价样本时运用职业判断。在实际工作中，可以把统计抽样和非统计抽样结合起来使用。

二、抽样风险与非抽样风险

在获取审计证据时，注册会计师应当运用职业判断，评估重大错报风险，并设计进一步审计程序，以确保将审计风险降至可接受的低水平。使用审计抽样时，审计风险可能受抽样风险和非抽样风险的影响。

（一）抽样风险

抽样风险是指注册会计师根据样本得出的结论，可能不同于如果对整个总体实施与样本相同的审计程序得出的结论的风险。在实施控制测试时，注册会计师要关注的两类抽样风险是信赖过度风险和信赖不足风险。信赖过度风险是指推断的控制有效性高于其实际有效性的风险。信赖过度风险与审计的效果有关。对于注册会计师而言，信赖过度风险更容易导致注册会计师发表不恰当的审计意见，因而更应予以关注。相反，信赖不足风险是指推断的控制有效性低于其实际有效性的风险。信赖不足风险与审计的效率有关。当注册会计师评估的控制有效性低于其实际有效性时，评估的重大错报风险水平偏高。为了弥补注册会计师根据评估的控制有效性而对重大错报风险评估的高水平，注册会计师可能会增加不必要的实质性程序。在这种情况下，审计效率可能降低。

在实施细节测试时，注册会计师也要关注的两类抽样风险是误受风险和误拒风险。误受风险是指注册会计师推断某一重大错报不存在而实际上存在的风险。与信赖过度风险类似，误受风险影响审计效果，容易导致注册会计师发表不恰当的审计意见，因此，注册会计师更应予以关注。误拒风险是指注册会计师推断某一重大错报存在而实际上不存在的风险。与信赖不足风险类似，误拒风险影响审计效率。如果账面金额不存在重大错报而注册会计师认为其存在重大错报，注册会计师会扩大细节测试的范围并考虑获取其他审计证据，最终注册会计师会得出恰当的结论。但在这种情况下，审计效率可能降低。抽样风险的种类如表5-4所示。

表5-4 抽样风险的种类

类型	影响审计效果的风险	影响审计效率的风险
控制测试	信赖过度风险	信赖不足风险
细节测试	误受风险	误拒风险

只要使用了审计抽样，抽样风险就总会存在。在使用统计抽样时，注册会计师可以准确地计量和控制抽样风险。在使用非统计抽样时，注册会计师无法量化抽样风险，只能根据职业判断对其进行定性的评价和控制。抽样风险与样本规模反方向变动：样本规模越小，抽样风险越大；样本规模越大，抽样风险越小。既然抽样风险只与被检查项目的数量有关，那么控制抽样风险的唯一途径就是控制样本规模。无论是控制测试还是细节测试，注册会计师都可以通过扩大样本规模降低抽样风险。如果对总体中的所有项目都实施检查，就不存在抽样风险，此时审计风险完全由非抽样风险产生。

【例5-3】（单项选择题）下列审计程序中，通常不宜使用审计抽样的有（　　　　）。

A.风险评估程序

B.对未留下运行轨迹的控制的运行有效性实施测试

C.对信息技术应用控制的运行有效性实施测试

D.实质性分析程序

【正确答案】ABCD

【解析】选项A正确，风险评估程序通常不涉及审计抽样。

选项B正确，对于未留下运行轨迹的控制，注册会计师通常实施询问、观察等审计程序，以获取有关控制运行有效性的审计证据，此时不宜使用审计抽样。

选项C正确，在被审计单位采用信息技术处理各类交易及其他信息时，注册会计师通常只需要测试信息技术一般控制，并从各类交易中选取一笔或几笔交易进行测试，就能获取有关信息技术应用控制运行有效性的审计证据，此时不需使用审计抽样。

选项D正确，实质性程序包含细节测试和实质性分析程序，其中细节测试可以使用审计抽样，而实质性分析程序不宜使用审计抽样。

（二）非抽样风险

非抽样风险是指注册会计师由于任何与抽样风险无关的原因而得出错误结论的风险。注册会计师即使对某类交易或账户余额的所有项目实施某种审计程序，也可能仍未能发现重大错报或控制失效。

在审计过程中，可能导致非抽样风险的原因包括下列情况：①注册会计师选择的总体不适合于测试目标。②注册会计师未能适当地定义控制误差或错报，导致注册会计师未能发现样本中存在的误差或错报。③注册会计师选择了不适于实现特定目标的审计程序。例如，注册会计师依赖应收账款函证来揭露未入账的应收账款。④注册会计师未能适当地评价审计发现的情况。

非抽样风险是由人为错误造成的，因而可以降低、消除或防范。注册会计师也可以通过仔细设计审计程序尽量降低非抽样风险。如果可以从两种审计程序中加以选择，且两种程序均以大致相同的成本提供相同程度的保证，注册会计师应当选择非抽样风险水平较低的程序。

三、审计抽样在控制测试中的应用

在使用审计抽样时，注册会计师的目标是为得出有关抽样总体的结论提供合理的基础。审计抽样并非在所有审计程序中都可使用。注册会计师拟实施的审计程序将对运用审计抽样产生重要影响。在风险评估程序、控制测试和实质性程序中，有些审计程序可以使用审计抽样，有些审计程序则不宜使用审计抽样。

风险评估程序通常不涉及审计抽样。如果注册会计师在了解控制的设计和确定控制是否得到执行的同时计划和实施控制测试，则可能涉及审计抽样，但此时审计抽样仅适用于控制测试。当控制的运行留下轨迹时，注册会计师可以考虑使用审计抽样实施控制测试。对于未留下运行轨迹的控制，注册会计师通常实施询问、观察等审计程序，以获取有关控制运行有效性的审计证据，此时不宜使用审计抽样。在控制测试中使用审计抽样可以分为样本设计、选取样本和评价样本结果三个阶段。控制测试中使用审计抽样的阶段如图5-5所示。

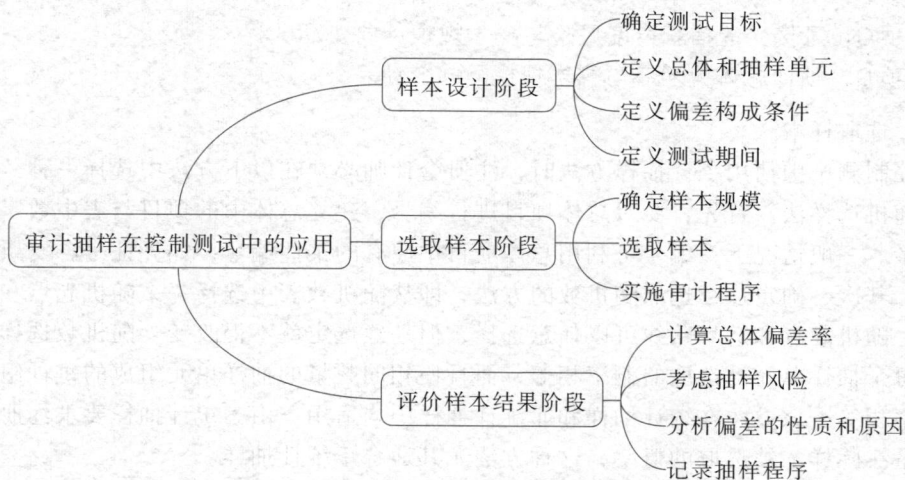

图5-5　控制测试中使用审计抽样的阶段

1.样本设计阶段

注册会计师实施控制测试的目标是提供关于控制运行有效性的审计证据，以支持计划的重大错报风险评估水平。因此，首先要确定样本设计阶段的测试目标，再针对测试目标定义总体、抽样单元、定义偏差构成条件和定义测试期间。例如，如果测试目标是确定付款是否得到授权，且设定的控制要求付款之前授权人在付款单据上签字，则抽样单元可能被定义为每一张付款单据。

2.选取样本阶段

（1）确定样本规模

在控制测试中影响样本规模的因素包括可接受的信赖过度风险、可容忍偏差率、预计总体偏差率和总体规模。

在实施控制测试时，注册会计师主要关注抽样风险中的信赖过度风险，考虑影响样本规模的因素，确定样本规模。可接受的信赖过度风险与样本规模反向变动。控制测试中选取样本旨在提供关于控制运行有效性的证据。通常，相对较低的水平在数量上是指5%～10%的信赖过度风险。在实务中，一般的测试是将信赖过度风险确定为10%，特别重要的测试则可以将信赖过度风险确定为5%。注册会计师通常对所有控制测试确定一个统一的可接受信赖过度风险水平，然后对每一测试根据计划的重大错报风险评估水平和控制有效性分别确定其可容忍偏差率。注册会计师在风险评估时越依赖控制运行的有效性，确定的可容忍偏差率越低，进行控制测试的范围越大，因而样本规模越大。

【例5-4】（单项选择题）使用审计抽样实施控制测试时，下列各项中与样本规模同向变动的是（　　）。

A.总体规模　　　　　　　　　　B.可容忍偏差率

C.可接受的信赖过度风险　　　　D.预计总体偏差率

【正确答案】D

【解析】选项A，除非总体非常小，一般而言，总体规模对样本规模的影响几乎为零。

选项B，可容忍偏差率与样本规模反向变动。

选项C，可接受的信赖过度风险与样本规模反向变动。

选项D，预计总体偏差率与样本规模同向变动。

（2）选取样本

在控制测试中使用统计抽样方法时，注册会计师必须在以下方法中选择一种。

①随机选样法。首先，要对总体项目进行编号，建立总体中的项目与表中数字的一一对应关系。一般情况下，编号可利用总体项目中原有的某些编号，如凭证号、支票号、发票号等。其次，确定连续选取随机数的方法，即从随机数表中选择一个随机起点和一个选号路线，随机起点和选号路线可以任意选择，但一经选定就不得改变。随机数选样不仅使总体中每个抽样单元被选取的概率相等，而且使相同数量的抽样单元组成的每种组合被选取的概率相等。该方法在统计抽样和非统计抽样中均适用。由于统计抽样要求注册会计师能够计量实际样本被选取的概率，这种方法尤其适合于统计抽样。

【例5-5】（案例题）将利民公司的应收账款明细表中的会计记录随机编表，随机数表如表5-5所示。

表5-5　　　　　　　　　　　　　随机数表

	1	2	3	4	5	6	7	8	9	10
1	32044	29037	29655	12114	81034	40582	01254	77184	15262	46505
2	23821	96070	02152	81642	08271	07411	09037	81530	26195	98425
3	82383	94987	66441	28677	95961	78346	37916	09416	42438	48432
4	68310	21792	71635	86089	38157	95620	92718	79554	50209	17705
5	94856	76940	22165	01414	01463	37231	05509	37489	56459	52983
6	95000	61958	83430	98250	40030	05436	74814	45978	09277	13827
7	20764	64638	51359	32556	79822	02713	81293	72970	25070	33555
8	71401	17964	20940	95753	34905	93566	66318	79530	51105	26952
9	38464	75707	16750	61371	01523	69205	32122	03436	14489	02086
10	59442	59247	74955	82835	98378	83513	47870	20795	01352	89906

【要求】按总体编号规则前两位数字不能超过30，后两位数字不能超过40的规则，从应收账款明细表的1 200个记录中选择8个样本。

【正确答案】如果从表5-5第一行第一列开始，使用前四位随机数，逐行向右查找，则选中的样本为编号2903、1211、0125、1526、0215、0827、0903、2619的8个记录。

②系统选样法。系统选样又称等距选样，是指按照相同的间隔从审计对象总体中等距离地选取样本的一种选样方法。采用系统选样法，首先要计算选样间距，确定选样起点，然后再根据间距按顺序选取样本。选样间距的计算公式如下：

选样间距=总体规模÷样本规模

【例5-6】（案例题）从2 000张记账凭证中抽取200张凭证作为样本。假定从前10张凭证中随机选定一张凭证，如从第5张开始，每间隔10张抽取一张。

【要求】样本应当如何选取？

【正确答案】选样间距为：2 000÷200=10（张），即第5张、第15张、第25张、第35张、第45张……直到抽完200张凭证为止。

系统选样法的优点是使用方便，比其他选样方法节省时间，并且可以用于无限总体。使用该方法时，对总体中的项目不需要编号，只要简单列出每一个间距即可。但是，使用系统选样法要求总体必须是随机排列的，否则容易发生较大的偏差，造成非随机的、不具代表性的样本。

③随意选样。随意选样是指注册会计师不带任何偏见地选取样本，即注册会计师不考虑样本项目的性质、大小、外观、位置或其他特征而选取总体项目。随意选样的缺点在于很难完全无偏见地选取样本项目。在运用随意选样方法时，注册会计师要避免由于项目性质、大小、外观和位置等的不同所引起的偏见，尽量使所选取的样本具有代表性。

> **提示**
>
> 　　随机选样法和系统选样法属于随机基础选样方法，即对总体的所有项目按随机规则选取样本，既可以在统计抽样中使用，也可以在非统计抽样中使用。而随意选样虽然也可以选出代表性样本，但是它属于非随机基础选样方法，因此只能在非统计抽样中使用。

❋ 项目小结

　　知识点❶　账项导向审计也称为账项基础审计，它是基于查错防弊的审计目标，对所有会计事项都加以审查的传统审计，是将审计工作建立在对被审计单位的具体账目进行详细检查基础上的一种审计模式。

　　知识点❷　系统导向审计也称为制度基础审计，它是为了证实财务报表的公允性，以内部控制制度的评价为导向的审计模式。

　　知识点❸　风险导向审计是指审计人员在对被审计单位的内部控制充分了解和评价的基础上，分析、判断被审计单位的风险所在及其风险程度，把审计资源集中于高风险的审计领域，针对不同风险因素状况、程度采取相应的审计策略，加强对高风险点的实质性测试，其根本目标是将审计风险降低至可接受水平。

　　知识点❹　审查书面资料的方法是指审计人员通过审查书面资料以从中获取证据的一系列审计方法。

　　知识点❺　证实客观事物的方法是指注册会计师收集书面资料以外的审计证据，证明和落实事物的形态、性质、存放地点、数量和价值等的方法。这种方法包括盘点法、调节法、观察法和鉴定法。

　　知识点❻　审计抽样是指注册会计师对具有审计相关性的总体中低于百分之百的项目实施审计程序，使所有抽样单元都有被选取的机会，为注册会计师针对整个总体得出结论提供合理基础。

　　知识点❼　抽样风险是指注册会计师根据样本得出的结论，可能不同于如果对整个总体实施与样本相同的审计程序得出的结论的风险。

　　知识点❽　抽样风险分为两种类型：①影响审计效果的抽样风险；②影响审计效率的抽样风险。

　　知识点❾　在实施控制测试时，注册会计师要关注的两类抽样风险是信赖过度风险和信赖不足风险。

　　知识点❿　在控制测试中使用统计抽样方法时，注册会计师选取样本的方法有随机选样法、系统选样法和随意选样。

❋ 项目实训题

一、判断题

1. 审计风险是可能对被审计单位实现目标和实施战略的能力产生不利影响的重要状况、事项、情况、作为（或不作为）而导致的风险，或由于制定不恰当的目标和战略而导致的风险。 （ ）

2. 审计风险的急剧增加是风险导向审计产生的直接原因。 （ ）

3. 审计导向模式发展规律的三个阶段存在着截然不同的划分，各阶段所采用的审计技术、程序和方法不能相互利用。 （ ）

4. 详细审计是指注册会计师对具有审计相关性的总体中低于百分之百的项目实施审计程序，使所有抽样单元都有被选取的机会，为注册会计师针对整个总体得出结论提供合理基础。 （ ）

5. 对被审计单位进行报送财务审计时，同样应采用盘点法和观察法。 （ ）

6. 属性抽样在审计中的主要用途是进行实质性细节测试，以确定记录金额是否合理。 （ ）

7. 抽样风险是注册会计师根据样本得出的结论，可能不同于如果对整个总体实施与样本相同的审计程序得出的结论的风险。 （ ）

8. 误受风险是指注册会计师推断某一重大错报不存在而实际上存在的风险。 （ ）

9. 只要使用了审计抽样，抽样风险就总会存在。在使用统计抽样时，注册会计师可以准确地计量和控制抽样风险。 （ ）

10. 为克服系统选样法的缺点，可采用两种办法，一是增加随机起点的个数；二是在确定选样方法之前对总体特征的分布进行观察。 （ ）

二、单项选择题

1. （ ）是指对审计时期内的会计资料只抽取其中一部分进行审查，以其抽查的结果来推断总体的合法性、合规性以及会计资料的真实性、正确性。

A. 详细审计 B. 抽样审计 C. 风险审计 D. 突击审计

2. （ ）是指通过仔细地审查和翻阅会计凭证、会计账簿和会计报表，以及计划、预算、经济合同和可行性研究等书面资料，借以查明书面资料及其反映的经济业务的真实性、合法性和效益性，从中发现错弊或疑点，收集书面证据的一种审查方法。

A. 审阅法 B. 复核法 C. 分析法 D. 逆查法

3. 顺查法具有（ ）的优点。

A. 节约人力 B. 高效率

C. 低成本 D. 能收集到证明审计事项的完整证据

4. （ ）是指在审查某个项目时，通过调整有关数据，以证实实际数据的方法。

A. 鉴定法 B. 调节法 C. 盘存法 D. 抽样法

5. 书面资料审查的方法按审查的顺序划分为（ ）。

A. 详细审计和抽样审计 B. 顺查法和逆查法

C. 全部审计和局部审计 D. 详查法和抽查法

6. 在实际工作中，往往把审阅法与（ ）结合起来加以运用。

A.观察法　　　　　B.鉴定法　　　　　C.比较法　　　　　D.核对法

7.随机数选样不仅使总体中每个抽样单元被选取的（　　）相等，而且使相同数量的抽样单元组成的每种组合被选取的概率相等。

A.规模　　　　　B.数据　　　　　C.金额　　　　　D.概率

8.系统选样是按照相同的间隔从审计对象总体中等距离地选取样本的一种选样方法。采用系统选样法，首先要计算选样间距，确定选样（　　），然后再根据间距顺序地选取样本。

A.起点　　　　　B.终点　　　　　C.规模　　　　　D.概率

9.（　　）是指注册会计师推断某一重大错报存在而实际上不存在的风险。

A.误受风险　　　B.审计风险　　　C.误拒风险　　　D.错报风险

10.审计抽样方法的基本程序可以分为三个阶段，包括抽取样本、审查样本规模和（　　）。

A.审阅

C.分析

B.核对

D.根据样本的审查结果推断总体

三、多项选择题

1.依据审计目标及所采用的审计方法的划分，审计导向模式的发展大致经历了三个发展阶段，包括（　　）。

A.凭证导向审计　　B.账项导向审计　　C.系统导向审计　　D.风险导向审计

2.按照会计资料形成的先后顺序分类，审计方法包括（　　）。

A.顺查法　　　　　B.详查法　　　　　C.逆查法　　　　　D.抽查法

3.按照书面资料的内容分类，审计方法包括（　　）等。

A.核对法　　　　　B.查询法　　　　　C.审阅法　　　　　D.分析法

4.核对法包括（　　）。

A.证证核对　　　　B.账证核对　　　　C.账账核对

D.账单核对　　　　E.账表核对

5.当实施函证程序时，注册会计师应当对询证函保持控制，包括（　　）。

A.确定需要确认的信息　　　　B.选择适当的被询证者

C.设计询证函　　　　D.发出询证函

6.函证是注册会计师直接从被询证者获取书面答复作为审计证据的过程，书面答复可以采用纸质、电子或其他介质等形式。函证有（　　）两种方式。

A.外部函证　　　B.内部函证　　　C.积极式函证　　　D.消极式函证

7.分析法是通过对会计资料有关指标的观察、推理、分解和综合，以揭示其本质和了解其构成要素的相互关系的审计方法。分析法包括（　　）。

A.综合分析法　　B.因素分析法　　C.比率分析法　　D.比较分析法

8.证实客观事物的方法是指审计人员收集书面资料以外的审计证据，证明和落实事物的形态、性质、存放地点、数量和价值等的方法。这种方法包括（　　）。

A.盘点法　　　　　B.调节法　　　　　C.观察法　　　　　D.鉴定法

9.运用盘点法进行审计的对象包括现金、有价证券、原材料、在产品、产成品、固定资产等。盘点法，按组织方式可以分为（　　）。

A.直接盘点法　　　　B.实时盘点　　　　C.年终盘点　　　　D.监督盘点法

10.注册会计师获取审计证据时可能使用三种目的的审计抽样程序有（　　）。

A.复核　　　　B.实质性程序　　　　C.控制测试　　　　D.风险评估程序

四、简答题

1.比较风险导向审计与系统导向审计。

2.简述顺查法的优缺点。

3.简述抽样风险可能导致的错误结论。

4.简述监督盘点法。

5.简述连续选取随机数的方法。

五、案例分析题

A注册会计师在审计工作底稿中记录了实施进一步审计程序的情况，部分内容摘录如下：

【资料】①A注册会计师在测试与销售收款相关的内部控制时识别出一项偏差，经查系员工舞弊所致。因追加样本量进行测试后未再识别出偏差，A注册会计师认为相关内部控制运行有效，并向管理层通报了该项舞弊。

②A注册会计师选取甲公司的部分分公司实施库存现金监盘，发现某分公司存在以报销凭证冲抵现金的情况。因错报金额低于明显微小错报的临界值，A注册会计师未再实施其他审计程序。

【要求】针对资料第①至②项，假定不考虑其他条件，逐项指出A注册会计师的做法是否恰当。若不恰当，简要说明理由。

审计证据与审计工作底稿

注册会计师张芳作为运达会计师事务所审计龙腾公司 2024 年年度财务报表审计项目的项目负责人，于次年 2 月 10 日带领四人前往龙腾公司进行审计。在编制审计工作底稿过程中，底稿中通常设计的截止测试为前后五天的五笔凭证，张芳以工作惯例为准只要求收集前后五笔凭证。审计工作结束后，一直未将工作底稿装订成册。

任务分析：

1. 注册会计师张芳要求按照惯例只收集前后五笔凭证是否恰当。

2. 审计工作完成后一直未装订审计工作底稿的做法是否恰当。

3. 为实现截止测试目标，张芳是否需要锁定目标范围，再确定检查的内容和凭证？

❋ 学习目标

知识目标：

掌握审计证据的含义和特征。

掌握并识别审计证据的种类。

理解审计证据类型与审计目标之间的关系。

理解审计工作底稿的含义、作用和内容。

掌握审计工作底稿的要素及归档。

职业能力目标：

培养审计人员具备辨析是非的基本素养。在审计工作中，能够保持清醒头脑，善于找准方向，拥有收集关键证据的能力。

❀ **本章内容思维导图** ┈┈┈┈┈┈┈┈┈┈┈┈┈┈┈┈┈┈┈┈┈┈┈┈

```
                                      ┌── 审计证据的含义和特征
                         ┌── 审计证据 ─┤
                         │            └── 审计证据的种类
                         │
                         │                            ┌── 检查
                         │                            ├── 观察
                         │                            ├── 询问
审计证据与审计工作底稿 ───┼── 获取审计证据的审计程序 ─┼── 函证
                         │                            ├── 重新计算
                         │                            ├── 重新执行
                         │                            └── 分析程序
                         │
                         │                     ┌── 审计工作底稿的含义和目的
                         └── 审计工作底稿 ──────┼── 审计工作底稿的形式与内容
                                               ├── 审计工作底稿的要素
                                               └── 审计工作底稿的归档
```

任务一　审计证据

　　注册会计师应当获取充分、适当的审计证据，以得出合理的审计结论，作为形成审计结论的基础。审计过程就是执行审计计划，收集审计证据，并将其与审计依据比较，最终形成审计结论和意见的过程。审计证据是审计成败的关键。

一、审计证据的含义和特征

（一）审计证据的含义

　　审计证据是指注册会计师为了得出审计结论和形成审计意见而使用的信息，包括构成财务报表基础的会计记录所含有的信息和其他信息。为了保证审计工作的正常进行，注册会计师必须在每项审计工作中获取充分、适当的审计证据，以满足发表审计意见的要求。

　　审计证据与审计依据是两个联系密切又有区别的概念。收集审计证据的目的是为反映事项的真相，而不是用于表明事项的存在或发生的正确与否；审计依据是注册会计师评价和判断被审计事项的标准，是提出审计意见、作出审计结论的依据，如财经法规、会计准则、会计制度等。总之，审计意见的形成就是通过将收集的审计证据与审计依据进行对比所作的一种专业评价或判断。

　　【例6-1】（单项选择题）下列有关审计证据的说法中，错误的是（　　　　）。
　　A.审计证据可能包括被审计单位聘请的专家编制的信息
　　B.审计证据可能包括与管理层认定相矛盾的信息

C.信息的缺乏本身不构成审计证据

D.审计证据可能包括以前审计中获取的信息

【正确答案】C

【解析】选项C说法错误，在某些情况下，信息的缺乏本身也构成审计证据。

思考

审计工作中是不是收集的证据越多越好？

（二）审计证据的特征

注册会计师执行审计业务时，应当保持职业怀疑态度，运用职业判断，取得审计证据并评价其充分性和适当性，形成审计意见，并出具审计报告。审计证据具有充分性和适当性两个重要特征。充分性和适当性两者缺一不可。收集的审计证据只有充分、适当，才最具有证明力。审计证据的适当性会影响其充分性。通常，审计证据的相关性和可靠性程度越高，则所需审计证据的数量就会减少；反之，审计证据的数量就需要相应增加。例如，被审计单位内部控制健全时生成的审计证据更可靠，注册会计师只需获取适量的审计证据，就可以为发表审计意见提供合理的基础。审计证据的特征如图6-1所示。

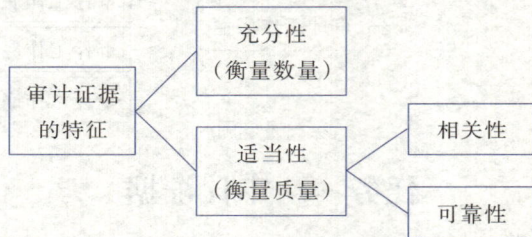

图6-1 审计证据的特征

1.审计证据的充分性

审计证据的充分性是指审计证据的数量足以支持注册会计师对被审计单位的会计资料及其所反映的经济活动的真实性、合法性发表审计意见。审计证据的充分性是对审计证据数量的衡量，主要与注册会计师确定的样本量有关。审计证据的充分性也是注册会计师为形成审计意见所需审计证据的最低数量要求。例如，对某个审计项目实施某一选定的审计程序，从100个样本中获得的证据要比从50个样本中获得的证据更充分。

判断审计证据的充分性，应考虑下列因素：对重大错报风险的评估水平（审计风险）；具体审计项目的重要性程度；注册会计师的审计经验；审计过程中是否发现错误或舞弊；审计证据的质量等。

提示

为了考虑审计成本，注册会计师通常要把需要足够数量审计证据的范围降低到最低限度。获取的审计证据应当充分，足以将与每个重要认定相关的审计风险限制在可接受的水平。在可接受的审计风险水平一定的情况下，重大错报风险越大，注册会计师就应实施更多的测试工作，将检查风险降至可接受水平，以将审计风险控制在可接受的低水平范围内。

2.审计证据的适当性

审计证据的适当性是对审计证据质量的衡量，即审计证据在支持各类交易、账户余额、列报的相关认定，或发现其中存在错报方面具有相关性和可靠性。相关性和可靠性是审计证据适当性的核心内容。

（1）相关性。审计证据的相关性是指注册会计师所收集的审计证据都要与审计目标密切相关，只是相关性的强弱不一样。例如，存货监盘的结果与存货的存在相关，而与存货的计价和所有权的相关性很弱。审计证据是否相关必须结合具体审计目标来考虑。在确定审计证据的相关性时，注册会计师应当考虑：

① 特定的审计程序可能只为某些认定提供相关的审计证据，而与其他认定无关。例如，检查期后应收账款收回的记录和文件可以提供有关存在和计价的审计证据，但不一定与期末截止是否适当相关。

② 针对同一项认定可以从不同来源获取审计证据或获取不同性质的审计证据。例如，注册会计师可以分析应收账款的账龄和应收账款的期后收款情况，以获取与坏账准备计提有关的审计证据。

（2）可靠性。审计证据的可靠性是指证据的可信程度，能否如实地反映客观事实。审计证据的可靠性受其来源和性质的影响，并取决于获取审计证据的具体环境。在判断审计证据的可靠性时，注册会计师应当考虑：

① 从外部独立来源获取的审计证据比从其他来源获取的审计证据更可靠。从外部独立来源获取的审计证据比被审计单位内部的审计证据证明力更强。例如，从外部获取的应收账款询证函回函、银行询证函回函等的证明力要比被审计单位内部的会计记录、会议记录等的证明力更强。

② 内部控制有效时内部生成的审计证据比内部控制薄弱时内部生成的审计证据更可靠。如果被审计单位的内部控制较健全，且在经营管理中得到有效的执行，会计记录的可信赖程度将会增强。如果被审计单位的内部控制较薄弱，甚至不存在任何内部控制时，被审计单位内部会计记录的可靠性会极差。

③ 直接获取的审计证据比间接获取的审计证据更可靠。例如，注册会计师观察某项内部控制的运行得到的证据，要比询问被审计单位某项内部控制的运行情况而得到的证据更可靠。但是间接获取的证据若为推论得出的审计证据，其主观性会较强，人为因素较多，可信赖程度也会受到影响。

④ 以文件、记录形式存在的审计证据比口头形式的审计证据更可靠。记录形式可以是纸质，也可以是电子或其他介质。例如，会议的书面记录比对讨论事项的口头表述更可靠。口头证据本身并不足以证明事实的真相，但可以提供一些重要线索，口头证据往往需要得到其他相应证据的支持。

⑤ 从原件获取的审计证据比从复印、传真或通过拍摄、数字化或其他方式转化成电子形式的文件获取的审计证据更可靠。注册会计师可以审查原件是否有被涂改或伪造的迹象。

【例6-2】（单项选择题）下列有关审计证据的相关性的说法中，错误的是（   ）。

A.审计证据的相关性是审计证据适当性的核心内容之一

B.审计证据的相关性影响审计证据的充分性

C.审计证据的可靠性影响审计证据的相关性

D.审计证据的相关性可能受测试方向的影响

【正确答案】C

【解析】选项 A 说法正确,相关且可靠的审计证据是高质量的审计证据,所以适当性包括相关性和可靠性两个方面。

选项 B 说法正确,适当性包括相关性和可靠性两个方面,审计证据的相关性说的就是适当性,适当性影响充分性。

选项 C 说法错误,相关且可靠的审计证据是高质量的审计证据,但是可靠性和相关性之间没有关系。

选项 D 说法正确,审计证据的相关性可能受测试方向的影响。如"顺查"检查完整性,"逆查"检查存在或发生。

👆**提示**

尽管审计证据的充分性和适当性相关,但如果审计证据的质量存在缺陷,那么注册会计师仅靠获取更多的审计证据可能无法弥补其质量上的缺陷。

二、审计证据的种类

审计实务中,审计证据的种类繁多,但其外在表现形态、取得方式和途径、表达的证明力等却各有所不同。审计证据的种类如表 6-1 所示。

表6-1 审计证据的种类

序号	分类标准	内容
1	审计证据的表现形态	实物证据
		书面证据
		口头证据
		环境证据
2	获取审计证据的来源	内部证据
		外部证据
		亲知证据
3	审计证据的相关程度	直接证据
		间接证据
4	证据的逻辑	正面证据
		反面证据
5	证据的证明力	充分证明力
		部分证明力
		无证明力

（一）按审计证据的表现形态分类

根据审计证据的外在表现形态，可以将其划分为实物证据、书面证据、口头证据、环境证据。

1.实物证据

实物证据是通过实际观察或有形资产检查所取得的，用以确定某些实物资产是否确实存在的证据。例如，库存现金、存货和固定资产可以通过有形资产检查加以验证其是否确实存在。实物证据通常具有较强的证明力，但存在并不能完全证实被审计单位对其拥有所有权的问题，并且通过对某些实物资产的清点，虽然可以确定其实物数量，但其质量好坏却难以判断。

2.书面证据

书面证据，又称基本证据，它是审计人员获取的各种以书面文件形式存在的证明被审计事项的一类证据。最常见的书面证据主要包括会计记录、被审计单位管理层声明书和其他书面文件等，如与审计有关的各类原始凭证、会计记录（记账凭证、会计账簿和明细表、财务报表）、会议记录、合同、报告书及函件等。在审计过程中，由于书面证据是审计证据的主要组成部分，因此，注册会计师要大量地获取和利用书面证据。

3.口头证据

口头证据是被审计单位职员或其他有关人员对注册会计师的提问进行口头答复所形成的一类证据。口头证据本身并不足以证明事情的真相，但可发掘出一些重要线索，有利于做深入的调查，以收集到更为可靠的证据。对口头证据要做成记录，必要时还应取得被询问者的签名确认。例如，注册会计师会向被审计单位的有关人员询问会计记录、文件的存放地点，收回逾期应收账款的可能性等。

4.环境证据

环境证据是指对审计事项产生影响的各种环境事实。环境证据一般不属于基本证据，但它可帮助注册会计师了解被审计单位及其经济活动所处的环境，是进行判断所必须掌握的资料。环境证据包括以下种类：

（1）有关行业和宏观经济的运行情况。

（2）各种管理条件和管理水平。

（3）被审计单位管理人员的素质。

（4）被审计单位的内部控制情况。

（二）按获取审计证据的来源分类

按获取审计证据的来源分类，审计证据分为内部证据、外部证据和亲知证据。

1.内部证据

内部证据是由被审计单位内部机构或人员编制和提供的证据，包括被审计单位的会计记录、被审计单位管理层声明书以及其他由被审计单位编制和提供的各种有关书面文件。一般来讲，内部证据不如外部证据可靠，但如果内部证据在外部流转，并获得其他单位或个人的承认，则具有较强的可靠性，如销货发票、付款的转账支票等。另外，如果内部证据预先都有连续编号并按序号依次处理，则这些内部证据也具有较强的可靠性，如出库单、收货单等。

2.外部证据

外部证据是指由被审计单位以外的组织机构或人员所编制和处理的证据，一般具有较强的证明力，如采购时的购货发票、函证回函、银行对账单等。

3.亲知证据

亲知证据是指注册会计师为证明某个事项而自己动手编制的各种计算表、分析表或自行进行观察而获取的证据。这类证据的可信程度取决于注册会计师观察误差的风险大小。一般来讲，注册会计师具有专业胜任能力，其亲自获得的证据具有较强的可靠性。

【例6-3】（单项选择题）下列有关审计证据的说法中，错误的是（　　）。

A.从外部独立来源获取的审计证据比从其他来源获取的审计证据更可靠

B.口头证据与书面证据矛盾时，注册会计师应当采用书面证据

C.审计证据相关性可能受测试方向的影响

D.相关性和可靠性是审计证据适当性的核心

【正确答案】B

【解析】选项A说法正确，从外部独立来源获取的审计证据比从其他来源获取的审计证据更可靠。

选项B说法错误，不同证据发生矛盾时，不能妄加评定孰对孰错，应当追加必要的审计程序。

选项C说法正确，审计证据的相关性可能受测试方向的影响，如"顺查"查完整，"逆查"查存在或发生。

选项D说法正确。

（三）按审计证据的相关程度分类

根据审计证据的相关程度分类，可将其分为直接证据和间接证据。

1.直接证据

直接证据是指与被证实项目及具体审计项目直接有关的证据。例如，通过函证的方式验证应收账款余额是否正确，所获取的证据可以直接说明报表项目中的应收账款余额是否正确，该证据属于直接证据。

2.间接证据

间接证据是指与被证实项目及具体审计项目无直接关系的证据。例如，环境证据就是间接证据，无法直接说明某一报表项目是否正确。原始凭证和记账凭证无法直接证明某一报表项目是否正确，也属于间接证据。

（四）按照审计证据的逻辑分类

根据审计证据所提供的逻辑证明，可将其分为正面证据和反面证据。

1.正面证据

正面证据是直接证明被审计单位某项陈述的证据。正面证据的可靠程度高。例如，采用询证方法，要求被审计单位的债权人就被审计单位报表在某一特定时点所列示的债权余额是否正确作出回函。

2.反面证据

反面证据是指经过合理查找后，未发现与被审计单位的陈述相矛盾的证据。例如，采

用否定式询证方法时，要求被审计单位的债权人就被审计单位报表在某一特定时点所列示的债权余额不正确时予以回函，如果未收到回函，即意味着被审计单位报表的该项认定是正确的，从反面证明了该项认定。

（五）按照证据的证明力分类

注册会计师决定是否需要对现有的证据进行完善，或者在综合和评价审计证据时，需要考虑证据的证明力的大小。根据审计证据的证明力，可以将其分为充分证明力、部分证明力和无证明力。

1.充分证明力

如果某一证据无须其他证据佐证就足以支持审计结论，则该证据具有充分证明力。该类证据必须是客观、充足而有力的。

2.部分证明力

如果某一证据需要附有其他证据佐证才足以支持审计结论，则该证据具有部分证明力。例如，询问获得的证据，还需经过验证或测试予以证实；对于大量的内部证据，需要测试是否存在有效控制，才决定是否采用。

3.无证明力

尽管有些证据有助于引导注册会计师获取更可靠的消息，但本身却没有证明力。例如，管理层认定的声明，在没有得到证实前，因其内在的固有局限性而不具有任何证明力，但是此类证据可作为良好的辅助证据。

上述各种证据可用来实现各种不同的具体审计目标。针对每一个具体账户及其相关认定而言，注册会计师应当选择适当的审计证据以实现审计目标，力求做到收集证据既有效又经济。

知识链接

注册会计师在审计时对于异常变动的科目或异常情况，要去证实或排除，尤其要对重要审计领域或情形保持职业怀疑，包括：（1）收入确认；（2）会计估计；（3）关联方关系及其交易；（4）重大非常规交易；（5）金融工具等高度复杂的交易；（6）函证；（7）存货监盘；（8）管理层凌驾于内部控制之上。

财务预警信号1　　　　　财务预警信号2

任务二 获取审计证据的审计程序

注册会计师应当通过实施风险评估程序和进一步审计程序，包括控制测试和实质性程序来获取审计证据，以得出合理的审计结论。获取审计证据的具体审计程序包括检查、观察、询问、函证、重新计算、重新执行和分析程序。

一、检查

检查是指注册会计师对被审计单位内部或外部生成的，以纸质、电子或其他介质形式存在的记录和文件进行审查，或对资产进行实物审查。检查记录或文件可提供可靠程度不同的审计证据，审计证据的可靠性取决于记录或文件的来源和性质。例如，外部记录或文件通常被认为比内部记录或文件可靠，如土地使用权证、保险单、契约和合同等文件。

检查有形资产是指注册会计师对被审计单位资产进行实物审查。检查有形资产程序多适用于对存货、库存现金、有价证券、应收票据和固定资产的验证。检查有形资产可以为验证资产的存在提供可靠的审计证据，但不一定能够为资产的所有权和计价认定提供可靠的审计证据。

> **提示**
>
> 一般来讲，检查有形资产可以确定资产的数量和规格，但无法确定资产的所有权以及资产损毁程度，还需要实施其他审计程序以获得充分适当的证据。

二、观察

观察是指注册会计师查看被审计单位相关人员正在从事的活动或实施的程序。例如，注册会计师可以通过参观被审计单位的经营地点获取对被审计单位的总体印象；通过观看员工从事生产工作来确定其内部控制活动的情况及职责履行是否恰当。

观察只能提供观察这个时点的证据，并不能证明一贯的情况，并且可能影响对相关人员从事活动或执行程序的真实情况的了解。观察法具有局限性：在观察时和没有被观察时，有关人员可能执行不同的控制；观察所获证据只能证实观察当时的情况。因此，注册会计师在使用观察程序获取审计证据后，应收集其他类型的佐证证据加以支持。

三、询问

询问是指注册会计师以书面或口头方式，从被审计单位内部或外部的知情人员处获取财务信息和非财务信息，并对答复进行评价的过程。因为询问不是来自独立来源而获取的审计证据，因此，注册会计师通常不能将其作为结论性证据，需要通过其他程序获取进一步的佐证信息以支持原始证据。例如，当注册会计师想要获得有关被审计单位记录和控制会计业务方法的信息时，通常要先询问被审计单位内部控制的运行情况，然后利用文件检查和观察执行审计测试，以确定交易是否按被审计单位所述方法进行记录（完整性目标）和授权（发生目标）的。

四、函证

函证是指注册会计师直接从第三方（被询证者）处获取书面答复以作为审计证据的过程，其中，书面答复可以采用纸质、电子或其他介质等形式。由于函证来自外部第三方，审计证据可靠性很强，因此，函证是注册会计师经常使用的审计程序。但是，获取函证的成本相对较高，并可能给被询证者带来不便，因此，并非在所有情况下都使用函证。

函证可以针对特定账户余额，也可以针对被审计单位与第三方之间的协议或交易条款。通常财务报表中有外部对应第三方的特定账户都可以使用函证，如往来款项、银行存款、各种债权、银行借款、对外投资、代销商品等。

注册会计师应当确定是否有必要实施函证程序以获取认定层次的相关、可靠的审计证据。注册会计师应当对银行存款、借款（包括零余额账户和在本期内注销的账户）及与金融机构往来的其他重要信息实施函证程序，除非有充分证据证明这些项目对财务报表不重要且与之相关的重大错报风险较低。如果不对这些项目进行函证，注册会计师应当在工作底稿中说明其理由。

【例6-4】（多项选择题）在作出是否有必要实施函证的决策时，下列各项因素中，注册会计师应当考虑的有（　　　）。

A.评估的认定层次重大错报风险

B.函证程序针对的认定

C.被审计单位管理层协助注册会计师实施函证程序的能力或意愿

D.实施除函证以外的其他审计程序获取的审计证据

【正确答案】ABD

【解析】注册会计师应当确定是否有必要实施函证以获取认定层次的充分、适当的审计证据。在作出决策时，注册会计师应当考虑以下三个因素：（1）评估的认定层次重大错报风险（选项A）；（2）函证程序针对的认定（选项B）；（3）实施除函证以外的其他审计程序（选项D）。

> 🖐 **提示**
>
> 在审计实务中，固定资产增加的审计和验证单位之间的具体交易时，均很少使用函证的程序。因为固定资产的增加，通过文件检查和实物检查便足以得到验证，而单位之间的具体交易，通过检查文件即可。

五、重新计算

重新计算是指注册会计师以手工方式或电子方式，对记录或文件中的数据计算的准确性进行核对，即对被审计单位所作的计算予以复核。经过计算复核，确定被审计单位的计算是否准确，如计算销售发票和存货总额、核对日记账和明细账余额、核对折旧费用和计算预付费用等。

六、重新执行

重新执行是指注册会计师独立执行原本作为被审计单位内部控制组成部分的程序或控制。重新计算是复核某一数据的计算，而重新执行只适用于控制测试。例如，注册会计师可能会对比销售发票上的单价和经批准的单价清单上的单价；追踪同一信息在多处的记录情况，核对传递过程，验证其金额是否始终保持一致。注册会计师可以利用被审计单位的银行存款日记账和银行对账单，重新编制银行存款余额调节表，并与被审计单位编制的银行存款余额调节表相比较。

七、分析程序

分析程序是指注册会计师通过分析不同财务数据之间以及财务数据与非财务数据之间的内在关系，对财务信息作出评价。分析程序还包括在必要时对识别出的、与其他相关信息不一致或与预期值差异重大的波动或关系进行调查。例如，将被审计单位的应收账款周转率与同行业数据相比较；将被审计单位工资总额与工人总数相比较。

分析程序是审计过程中非常重要的程序，通常用作风险评估程序，以了解被审计单位及其环境并评估重大错报风险，有助于注册会计师识别财务报表中的异常交易，或者预期发生而未发生的变化，识别存在潜在重大错报风险的领域。在临近审计结束时，注册会计师应当设计和实施分析程序，帮助其对财务报表形成总体结论，以确定财务报表是否与其对被审计单位的了解一致。

在设计和实施实质性分析程序时，无论单独使用或与细节测试结合使用，注册会计师都应当注意考虑下列问题：

（1）考虑针对所涉及认定评估的重大错报风险和实施的细节测试（如有），确定特定实质性分析程序对这些认定的适用性。

（2）考虑可获得信息的来源、可比性、性质和相关性以及与信息编制相关的控制，评价在对已记录的金额或比率作出预期时使用数据的可靠性。

（3）对已记录的金额或比率作出预期，并评价预期值是否足够精确以识别重大错报（包括单项重大的错报和单项虽不重大但连同其他错报可能导致财务报表产生重大错报的错报）。

（4）确定已记录金额与预期值之间可接受的，且无须作进一步调查的差异额。

如果注册会计师实施分析程序，识别出与其他相关信息不一致的波动或关系，或与预期值差异重大的波动或关系，应当采取下列措施：

（1）询问管理层，并针对管理层的答复获取适当的审计证据。

（2）根据具体情况在必要时实施其他审计程序。

★ **素养提升**（素养目标：保持审计职业的审慎性）

雅百特案例的启示

2019年5月24日，中国证监会发布《行政处罚决定书》，认定众华会计师事务所（简称众华所）在对江苏雅百特科技股份有限公司（简称雅百特）进行2015年财务报表审计、盈利预测实现情况专项审核以及财务报告内部控制有效性审核时存在违法违规行为，并依法对众华所及签字注册会计师作出罚款和警告的处罚决定。证监会认定众华所的违法行为有两个方面：一是"未勤勉尽责"；二是"所制作、出具的审计报告、盈利预测实现情况审核报告存在虚假记载"。"未勤勉尽责"具体体现在三个方面：①对木尔坦项目的审计程序不到位。②对雅百特2015年度安美国际的销售收入审计程序不到位。③对雅百特国内材料销售收入的审计程序不到位。

证监会认定众华所"为雅百特提供盈利预测实现情况专项审核服务时未勤勉尽

责"，具体体现为：众华所仅根据年报审计底稿出具了盈利预测实现情况审核报告，未基于有关异常情况，获取充分、适当的证据。

　　资料来源：人民资讯.雅百特造假遭上千人起诉，券商和会所一并被告上法庭［EB/OL］.［2020-08-24］.https：//baijiahao.baidu.com/s？id=1675898760635552735&wfr=spider&for=pc.

　　思考与讨论：怎样才能不掉入客户财务造假的陷阱，避免审计失败呢？

　　有益启示：

　　（1）转变观念。在进行证券审计业务时，会计师事务所应从"服务客户"向"经济警察"转变。

　　（2）培育以质量为导向的理念，在会计师事务所层面营造保持职业怀疑的环境。

　　（3）保持职业怀疑，对财务造假的迹象保持高度警觉，对审计证据进行审慎评价。

　　（4）保持应有的职业谨慎，全面评估舞弊风险。通常，民营上市公司比国有上市公司造假动机强，重组后有业绩压力的上市公司比未重组的上市公司造假动机强，资产重组时置入资产的企业有做大业绩和估值的动机，会计师事务所在承接此类业务时应保持高度的职业谨慎。

营业利润和非持续性收益呈现互补性

任务三　审计工作底稿

一、审计工作底稿的含义和目的

　　审计工作底稿是指注册会计师对制订的审计计划、实施的审计程序、获取的相关审计证据，以及得出的审计结论作出的记录。审计工作底稿是审计证据的载体，是注册会计师在审计过程中形成的审计工作记录和获取的资料。

　　审计工作底稿在审计过程中发挥着重要的作用。它可以提供审计工作实际执行情况的记录，为最终形成审计报告奠定基础。因此，注册会计师应当及时编制审计工作底稿，以实现下列目的：

　　1.有助于项目组计划和执行审计工作。

　　2.有助于负责督导的项目组成员履行指导、监督与复核审计工作的责任。

　　3.保留对未来审计工作持续产生重大影响的事项的记录。

　　4.便于会计师事务所实施质量控制复核与检查。

　　5.便于监管机构和注册会计师协会对会计师事务所实施执业质量检查。

　　【例6-5】（单项选择题）下列各项中，不属于编制审计工作底稿目的是（　　）。

　　A.有助于项目组计划和执行审计工作

　　B.有助于为涉及诉讼的被审计单位提供证据

　　C.便于监管机构对会计师事务所实施执业质量检查

　　D.便于项目组说明执行审计工作的情况

　　【正确答案】B

　　【解析】选项B错误，注册会计师编制工作底稿的目的不包括为被审计单位服务，主要是为了自己和内外部质量检查。

二、审计工作底稿的形式与内容

（一）审计工作底稿的形式

注册会计师将所获得的审计证据、观察的结果、得到的结论等收集或记录下来，形成审计工作底稿。审计工作底稿可以以纸质、电子或其他介质形式存在。如果审计工作底稿是以电子或其他介质形式存在的，应通过打印等方式将其转换为纸质形式的审计工作底稿。

（二）审计工作底稿的内容

审计工作底稿通常包括总体审计策略、具体审计计划、分析表、问题备忘录、重大事项概要、询证函回函、管理层声明书、核对表、有关重大事项的往来信件（包括电子邮件），以及对被审计单位文件记录的摘要或复印件等。审计工作底稿还包括业务约定书、管理建议书、项目组内部或与被审计单位举行的会议记录、与其他人士（如其他注册会计师、律师、专家等）的沟通文件及错报汇总等。审计工作底稿的主要内容如表6-2所示。

表6-2 审计工作底稿的主要内容

序号	名称	含义	举例
1	分析表	分析表主要是指对被审计单位财务信息执行分析程序的记录	记录被审计单位本年各月收入与上一年度的同期数据进行比较的情况及对差异的分析
2	问题备忘录	问题备忘录是指就某一事项或问题的概要进行汇总所形成的记录。在问题备忘录中，注册会计师通常记录该事项或问题的基本情况、执行的审计程序或具体的审计步骤，以及得出的审计结论	有关存货监盘审计程序或审计过程中发现问题的备忘录
3	核对表	核对表是指会计师事务所内部使用的，为便于核对某些特定审计工作或程序的完成情况而设计的表格。它通常以列举的方式列出审计过程中注册会计师应当进行的审计工作或审计程序以及需要特别注意的问题，并在适当的情况下索引至其他审计工作底稿	特定项目（如财务报表列报）审计程序核对表、审计工作完成核对表等

在实务中，为了提高工作效率及工作质量，会计师事务所通常会制定一些相对固定的审计工作底稿模板、范例等。但在制定过程中，要注意遵循审计准则和会计制度的规定，根据各具体业务的特点，制定适用于具体项目的审计工作底稿。审计工作底稿通常不包括草稿、错误文本或重复的文件记录，因为那些证据不直接构成或支持审计结论和审计意见。例如，已被取代的审计工作底稿的草稿或财务报表的草稿、全面或初步思考的记录、存在印刷错误或其他错误而作废的文本，以及重复的文件记录等。

三、审计工作底稿的要素

尽管审计工作底稿的形式多种多样，但是，审计工作底稿都应该包含以下全部或部分要素：（1）审计工作底稿的标题；（2）审计过程记录；（3）审计结论；（4）审计标识及其说明；（5）索引号及编号；（6）编制者姓名及编制日期；（7）复核者的姓名及复核日期；（8）其他应说明事项。下面分别对审计工作底稿要素中的第（1）～（7）项进行说明。

（一）审计工作底稿的标题

审计工作底稿应包括被审计单位的名称、审计项目的名称以及资产负债表日或底稿覆盖的会计期间。

（二）审计过程记录

审计工作底稿是注册会计师进行审计工作的轨迹，在审计工作中要求对审计程序实施的全过程进行详细的记录。在审计工作底稿中需要记录审计证据的收集和评价情况，包括对被审计单位内部控制的评价，对具体审计事项的测试和确认。通过审计记录，可以记载注册会计师所实施的审计测试的性质、范围和样本选样等内容。

（三）审计结论

注册会计师恰当地记录审计结论非常重要。注册会计师需要根据所执行审计程序及获取的审计证据得出结论，并以此作为对财务报表形成审计意见的基础。

（四）审计标识及其说明

通常情况下，审计工作底稿都有统一规定的审计标识，而且同一个会计师事务所内部的审计标识也应该是统一的，并保持前后一致。为了方便说明，在整套审计工作底稿的前面最好附有一张审计标识说明表。如果在审计工作底稿中有不是通用的独特标识，则应该对标识的含义作详细的说明。在实务中，注册会计师也可以依据实际情况运用更多的审计标识。审计标识如表6-3所示。

表6-3　　　　　　　　　　　　　　　　　审计标识

序号	符号	含义
1	∧	纵加核对
2	<	横加核对
3	B	与上年结转数核对一致
4	T	与原始凭证核对一致
5	G	与总分类账核对一致
6	S	与明细账核对一致
7	T/B	与试算平衡表核对一致
8	C	已发询证函
9	C\	已收回询证函

（五）索引号及编号

审计工作底稿需要注明索引号及顺序编号，相关审计工作底稿之间需要保持清晰的勾稽关系。索引号是指注册会计师为了便于审计工作底稿的分类、归类和引用，对某一审计事项的审计工作底稿以固定的标记和编码加以表示所产生的一种特定符号。在实务中，注册会计师可以按照所记录的审计工作的内容层次进行编号。例如，固定资产汇总表的编号为C1，按类别列示的固定资产明细表的编号为C1-1，以及列示单个固定资产原值及累计折旧的明细表编号，包括房屋建筑物的编号为 C1-1-1、机器设备的编号为 C1-1-2、运输工具的编号为 C1-1-3 及其他设备的编号为 C1-1-4。如果相互引用时，则要在审计工作底稿中交叉注明索引号。

（六）编制者姓名及编制日期

为了明确审计责任，审计工作底稿上应该写明编制者的姓名及编制工作底稿的日期。

（七）复核者的姓名及复核时间

审计工作底稿一般是由多级复核后才出具审计报告书的。在需要项目质量控制复核的情况下，还需要注明项目质量控制复核人员及日期，如果是多级复核应该分别签名。

固定资产的原值、累计折旧及净值的总额应分别与固定资产明细表的数字互相钩稽。表6-4、表6-5 分别是从固定资产汇总表工作底稿及固定资产明细表工作底稿中节选的部分，在此作为相互索引的示范。

表6-4　　　　　　固定资产汇总表（工作底稿索引号：C1）（节选）

工作底稿索引号	固定资产	2024年12月31日	2023年12月31日
C1-1	原值	×××G	×××
C1-1	累计折旧	×××G	×××
	净值	×××T/B ∧	×××B ∧

表6-5　　　　　　固定资产明细表（工作底稿索引号：C1-1）（节选）

工作底稿索引号	固定资产	期初余额	本期增加	本期减少	期末余额
	原值				
C1-1-1	1.房屋建筑物	×××		×××	×××S
C1-1-2	2.机器设备	×××	×××		×××S
C1-1-3	3.运输工具	×××			×××S
C1-1-4	4.其他设备	×××			×××S
	小计	×××B ∧	××× ∧	××× ∧	×××＜C1 ∧
	累计折旧				
C1-1-1	1.房屋建筑物	×××			×××S
C1-1-2	2.机器设备	×××	×××		×××S
C1-1-3	3.运输工具	×××			×××S
C1-1-4	4.其他设备	×××			×××S
	小计	×××B ∧	××× ∧	××× ∧	×××＜C1 ∧
	净值	×××B ∧	×××	×××	×××C1 ∧

【例6-6】（单项选择题）下列各项因素中，注册会计师在确定审计工作底稿的要素和范围时通常无须考虑的是（　　）。

A.审计方法　　　　　　　　　　　B.审计程序的范围

C.已获取的审计证据的重要程度　　D.识别出的例外事项的性质

【正确答案】B

【解析】注册会计师在确定审计工作底稿的要素和范围时通常需要考虑如下因素：①被审计单位的规模和复杂程度；②拟实施审计程序的性质；③识别出的重大错报风险；④已获取的审计证据的重要程度（选项C）；⑤识别出的例外事项的性质和范围（选项D）；⑥当从已执行审计工作或获取审计证据的记录中不易确定结论或结论的基础时，记录结论或结论基础的必要性；⑦审计方法和使用的工具（选项A）。

四、审计工作底稿的归档

注册会计师应当在审计报告日后，按照会计师事务所质量控制政策和程序的规定，及时将审计工作底稿归整为审计档案，并完成归整最终审计档案过程中的事务性工作。

1.审计工作底稿的归档期限为审计报告日后的60天内，如果注册会计师未能完成审计业务，审计工作底稿的归档期限为审计业务终止后的60天内。

2.如果针对客户的同一财务信息执行不同的委托业务，出具两个或多个不同的报告，会计师事务所应当将其视为不同的业务，根据制定的政策和程序，在规定的归档期限内分别将审计工作底稿归整为最终的审计档案。

3.在完成最终审计档案的归整工作后，注册会计师不应在规定的保存期限届满前删除或废弃任何性质的审计工作底稿。如果此时发现有必要修改现有审计工作底稿或增加新的审计工作底稿，无论其性质如何，注册会计师都应当记录以下事项：

（1）修改或增加审计工作底稿的时间和人员，以及复核的时间和人员。

（2）修改或增加审计工作底稿的具体理由。

4.会计师事务所应当自审计报告日起，对审计工作底稿至少保存10年。如果注册会计师未能完成审计业务，会计师事务所应当自审计业务中止日起，对审计工作底稿至少保存10年。

【例6-7】（多项选择题）下列人员中，注册会计师应当将其编制的工作底稿归入审计工作底稿的有（　　）。

A.注册会计师利用的外部专家

B.项目质量复核人员

C.来自其他会计师事务所的组成部分注册会计师

D.为注册会计师提供直接协助的被审计单位内部审计人员

【正确答案】BD

【解析】除非协议另作安排，外部专家的工作底稿属于外部专家，不是审计工作底稿的一部分，选项A错误；在配合集团项目组时，如果法律法规未予禁止，组成部分注册会计师可以允许集团项目组接触相关审计工作底稿，但其审计工作底稿的所有权属于组成部分注册会计师所在会计师事务所，选项C错误。

✿ 项目小结

知识点❶ 审计证据是指注册会计师为了得出审计结论和形成审计意见而使用的信息，包括构成财务报表基础的会计记录所含有的信息和其他信息。为了保证审计工作的正常进行，注册会计师必须在每项审计工作中获取充分、适当的审计证据，以满足发表审计意见的要求。

知识点❷ 审计证据具有充分性和适当性两个重要特征。充分性和适当性两者缺一不可。

知识点❸ 根据审计证据的外在表现形态，可以将其划分为实物证据、书面证据、口头证据、环境证据。

知识点❹ 根据获取审计证据的来源分类，审计证据分为内部证据、外部证据和亲知证据。

知识点❺ 根据审计证据所提供的逻辑证明，将其划分为正面证据和反面证据。

知识点❻ 按审计证据的证明力可以将其分为充分证明力、部分证明力和无证明力。

知识点❼ 注册会计师应当通过实施风险评估程序和进一步审计程序，包括控制测试和实质性程序获取审计证据，以得出合理的审计结论。

知识点❽ 获取审计证据的具体审计程序包括检查、观察、询问、函证、重新计算、重新执行和分析程序。

知识点❾ 审计工作底稿是指注册会计师对制订的审计计划、实施的审计程序、获取的相关审计证据，以及得出的审计结论作出的记录。

知识点❿ 会计师事务所应当自审计报告日起，对审计工作底稿至少保存10年。

✿ 项目实训题

一、判断题

1.在审计过程中，收集到的审计证据越多越好。（　　）

2.在审计的整个过程中，收集、鉴定和综合审计证据是审计工作的核心。（　　）

3.口头证据的证明力相对较弱，因此，口头证据不重要。（　　）

4.审计人员取得的书面证据证明力都很强。（　　）

5.实物证据的存在本身就具有很大的可靠性，因此，实物证据具有较强的证明力。（　　）

6.审计人员对内部控制进行评审，目的就是获取环境证据。（　　）

7.审计人员在审计过程中所收集到的审计证据，都应列示在审计工作底稿中。（　　）

8.审计工作底稿的保管，一般都属于永久性保管。（　　）

9.对审计工作底稿复核以后，要签名以确定其责任。（　　）

10.审计结论在审计工作底稿中可有可无。（　　）

二、单项选择题

1.下列审计证据中证明力最强的是（　　）。

A.应收账款函证回函　　　　　　　B.材料出库单

C.销货发票　　　　　　　　　　　D.银行对账单

2.对审计事项具有直接证明力，能单独、直接地证明审计事项真相的资料和事实是（　　）。

A.自然证据　　　　　B.实物证据　　　　　C.直接证据　　　　　D.基本证据

3.下列审计证据属于口头证据的是（　　）。

A.付款凭证　　　　　B.座谈记录　　　　　C.会计记录　　　　　D.收款凭证

4.属于内部审计证据的有（　　）。

A.购货发票　　　　　B.销货发票　　　　　C.银行对账单　　　　　D.材料出库单

5.下列审计证据中，既属于书面证据，又属于内部证据的有（　　）。

A.注册会计师编制的有关计算表　　　　　B.应收账款函证回函

C.银行对账单　　　　　D.材料入库单

6.审计证据必须用来证明被审计事项，体现了审计证据的（　　）特征。

A.相关性　　　　　B.充分性　　　　　C.可靠性　　　　　D.有用性

7.下列证据的证明力大小顺序是（　　）。

A.实物证据>口头证据>书面证据　　　　　B.口头证据>书面证据>实物证据

C.书面证据>实物证据>口头证据　　　　　D.实物证据>书面证据>口头证据

8.综合类工作底稿包括的内容有（　　）。

A.审计计划　　　　　B.经济合同

C.协议章程　　　　　D.实质性测试记录

9.审计工作底稿的归档期限为审计报告日后的（　　）以内。

A.60天　　　　　B.30天　　　　　C.50天　　　　　D.10天

10.审计工作底稿至少保存（　　）。

A.一年　　　　　B.十年　　　　　C.五年　　　　　D.三年

三、多项选择题

1.审计证据的特性主要包括审计证据的（　　）。

A.充分性　　　　　B.相关性　　　　　C.可靠性

D.经济性　　　　　E.可比性

2.收集审计证据的途径很多，常见的有（　　）。

A.重新计算　　　　　B.观察　　　　　C.分析程序

D.检查　　　　　E.询问

3.按审计证据的表现形态分类，可以分为（　　）。

A.环境证据　　　　　B.实物证据　　　　　C.书面证据

D.口头证据　　　　　E.自然证据

4.下列审计证据类型中，属于按来源分类的有（　　）。

A.外部证据　　　　　B.环境证据

C.实物证据　　　　　D.内部证据

5.关于审计证据的可靠性，以下（　　）提法是不正确的。

A.书面证据比实物证据可靠

B.内部证据均不能认为是可靠的证据

C.注册会计师自行获得的证据比被审计单位提供的证据可靠

D.不同来源的证据不能互相印证则不可靠

E.口头证据比实物证据可靠

6.通过观察被审计单位的存货盘点，注册会计师可以获取实物证据证实（　　）认定。

A.存在　　　　　　　B.发生　　　　　　　C.完整性　　　　　　　D.披露

7.审计人员编制的应收账款账龄分析表属于（　　）。

A.实物证据　　　　　B.书面证据　　　　　C.言辞证据　　　　　　D.亲知证据

8.下列审计证据中，属于审计人员亲知证据的有（　　）。

A.审计人员监督存货盘点取得的盘点表

B.审计人员取得的被审计单位的租赁合同

C.审计人员复制的被审计单位的销售发票

D.审计人员从被审查账簿中摘录的资料

E.审计人员动手编制的银行存款余额调节表

9.下列关于实物证据的说法中，正确的有（　　）。

A.实物证据是指以实物存在并以其外部特征和内在本质证明审计事项的证据

B.实物证据通常包括固定资产、存货、有价证券和现金等

C.实物证据通过实际观察或盘点取得，用以确定实物资产的存在性

D.实物证据对于证明实物资产是否存在具有较强的证明力

E.实物证据还可证明资产的所有权归属、资产的质量和分类

10.下列关于审计工作底稿的说法中，正确的有（　　）。

A.审计工作底稿相互引用时应注明索引号

B.审计工作底稿是行政复议的重要佐证资料

C.非重大事项的审计工作底稿不用进行复核

D.编写审计工作底稿应当内容完整

四、简答题

1.如何理解审计证据的充分性和适当性？

2.审计证据如何分类？

3.注册会计师在判断审计证据的可靠性时，通常应考虑哪些原则？

4.注册会计师的审计经验与审计证据获取的关系如何？

5.审计种类与具体审计目标的关系如何？

6.简述审计证据的获取程序。

7.简述审计工作底稿的含义和作用。

8.审计工作底稿存在形式与内容包括哪些？

9.审计工作底稿有哪些要素？

10.简述审计工作底稿的归档要求。

五、案例分析题

练习一

【资料】

注册会计师在对某发展有限公司的现金业务审查时，发现出纳员在审计期间有一张未

经批准而私自借出现金的白条，金额合计为5 000元，经过盘点证明白条所列现金5 000元确实不在库存现金余额内。注册会计师由此认定该出纳员挪用库存现金5 000元，该出纳也承认该事实。

【要求】请指出该审计事项中的审计证据有哪些？各属何种证据？运用了哪些审计程序？

练习二

【资料】审计人员在对某被审计单位的审计中，收集到以下4组审计证据：

（1）审计人员盘点现金编制的库存现金盘点表和被审计单位提供的库存现金日记账。

（2）销货发票副本与销售明细账。

（3）某项开支的会计记录与询问负责人该项开支的口头说明材料。

（4）审计人员收回的应收账款函证回函与被审计单位的应收账款相关会计资料。

【要求】请分别说明每组审计证据中的哪项审计证据的证明力更为可靠？为什么？

练习三

ABC会计师事务所的A注册会计师负责审计甲公司2024年度财务报表。审计工作底稿中与函证相关的部分内容摘录如下：

（1）A注册会计师对甲公司2024年内已注销的某人民币银行账户实施函证，银行表示无法就已注销账户回函。A注册会计师检查了该账户的注销证明原件，核对了亲自从中国人民银行获取的《已开立银行结算账户清单》中的相关信息，结果满意。

（2）在实施应收账款函证程序时，A注册会计师将财务人员在发函信封上填写的客户地址与销售部门提供的客户清单中的地址进行核对后，亲自将询证函交予快递公司发出。

（3）A注册会计师对应收账款余额实施了函证程序，有15家客户未回函。A注册会计师对其中14家实施了替代程序，结果满意；对剩余一家的应收账款余额，因其小于明显微小错报的临界值，A注册会计师不再实施替代程序。

（4）甲公司未对货到票未到的原材料进行暂估。A注册会计师从应付账款明细账中选取90%的供应商实施函证程序，要求供应商在询证函中填列余额信息。

【要求】针对上述第（1）至（4）项，逐项指出A注册会计师的做法是否恰当。若不恰当，请简要说明理由。

风险评估与风险应对

　　注册会计师张云、马晶负责对泉涌股份有限公司2024年度财务报表进行审计，部分工作如下：

　　（1）初步了解2024年度该公司及其环境未发生重大变化，拟依赖以往审计中对管理层、治理层诚信形成的判断。

　　（2）未对该公司进行控制测试，直接进入到实质性测试阶段。

　　（3）因审计工作时间紧张，未采取函证应收账款方式，直接实施替代审计程序。

　　（4）发现该公司在收入确认方面存在舞弊风险，将销售交易及其认定的重大错报风险评估为高水平，不再了解和评估相关控制设计的合理性并确定其是否已得到执行，直接实施细节测试。

　　任务分析：

　　针对上述情况，逐项指出张云、马晶的审计工作是否存在不当之处，请简要说明理由。

❋ 学习目标

　　知识目标：

　　理解风险评估程序及信息来源。

　　掌握了解被审计单位及其环境的内容。

　　掌握内部控制的含义及构成要素。

　　理解在整体层面和业务流程层面上了解内部控制。

　　掌握重大错报风险的评估。

　　掌握针对财务报表层次重大错报风险的总体应对措施。

　　掌握针对认定层次重大错报风险的进一步审计程序。

　　职业能力目标：

　　培养审计人员具备善于发现问题、抗衡审计风险的能力素质，保持职业谨慎，提高审计工作质量，满足审计目标的需要。

❀ 本章内容思维导图

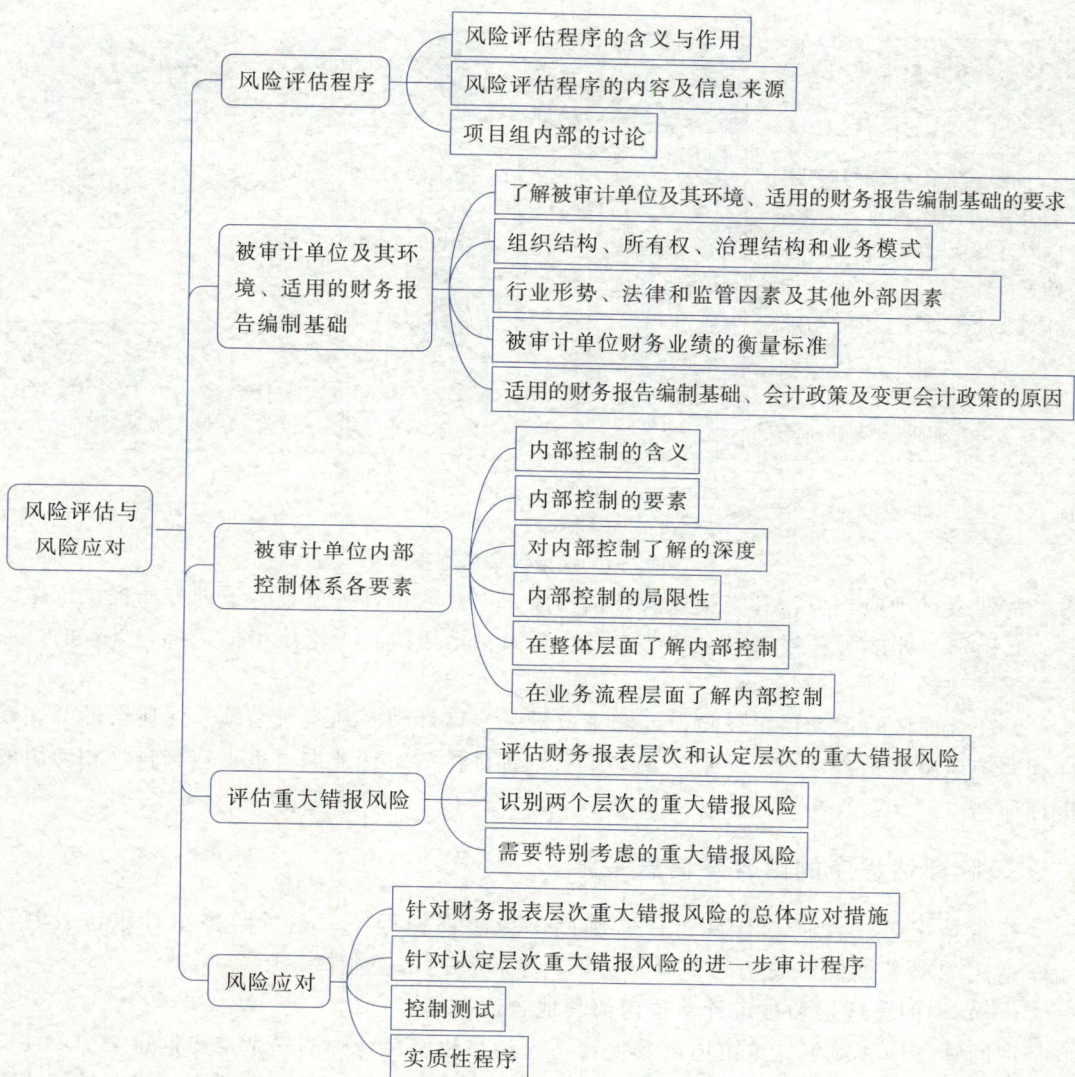

风险评估与风险应对
- 风险评估程序
  - 风险评估程序的含义与作用
  - 风险评估程序的内容及信息来源
  - 项目组内部的讨论
- 被审计单位及其环境、适用的财务报告编制基础
  - 了解被审计单位及其环境、适用的财务报告编制基础的要求
  - 组织结构、所有权、治理结构和业务模式
  - 行业形势、法律和监管因素及其他外部因素
  - 被审计单位财务业绩的衡量标准
  - 适用的财务报告编制基础、会计政策及变更会计政策的原因
- 被审计单位内部控制体系各要素
  - 内部控制的含义
  - 内部控制的要素
  - 对内部控制了解的深度
  - 内部控制的局限性
  - 在整体层面了解内部控制
  - 在业务流程层面了解内部控制
- 评估重大错报风险
  - 评估财务报表层次和认定层次的重大错报风险
  - 识别两个层次的重大错报风险
  - 需要特别考虑的重大错报风险
- 风险应对
  - 针对财务报表层次重大错报风险的总体应对措施
  - 针对认定层次重大错报风险的进一步审计程序
  - 控制测试
  - 实质性程序

注册会计师实施审计的目的是对财务报表不存在由于错误或舞弊导致的重大错报获取合理保证。风险是注册会计师执行审计业务所必须考虑的因素。风险导向审计是当今主流的审计方法，它要求注册会计师识别和评估重大错报风险，设计和实施进一步审计程序以应对评估的错报风险，将审计风险降至可接受的低水平，并根据审计结果出具恰当的审计报告。

任务一　风险评估程序

一、风险评估程序的含义与作用

风险评估程序，是指注册会计师为识别、评估财务报表层次和认定层次的重大错报风险，而设计和实施的审计程序。风险评估是审计过程中至关重要的一个环节，风险评估总流程如图7-1所示。

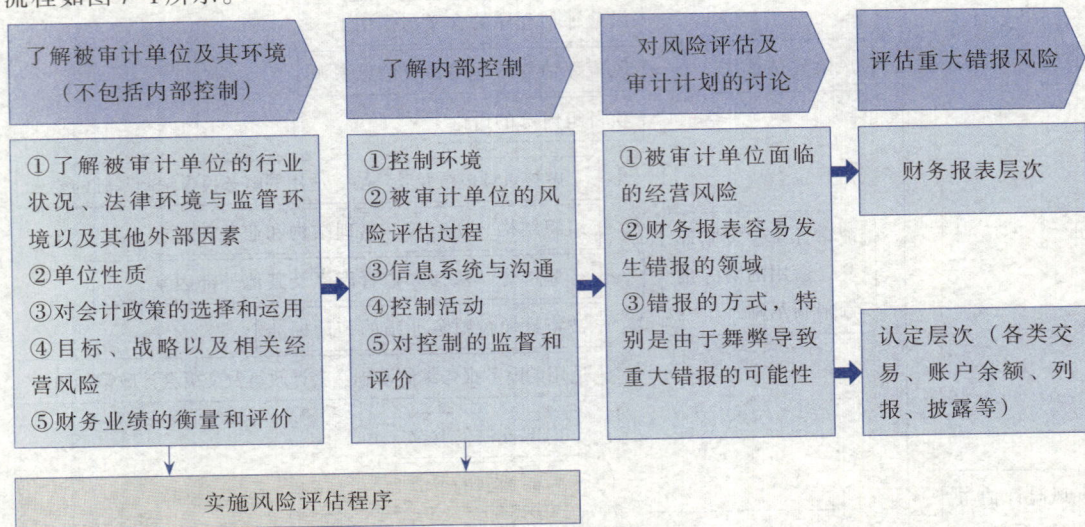

了解被审计单位及其环境（不包括内部控制）	了解内部控制	对风险评估及审计计划的讨论	评估重大错报风险
①了解被审计单位的行业状况、法律环境与监管环境以及其他外部因素 ②单位性质 ③对会计政策的选择和运用 ④目标、战略以及相关经营风险 ⑤财务业绩的衡量和评价	①控制环境 ②被审计单位的风险评估过程 ③信息系统与沟通 ④控制活动 ⑤对控制的监督和评价	①被审计单位面临的经营风险 ②财务报表容易发生错报的领域 ③错报的方式，特别是由于舞弊导致重大错报的可能性	财务报表层次 认定层次（各类交易、账户余额、列报、披露等）

实施风险评估程序

图7-1 风险评估总流程

注册会计师应当设计和实施风险评估程序，以获取审计证据，为下列方面提供依据：

1.识别、评估财务报表层次和认定层次重大错报风险，无论该错报是舞弊导致的，还是错误导致的。

2.针对评估的重大错报风险设计和采取进一步审计程序和应对措施。注册会计师在设计和实施风险评估程序时，不应当偏向于获取佐证性的审计证据，也不应当排斥相矛盾的审计证据。

二、风险评估程序的内容及信息来源

通常情况下，注册会计师可以实施以下风险评估程序，以了解被审计单位及其环境、适用的财务报告编制基础，以及被审计单位的内部控制体系：

（一）询问管理层和被审计单位内部其他合适人员

询问管理层和被审计单位内部其他合适人员是注册会计师的一个重要信息来源。注册会计师除了通过询问管理层和财务负责人可以获取大部分信息以外，还应当考虑询问内部审计人员、采购人员、生产人员、销售人员等其他相关人员，并考虑询问不同级别的员工，以获取对识别重大错报风险有用的信息。

注册会计师可以考虑向管理层和财务负责人询问以下事项：

（1）管理层所关注的主要问题，如新的竞争对手、主要客户和供应商的流失、新的税收法规的实施以及经营目标或战略的变化等。

（2）被审计单位最近的财务状况、经营成果和现金流量。

（3）可能影响财务报告的交易和事项，或者目前发生的重大会计处理问题，如重大的并购事宜等。

（4）被审计单位发生的其他重要变化，如所有权结构、组织结构的变化，以及内部控制的变化等。

> **提示**
>
> 　　在财务报表审计中，风险评估程序是必要程序，贯穿于整个审计过程的始终。注册会计师应当实施风险评估程序，了解被审计单位及其环境、适用的财务报告编制基础，以及被审计单位的内部控制体系，然后识别和评价财务报表层次和认定层次的重大错报风险。

（二）实施分析程序

　　分析程序是进行风险评估程序的必要程序。分析程序是指注册会计师通过研究不同财务数据之间以及财务数据与非财务数据之间的内在关系，对财务信息作出评价。实施分析程序有助于注册会计师识别出不一致的情形、异常的交易或事项，以及可能对审计产生影响的金额、比率和趋势。识别出的异常或未预期到的关系可以帮助注册会计师识别重大错报风险，特别是由于舞弊导致的重大错报风险。

　　分析程序既可以用于风险评估程序和实质性程序，也可用于对财务报表的总体复核。注册会计师将分析程序用作风险评估程序，用来识别注册会计师未注意到的被审计单位某些方面的情况，或用来了解固有风险因素如何影响相关认定易于发生错报的可能性。

　　注册会计师可以使用自动化工具和技术实施分析程序。对数据运用自动化分析程序可以称为数据分析。例如，注册会计师可以使用电子表格将实际记录的金额与预算金额进行比较，或者可以实施更高级的程序，即从被审计单位的信息系统中提取数据，然后使用可视化技术进一步分析这些数据，以识别可能需要实施进一步特定风险评估程序的交易、账户余额或披露。分析程序对应的分析内容如表7-1所示。

表7-1　　　　　　　　　　　　分析程序对应的分析内容

分析程序	分析内容
异常情况	事实与被审计单位财务和数据之间存在的矛盾
行业情况	行业情况与被审计单位之间存在的不一致，是否有逆势
变动趋势	不同期间的增长率是否存在波动
关键指标	关键指标是否异常，尤其是是否与行业历史情况不一致
结构变化	内部结构是否异常

（三）观察和检查

　　观察和检查程序可以印证对管理层和其他相关人员的询问结果，并可提供有关被审计单位及其环境的信息，注册会计师应当实施下列观察和检查程序：

　　1.观察被审计单位的生产经营活动

　　例如，注册会计师通过对被审计单位人员的生产活动和内部控制活动的观察，增加对被审计单位人员生产经营活动及实施内部控制的了解。

　　2.检查文件、记录和内部控制手册

　　例如，检查被审计单位的章程，与其他单位签订的合同、协议，高层管理人员的会议记录或纪要，各业务流程操作指引和内部控制手册，各种会计资料和单据等。

3.阅读由管理层和治理层编制的报告

例如，阅读被审计单位年度和中期财务报告，股东大会、董事会会议、高级管理层会议的会议记录或纪要，管理层的讨论和分析资料，经营计划和战略，对重要经营环节和外部因素的评价，被审计单位内部管理报告以及其他特殊目的的报告（如新投资项目的可行性分析报告）等。

4.实地观察被审计单位的生产经营场所和设备

通过现场访问和实地观察被审计单位的生产经营场所和设备，有助于注册会计师了解被审计单位的性质及其经营活动。在实地观察被审计单位的厂房和场所的过程中，注册会计师有机会与被审计单位管理层和担任不同职责的员工互相交流，增强注册会计师对被审计单位的经营活动及其重大影响因素的了解。

5.追踪交易在财务报告信息系统中的处理过程（穿行测试）

穿行测试是注册会计师了解被审计单位业务流程及其相关控制时，经常使用的一种审计程序。注册会计师通过追踪某笔或几笔交易在业务流程中的形成、记录、处理和报告的过程，以及相关控制的执行情况，确定被审计单位的交易流程和相关控制是否与之前通过其他程序所获得的了解相符，并确定相关控制是否得到了有效的执行。

注册会计师可以使用自动化工具和技术实施观察或检查程序，特别是观察或检查资产，如使用远程观察工具（如无人机）。

知识链接

为了推进审计准则与国际趋同，以提高审计质量，降低行业风险，我国陆续出台了各项审计风险准则。其中，《中国注册会计师审计准则第1211号——重大错报风险的识别和评估》是专门规范风险评估的准则。它规定注册会计师应当识别、评估财务报表层次和认定层次重大错报风险，为设计和实施应对措施提供依据。

（四）其他审计程序和信息来源

1.其他审计程序

除了采用上述程序从被审计单位内部获取信息以外，如果根据职业判断认为从被审计单位外部获取的信息有助于识别重大错报风险，注册会计师应当实施其他审计程序，以获取了解被审计单位及其环境、适用的财务报告编制基础，以及被审计单位的内部控制体系的信息。

外部信息包括证券分析师、银行、评级机构出具的有关被审计单位及其所处行业的经济或市场环境等状况的报告，各种贸易与经济类的报纸期刊，以及政府部门或民间组织发布的行业报告和统计数据等。例如，询问被审计单位聘请的外部法律顾问、专业评估师、投资顾问和财务顾问等；阅读外部信息来源等。

2.其他信息来源

注册会计师应当考虑在承接客户或续约过程中获取的信息，以及向被审计单位提供其他服务所获得的经验是否有助于识别重大错报风险。

（1）新审计业务的承接

对于新的审计业务，注册会计师应在业务承接阶段，对被审计单位及其环境有一个初步的了解，以确定是否承接该业务。

（2）连续审计业务的承接

对于连续审计业务，也应在每年的续约过程中对上年度审计作总体评价，并更新对被审计单位的了解和风险评估结果，以确定是否续约。对于连续审计业务，如果拟利用在以前期间获取的信息，注册会计师应当确定被审计单位及其环境是否已发生变化，以及该变化是否可能影响以前期间获取的信息在本期审计中的相关性。另外，注册会计师还应当考虑向被审计单位提供其他服务（如执行中期财务报表审阅业务）所获得的经验是否有助于识别重大错报风险。

需要注意的是，被审计单位或其环境的变化可能导致此类信息在本期审计中已不具有相关性。例如，注册会计师前期已经了解被审计单位内部控制的设计和执行情况，但被审计单位及其环境可能在本期发生变化，导致内部控制也发生相应变化。在这种情况下，注册会计师需要实施询问和其他适当的审计程序，以确定该变化是否可能影响此类信息在本期审计中的相关性，如穿行测试。

如果实施其他审计程序获取的信息有助于识别重大错报风险，注册会计师也可以实施这些程序。例如，询问被审计单位的外部法律顾问、相关监管机构或被审计单位利用的评估专家等。

👆 **提示**

尽管注册会计师在了解被审计单位及其环境、适用的财务报告编制基础，以及被审计单位的内部控制体系的过程中应当实施风险评估程序，但无须在了解每个方面时都实施所有的风险评估程序。例如，如果了解被审计单位的内部控制，则通常不采用分析程序。

【例7-1】（多项选择题）下列各项程序中，通常用作风险评估程序的有（　　）。
A.检查　　　　　　B.分析程序　　　　　　C.重新执行　　　　　　D.观察
【正确答案】ABD
【解析】运用于风险评估程序的审计程序有：询问、分析程序、观察和检查。选项C错误，重新执行是控制测试的程序。

三、项目组内部的讨论

审计过程中的所有业务阶段都会有项目组内部的讨论，恰当的讨论工作也可以保证所有事项的正常进行。积极和开放的项目组讨论（包括在连续审计业务中的讨论）可能有助于加强对重大错报风险的识别和评估。项目合伙人和项目组其他关键成员应当讨论被审计单位财务报表易于发生重大错报的可能性，讨论的重点应当包括财务报表易于发生由于舞弊导致的重大错报的方式和领域。

（一）讨论的目标

项目组通过讨论可以使成员更全面地了解在各自负责的领域中，由于舞弊或错误导致财务报表重大错报的可能性，并了解各自实施审计程序的结果影响审计的其他方面的程度，包括对确定进一步审计程序的性质、时间安排和范围的影响。

（二）参与讨论的人员

项目组讨论时，需要有经验的项目组成员参与，这些成员具有适当的专业技能以参与实施与该特定领域相关的审计程序。审计过程中，审计人员可以分享具有丰富经验成员（如项目合伙人）的见解，以及其以前获取的被审计单位的经验。

注册会计师应当运用职业判断确定项目组内部参与讨论的成员。参与讨论人员的范围受项目组成员的职责经验和信息需要的影响，但并不要求所有成员每次都参与项目组的讨论。如果项目组涉及一些信息技术或其他特殊技能的专家，这些专家也需要参与讨论。

（三）讨论的时间和方式

在计划和实施审计工作时，注册会计师应当保持职业怀疑，认识到可能存在导致财务报表发生重大错报的情形。项目组在讨论时，应当在整个审计过程中保持职业怀疑，警惕可能发生重大错报的迹象，并对这些迹象进行严格追踪。项目组应当根据审计的具体情况，在整个审计过程中持续交换有关财务报表发生重大错报可能性的信息。

（四）讨论的内容

讨论的内容和范围会受项目组成员的职位、经验和所需要的信息的影响。项目组应当讨论被审计单位面临的经营风险、财务报表易发生错报的领域以及发生错报的方式，尤其关注由于舞弊导致重大错报的可能性。讨论的三个主要领域具体内容，如表7-2所示。

表7-2 项目组讨论内容列示

讨论的主要领域	目的：了解被审计单位，进行公开的讨论
分享了解的信息	1.被审计单位的性质、管理层对内部控制的态度，从以往审计业务中获取的经验、重大经营风险因素。 2.已了解的影响被审计单位的外部和内部舞弊因素，可能为管理层或其他人员实施下列行为提供动机或压力： （1）实施舞弊； （2）为实施构成犯罪的舞弊提供机会； （3）利用企业文化或环境，寻找使舞弊行为合理化的理由； （4）考虑管理层对接触现金或其他被侵占资产的员工实施监督的情况。 3.确定财务报表哪些项目易于发生重大错报，表明管理层倾向于高估或低估收入的迹象
	目的：对审计意见和方法实施头脑风暴法
分享审计思路的方法	1.管理层可能如何编报和隐藏虚假财务报告，如管理层凌驾于内部控制之上。根据对识别的舞弊风险因素的评估，设想可能的舞弊场景对审计很有帮助。例如，销售经理可能通过高估收入实现达到奖励水平的目的。这可能通过修改收入确认政策或进行不恰当的收入截止来实现。 2.出于个人目的侵占或挪用被审计单位的资产行为如何发生。 3.考虑： （1）管理层可能采用高估/低估账目的方法，包括对准备和估计进行操纵以及变更会计政策等； （2）用于应对评估风险可能的审计程序/方法

续表

讨论的主要领域	目的：为项目组指明审计方向
指明方向	1.强调在审计过程中保持职业怀疑态度的重要性。不应将管理层当成完全诚实，也不应将其作为罪犯对待。 2.列示表明可能存在舞弊可能性的迹象。例如： （1）识别警示信号，并予以追踪； （2）一个不重要的金额可能表明存在很大的问题 3.决定如何增加拟实施审计的程序的性质、时间安排和范围的不可预见性。 4.总体考虑：每个项目组成员拟执行的审计工作部分，需要的审计方法、特殊考虑、时间，记录要求，如果出现问题应联系的人员，审计工作底稿复核，以及其他预期事项。 5.强调对表明管理层不诚实的迹象保持警觉的重要性

任务二　被审计单位及其环境、适用的财务报告编制基础

一、了解被审计单位及其环境、适用的财务报告编制基础的要求

注册会计师对被审计单位及其环境和适用的财务报告编制基础的了解，可以帮助注册会计师作出对交易、账户余额的披露。这些信息也为注册会计师识别和评估重大错报风险提供了重要基础。注册会计师应当实施风险评估程序，以了解下列方面：

（一）被审计单位及其环境

注册会计师应当从下列方面了解被审计单位及其环境：

（1）组织结构、所有权和治理结构、业务模式（包括该业务模式利用信息技术的程度）。

（2）行业形势、法律环境、监管环境和其他外部因素。

（3）财务业绩的衡量标准，包括内部和外部使用的衡量标准。

（二）适用的财务报告编制基础、会计政策以及变更会计政策的原因

被审计单位在按照适用的财务报告编制基础编制财务报表时，固有风险因素如何影响各项认定易于发生错报的可能性以及影响的程度。固有风险因素，是指在不考虑控制的情况下，导致交易类别、账户余额和披露的某一认定易于发生错报的因素。固有风险因素可以是定性的，也可以是定量的。固有风险因素包括事项或情况的复杂性、主观性、变化、不确定性，以及管理层偏好和其他舞弊风险因素。

（三）被审计单位内部控制体系各要素

上述了解的各方面可能会互相影响。例如，被审计单位的行业形势、法律环境、监管环境和其他外部因素可能影响到被审计单位的目标、战略和相关经营风险，而被审计单位的性质、目标、战略和相关经营风险又可能影响到被审计单位对会计政策的选择和运用，以及内部控制的设计和执行。因此，注册会计师对上述各个方面进行了解和评价时，应当考虑各因素之间的相互关系。

> **提示**
>
> 实施风险评估程序的性质和范围，取决于被审计单位的性质和具体情况。例如，被审计单位的规模和复杂程度（包括信息技术环境）、被审计单位政策和程序、业务流程、注册会计师以往与被审计单位或类似企业交往的经验等。

【例7-2】（单项选择题）下列关于注册会计师了解被审计单位的性质的相关说法中，错误的是（　　）。

A. 了解被审计单位的所有权结构，有助于注册会计师识别关联方并了解被审计单位的决策过程

B. 了解被审计单位的经营活动，有助于注册会计师识别预期在财务报表中反映的主要交易类别、重要账户余额和列报

C. 了解被审计单位的筹资活动，有助于注册会计师评估被审计单位在融资方面的压力，并进一步考虑被审计单位在可预见未来的持续经营能力

D. 了解被审计单位的治理结构，有助于注册会计师关注被审计单位在经营策略和方向上的重大变化

【正确答案】D

【解析】了解被审计单位的投资活动有助于注册会计师关注被审计单位在经营策略和方向上的重大变化，因此选项D错误。

二、组织结构、所有权、治理结构和业务模式

（一）被审计单位的组织结构

复杂的组织结构通常更有可能导致某些特定的重大错报风险。注册会计师应当了解被审计单位的组织结构，考虑复杂组织结构可能导致的重大错报风险，包括财务报表合并、商誉和长期股权投资核算等问题，以及财务报表是否已对这些问题作了充分披露。例如，对于在多个地区拥有子公司、合营企业、联营企业或其他成员机构，或者存在多个业务分部和地区分部的被审计单位，不仅编制合并财务报表的难度增加，还存在其他可能导致重大错报风险的复杂事项，包括对子公司、合营企业、联营企业和其他股权投资类别的判断及其会计处理等。

（二）被审计单位的所有权结构

注册会计师应当了解所有权结构以及所有者与其他人员或实体之间的关系，包括关联方，考虑关联方关系是否已经得到识别，以及关联方交易是否得到恰当会计处理。例如，注册会计师应当了解被审计单位是属于国有企业、外商投资企业、民营企业，还是属于其他类型的企业，还应当了解其直接控股母公司、间接控股母公司、最终控股母公司和其他股东的构成，以及所有者与其他人员或实体（如控股母公司控制的其他企业）之间的关系。同时，注册会计师可能需要对其控股母公司（股东）的情况作进一步的了解，包括控股母公司的所有权性质、管理风格及其对被审计单位经营活动及财务报表可能产生的影响；控股母公司与被审计单位在资产、业务、人员、机构、财务等方面是否分开，是否存

在占用资金等情况；控股母公司是否施加压力，要求被审计单位达到其设定的财务业绩目标。

> 👆 **提示**
>
> 　　注册会计师还应当了解所有者、治理层、管理层之间的区别。例如，在较不复杂的被审计单位中，所有者可能参与管理被审计单位。因此，所有者、治理层、管理层之间只有很小的区别或没有区别。相反，在某些上市实体中，三者之间可能存在明确的区分。

（三）被审计单位的治理结构

了解被审计单位的治理结构可能有助于注册会计师了解被审计单位监督内部控制体系的能力。但是，这一了解也可能提供内部控制体系存在缺陷的证据，从而表明被审计单位的财务报表产生重大错报风险的可能性有所增加。注册会计师可以考虑下列事项，以了解被审计单位的治理结构：

（1）治理层人员是否参与对被审计单位的管理。

（2）非执行董事会（如有）人员是否来自执行管理层。

（3）治理层人员是否在被审计单位组织架构中的组成部分中任职，如担任董事。

（4）治理层是否下设专门机构。例如，是否设有审计委员会或监事会及其运作情况；审计委员会是否能独立地完成其工作；董事会的内部是否设有独立董事。

（5）治理层监督财务报告的责任，包括批准财务报表。

（四）被审计单位的业务模式

注册会计师了解被审计单位的目标、战略和业务模式有助于从战略层面了解被审计单位，并了解被审计单位承担和面临的经营风险。注册会计师并非需要了解被审计单位业务模式的所有方面。经营风险比财务报表重大错报风险范围更广，并且包括重大错报风险。注册会计师没有责任了解或识别所有的经营风险，因为并非所有的经营风险都会导致重大错报风险。注册会计师在了解可能导致财务报表重大错报风险的业务模式、目标、战略及相关经营风险时，可以考虑下列事项：

（1）行业发展。例如，缺乏足以应对行业变化的人力资源和业务专长。

（2）开发新产品或提供新服务可能导致被审计单位产品责任增加。

（3）被审计单位的业务扩张，并且对市场需求的估计不准确。

（4）新的会计政策要求，被审计单位对其未完全执行或执行不当。

（5）监管要求，导致法律责任增加。

（6）本期及未来的融资条件。例如，被审计单位由于无法满足融资条件而失去融资机会。

（7）信息技术的运用。例如，新的信息技术系统的实施将影响经营和财务报告。

（8）实施战略的影响，特别是由此产生的需要运用新的会计政策要求的影响。

【例7-3】（单项选择题）下列有关经营风险对重大错报风险的影响的说法中，错误的是（　　）。

A.多数经营风险最终都会产生财务后果，从而可能导致重大错报风险

　　B.注册会计师在评估重大错报风险时，没有责任识别或评估对财务报表没有重大影响的经营风险

　　C.经营风险通常不会对财务报表层次重大错报风险产生直接影响

　　D.经营风险可能对认定层次重大错报风险产生直接影响

【正确答案】C

【解析】经营风险可能对各类交易、账户余额和披露的认定层次重大错报风险或财务报表层次重大错报风险产生直接影响。

三、行业形势、法律和监管因素及其他外部因素

（一）行业形势

　　注册会计师应当了解被审计单位的行业形势，如竞争环境、供应商和客户的关系、技术发展情况等。注册会计师可能需要考虑的事项包括：

　　（1）市场与竞争，包括市场需求、生产能力和价格竞争。

　　（2）生产经营的季节性和周期性。

　　（3）与被审计单位产品相关的生产技术。

　　（4）能源供应与成本。

（二）法律和监管因素

　　相关法律和监管因素包括法律环境和监管环境。被审计单位在日常经营管理活动中应当遵守相关法律法规和监管要求。法律环境和监管环境包括适用的财务报告编制基础、法律和社会环境及其变化等。注册会计师可能需要考虑的事项包括：

　　（1）受管制行业的法规框架，如审慎要求，包括相关披露。

　　（2）对被审计单位经营活动产生重大影响的法律法规，如劳动法和相关法规。

　　（3）税收相关法律法规。

　　（4）目前对被审计单位开展经营活动产生影响的政府政策，如货币政策（包括外汇管制）、财政政策、财政刺激措施（如政府援助项目）、关税或贸易限制政策等。

　　（5）影响行业和被审计单位经营活动的环保要求。

（三）其他外部因素

　　注册会计师考虑的影响被审计单位的其他外部因素可能包括总体经济情况、利率、融资的可获得性、通货膨胀水平或币值变动等。

🖊 思考拓展

　　注册会计师需要思考：

　　1.当前宏观经济状况以及未来的发展趋势如何？

　　2.目前国内或本地区的经济状况（如增长率、通货膨胀率、失业率、利率等）怎样影响被审计单位的经营活动？

　　3.被审计单位的经营活动是否受到汇率波动或全球市场力量的影响？

四、被审计单位财务业绩的衡量标准

被审计单位管理层经常会衡量和评价关键业绩指标（包括财务的和非财务的）完成情况、预算及差异分析报告、分部信息和分支机构、部门或其他层次的业绩报告以及与竞争对手的业绩比较信息等。通过询问管理层等程序，了解用于评价被审计单位财务业绩的衡量标准，有助于注册会计师考虑这些内部或外部的衡量标准，是否会导致被审计单位面临实现业绩目标的压力。这些压力可能促使管理层采取某些措施，从而增加易于发生由管理层偏好或舞弊导致的错报的可能性（如改善经营业绩或有意歪曲财务报表）。用于评价财务业绩的关键指标可能包括：

（1）关键业绩指标（财务或非财务的）、关键比率、趋势和经营统计数据。

（2）同期财务业绩比较分析。

（3）预算、预测、差异分析，分部信息和分部、部门或其他不同层次的业绩报告。

（4）员工业绩考核与激励性报酬政策。

（5）被审计单位与竞争对手的业绩比较。

【例7-4】（单项选择题）在了解被审计单位财务业绩的衡量和评价时，下列各项中，注册会计师可以考虑的信息有（   ）。

A.经营统计数据　　　　　　　　　　B.信用评级机构报告

C.证券研究机构的分析报告　　　　　D.员工业绩考核与激励性报酬政策

【正确答案】ABCD

【解析】在了解被审计单位财务业绩衡量和评价情况时，注册会计师应当关注下列信息：

①关键业绩指标（财务的或非财务的）、关键比率、趋势和经营统计数据（选项A）。

②同期财务业绩比较分析。

③预算、预测、差异分析、分部信息与分部、部门或不同层次的业绩报告。

④员工业绩考核与激励性报酬政策（选项D）。

⑤被审计单位与竞争对手的业绩比较。

⑥外部机构也会衡量和评价被审计单位的财务业绩，如分析师的报告和信用评级机构的报告（选项B、C）。

五、适用的财务报告编制基础、会计政策及变更会计政策的原因

注册会计师应当了解适用的财务报告编制基础、会计政策及变更会计政策的原因，并评价被审计单位的会计政策是否适当、是否与适用的财务报告编制基础一致。在了解被审计单位适用的财务报告编制基础，以及如何根据被审计单位及其环境的性质和情况运用该编制基础时，注册会计师可能需要考虑的事项包括：

1.被审计单位与适用的财务报告编制基础相关的财务报告实务

（1）会计政策和行业特定惯例，包括特定行业财务报表中的重要类别的交易、账户余额和相关披露，如银行业的贷款和投资、医药行业的研究与开发活动。

（2）异常或复杂交易的会计处理，包括在有争议或新兴领域的交易。

（3）收入确认、外币资产以及负债等交易。

（4）金融工具以及相关信用损失的会计处理。

2.了解被审计单位对会计政策的选择和运用

（1）被审计单位对重大和异常交易的确认、计量和列报方法。

（2）在缺乏权威性标准、共识的争议、新兴领域时采用重要会计政策产生的影响。

（3）被审计单位采用新颁布的财务报告准则、法律法规的时间和方式，包括发生的变化以及变化的原因。

（4）环境变化。例如，适用的财务报告编制基础变化或税制改革，可能导致被审计单位的会计政策变更。

👆 思考拓展

管理层在面临重大压力时可能粉饰财务业绩，发生舞弊风险，在评价管理层是否存在歪曲财务报表的动机和压力时，注册会计师应当考虑可能存在哪些情形？

任务三　被审计单位内部控制体系各要素

注册会计师应当了解被审计单位的内部控制，防止或发现并纠正各类交易、账户余额、列报存在的重大错报的类型，考虑导致重大错报风险的因素，以及设计和实施进一步审计程序的性质、时间安排和范围。注册会计师通过实施风险评估程序了解和评价内部控制体系的每个要素，从而了解被审计单位的内部控制体系。

一、内部控制的含义

内部控制是被审计单位为了合理保证财务报告的可靠性、经营的效率和效果以及对法律法规的遵守，由治理层、管理层和其他人员设计与执行的政策及程序。从定义可以看出，内部控制实质上是为实现一定目标而制定的政策和程序，是管理职能中控制职能的具体表现，可以从以下方面理解：

（1）内部控制的目标是合理保证财务报告的可靠性；经营的效率和效果；在所有经营活动中遵守法律法规的要求。了解内部控制的各要素，需要与财务报告的目标相一致。以财务报告的可靠性为例，注册会计师可仅考虑其中与财务报告可靠性目标相关的控制。例如，保护资产安全的控制可能与审计相关，但在生产中防止浪费资产的控制通常就与审计无关，只有将全部资产在财务报表中如实反映，才不会影响财务报表的可靠性。

（2）设计和实施内部控制的责任主体是治理层、管理层和其他人员，组织中的每一个人都对内部控制负有责任。

（3）实现内部控制目标的手段是设计和执行控制政策及程序。

二、内部控制的要素

内部控制包括控制环境、风险评估过程、信息系统与沟通、控制活动和对控制的监督五个要素。注册会计师需要了解和评价的内部控制只是与财务报表审计相关的内部控制，并非被审计单位所有的内部控制，而且，注册会计师以前的经验以及在了解被审计单位及其环境过程中获得的信息，可以帮助其识别与审计相关的内部控制问题。

（一）控制环境

控制环境是指对建立、加强或削弱特定政策、程序及其效率产生影响的各种因素，包括治理职能和管理职能，以及治理层和管理层对内部控制及其重要性的态度、认识和措施。良好的控制环境是实施有效内部控制的基础，其中最基本的因素是管理者及所有执行者对内部控制的态度及其胜任能力。

（二）风险评估过程

风险评估是被审计单位确认和分析与其目标责任制实现相关的风险的过程，它形成了如何管理风险的基础。导致风险发生和变化的环境一般包括企业业务的扩展，公司合并与重组，招收新员工，出现新技术、新产品或新作业，信息系统发生变化等。

（三）信息系统与沟通

一个良好的信息和沟通系统可以使企业及时掌握运营状况和组织中发生的各种情况，可以及时地为企业的员工提供履行职责所需的各种信息，从而使企业的经营和管理顺畅进行。一个组织的信息系统是指为确认、分类、汇总、分析、记录以及报告公司交易和相关事件，并保持对相关资产和负债的受托责任而建立的方法和记录。

（四）控制活动

控制活动是指被审计单位为了保证管理指令得到实施，而制定并执行的控制政策和程序。

（五）对控制的监督

对控制的监督是指被审计单位评价内部控制在一段时间内运行有效性的过程，该过程包括及时评价控制的设计和运行，以及根据情况的变化采取必要的纠正措施。例如，管理层是否对定期编制银行存款余额调节表进行复核。

在以上五个控制要素中，各控制要素的地位是不同的，控制环境是其他四项要素的基础和前提。作为了解和控制环境的一部分，注册会计师应当评价：

（1）管理层在治理层的监督下，是否营造和保持了诚实守信和合乎道德的文化。

（2）控制环境总体上的优势是否为内部控制的其他要素奠定了适当的基础，以及这些其他要素是否未被控制环境中存在的缺陷所削弱。内部控制要素之间的关系如图7-2所示。

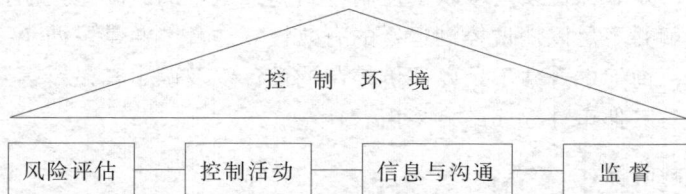

图7-2 内部控制要素关系示意图

三、对内部控制了解的深度

对内部控制了解的深度是指在了解被审计单位及其环境时对内部控制了解的程度，包括评价控制的设计，并确定其是否得到执行，但不包括对控制是否得到一贯执行的测试。

描述内部控制了解和评价过程的关键步骤如图7-3所示。

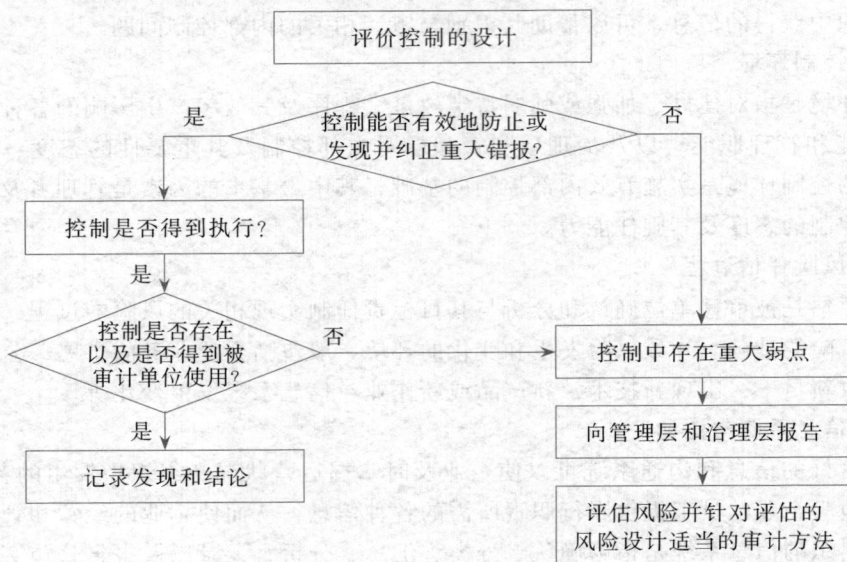

图7-3 内部控制了解过程

【例7-5】（多项选择题）下列有关注册会计师了解内部控制的说法中，正确的有（　　）。

A.注册会计师在了解被审计单位内部控制时，应当确定其是否得到一贯执行

B.注册会计师不需要了解被审计单位所有的内部控制

C.注册会计师对内部控制的了解通常不足以测试控制运行的有效性

D.注册会计师询问被审计单位人员不足以评价内部控制设计的有效性

【正确答案】BCD

【解析】选项A错误，对内部控制了解的深度，包括评价控制的设计，并确定其是否得到执行，但不包括对控制是否得到一贯执行的测试。确定其是否得到一贯执行是控制测试的目的。

选项B正确，注册会计师需要了解和评价的内部控制只是与财务报表审计相关的内部控制，并非被审计单位所有的内部控制。

选项C正确，除非存在某些可以使控制得到一贯运行的自动化控制，否则，注册会计师对控制的了解并不足以测试控制运行的有效性。注意"通常"两个字。

选项D正确，询问本身并不足以评价控制的设计以及确定其是否得到执行，注册会计师应当将询问与其他审计程序结合采用。

（一）评价控制的设计

注册会计师在了解内部控制时，应当评价控制的设计，并确定其是否得到有效的执行。评价控制的设计是指考虑一项控制单独或连同其他控制是否能够及时发现、纠正或防止重大错报。控制得到执行是指某项控制存在且被审计单位正在使用。注册会计师在确定是否考虑控制得到执行时，首先应当考虑控制的设计；如果控制设计不当，则无须再考虑控制是否得到执行，这可能表明内部控制存在重大缺陷。

> **提示**
>
> 在对被审计单位的内部控制进行了解和评估时，注册会计师需要从被审计单位整体层面、业务流程层面两个角度展开。

（二）评价控制设计的风险评估程序

注册会计师通常实施以下风险评估程序，也是风险评估程序在了解被审计单位内部控制方面的具体运用，以此来获取有关控制设计和执行的审计证据：

1.询问被审计单位的人员。

询问本身不能评价控制的设计以及确定其是否得到执行，注册会计师应当将询问与其他风险评估程序结合使用。

2.观察特定控制的运用。

3.检查文件和报告。

4.追踪交易在财务报告信息系统中的处理过程（穿行测试）。

> **提示**
>
> ① 穿行测试：用于风险评估中，利用几笔交易数据测试被审计单位的内控是否得到执行。
>
> ② 重新执行：用于内控测试，样本量较大，以测试被审计单位内控的有效性。

（三）了解内部控制的步骤

1.识别预防财务报表中发生重大错报的风险因素

如果被审计单位的某项内部控制目标未实现，则由此产生的风险因素通常被描述为"可能的错误"。

2.记录相关的内部控制

目的是识别是否存在内部控制降低的第一步所列出的风险因素，但是没有必要记录和评价与审计无关的内部控制。

3.评估控制的执行

主要是实施穿行测试，以确信识别的内部控制实际上确实存在。如果存在，注册会计师就可以完成对控制设计和执行的评价。

4.评估内部控制的设计

汇总获得的所有信息，并根据风险因素描绘识别出的（或执行的）控制。

总之，注册会计师完成以上四个步骤以后，应当确定内部控制是否存在重大缺陷。

（四）了解内部控制与测试控制运行有效性的关系

除非存在某些可以使控制得到一贯运行的自动化控制，否则注册会计师对控制的了解并不足以测试控制运行的有效性。

例如，获取某一人工控制在某一时点得到执行的审计证据，并不能证明该控制在所审计期间内的其他时点也有效运行。但是，信息技术可以使被审计单位持续一贯地对大量数据进行处理，提高了被审计单位监督控制活动运行情况的能力。由于信息技术处理流程的内在一贯性，实施审计程序确定某项自动控制是否得到执行，也可能实现对控制运行有效性测试的目标。

【例7-6】（综合题）A注册会计师在审计工作底稿中记录了审计计划，部分内容摘录如下：甲公司利用生产管理系统中的自动化控制进行生产工人的排班调度，以提高生产效率。A注册会计师认为该控制与审计无关，拟不纳入了解内部控制的范围。

【要求】假定不考虑其他条件，指出A注册会计师的做法是否恰当。若不恰当，简要说明理由。

【正确答案】不恰当。仅以"与审计无关"为由直接排除该控制是不恰当的，需进一步分析其潜在财务影响。虽然生产排班调度控制的主要目的是提高生产效率，但它可能间接影响生产成本核算、工时记录准确性，甚至可能涉及薪酬计算（如加班工资）。因此，注册会计师不能仅因该控制与"生产效率"相关就简单排除，而应评估其是否可能对财务报告产生重大影响。

思考拓展

可以不进行符合性测试而直接进行实质性测试的情况有哪些？

四、内部控制的局限性

由于内部控制存在固有局限性，因此，无论如何设计和执行内部控制，也只能对财务报告的可靠性提供合理的保证。其固有局限性包括：

1.在决策时人为判断可能出现错误和由于人为失误而导致内部控制失效

例如，被审计单位信息技术工作人员为使系统能够处理新型产品的销售，需要对其进行处理，但并未完全理解系统如何处理销售交易，可能会错误地对系统进行更改，从而产生内部控制失效。

2.可能由于两个或两个以上人员进行串通或管理层凌驾于内部控制之上而被规避

例如，被审计单位软件中的编辑控制旨在发现和报告超过赊销信用额度的交易，但这一控制可能被逾越或规避，从而产生内部控制失效。

3.人员素质和成本问题会影响被审计单位内部行使控制功能的发挥

如果被审计单位内部行使控制职能的人员素质不适应岗位的要求，则会影响内部控制的效果，被审计单位的成本问题也会影响内部控制的实施。通常情况下，内部控制都是针对经常而重复发生的业务而设置的，如果出现不经常发生或未预计到的业务，原有控制就可能不适用，并且当实施某项控制成本大于控制效果而发生损失时，就没有必要设置控制环节或控制措施。

提示

当在下列三种情况之一时，可以直接进行实质性测试，而不进行符合性测试：（1）符合性测试的工作量可能大于通过符合性测试减少的实质性测试工作量；（2）虽然存在相关的内部控制，但注册会计师通过了解发现其并未有效运作；（3）相关的内部控制不存在。

五、在整体层面了解内部控制

注册会计师应当对被审计单位内部控制在整体层面进行了解和评估。被审计单位整体层面的内部控制是否有效，会直接影响其业务流程层面控制的有效性，进而影响注册会计师拟实施的进一步审计程序的性质、时间和范围。了解和评估整体层面的内部控制工作要由项目组中对被审计单位情况比较了解且比较有经验的成员负责，同时需要项目组其他成员参与和配合。注册会计师应当考虑管理层本身的理念和态度、实际设计和执行的控制，以及对经营活动的密切参与是否能够实现控制的目标，尤其需要特别考虑因舞弊而导致重大错报的可能性及其影响。在评估财务报表层次的重大错报风险时，应当将被审计单位整体层面的内部控制状况和了解到的被审计单位及其环境其他方面的情况结合起来考虑。

注册会计师将被审计单位整体层面内部控制各要素的了解要点和实施的风险评估程序及其结果等形成审计工作记录，并对影响注册会计师对整体层面内部控制有效性进行判断的因素加以详细记录。

（一）控制环境的了解

控制环境是指以建立、加强或削弱特定政策、程序及其效率产生影响的各种因素，包括治理职能和管理职能，以及治理层和管理层对内部控制及其重要性的态度、认识和措施。控制环境设定了被审计单位的内部控制基调，影响员工对内部控制的认识和态度。良好的控制环境是实施有效内部控制的基础。被审计单位治理层和管理层的责任是防止或发现并纠正舞弊和错误，而注册会计师则应当对被审计单位的内部控制进行了解和评价，并重点了解管理层是否营造并保持了诚实守信和良好的道德文化，以及是否建立了防止或发现并纠正舞弊和错误的恰当控制等情况。实际审计工作的业务承接阶段，注册会计师就需要对控制环境作出初步了解和评价。控制环境主要包括以下要素：

1.对诚信和道德价值观念的沟通与落实

诚信和道德价值观念是控制环境的重要组成部分，影响到重要业务流程的设计和运行。被审计单位创建、管理和监控内部控制人员的诚信和道德价值观念决定着其内部控制的有效执行。

对诚信和道德价值观念的沟通与落实，既包括管理层如何处理不诚实、非法或不道德行为，也包括在被审计单位内部通过行为规范以及高层管理人员的身体力行，对诚信和道德价值观念的营造和保持等。例如，管理层在行为规范中指出，员工不允许收取客户的回扣。虽然该行为规范本身并不能绝对保证员工都照此执行，但至少意味着管理层已对此进行明示，它连同其他程序，可能构成一个有效的预防机制。

2.对胜任能力的重视

胜任能力是指具备完成某一职位的工作所应有的知识和能力。管理层对胜任能力的重视包括对于特定工作所需的胜任能力水平的设定，以及对达到该水平所必需的知识和能力的要求。注册会计师应当考虑被审计单位主要管理人员和其他相关人员是否能够胜任承担的工作和职责。例如，财务人员是否对编报财务报表所适用的会计准则和相关会计制度有足够的了解并能正确运用。

3.治理层的参与程度

被审计单位的控制环境在很大程度上受治理层的影响。治理层的职责应在被审计单位的章程和政策中予以规定。治理层通常通过其自身的活动，在审计委员会或类似机构的支持下，监督用于复核内部控制有效性的政策和程序设计是否合理，执行是否有效。因此，董事会、审计委员会或类似机构应关注被审计单位的财务报告，并监督被审计单位的会计政策以及内外部的审计工作及其结果。

治理层对控制环境影响的要素有：治理层相对于管理层的独立性、治理层成员的经验和品德、对被审计单位业务活动的参与程度、治理层行为的适当性、治理层所获得的信息、管理层对治理层所提出问题的难度和对问题的追踪程度，以及治理层与内部审计人员和注册会计师的联系程度等。

4.管理层的理念和经营风格

管理层负责企业的运作以及经营策略和程序的制定、执行与监督。控制环境的每个方面在很大程度上都受管理层采取的措施和作出决策的影响。在有效的控制环境中，管理层的理念和经营风格可以创造一个积极的氛围，促进业务流程和内部控制的有效运行，减少特定控制被忽视或规避的可能性。了解管理层的理念和经营风格，对注册会计师评估重大错报风险有着重要的意义。

在管理层以一个或少数几个人为主时，管理层的理念和经营风格对内部控制的影响更为重要。管理层的理念包括管理层对内部控制的理念，即管理层对内部控制以及对具体控制实施环境的重视程度。管理层的控制理念反映在管理层制定的政策、程序及所采取的措施中，而不是反映在形式上。管理层必须先告知员工内部控制的重要性，同时建立适当的管理层控制机制，控制理念才会产生预期的效果，从而成为控制环境的一个重要特质。

管理层的经营风格可以表明管理层所能接受的业务风险的性质。例如，管理层是否经常投资于风险极高的领域，或者在接受风险方面的态度。对管理层的经营风格的了解，有助于注册会计师判断哪些因素影响管理层对待内部控制的态度。如果注册会计师对管理层经营风格的了解加重了注册会计师的怀疑，则需要加大职业怀疑的力度，对被审计单位管理层的各种声明重新进行评价判断。

5.组织结构及职权与责任的分配

被审计单位的组织结构为计划、运作、控制及监督经营活动提供了一个整体框架，并明确规定了一个组织内部各部门和工作人员的权限和责任。被审计单位的组织结构在一定程度上取决于被审计单位的规模和经营活动的性质，它将影响权利、责任和工作任务在组织成员中的分配。被审计单位通过集权或分权决策，可在不同部门之间进行适当的职责分工，建立适当层次的报告体系。责任授权和划分的方法直接影响到责任如何被传达、理解以及员工在执行业务时责任感的强弱。

👆 **提示**

　　如果被审计单位采用信息系统处理环境，注册会计师则需对其组织结构及权责分配方法进行重点审查。例如，注册会计师应当考虑信息系统职能部门的结构安排是否明确了职责分配，授权和批准系统变化的职责分配，以及是否明确程序开发、运行及使用者之间的职责划分。

6.人力资源政策与实务

人力资源政策与实务涉及雇用、培训、考核、晋升和工薪等方面。政策与程序执行的有效性，通常取决于人的因素。因此，被审计单位员工的能力与诚信是控制环境中不可缺少的因素。这就意味着被审计单位是否有能力雇用并保留一定数量既有能力又有责任心的员工，在某种程度上取决于其人力资源政策与实务。被审计单位应当制定一系列的雇用、培训、考核、晋升和工薪等方面的制度，通过制度来约束员工的工作。

例如，制定定期考核的晋升政策，使具备相应资格的人员承担更多的职责；提高雇用录用标准，要求录用最合适的员工；注重强调员工的学历、经验、诚信和道德等多方面的培训等。

综上所述，注册会计师应当了解控制环境的构成要素，并考虑内部控制的实质及其综合效果，以了解管理层和治理层对内部控制及其重要性的态度以及所采取的措施。

（二）风险评估过程的了解

风险评估是被审计单位确认和分析与其目标责任制实现相关的风险的过程。虽然风险会对被审计单位的生存和竞争能力产生重大影响，但并不是所有风险都为经济组织所控制。因此，被审计单位的管理层应当确定可以承受的风险水平，识别这些风险并采取一定的应对措施。

被审计单位的风险评估过程包括识别与财务报告相关的经营风险，以及针对这些风险所采取的措施。注册会计师应当确定管理层如何识别与财务报告相关的经营风险，如何估计该风险的重要性，如何评估风险发生的可能性，以及如何采取措施管理这些风险。如果发现与财务报表有关的风险因素，注册会计师可以通过向管理层询问和检查有关文件来确定被审计单位的风险评估过程是否也发现了该风险。如果注册会计师识别出管理层未能识别的重大错报风险，则应当考虑被审计单位的风险评估过程未识别出该风险的原因，以及评估过程的有效性。

导致风险发生和变化的环境一般包括以下内容：

1.监管和经营环境的变化

监管和经营环境的变化会导致竞争压力的变化以及重大的相关风险。

2.新的会计准则

采用新的或变化了的会计准则可能会增大财务报告发生重大错报的风险。

3.业务快速扩张

业务的快速扩张可能会使内部控制难以应对，从而增加内部控制失效的可能性。

4.新员工的加入

新员工可能对内部控制有不同的认识和关注点。

5.新信息系统的使用或对原系统进行升级

信息系统的重大变化会改变与原内部控制相关的风险。

6.新技术的应用

将新技术应用于生产过程和信息系统，可能会改变与原内部控制相关的风险。

7.新业务领域和新交易

进入新的业务领域和发生新的交易，可能会带来新的与原内部控制相关的风险。

8.企业重组

企业重组可能带来裁员以及管理职责的重新划分，一定程度上将会产生与内部控制相关的风险。

9.发展海外经营

海外扩张经营或收购其他企业都会带来新的特别的风险，从而可能影响原内部控制，如外币交易的风险和对外贸易的经验等。

> 👆 **提示**
>
> 注册会计师不需要了解与每一控制目标相关的所有控制活动，在了解控制活动时，注册会计师应当重点考虑一项控制活动单独或连同其他控制活动，是否能够以及如何防止或发现并纠正相关交易、账户余额和披露可能存在的重大错报。如果多项控制活动能够实现同一目标，注册会计师不必了解与该目标相关的每项控制活动。

（三）信息系统与沟通

良好的信息系统和沟通可以使被审计单位及时掌握营运状况和组织中发生的各种情况，可以及时地为被审计单位员工提供履行职责所需的各种信息，使其经营和管理顺利进行。

一个组织的信息系统是指为了确认、汇总、分析、分类、记录以及报告公司交易和相关事件与情况，并对相关资产、负债和所有者权益履行经营管理责任的程序和记录。与财务报告相关的信息系统所生成信息的质量，对管理层能否作出恰当的经营管理决策及编制可靠的财务报告具有重大的影响。注册会计师在了解与财务报告相关的信息系统时，应当特别关注由于管理层凌驾于账户记录控制之上或规避控制行为而产生的重大错报风险。例如，某些高级管理人员可能篡改自动过入总分类账和财务报告系统的数据金额。

（四）控制活动

控制活动是指有助于确保管理层的指令得以执行的政策和程序，包括与授权、业绩评价、信息处理、实物控制和职责分离等相关的活动。

注册会计师在了解控制活动时，应当重点考虑一项控制活动单独或连同其他控制活动，是否能够以及如何防止或发现并纠正各类交易、账户余额、列报存在的重大错报。注册会计师的工作重点是识别和了解针对重大错报可能发生领域的控制活动。

1.授权

注册会计师应当了解与授权有关的控制活动，保证交易在管理层授权范围内进行。授权包括一般授权和特别授权。一般授权是指管理层制定的要求组织内部遵守的普遍适用于某类交易或活动的政策。特别授权是指管理层针对特定类别的交易或活动逐一设置的授权，如购买超过计划范围的重大资本支出。特别授权也可能用于超过一般授权限制的常规交易。例如，由于某些特别原因，同意对某个不符合一般信用条件的客户赊销商品。

2.业绩评价

注册会计师应当了解与业绩评价有关的控制活动，主要包括被审计单位分析评价实际业绩与预算的差异，综合分析财务数据与经营数据的内在关系，将内部数据与外部信息相比较，评价职能部门、分支机构或项目活动的业绩。例如，银行客户信贷经理复核各分行、地区和各种贷款类型的审批和收回，以及对发现的异常差异或关系采取必要的调查与纠正措施。

业绩评价过程中的
财务分析 1

业绩评价过程中的
财务分析 2

业绩评价过程中的
财务分析 3

3.信息处理

注册会计师应当了解与信息处理有关的控制活动。被审计单位通常执行各种措施，检查各种类型信息处理环境下的交易的准确性、完整性和授权。信息处理控制可以是人工、自动化的，或是基于自动流程的人工控制。信息处理控制分为两类，即信息技术一般控制和信息技术应用控制。

（1）信息技术一般控制

信息技术一般控制是指与多个应用系统有关的政策和程序，有助于保证信息系统持续恰当地运行（包括信息的完整性和数据的安全性），支持应用控制作用的有效发挥，通常包括数据中心和网络运行控制，系统软件的购置、修改及维护控制，接触或访问权限控制，应用系统的购置、开发及维护控制。例如，限制接触程序和数据的控制、程序改变的控制、新版应用软件包实施的有关控制等都属于信息技术一般控制。

（2）信息技术应用控制

信息技术应用控制是指主要在业务流程层面运行的人工或自动化程序，与用于生成、记录、处理、报告交易或其他财务数据的程序相关，通常包括检查数据计算的准确性，审核账户和试算平衡表，设置对输入数据和数字序号的自动检查，以及对例外报告进行人工干预。

4.实物控制

注册会计师应当了解实物控制，主要包括了解对资产和记录采取适当的安全保护措施，对访问计算机程序和数据文件设置授权，以及定期盘点并将其记录与会计记录相核对。例如，对库存现金、有价证券和存货进行定期盘点控制。

5.职责分离

注册会计师应当了解职责分离，主要包括了解被审计单位如何将交易授权、交易记录以及资产保管等职责分配给不同员工，以防范同一员工在履行多项职责时可能发生的舞弊或错误。当信息技术运用于信息系统时，职责分离可以通过设置安全控制来实现。

（五）对控制的监督

对控制的监督是指被审计单位评价内部控制在一段时间内运行有效性的过程，该过程包括及时评价控制的设计和运行，以及根据情况的变化采取必要的纠正措施。例如，管理层对是否定期编制银行存款余额调节表进行复核，内部审计人员评价销售部门是否遵守企业关于销售合同条款的政策等。监督过程中需要注意以下问题：

（1）监督是由适当的人员，在适当、及时的基础上，评估控制的设计和运行情况的全过程。

（2）持续的监督活动通常贯穿于被审计单位的日常经营活动与常规管理工作中。被审计单位通过持续的监督活动、专门的评价活动或两者相结合，实现对控制的监督。例如，管理层在履行其日常管理活动时，获取内部控制持续发挥功能的信息。当业务报告、财务报告与他们获取的信息有较大差异时，管理层会对有重大差异的报告提出疑问，并作必要的追踪调查和处理。

（3）被审计单位可能使用内部审计人员或具有类似职能的人员对内部控制的设计和执行进行专门的评价，以找出内部控制的优点和缺点，并提出改进建议。

（4）管理层可能会与注册会计师就内部控制进行沟通，通过与外部信息的沟通，可以发现内部控制存在的问题，便于采取纠正措施。

（5）监督活动的诸多信息都由被审计单位的信息系统产生，如果该信息存在错报，将导致管理层从监督活动中得出错误的结论。因此，注册会计师应当了解与被审计单位监督活动相关的信息来源，以及管理层认为信息的可靠性程度。

> **提示**
>
> 在审计工作中，注册会计师应当从被审计单位整体层面和业务流程层面分别了解和评价被审计单位的内部控制。整体层面的控制对内部控制在所有业务流程中得到严格的设计和执行具有重要影响。整体层面的控制较差可能会造成最好的业务流程层面控制失效。

注册会计师在对被审计单位的整体层面了解和评估内部控制时，需要考虑的主要因素如表7-3所示。

表7-3　　　　　　　　　**对被审计单位的整体层面了解和评估内部控制考虑因素**

内部控制要素	要素内容	注册会计师考虑的主要因素
控制环境	对诚信和道德价值观念的沟通与落实	● 被审计单位是否有书面的行为规范并向所有员工传达 ● 企业文化是否强调诚信和道德价值观念的重要性 ● 管理层是否身体力行，高级管理人员是否起表率作用 ● 对违反有关政策和行为规范的情况，管理层是否采取适当的惩罚措施
	对胜任能力的重视	● 财会人员以及信息管理人员是否具备与被审计单位业务性质和复杂程度相称的足够的胜任能力，发生错误时，是否通过调整人员或系统来加以处理 ● 管理层是否配备足够的财会人员以适应业务发展和有关方面的需要 ● 财会人员是否具备理解和运用会计准则所需的技能

内部控制要素	要素内容	注册会计师考虑的主要因素
控制环境	治理层的参与程度	● 董事会是否建立了审计委员会或类似机构 ● 董事会、审计委员会或类似机构是否与注册会计师有联系和沟通，联系和沟通的性质以及频率是否与被审计单位的规模和业务复杂程度相匹配 ● 董事会、审计委员会或类似机构的成员是否具备适当的经验和资历，董事会、审计委员会或类似机构是否独立于管理层 ● 审计委员会或类似机构会议的数量和时间是否与被审计单位的规模和业务复杂程度相匹配 ● 董事会、审计委员会或类似机构是否充分地参与了监督编制财务报告的过程 ● 董事会、审计委员会或类似机构是否对经营风险的监控有足够的关注，进而影响被审计单位和管理层的风险评估过程（包括舞弊风险） ● 董事会成员是否保持相对稳定性
	管理层的理念和经营风格	● 管理层是含对内部控制，包括信息技术的控制给予了适当的关注 ● 管理层是否由一个或几个人控制，董事会、审计委员会或类似机构对其是否实施有效监督 ● 管理层在承担和监控经营风险方面是风险偏好者还是风险规避者 ● 管理层选择会计政策和作出会计估计时是倾向于激进还是保守 ● 管理层对于信息管理人员以及财会人员是否给予了适当关注 ● 对于重大的内部控制和会计事项，管理层是否征询注册会计师的意见，或者经常在这些方面与注册会计师存在不同意见
	组织结构及职权与责任的分配	● 在被审计单位内部是否有明确的职责划分，是否将业务授权、业务记录、资产保管和维护以及业务执行的责任尽可能分离 ● 数据的所有权划分是否合理，是否已针对授权交易建立适当的政策和程序
	人力资源政策与实务	● 在招聘、培训、考核、晋升、薪酬、调动和辞退员工方面是否都有适当的政策和程序 ● 是否有书面的员工岗位职责手册，或者在没有书面文件的情况下，对于工作职责和期望是否作了适当的沟通和交流，人力资源政策与程序是否清晰，并且定期发布和更新 ● 是否设定适当的程序，对分散在各地区和海外的经营人员建立和沟通人力资源政策和程序

内部控制要素	要素内容	注册会计师考虑的主要因素
风险评估	识别与财务报告相关的经营风险，针对识别的风险采取恰当的措施	● 是否已建立并沟通其整体目标，并辅以具体策略和业务流程层面的计划 ● 是否已建立风险评估过程，包括识别风险、估计风险的重大性、评估风险发生的可能性以及确定需要采取的应对措施 ● 是否已建立某种机制，识别和应对可能对被审计单位产生重大且普遍影响的变化 ● 会计部门是否建立了某种流程，以识别会计准则的重大变化 ● 当业务操作发生变化并影响交易记录的流程时，是否存在沟通渠道以通知会计部门 ● 风险管理部门是否建立了某种流程，以识别经营环境包括监管环境发生的重大变化
信息系统与沟通	与财务报告相关的信息系统	● 在被审计单位经营过程中，对财务报表具有重大影响的各类交易 ● 在信息技术和人工系统中，交易生成、记录、处理和报告的程序 ● 与交易生成、记录、处理和报告有关的会计记录、支持性信息和财务报表中的特定项目 ● 信息系统如何获取除各类交易之外的对财务报表具有重大影响的事项和情况的信息 ● 被审计单位编制财务报告的过程，包括作出的重大会计估计和披露 ● 管理层凌驾于账户记录控制之上的风险
	沟通	● 管理层就员工的职责和控制责任是否进行了有效沟通 ● 针对可疑的不恰当事项和行为是否建立了沟通渠道 ● 组织内部沟通的充分性是否能够使人员有效地履行职责 ● 对于与客户、供应商、监管者和其他外部人士的沟通，管理层是否及时采取适当的进一步行动 ● 被审计单位是否受到某些监管机构发布的监管要求的约束 ● 外部人士，如客户和供应商在多大程度上获知被审计单位的行为守则

六、在业务流程层面了解内部控制

注册会计师应当从被审计单位重要业务流程层面了解内部控制，并据此评估认定层次的重大错报风险，进而针对评估的风险设计和实施进一步的审计程序。

在业务流程层面对内部控制的了解和评价程序包括以下六个步骤：

（1）确定被审计单位的重要业务流程和重要交易类别。

（2）了解重要交易流程，并记录获得的了解。

（3）确定可能发生错报的环节。

（4）识别和了解相关控制。

（5）执行穿行测试，证实对交易流程和相关控制的了解。

（6）进行初步评价和风险评估。

【例7-7】（单项选择题）下列与审计相关的内部控制的说法中，正确的是（　　　）。

A.与财务报告相关的内部控制均与审计相关

B.与审计相关的内部控制并非均与财务报告相关

C.与经营目标相关的内部控制与审计无关

D.与合规目标相关的内部控制与审计无关

【正确答案】B

【解析】选项A错误，与财务报告相关的内部控制，可能与审计无关。

选项B正确，与审计相关的内部控制也可能与经营和合规内控相关。

选项C、D错误，如果与经营和合规目标相关的控制与注册会计师实施审计程序时评价或使用的数据相关，则这些控制也可能与审计相关。

> **提示**
>
> 需要注意，审计师并非全能，审计的目标是对财务报表是否不存在重大错报发表审计意见，所以需要了解和评价的内部控制只是与财务报表审计相关的内部控制，并非被审计单位所有的内部控制。

在审计工作中，上述步骤可能同时进行，例如，在询问相关人员的过程中，同时了解重要交易的流程和相关控制。

（一）确定重要业务流程和重要交易类别

在审计工作中，根据经营活动的性质不同，将被审计单位的整个经营活动划分为几个重要的业务循环。这样将有助于注册会计师更有效地了解和评估重要业务流程及相关控制。通常情况下，将工业企业的经营活动划分为四个循环：销售与收款循环、采购与付款循环、生产与存货循环、投资与筹资循环。而对于银行，则没有生产与存货循环，而有发放贷款循环、吸收存款循环。对于被审计单位以固定资产的采购和维护业务为主要业务的，也可以将固定资产单独作为一个业务循环。

重要交易类别是指可能对被审计单位财务报表产生重大影响的各类交易。重要交易类别应当与相关账户及其认定相联系。例如，对于工业企业来讲，销售和收款都是重要交易类别，销售收入和应收账款通常也是重要账户。除了一般所理解的交易业务外，对财务报表具有重大影响的事项和情况也应当包括在内，如计提资产的折旧或摊销、考虑各种应收款项的可回收性和计提坏账准备等。

（二）了解重要交易流程，并进行记录

1.重要交易流程的了解

在确定重要的业务流程和交易类别后，注册会计师便可进行了解每一类重要交易在信息技术或人工系统中生成、记录、处理及在财务报表中报告的程序，即重要交易流程。重要交易流程是确定在哪个环节或哪些环节可能发生错报的基础。

交易流程通常包括：输入数据的核准与修订，数据的分类与合并，进行计算、更新账簿资料和客户信息记录，生成新的交易，归集数据，列报数据。而与注册会计师了解重要交易相关的流程通常包括生成、记录、处理和报告交易等活动。例如，在销售循环中，重要交易流程的活动包括输入销售订购单、编制货运单据和发票、更新应收账款信息记录等。

注册会计师可以通过下列方式获得对重要交易流程的了解：

（1）检查被审计单位的手册和其他书面指引。

（2）询问被审计单位的相关人员。

（3）观察所运用的处理方法和程序。

（4）穿行测试。

> **提示**
>
> 穿行测试的目的是了解内部控制和相关业务流程，进而辅助注册会计师进一步识别相关重大错报风险。穿行测试严格意义上讲是"风险评估"阶段的工作，在完成"风险评估"程序后，注册会计师就需要设计审计程序来应对相关风险，一是控制测试，二是实质性程序。

2.记录对内部控制的了解

当注册会计师对被审计单位的内部控制充分了解后，必须采用适当的方法将了解的内部控制在工作底稿中记录出来。记录的形式和范围根据被审计单位的规模大小、复杂程度以及内部控制的性质而不同。记录的方式主要有三种，即内部控制调查表法、文字表述法和流程图法。在描述某一单位内部控制时，对不同业务环节可以使用不同的方法，也可以同时结合使用两种或三种方法，并且三者结合使用，往往比采用某一种方法效果更好。

（1）内部控制调查表法

内部控制调查表法是将那些与保证会计记录的正确性和可靠性以及与保证财产物资的完整性有密切关系的事项列为调查对象，由注册会计师设计成标准化的调查表，并利用表格形式，通过征询来了解内部控制强弱程度的方法。内部控制调查表法是描述内部控制的传统方法。

会计师事务所根据自身的需要会设计各自内部的调查表，而对于各个主要的业务循环，通常使用不同的调查表。内部控制调查表是由注册会计师针对内部控制可能存在不当方面提出问题而制定的表格。在调查表中，为每个问题分设"是""否""不适用""备注""评论"等栏次，对于存在薄弱环节的，还设置"主要"和"次要"两栏。

内部控制调查表法的优点：①简便易行，即使没有较高的专业知识和专业技能的人员也能操作。②节省审计时间，提高审计工作的效率。③能对所调查的对象提供一个概括的说明，有利于审计人员作进一步分析评价。

内部控制调查表法的缺点：①调查表内容设计固定，缺乏弹性，很难完全适合不同被审计单位的内部控制状况，往往会产生一些不适用的情况，不利于得出正确的答案。②调查人员机械地照表提问，易使调查人员流于形式，失去调查表的意义。③由于利用调查表一般是按项目考查被审计单位的内部控制情况，往往不能提供一个完整的看法。

销售业务内部控制的调查表格式，如表7-4所示。

表7-4 销售业务内部控制调查表

被审计单位: 审计日期:

被审计单位被调查者姓名和职位:

目标与问题	回答					评论
	不适用	是	否	缺陷		
				主要	次要	
A.已记录的销售系发运给确实存在的顾客						刘某审查主要凭证
1.销售的记录是否以经审批的发运单和顾客订单为据		√				
2.顾客的信用是否经相关负责人审批		√				由张总经理审批
3.任何商品出厂是否都要求有事先编号的发运单		√				
B.现有销售业务均已记录						
1.是否有发货记录		√				
2.发运单据是否由企业有关部门采用适当方式予以控制,以保证所有发货均已开票		√				
3.发运单据是否预先编号并登记入账		√				
4.销售发票是否预先编号并登记入账			√	√		预先编号,但未入账,需进一步检查
C.记录的销售与商品发运量一致,现已正确开票与记录						
1.发运单据上的数量与销售发票是否可比		√				
2.是否使用经审批的价格表		√				
3.是否每月给顾客发出对账单		√				
D.记录的销售业务已恰当分类						所有销售均已入账,但只有一个销售账户
记录的销售与汇总表是否一致			√	√		
E.销售及时入账						
发运单据日期与记录日期是否可比		√				
F.销售业务在明细账与总账中记录相符						
1.明细账是否汇总并过入总账			√	√		系统存在缺陷,需进一步审查
2.发运单上顾客姓名与明细账上是否一致		√				

（2）文字叙述法

文字叙述法是注册会计师对被审计单位内部控制的设计和执行情况的文字叙述。一个恰当的会计系统和相关控制的文字叙述至少应包含四个内容：①系统中每种凭证和记录的来源。例如，应当说明顾客订货单从何而来、销售发票如何产生等。②系统中每种凭证和记录的处置。例如，应当反映凭证的归档、凭证的销毁等。③已发生的所有处理过程。例如，应当说明销售额由发运数量乘以库存标准价格计算而得。④与控制风险相关的控制程度。例如，现金记录与现金出纳的分离、授权与批准的分离等。

文字叙述法的优点：①能为有效地控制分析和控制风险评价提供充分的资料。②对被审计单位内部控制的各个环节作出比较深入和具体的描述，不受任何限制。

文字叙述法的缺点：①很难用简明易懂的语言来描述内部控制的细节，有时会显得过于冗长和累赘。②不利于为有效地进行内部控制评价和控制风险评价提供直接的依据。

文字叙述法适用于内部控制比较简单、比较容易描述的小企业。某企业产成品收发的内部控制文字说明如表7-5所示。

表7-5　　　　　　　　　　　　某企业产成品收发的内部控制

产成品仓库由王利负责。产成品入库时，仓库会同质量检验处根据生产车间的入库单的数量、等级验收产成品，并由仓库填写产成品验收入库单。验收入库单一式三联：第一联由仓库留存登记产成品卡片，第二联交销售处登记产成品明细账，第三联连同生产车间的入库单交会计处登记总账。各销售产成品部门均由专人负责签发出库单。产成品发出时，由销售部门填制出库单，凭一式三联的出库单向仓库要求发出产成品。仓库发出产成品后，将第一联出库单留存登记产成品卡片，第二联交销售处登记产成品明细账，第三联交会计处登记产成品总账和明细账。 　　产成品的收发采用永续盘存制记录，按计划成本计价。 　　销售处每月编制产成品收发存月报，并报送会计处。经管产成品明细账的会计员黄明根据销售处送来的收发存月报，与产成品明细账核对，并编制产成品收发汇总表。黄明同志根据产成品明细账登记产成品总账，并据以结转产品销售成本。发出和库存产成品的成本差异按月进行调整。 　　评价：产成品收发的内部控制制度不够健全。出库单的传递不尽合理，据以登记产成品总账和明细账的都是出库单的第三联，无法起到总账对明细账的驾驭作用。产成品总账和明细账都是由黄明同志登记，不相容职务未进行分离。以上两点，说明产成品收发的内部控制制度存在着明显的缺陷。 　　　　　　　　　　　　　　　　　　　　　　　　　　　　　　　审计员：××× 　　　　　　　　　　　　　　　　　　　　　　　　　　　　　　　2024年6月30日

（3）流程图法

流程图是用特定的图形和符号，将内部控制中各种业务处理手续，以及各种文件或凭证的传递流程，用图解形式来反映企业内部控制的实际情况。通常情况下，每个主要经营环节应绘制一张流程图，将各个经营环节的流程图合并起来，就构成了整个企业生产经营的流程图。流程图法既是企业管理的有效工具，也是注册会计师评价内部控制的重要手段。

流程图法的优点：①流程图从整体的角度，描绘内部控制的实际情况，可以快速地检查出内部控制逻辑上的薄弱环节。②便于表达内部控制的特征，修改方便。

流程图法的缺点：①编制流程图需具备熟练技术和丰富的工作经验，同时颇费时间。②不能将内部控制中的控制弱点明显地标明出来，评价时，往往需要与其他两种方法结合使用。

👆 **提示**

注册会计师应当了解管理层与治理层之间的沟通，以及被审计单位与外部（包括与监管部门）的沟通，包括了解被审计单位内部如何对财务报告的岗位职责以及与财务报告相关的重大事项进行沟通。沟通既可以采用政策手册、会计和财务报告手册及备忘录等形式进行，又可以通过发送电子邮件、口头沟通和管理层的行动来完成。

为了方便识别和绘制，一些国家已制定出专门的流程图符号。流程图的绘制方法有两种：横式和直式。横式流程图的优点是可以系统完整地反映处理某项业务的各部门之间的联系，但如果业务内容过于复杂或图形符号使用过多时，会很难明确判断整个业务的控制情况。而直式流程图的优缺点正好与横式流程图相反。直式流程图的绘制对每个处理步骤都有简明扼要的文字阐明其工作内容、控制性质和特点，容易理解，但难以反映各部门之间的联系。尤其当被审计单位的业务量大、环节多、机构设置复杂时，流程图就会变得更加复杂。

无论采用何种绘制流程图的方式，都必须满足以下要求：①标明业务处理流程经过的部门和经办人姓名。②标明凭证、报表名称和份数，并用流程线反映其传递和业务流程。③反映业务处理记账情况及凭证归档保存情况。④标出关键控制点和核对情况。现以产品销售业务为例编制横式流程图，如图7-4所示。

该流程图反映了某企业产品销售业务流程，其经过部门及工作流程是：

①销售科根据合同和产品入库单编制发货通知单，通知厂内运输部门办理托运和仓库备货。

②厂内运输部门到仓库提货，办理托运取得提货单和运单。

③仓库发货，登记产成品卡片。

④销售科开具销售发票，登记产成品明细账，经审核送财务科。

⑤财务科经审核后，开具代垫运费清单，记账，并将销售发票、代垫运费清单、提货单和运单交由出纳员办理收款结算。

（三）确定可能发生错报的环节

注册会计师所关注的控制是那些能够通过防止错报的发生，或者通过发现和纠正已有错报，从而确保每个流程中业务活动的具体流程能顺利运转的人工或自动化控制程序。由于不同的被审计单位会为确保会计信息的可靠性而对业务流程设计和实施不同的控制，因此，注册会计师需要了解被审计单位设置的控制，识别并纠正各重要业务流程可能发生错报的各个环节。对于每个重要交易流程，注册会计师都会考虑这些控制目标，并且评价是否实现这些目标的重要标志为是否存在控制来防止错报的发生，或发现并纠正错报，然后重新提交到业务流程处理程序中进行处理。

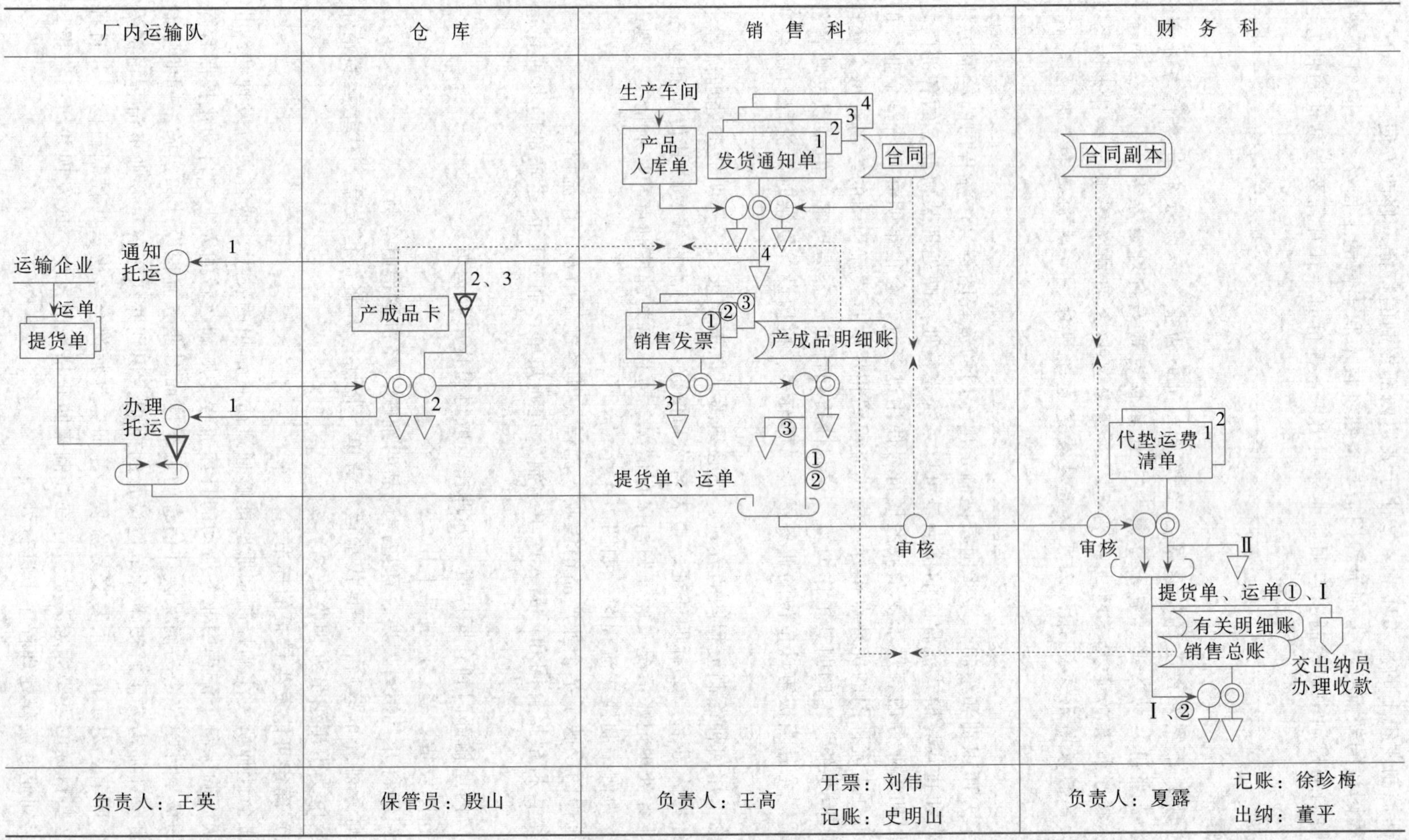

图7-4 产品销售业务流程图

👆 **提示**

　　审计工作中，这些控制目标与财务报表重大账户的相关认定相联系，但是注册会计师在确定可能发生错报的环节时，通常不考虑列报认定，而在审计财务报告流程时将考虑该认定。

（四）识别和了解相关控制

　　注册会计师通过对被审计单位整体层面的内部控制各要素的了解，以及在上述程序中对重要业务流程的了解，可以确定是否有必要进一步了解在业务流程层面的控制。如果注册会计师之前的了解可能表明被审计单位在业务流程层面针对某些重要交易流程所设计的控制是无效的，或者注册会计师并不信赖控制，则没有必要进一步了解在业务流程层面的控制。

　　如果注册会计师计划对业务流程层面的有关控制进行进一步的了解和评价，那么针对业务流程中容易发生错报的环节，注册会计师应当确定：

　　（1）被审计单位是否建立了有效的控制，以防止或发现并纠正这些错报。

　　（2）被审计单位是否遗漏了必要的控制。

　　（3）是否识别了可以最有效测试的控制。

　　注册会计师并不需要了解与每一控制目标相关的所有控制活动。如果多项控制活动能实现同一目标，则注册会计师不必了解与该目标相关的每项控制活动。在了解控制活动时，注册会计师应当重点考虑一项控制活动单独或连同其他控制活动，是否能够以及如何防止或发现并纠正各类交易、账户余额、列报存在的重大错报。识别和了解控制采用的主要方法是"从高到低"的询问方法。询问被审计单位各级别负责人员，包括先询问级别较高的人员，再询问级别较低的人员，以确定他们认为应该运行哪些控制，以及哪些控制是重要的。这能使注册会计师能迅速地辨别被审计单位重要的控制，特别是检查性控制。如果注册会计师打算信赖控制，则需要实施控制测试。

（五）执行穿行测试，证实对交易流程和相关控制的了解

　　注册会计师为了解各类重要交易在业务流程中发生、处理和记录的过程，会执行穿行测试。尤其是对于重要的业务流程，不管是人工控制还是自动化控制，注册会计师都要对整个流程执行穿行测试，甚至涵盖交易从发生到记账的整个过程。执行穿行测试可获得以下证据：

　　（1）确认对业务流程的了解。

　　（2）确认在交易流程中所有与财务报表认定相关的可能发生错报的环节都已识别。

　　（3）确认所获取的各流程中的相关控制的信息的准确性。

　　（4）评估控制设计的有效性。

　　（5）确认控制是否得到执行。

　　（6）确认之前审计工作中所作的书面记录的准确性。如果注册会计师不信赖控制，仍需要执行穿行测试，以确认之前对业务流程及可能发生错报环节了解的准确性和完整性。

　　在执行穿行测试的过程中，注册会计师应当在每一个要执行处理程序或控制的环节上，追踪文件和表格的实物流转，询问被审计单位的员工，注册会计师也会追踪信息系统中的数据和档案信息的流转程序，设法判断处理程序和控制是否得到执行。例如，注册会计师可以询问了解情况的被审计单位人员；查阅会计资料和相关手册；在处理业务的终端现场观察处理客户的交易；复核输出报告文件的记录；检查发现过错误或其他差异的文件。

👆 提示

> 注册会计师应将对业务流程和相关控制的穿行测试情况，包括穿行测试中查阅的文件、穿行测试的程序以及注册会计师的发现和结论等，记录于工作底稿。

（六）进行初步评价和风险评估

1.对控制的初步评价

注册会计师在识别和了解控制后，根据执行上述程序及获取的审计证据，需要评价控制设计的合理性并确定其是否得到执行。对控制的评价结论可能存在以下几种情况：

（1）所设计的控制单独或连同其他控制能够防止或发现并纠正重大错报，并得到执行。

（2）控制本身的设计是合理的，但未得到有效执行。

（3）控制本身的设计是无效的或缺乏必要的控制。

由于对控制的初步评价是在穿行测试完成后但又在测试控制运行有效性之前进行的，因此，上述评价结论只是初步结论，可能会随控制测试后实施实质性程序的结果而发生变化。

2.风险评估需考虑的因素

注册会计师对控制初步评价后，会对重大错报风险进行评估，需要考虑以下因素：

（1）账户特征及已识别的重大错报风险。如果已识别的重大错报风险水平较高，相关的控制则应有较高的敏感度，即在错报率较低的情况下也能防止或发现并纠正错报。例如，复杂的发票计算或计价过程增加了开票错报的风险。

（2）对被审计单位整体层面控制的评价。注册会计师应将对整体层面获得的了解和结论，同在业务流程层面获得的有关重大交易流程及其控制的证据结合考虑。在评价业务流程层面的控制要素时，考虑的影响因素包括：

① 管理层及执行控制的员工表现出来的胜任能力及诚信度。

② 管理层凌驾于控制之上的潜在可能性。

③ 员工受监督的程度及员工流动的频繁程度。

④ 缺乏职责划分，包括信息技术系统中自动化的职责划分的情况。

⑤ 所审计期间内部审计人员或其他监督人员测试控制运行情况的程度。

⑥ 业务流程变更产生的影响，如变更期间控制程序的有效性是否受到了削弱。

⑦ 在被审计单位的风险评估过程中，所识别的与某项控制运行相关的风险，以及对于该控制是否有深入的监督。

注册会计师应当将认定层次的控制因素和其他因素相结合，评估认定层次的重大错报风险，以确定进一步审计程序的性质、时间和范围。除非存在某些可以使控制得到一贯运行的自动化控制，注册会计师对控制的了解和评价并不能代替对控制运行有效性的测试。

【例7-8】（单项选择题）下列各项中，通常属于业务流程层面控制的是（ ）。
A.应对管理层凌驾于控制之上的控制
B.信息技术一般控制
C.信息技术应用控制
D.对期末财务报告流程的控制

【正确答案】C

【解析】选项A、B、D错误，都属于整体层面控制。常见的整体层面控制包括：（1）要与控制环境相关；（2）对控制的监督；（3）考虑舞弊和管理层凌驾于内部控制之上的风险；（4）信息系统的一般控制；（5）财务报告流程的控制。

选项C正确，常见的业务流程层面控制包括：（1）与循环和认定相关的控制；（2）信息系统的应用控制；（3）控制活动。

任务四 评估重大错报风险

在了解被审计单位及其环境、适用的财务报告编制基础，以及被审计单位的内部控制体系的基础上，注册会计师在设计和实施审计测试前必须适当地评估重大错报风险。评估重大错报风险既是风险评估的最后一个步骤，也是审计工作的起点。风险评估的结果将影响实质性程序审计程序的性质、时间和范围。注册会计师在计划阶段应初步评估重大错报风险，实施阶段应在实质性程序的基础上修订初步评估水平，检查认定层次的重大错报风险，从而设计和执行审计程序以最终实现合理保证财务报表整体不存在重大错报。

一、评估财务报表层次和认定层次的重大错报风险

（一）风险内容

风险内容主要解决重大错报风险是什么问题，具体内容如表7-6所示。

表7-6　　　　　　　　　　　　重大错报风险具体内容

事 项	特 征
财务报表层次	（1）源于薄弱的被审计单位整体层面内部控制或信息技术一般控制； （2）与财务报表整体广泛相关的特别风险； （3）与管理层凌驾和舞弊相关的风险因素； （4）管理层愿意接受的风险，如小企业因缺乏职责分离导致的风险
认定层次	（1）与完整性、准确性、存在或计价相关的特定风险；收入、费用和其他交易；账户余额；财务报表披露； （2）可能产生多重错报的风险
相关内部控制程序	（1）特别风险； （2）用于预防、发现或减轻已识别风险的恰当设计并执行的内部控制程序； （3）仅通过执行控制测试应对的风险

（二）评估重大错报风险的审计程序

在识别和评估重大错报风险时，注册会计师应当实施以下审计程序：

（1）注册会计师应当运用各项风险评估程序，在了解被审计单位及其环境、适用的财务报告编制基础，以及被审计单位的内部控制体系的整个过程中识别风险，并将识别的风险与各类交易、账户余额和列报相联系。例如，被审计单位因实施相关环境法规等而需要更新设备，可能会面临原有设备闲置或贬值的风险。

（2）注册会计师应当将识别的风险与认定层次可能发生错报的领域相联系。例如，被审计单位经营产品的市场价格下降，可能会导致年末存货成本高于其可变现净值，而需要计提存货跌价准备，此时存货的计价认定可能会发生错报。

（3）注册会计师应当考虑识别的风险的重大程度。风险是否重大是指风险造成后果对财务报表的严重程度。注册会计师除考虑产品市场价格下降因素以外，还要考虑产品市场价格下降的幅度、该产品在被审计单位产品中所占的比重等。

（4）注册会计师还应当考虑识别的风险是否会导致财务报表发生重大错报的可能性。例如，被审计单位对于产品市场价格下降的情况，已计提了存货跌价准备，此时财务报表发生重大错报的可能性将相应降低。

二、识别两个层次的重大错报风险

注册会计师在对重大错报风险进行识别和评估后，应当确定识别的重大错报风险是与特定的某类交易、账户余额、列报的认定相关，还是与财务报表整体相关，进而影响多项认定。财务报表层次的重大错报风险是指与财务报表整体存在广泛联系并潜在影响多项认定的风险。这种性质的风险不一定限定于某类交易、账户余额或披露层次的特定认定的风险（如管理层凌驾于内部控制之上），而在一定程度上代表了可能广泛增加认定层次重大错报风险的情况。认定层次重大错报风险是指与财务报表整体并非存在广泛联系的重大错报风险。

对于识别出的认定层次重大错报风险，注册会计师应当分别评估固有风险和控制风险。注册会计师拟测试控制运行有效性时，应当评估控制风险；注册会计师不拟测试控制运行有效性时，应当将固有风险的评估结果作为重大错报风险的评估结果。

注册会计师应当通过评估错报发生的可能性和严重程度来评估固有风险。在评估时，注册会计师应当考虑：

（1）固有风险因素如何以及在何种程度上影响相关认定易于发生错报的可能性。

（2）财务报表层次重大错报风险如何以及在何种程度上影响认定层次重大错报风险中固有风险的评估。

例如，被审计单位存在复杂的联营或合资，表明长期股权投资账户的认定可能存在重大错报风险。又如，被审计单位的管理层因缺乏诚信或承受异常的压力可能引发舞弊风险，该风险与财务报表整体相关。

【例7-9】（多项选择题）下列情形中，通常表明可能存在财务报表层次重大错报风险的有（　　）。

A.被审计单位财务人员不熟悉会计准则

B.被审计单位投资了多家联营企业

C.被审计单位频繁更换财务负责人

D.被审计单位内部控制环境薄弱

【正确答案】ACD

【解析】财务报表层次重大错报风险与财务报表整体存在广泛联系，可能影响多项认定。选项B错误，即使是投资多家联营企业也只涉及长期股权投资，因此属于认定层次重大错报风险。

三、需要特别考虑的重大错报风险

（一）特别风险的含义

特别风险是指注册会计师识别出的符合下列特征之一的重大错报风险：

（1）根据固有风险因素对错报发生的可能性和错报的严重程度的影响，注册会计师将固有风险评估为达到或接近固有风险等级的最高级。

（2）根据其他审计准则的规定，注册会计师应当将其作为特别风险。

注册会计师应当在考虑识别出控制对相关风险的抵销效果前，根据风险的性质、潜在错报的重要程度和发生的可能性，判断风险是否属于特别风险。注册会计师应当运用职业判断，确定识别的风险哪些是需要特别考虑的重大错报风险（以下简称特别风险）。

（二）确定特别风险时应考虑的因素

在确定风险是否属于特别风险时，注册会计师应当考虑以下因素：

（1）风险是否属于舞弊风险。

（2）风险是否与近期的经济环境、会计处理方法和其他方面的重大变化有关。

（3）交易的复杂程度。

（4）风险是否涉及重大的关联方交易。

（5）风险是否涉及异常或超出正常经营过程的重大交易。

（6）财务信息计量的主观程度，特别是对不确定事项的计量存在较大区间。

（三）非常规交易和判断事项导致的特别风险

由于日常正规处理的交易不太可能产生特别风险，因此特别风险通常与重大的非常规交易和判断事项有关。非常规交易是指由于金额或性质异常而不经常发生的交易，如企业购并、债务重组和或有事项等。非常规交易和判断事项的特征如表7-7所示。

表7-7　　　　　　　　　　　　非常规交易和判断事项的特征

事　项	特　征
非常规交易	（1）管理层更多地干预会计处理； （2）数据收集和处理进行更多的人工干预； （3）复杂的计算或会计处理方法； （4）非常规交易的性质可能使被审计单位难以对由此产生的特别风险实施有效控制
判断事项	（1）对涉及会计估计、收入确认等方面的会计原则存在不同的理解； （2）所要求的判断可能是主观和复杂的，或需要对未来事项作出假设

（四）考虑与特别风险相关的控制

注册会计师了解与特别风险相关的控制，有助于制定有效的审计方案予以应对。对于特别风险，注册会计师应当评价相关控制的设计情况，并确定其是否已经得到执行。由于与重大非常规交易或判断事项相关的风险很少受到日常控制的约束，注册会计师应当了解被审计单位是否针对该特别风险设计和实施了控制。例如，管理层在收到重大诉讼事项的通知时，所采取的措施是否包括这类事项提交适当的专家或法律顾问处理、对该事项的潜在影响作出评估和确定该事项在财务报表中的披露问题等。

被审计单位管理层有责任在治理层的监督下，建立执行和维护有效的内部控制，只有这样才能合理地保证企业经营目标的实现。如果管理层对发生的特别风险没有实施有效的控制，注册会计师应当认为内部控制存在重大缺陷，并考虑其对风险评估的影响。此时注册会计师应将此情况告知适当层次的管理层或治理层，及时有效的沟通可以有助于管理层和治理层履行其在内部控制方面的职责。

【例7-10】（单项选择题）下列有关特别风险的说法中，正确的是（　　　）。
A.注册会计师在判断重大错报风险是否为特别风险时，应当考虑识别出的控制对于相关风险的抵销效果
B.注册会计师应当将管理层凌驾于控制之上的风险评估为特别风险
C.注册会计师应当了解并测试与特别风险相关的控制
D.注册会计师应当对特别风险实施细节测试
【正确答案】B
【解析】选项A错误，注册会计师在判断重大错报风险是否为特别风险时，不应考虑识别出的控制对于相关风险的抵销效果。

选项B正确，三种确定的特别风险：舞弊风险；管理层凌驾于内部控制之上的风险（选项B）；超出正常经营过程的重大关联方交易。

选项C错误，注册会计师应当了解与特别风险相关的内部控制，是否测试是由对内部控制的了解决定的（即是否测试不一定）。

选项D错误，注册会计师应当对特别风险实施实质性程序，如果针对特别风险实施的审计程序仅为实质性程序，这些程序应当包括细节测试或将细节测试与实质性分析程序结合使用，以获取充分、适当的审计证据。如果要实施控制测试，不是仅实施实质性程序，则没有要求应当实施细节测试。

任务五　风险应对

注册会计师在审计的所有阶段都要实施风险评估程序。在风险评估程序执行完毕后，为使审计风险降至可接受的低水平，注册会计师应当针对评估的财务报表层次重大错报风险确定总体应对措施，并针对评估的认定层次重大错报风险设计和实施进一步审计程序。重大错报风险确定的总体应对措施程序，如图7-5所示。

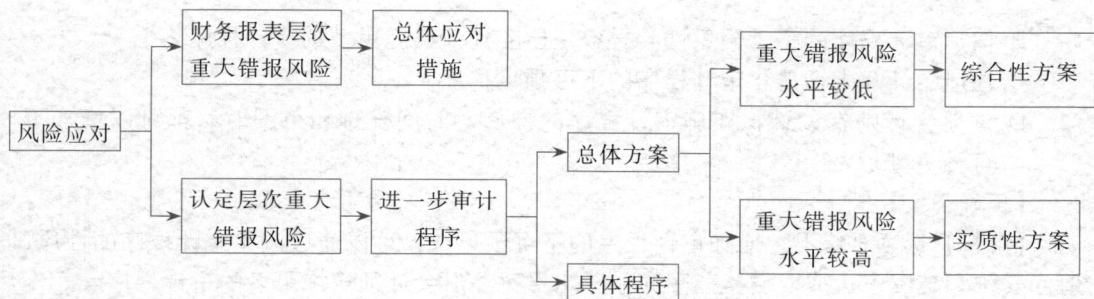

图7-5 重大错报风险确定的总体应对措施程序

一、针对财务报表层次重大错报风险的总体应对措施

在财务报表重大错报风险的评估过程中，注册会计师应当确定所识别的重大错报风险是与特定的某类交易、账户余额、披露的认定相关，还是与财务报表整体性相关，进而影响多项认定。如果与财务报表整体性相关，则属于财务报表层次的重大错报风险。

针对评估的财务报表层次重大错报风险，注册会计师应当确定下列总体应对措施：

（1）向项目组强调在收集和评价审计证据过程中保持职业谨慎态度的必要性。

（2）在选择进一步审计程序时，应注意使某些程序不被管理层预见或事先了解，以避免对审计效果的人为干涉。如果被审计单位的人员，对注册会计师的审计套路非常熟悉，就可能对其设计拟实施的审计程序的性质、时间和范围采取规避手段，掩盖财务报告中的舞弊行为。注册会计师可以通过以下方式提高审计程序的不可预见性：

① 对某些未测试过的低于设定的重要性水平或风险较小的账户余额和认定，实施实质性程序。

② 采取不同的审计抽样方法，使当期抽取的测试样本与以前不同。

③ 实施审计程序时选取不同的地点，或预先不告知被审计单位所选定的测试地点。

④ 调整实施审计程序的时间，使被审计单位不能作出预期。

（3）指派更有经验或具有特殊技能的审计人员或利用专家的工作。由于各行业在经营业务、经营风险、财务报告、法规要求等方面具有特殊性，审计人员的专业胜任能力也具有一定的局限性，因此，审计项目组成员应具有被审计单位所处特定行业的相关审计经验。必要时，要考虑利用信息技术、税务、资产评估、测量精算等各方面专家的工作。

（4）需要提供更多的督导。对于财务报表层次重大错报风险较高的审计项目，项目组项目负责人、项目经理等高级成员要对其他成员提供详细、及时的指导和监督，并加强项目质量复核工作。

（5）对拟实施审计程序的性质、时间和范围作出总体修改。财务报表层次的重大错报风险很可能源于被审计单位薄弱的控制环境。薄弱的控制环境带来的风险可能对财务报表产生广泛影响，难以限于某类交易、账户余额、披露，因此，注册会计师应当采取总体应对措施。

【例7-11】（单项选择题）下列有关审计程序不可预见性的说法中，错误的是（ ）。

A.增加审计程序的不可预见性是为了避免管理层对审计效果的人为干预

B.增加审计程序的不可预见性会导致注册会计师实施更多的审计程序

C.注册会计师无须量化审计程序的不可预见程度

D.注册会计师在设计拟实施审计程序的性质、时间安排和范围时，都可以增加不可预见性

【正确答案】B

【解析】选项B错误，增加审计程序的不可预见性，可以通过调整审计程序的性质、时间安排和范围来达成，调整范围并非一定导致注册会计师实施更多的审计程序。

如果控制环境存在缺陷，注册会计师在对拟实施审计程序的性质、时间和范围作出总体修改时应当考虑修改审计程序的性质，扩大审计程序的范围，主要依赖实质性程序获取更具说服力的审计证据。修改审计程序的性质主要是指调整拟实施审计程序的类别及组合。例如，以前的审计工作可能主要限于检查某项资产的账面记录或相关文件，而调整审计程序的性质后可能意味着更加重视实地检查该项资产。另外，由于控制环境的缺陷通常会削弱期中获得的审计证据的可信赖程度，因此，应在期末而非期中实施更多的审计程序。

注册会计师需要将识别、评估和应对风险的关键程序形成审计工作记录，以保证执业质量，明确执业责任。财务报表层次重大错报风险与总体应对措施分析图，如图7-6所示。

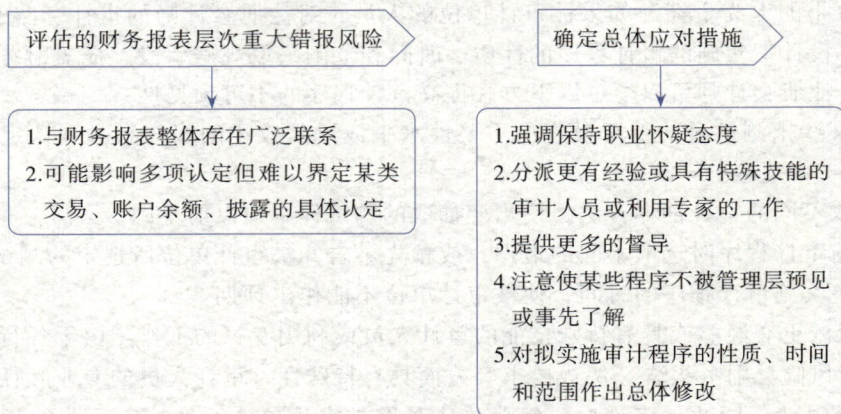

评估的财务报表层次重大错报风险	确定总体应对措施
1.与财务报表整体存在广泛联系 2.可能影响多项认定但难以界定某类交易、账户余额、披露的具体认定	1.强调保持职业怀疑态度 2.分派更有经验或具有特殊技能的审计人员或利用专家的工作 3.提供更多的督导 4.注意使某些程序不被管理层预见或事先了解 5.对拟实施审计程序的性质、时间和范围作出总体修改

图7-6 财务报表层次重大错报风险与总体应对措施

二、针对认定层次重大错报风险的进一步审计程序

进一步审计程序相对于风险评估程序来讲，是指注册会计师针对评估的各类交易、账户余额和披露认定层次重大错报风险实施的审计程序，包括控制测试和实质性程序。注册会计师在设计和实施进一步审计程序时，应将审计程序的性质、时间和范围与识别、评估的风险相联系，并与评估的认定层次重大错报风险具备明确的对应关系，防止机械地迎合审计准则对程序的要求。

（一）设计进一步审计程序时的考虑因素

在设计进一步审计程序时，注册会计师应当考虑以下因素：

1.风险的重要性。风险的重要性是指风险造成的后果的严重程度。注册会计师应当关

注和重视那些风险后果严重的情况，有针对性地进一步设计审计程序。

2.重大错报发生的可能性。注册会计师应当针对重大错报发生可能性大的情况，精心设计进一步审计程序。

3.涉及的各类交易、账户余额和披露的特征。注册会计师应当对不同的交易、账户余额和披露区别对待，根据其产生的认定层次的重大错报风险的差异，有针对性地选用不同的审计程序。

4.被审计单位采用的特定控制的性质。

5.注册会计师是否拟获取审计证据，以确定内部控制在防止、发现并纠正重大错报方面的有效性。如果注册会计师在风险评估时预期内部控制运行有效，随后拟实施的进一步审计程序必须包括控制测试，且实质性程序也会受到之前控制测试结果的影响。

注册会计师应当根据认定层次重大错报风险的评估结果，恰当选用实质性方案或综合性方案。其中，实质性方案是指注册会计师实施的进一步审计程序以实质性程序为主；综合性方案是指注册会计师在实施进一步审计程序时，将控制测试与实质性程序结合使用。通常情况下，注册会计师会出于成本效益的角度考虑，采用综合性方案设计进一步审计程序，即将测试控制运行的有效性与实质性程序结合使用。

👆 **提示**

> 注册会计师对重大错报风险的评估是一种主观判断，可能无法充分识别所有的重大错报风险，同时内部控制存在固有局限性，因此，无论选择何种方案，注册会计师都应当对所有重大交易类别、账户余额和披露设计实施实质性程序。

（二）进一步审计程序的性质

由于不同的审计程序应对特定认定错报风险的效力不同，因此，在应对评估的风险时，合理确定审计程序的性质是最重要的。进一步审计程序的性质是指进一步审计程序的目的和类型。进一步审计程序的目的包括通过实施控制测试以确定内部控制运行的有效性，通过实施实质性程序以发现认定层次的重大错报。进一步审计程序的类型包括检查、询问、观察、函证、重新计算、重新执行和分析程序。

对于不同的审计程序，应对特定认定错报风险的效力也不同。例如，通常情况下，对于与收入完整性认定相关的重大错报风险，控制测试能更有效应对；对于与收入发生认定相关的重大错报风险，实质性程序能更有效应对。又如，实施应收账款的函证程序可以为应收账款的存在性的认定提供审计证据，但不能为应收账款的计价认定提供审计证据。

在确定进一步审计程序的性质时，注册会计师首先需要考虑的是认定层次重大错报风险的评估结果。评估的认定层次重大错报风险越高，对通过实质性程序获取的审计证据的相关性和可靠性的要求也就越高，从而可能影响进一步审计程序的类型及其综合运用。

除了从总体上把握认定层次重大错报风险的评估结果对选择进一步审计程序的影响外，注册会计师在确定拟实施的审计程序时，还应当考虑评估的认定层次重大错报风险产生的原因，包括考虑各类交易、账户余额、披露的具体特征以及内部控制等。

> **提示**
>
> 如果注册会计师在实施进一步审计程序时，拟利用被审计单位信息系统生成的信息，则应当获取关于这些信息的准确性和完整性的审计证据。

（三）进一步审计程序的时间及其选择

进一步审计程序的时间是指注册会计师何时实施进一步审计程序，或审计证据适用的期间或时点。因此，进一步审计程序的时间，在某些情况下指的是审计程序的实施时间，在另一些情况下是指需要获取的审计证据适用的期间或时点。

进一步审计程序的时间的选择问题包含两个层面的含义：

（1）注册会计师选择在何时实施进一步审计程序，这个层面的选择问题主要集中在如何权衡期中与期末实施审计程序的关系。

（2）选择获取什么期间或时点的审计证据，这个层面的选择问题分别集中在如何权衡期中审计证据与期末审计证据的关系及如何权衡以前审计获取的审计证据和本期审计获取的审计证据的关系。

为确定实施进一步审计程序的时间，注册会计师应当考虑以下因素：

1.考虑被审计单位的控制环境

良好的控制环境可以抵销在期中实施进一步审计程序的局限性，使注册会计师在确定实施进一步审计程序的时间更加灵活。

2.考虑注册会计师何时能得到相关信息

有些控制活动可能仅在期中（或期中以前）发生，而之后可能难以再被观察到。此时，注册会计师需要考虑能够获取相关信息的时间，以获取相关信息。

3.考虑错报风险的性质

例如，被审计单位可能为了保证盈利目标的实现，而在会计期末以后伪造销售合同以虚增收入。注册会计师需要考虑在期末（资产负债表日）这个特定时点获取被审计单位截至期末所能提供的所有销售合同及相关资料，以防止被审计单位在资产负债表日后伪造销售合同虚增收入的做法。

4.考虑审计证据适用的期间或时点

注册会计师应当根据需要获取的特定审计证据，确定何时实施进一步审计程序。例如，为了获取资产负债表日的存货余额的审计证据，不宜在与资产负债表日间隔过长的期中时点或期末以后时点实施存货监盘等审计程序。

（四）进一步审计程序的范围

进一步审计程序的范围是指实施进一步审计程序的数量，包括抽取的样本量，对某项控制活动的观察次数等。在确定进一步审计程序的范围时，注册会计师应当考虑以下因素：

1.确定的重要性水平

确定的重要性水平越低，注册会计师实施进一步审计程序的范围越广。

2.评估的重大错报风险

评估的重大错报风险越高，对拟获取审计证据的相关性、可靠性的要求越高，因此，注册会计师实施的进一步审计程序的范围也越广泛。

　　3.计划获取的保证程度

　　计划获取的保证程度是指注册会计师计划通过所实施的审计程序对测试结果可靠性所获取的信心。计划获取的保证程度越高，对测试结果可靠性要求就越高，注册会计师实施的进一步审计程序的范围就越广。例如，注册会计师判断财务报表是否存在重大错报的信心可能来自控制测试和实质性程序，如果注册会计师计划从控制测试中获取更高的保证程度，则控制测试的范围就更广。

　　【例7-12】（单项选择题）下列有关注册会计师实施进一步审计程序的范围的说法中，错误的是（　　　）。

　　A.确定的重要性水平越低，注册会计师实施进一步审计程序的范围越广

　　B.评估的重大错报风险越高，实施的进一步审计程序的范围越广

　　C.扩大进一步审计程序的范围可以弥补审计程序本身与特定风险相关性的不足

　　D.在既定的可容忍误差下，预计总体误差越大，所需的样本规模越大

　　【正确答案】C

　　【解析】随着重大错报风险的增加，注册会计师应当考虑扩大审计程序的范围，但是，只有当审计程序本身与特定风险相关时，扩大审计程序的范围才是有效的。

三、控制测试

（一）控制测试的含义

　　注册会计师对内部控制的了解并不能够代替对控制运行有效性的测试。控制测试是指对内部控制设计是否合理和运行是否有效而实施的测试。通过控制测试，可以获取关于内部控制防止或发现并纠正认定层次重大错报的有效性的证据。

　　控制测试指的是测试控制运行的有效性。它与"了解内部控制"不同，"了解内部控制"包含两层含义：（1）评价控制的设计。控制设计测试所要解决的问题是被审计单位的内部控制政策和程序是否设计合理、适当，能不能防止或发现和纠正特定会计报告认定的重大错报。（2）确定控制是否得到执行。控制执行测试所要解决的问题是被审计单位的内部控制政策和程序是否实际发挥作用。测试控制运行的有效性与确定控制是否得到执行所需获取的审计证据是不同的。

　　在测试控制运行有效性时，注册会计师应当从以下方面获取审计证据：

　　（1）控制在所审计期间的相关时点是如何运行的。

　　（2）控制是否得到一贯执行。

　　（3）控制由谁执行。

　　（4）控制以何种方式运行（如人工控制或自动化控制）。

　　可以看出，控制运行有效性强调的是控制能够在各个不同时点按照既定设计得以一贯执行。因此，在了解控制是否得到执行时，注册会计师只需抽取少量的交易进行检查或观察某几个时点。但在测试控制运行的有效性时，注册会计师需要抽取足够数量的交易进行检查或对多个不同时点进行观察分析。

> **提示**
>
> 　　审计实际工作中，由于某项控制执行失效或不当，只意味着会计记录中可能会发生错误或舞弊，但并不一定会出错，因此，当控制执行出现失效或不当时，习惯地称其为"偏差"、"偶发事件"或"例外"，而不称为"错报"。

（二）控制测试的性质

　　控制测试的性质是指控制测试所使用的审计程序的类型及其组合。当拟实施的进一步审计程序主要以控制测试为主，尤其是当仅实施实质性程序获取的审计证据无法将认定层次重大错报风险降至可接受的低水平时，注册会计师应当获取有关控制运行有效性的更高的保证水平。控制测试采用的审计程序和了解内部控制的程序基本相同，包括询问、观察、检查、重新执行和穿行测试。

　　1.询问

　　注册会计师可以向被审计单位的员工询问，获取与内部控制运行情况相关的信息。例如，询问信息系统管理人员有无未经授权接触计算机硬件和软件。但是，注册会计师只通过询问不能为控制运行的有效性提供充分的证据，通常需要印证被询问者的答复，如向其他人员询问和检查执行控制时所使用的报告、手册或其他文件等。询问本身并不能证明控制测试运行的有效性，注册会计师应将询问与其他审计程序结合使用，以获取有关控制运行有效性的审计证据。

　　2.观察

　　观察是测试除书面记录的控制以外的运行情况的有效方法。例如，观察库存现金盘点控制的执行情况；观察空白支票是否妥善保管；观察印鉴和支票是否由两人分别保管等。通常情况下，注册会计师通过观察直接获取的证据比间接获取的证据更可靠。但是，注册会计师还要考虑其所观察到的控制与注册会计师不在场时的一致性。

　　3.检查

　　检查适用于对运行情况留有书面证据的控制。书面说明、复核时留下的记号或其他记录在偏差报告中的标志，都能被当作控制运行情况的证据。例如，检查销售发票是否有复核人员签字，是否附有客户订购单和出库单等。

　　4.重新执行

　　当询问、观察和检查程序结合在一起仍无法获得充分的证据时，注册会计师会考虑通过重新执行来证实控制是否有效运行。例如，被审计单位的一项控制是由复核人员核对销售发票上的价格与统一价格单上的价格是否一致。但是，要检查复核人员有没有认真执行核对，只检查复核人员是否在相关文件上签字是不够的，注册会计师还要自己选取一部分销售发票进行核对，并且如果需要进行大量的重新执行，注册会计师就需要考虑通过实施控制测试以缩小实质性程序的范围是否更有效率。

　　5.穿行测试

　　穿行测试是通过追踪交易在财务报告信息系统中的处理过程，来证实注册会计师对控制的了解、评价控制设计的有效性以及确定控制是否得到执行。穿行测试在了解内部控制时运用较多，但在执行穿行测试时，注册会计师可能获取部分控制运行有效性的审计证据。

【例7-13】（综合题）A注册会计师在审计工作底稿中记录了实施进一步审计程序的情况，部分内容摘录如下：

①A注册会计师在期中审计时针对2024年1月至9月与采购相关的内部控制实施测试，发现存在控制缺陷，因此，未测试2024年10月至12月的相关控制，通过细节测试获取了与2024年度采购交易相关的审计证据。

②甲公司销售经理每月将销售费用实际发生额与预算数进行比较分析，并编制分析报告，交副总经理审核。A注册会计师选取了4个月的分析报告，检查了报告上副总经理的签字，据此认为该控制运行有效。

【要求】针对第①和②项，假定不考虑其他条件，逐项指出A注册会计师的做法是否恰当。如不恰当，简要说明理由。

【正确答案】①恰当。因为期中测试的内部控制是无效的，因此不信赖内控，直接依赖实质性程序是正确的。

②不恰当。仅检查签字不足以证明控制运行有效，还应了解副总经理是否确实复核了报告内容。

（三）控制测试的范围

控制测试范围主要是指某项控制活动的测试次数。注册会计师应当设计控制测试，以获取控制在整个拟信赖的期间有效运行的充分、适当的审计证据。

1.确定控制测试范围的一般考虑因素

注册会计师在确定某项控制的测试范围时通常考虑的一系列因素有：

（1）在整个拟信赖的期间，被审计单位执行控制的频率。控制执行的频率越高，控制测试的范围越大。

（2）在所审计期间，注册会计师拟信赖控制运行有效性的时间长度。拟信赖控制运行有效性的时间长度不同，在该时间长度内发生的控制活动次数也不同。注册会计师需要根据拟信赖控制的时间长度确定控制测试的范围。拟信赖期间越长，控制测试的范围越大。

（3）为证实控制能够防止或发现并纠正认定层次重大错报，对审计证据的相关性和可靠性要求越高，控制测试的范围越大。

（4）通过测试与认定相关的其他控制获取的审计证据的范围。当针对其他控制获取审计证据的充分性和适当性较高时，测试该控制的范围可适当缩小。

（5）在风险评估时拟信赖控制运行有效性的程度。注册会计师在风险评估时对控制运行有效性的拟信赖程度越高，需要实施控制测试的范围越大。

（6）控制的预期偏差。预期偏差可以用控制未得到执行的预期次数占控制应当得到执行次数的比率加以衡量。控制的预期偏差率越高，需要实施控制测试的范围越大。如果控制的预期偏差率过高，注册会计师应当考虑控制可能不足以将认定层次的重大错报风险降至可接受的低水平，因此，针对某一认定实施的控制测试可能是无效的。

2.对自动化控制的测试范围的特别考虑

除系统发生变动以外，注册会计师通常不需要增加自动化控制的测试范围。例如，系统使用的表格、文档或其他永久性数据发生变化都属于系统发生变动。

信息技术处理具有内在一贯性。如果被审计单位正在执行某项自动化应用控制，注册会计师一般无须扩大控制测试的范围，但需要考虑执行以下测试，以确定该控制持续有效运行：

（1）确定对交易的处理是否使用授权批准的软件版本；

（2）测试与该应用控制有关的一般控制的运行有效性；

（3）确定系统是否发生变动。如果发生变动，是否存在适当的系统变动控制。

【例7-14】（综合题）A注册会计师在审计工作底稿中记录了实施的控制测试，部分内容摘录见表7-8。

表7-8　　　　　　　　　　审计工作底稿部分内容摘录

| 超过赊销额度的赊销由销售总监和财务经理审批。自2024年11月1日起，改为由销售总监和财务总监审批 | A注册会计师测试了2024年1月至10月的该项控制，并于2025年1月询问了销售总监和财务总监控制在剩余期间的运行情况，未发现偏差。A注册会计师认为控制在2024年度运行有效 |
| ② 财务人员将原材料订购单、供应商发票和入库单核对一致后，编制记账凭证（附上述单据）并签字确认 | A注册会计师抽取了若干记账凭证及附件，检查是否经财务人员签字 |

【要求】假定不考虑其他条件，逐项指出所列控制测试是否恰当。如不恰当，提出改进建议。

【正确答案】①不恰当。询问本身并不足以测试控制运行的有效性，注册会计师需要将询问与其他审计程序结合使用。

②不恰当。该控制有两个方面的内容，一个是"核对一致"，另一个是"签字确认"，所以除了检查财务人员签字之外，还要检查订购单、发票和入库单是否一致。

四、实质性程序

（一）实质性程序的含义

实质性程序即实质性测试，是指注册会计师针对评估的重大错报风险实施的直接用以发现认定层次重大错报的审计程序。注册会计师对重大错报风险的评估是一种判断。无论评估的重大错报风险结果如何，注册会计师都应当针对重大的各类交易、账户余额和披露实施实质性程序，以发现认定层次的重大错报。通常情况下，当评估的财务报表层次重大错报风险属于高风险水平时，拟实施进一步审计程序的总体方案则更倾向于采取实质性程序。

（二）实质性程序的性质

实质性程序的性质是指实质性程序的类型及其组合。注册会计师不应依赖以前审计获取的关于内部控制运行有效性的审计证据，应当专门针对识别的风险实施实质性程序，由于实质性分析程序单独并不足以应对特别风险，注册会计师应当实施细节测试，或将实质性分析程序与细节测试结合运用。

实质性程序包括下列两类程序：对各类交易、账户余额和披露的细节测试；实质性分析程序。其中，细节测试是对各类交易、账户余额、披露的具体细节进行测试，目的在于直接识别财务报表认定是否存在错报。细节测试适用于对各类交易、账户余额、披露认定的测试，尤其是对存在或发生、计价认定的测试。实质性分析程序在技术特征上仍属于分析性程序，主要是通过研究数据间的关系评价信息，只是将该技术方法用作实质性程序，即用以识别各类交易、账户余额、披露及相关认定是否存在错报。对于在一段时期内存在可预期关系的大量交易，注册会计师可以考虑实施实质性分析程序。实质性测试的类型如图7-7所示。

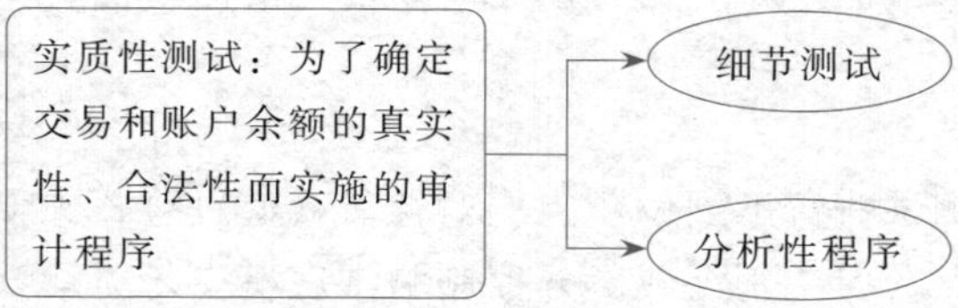

图7-7 实质性测试的类型

【例7-15】（单项选择题）下列审计程序中，不适用细节测试的是（   ）。

A.函证　　　　　　B.检查　　　　　　C.询问　　　　　　D.重新执行

【正确答案】D

【解析】函证、检查、询问程序均适用于细节测试，重新执行是仅适用于控制测试的程序。

（三）实质性程序的范围

评估的认定层次重大错报风险和实施控制测试的结果是注册会计师在确定实质性程序的范围时的重要考虑因素。因此，在确定实质性程序的范围时，注册会计师应当考虑评估的认定层次重大错报风险和实施控制测试的结果。注册会计师实施实质性程序的范围与评估认定层次的重大错报风险和控制测试结果相关。如果评估的认定层次的重大错报风险越高，注册会计师需要实施实质性程序的范围就越广。如果对控制测试结果不满意，注册会计师也应考虑扩大实质性程序的范围。

在针对存在或发生认定设计细节测试时，注册会计师应当选择包含在财务报表金额中的项目，并获取相关审计证据，以达到认定层次所计划的保证水平。在针对完整性认定设计细节测试时，注册会计师应当选择有证据表明应包含在财务报表金额中的项目，并调查该项目是否确实包括在内。

在设计实质性分析程序时，注册会计师应当考虑以下因素：

（1）对特定认定使用实质性分析程序的适当性。

（2）对已记录的金额或比率作出预期时，所依据的内部或外部数据的可靠性。

（3）作出预期的准确程度是否足以在计划的保证水平上识别重大错报。

（4）已记录金额与预期值之间可接受的差异额。

实施实质性分析程序可能发现差异，但并非所有的差异都值得展开进一步调查。可容忍或可接受的差异额（即预期差异额）越大，作为实质性分析程序的进一步调查的范围就越小，反之亦然。确定适当的预期偏差幅度同样属于实质性分析程序的范畴。在设计实质性分析程序时，注册会计师应当确定已记录金额与预期值之间可接受的差异额。在确定该差异额时，注册会计师应当主要考虑各类交易、账户余额、披露及相关认定的重要性和计划的保证水平。

★素养提升·（素养目标：保持职业谨慎，增强风险意识）

信永中和会计师事务所被出具警示函

信永中和会计师事务所（特殊普通合伙）及宋刚、王丽娜：

根据《中华人民共和国证券法》有关规定，我局对你们执行的神州高铁技术股份有限公司（以下简称公司）2022年度财务报表审计项目（XYZH/2023BJAA4B0115）进行了检查，并延伸检查了2020年度、2021年度相关审计项目。经查，你们在审计执业中存在以下问题：

一、控制测试方面

对个别控制点的测试执行不到位。为应对存货减值风险，你们计划测试与存货跌价准备计提相关的控制点，但个别组成部分控制测试底稿中未见测试记录。

上述情形不符合《中国注册会计师审计准则第1231号——针对评估的重大错报风险采取的应对措施》第八条、《中国注册会计师审计准则第1301号——审计证据》第十条的相关规定。

二、实质性程序方面

1.存货相关审计程序执行不到位。一是存货跌价测试复核程序执行不到位。二是未充分关注存货可变现净值取值的合理性。三是未充分记录存货跌价测试的抽样标准及过程，抽样程序执行不到位。

2.应收账款预期信用损失计提复核工作执行不到位。一是复核公司预期信用损失率时，未考虑转为单项计提坏账准备的款项对迁徙率的影响。二是未恰当复核个别应收账款沿用原信用风险组合划分的合理性及减值准备计提的充分性。

3.利用管理层的专家工作复核不到位。在执行商誉、长期股权投资减值相关审计程序中，未充分考虑管理层专家工作作为审计证据的适当性。

上述情形不符合《中国注册会计师审计准则第1101号——注册会计师的总体目标和审计工作的基本要求》第二十九条，《中国注册会计师审计准则第1231号——针对评估的重大错报风险采取的应对措施》第二十六条，《中国注册会计师审计准则第1301号——审计证据》第十条、第十二条、第十三条、第十五条及《中国注册会计师审计准则第1314号——审计抽样》第十六条、第十七条的相关规定。

三、审计底稿方面

一是部分底稿记录前后不一致、存在错误。二是部分归档底稿非终版底稿。

上述情形不符合《中国注册会计师审计准则第1131号——审计工作底稿》第十条、第十一条、第十七条的相关规定。

你们上述行为违反了《上市公司信息披露管理办法》（证监会令第40号）第五十二条、第五十三条和《上市公司信息披露管理办法》（证监会令第182号）第四十五条、第四十六条的规定。按照《上市公司信息披露管理办法》（证监会令第40号）第六十五条和《上市公司信息披露管理办法》（证监会令第182号）第五十五条有关规定，我局决定对你们采取出具警示函的行政监管措施，并记入证券期货市场诚信档案。你们应关注执业风险，及时采取措施加强质量管理，确保执业质量，并于收到本决定书之日起30日内向我局提交书面报告。

　　如果对本监督管理措施不服，可以在收到本决定书之日起60日内向中国证券监督管理委员会提出行政复议申请，也可以在收到本决定书之日起6个月内向有管辖权的人民法院提起诉讼。复议与诉讼期间，上述监督管理措施不停止执行。

中国证监会北京监管局
2023年9月18日

资料来源：佚名. 关于对信永中和会计师事务所（特殊普通合伙）及宋刚、王丽娜采取出具警示函措施的决定［EB/OL］.［2023-09-22］. http://www.csrc.gov.cn/beijing/c105547/c7433818/content.shtml.

❈ 项目小结

　　知识点❶　风险评估程序是指注册会计师为识别、评估财务报表层次和认定层次的重大错报风险，而设计和实施的审计程序。

　　知识点❷　注册会计师可以实施风险评估程序，以了解被审计单位及其环境、适用的财务报告编制基础，以及被审计单位的内部控制体系：①询问管理层和被审计单位内部其他合适人员，包括内部审计人员；②分析程序；③观察；④检查；⑤穿行测试。

　　知识点❸　注册会计师应当从下列方面了解被审计单位及其环境：①组织结构、所有权和治理结构、业务模式；②行业形势、法律环境、监管环境和其他外部因素；③财务业绩的衡量标准，包括内部和外部使用的衡量标准；④适用的财务报告编制基础、会计政策及变更会计政策的原因。

　　知识点❹　内部控制是被审计单位为了合理保证财务报告的可靠性、经营的效率和效果以及对法律法规的遵守，由治理层、管理层和其他人员设计与执行的政策及程序。

　　知识点❺　内部控制包括控制环境、风险评估过程、信息系统与沟通、控制活动和对控制的监督五个要素。

　　知识点❻　五个控制要素中，各控制要素所处的地位是不同的，但控制环境是其他四项要素的基础和前提，良好的控制环境是实施有效内部控制的基础。

　　知识点❼　对内部控制了解的深度是指在了解被审计单位及其环境时对内部控制了解的程度，包括评价控制的设计，并确定其是否得到执行，但不包括对控制是否得到一贯执行的测试。

　　知识点❽　当注册会计师对被审计单位的内部控制充分了解后，必须采用适当的方法将了解的内部控制在工作底稿中记录出来，记录的方式主要有三种，即内部控制调查表法、文字表述法和流程图法。

　　知识点❾　在风险评估程序执行完毕后，为使审计风险降至可接受的低水平，注册会计师应当针对评估的财务报表层次重大错报风险确定总体应对措施，并针对评估的认定层次重大错报风险设计和实施进一步审计程序。

　　知识点❿　控制测试是指对内部控制设计是否合理和运行是否有效而实施的测试；实质性测试，是指注册会计师针对评估的重大错报风险实施的直接用以发现认定层次重大错报的审计程序。

❋ 项目实训题

一、判断题

1.风险评估过程是从了解被审计单位及其环境开始的。（　　）

2.只要内部控制健全，就可以减少错弊。（　　）

3.当仅实施实质性程序不足以提供认定层次充分、适当的审计证据时，注册会计师应当实施控制测试，以获取内部控制运行有效性的审计证据。（　　）

4.注册会计师应当针对评估的财务报表层次重大错报风险设计和实施进一步审计程序，以将审计风险降至可接受的低水平。（　　）

5.重大错报风险是指财务报表在审计前存在重大错报的可能性，该风险是注册会计师可以控制的风险。（　　）

6.审计人员进驻被审计单位后可立即进行符合性测试。（　　）

7.财务报表层次的重大错报风险很可能源于薄弱的控制环境或舞弊风险。（　　）

8.注册会计师对重大错报风险的识别贯穿于了解被审计单位及其环境的整个过程中。（　　）

9.在确定总体应对措施以及设计和实施进一步审计程序的性质、时间和范围时，注册会计师应当运用职业判断。（　　）

10.实质性分析程序是对各类交易、账户余额、列报的具体细节进行测试，目的在于直接识别财务报表认定是否存在错报。（　　）

二、单项选择题

1.下列有关注册会计师在进行风险评估程序的说法中，正确的是（　　）。

A.应当实施分析程序

B.应当了解被审计单位的所有内部控制

C.应当执行穿行测试

D.应当在执行风险应对前完成所有的风险评估工作

2.下列有关了解被审计单位及其环境等方面的说法中，正确的是（　　）。

A.注册会计师无须在审计完成阶段了解被审计单位及其环境等方面

B.注册会计师对被审计单位及其环境了解的程度，低于管理层为经营管理企业而对被审计单位及其环境需要了解的程度

C.对小型被审计单位，注册会计师可以不了解被审计单位及其环境等方面

D.注册会计师对被审计单位及其环境了解的程度，取决于会计师事务所的质量管理政策

3.在实施风险评估程序时，下列注册会计师应当了解的方面中，同时涉及外部因素和内部因素的是（　　）。

A.组织结构、所有权和治理结构　　　　B.被审计单位内部控制体系各要素

C.适用的财务报告编制基础　　　　D.财务业绩的衡量标准

4.下列有关注册会计师了解被审计单位适用的财务报告编制基础、会计政策以及变更会计政策的原因的说法中，错误的是（　　）。

A.如果被审计单位变更了重要的会计政策，注册会计师应当考虑会计政策的变更是

否能够提供更可靠、更相关的会计信息

B.当新的会计准则颁布施行时，注册会计师应当考虑被审计单位是否采用新的会计准则

C.在缺乏权威性标准或共识的领域，注册会计师应当协助被审计单位选用适当的会计政策

D.注册会计师应当关注被审计单位是否采用激进的会计政策

5.下列各项程序中，不属于注册会计师进行风险评估程序时使用的程序的是（　　）。

A.观察被审计单位的经营活动

B.实地查看被审计单位的生产经营场所和厂房设备

C.阅读由管理层和治理层编制的报告

D.向被审计单位的客户及银行发送函证

6.在下列各项中，不属于内部控制体系要素的是（　　）。

A.控制风险　　　　　B.内部监督　　　　　C.控制活动　　　　　D.内部环境

7.下列有关总体审计方案的说法中，正确的是（　　）。

A.确定总体审计方案属于制定总体审计策略的内容之一

B.注册会计师选择采用实质性方案，无须了解被审计单位的内部控制

C.总体审计方案是针对财务报表层次重大错报风险的应对措施

D.总体审计方案受到总体应对措施的影响

8.下列各项中，通常无法应对评估的财务报表层次重大错报风险的是（　　）。

A.向项目组强调保持职业怀疑的重要性

B.加强项目质量复核

C.增加拟实施的进一步审计程序的不可预见性

D.通过控制测试获取更广泛的审计证据

9.如果在期中执行了控制测试，并获取了控制在期中运行有效性的审计证据，下列说法中，正确的是（　　）。

A.如果在期末实施实质性程序未发现某项认定存在错报，说明与该项认定相关的控制是有效的，不需要再对相关控制进行测试

B.如果某一控制在剩余期间内发生变动，在评价整个期间的控制运行有效性时，无须考虑期中测试的结果

C.对某些自动化运行的控制，可以通过测试信息技术一般控制的有效性获取控制在剩余期间运行有效的审计证据

D.如果某一控制在剩余期间内未发生变动，不需要补充剩余期间控制运行有效性的审计证据

10.下列有关实质性程序时间安排的说法中，错误的是（　　）。

A.控制环境和其他相关的控制越薄弱，注册会计师越不宜在期中实施实质性程序

B.注册会计师评估的某项认定的重大错报风险越高，越应当考虑将实质性程序集中在期末或接近期末实施

C.如果实施实质性程序所需信息在期中之后难以获取，注册会计师应考虑在期中实施实质性程序

D.如在期中实施了实质性程序，应针对剩余期间实施控制测试，以将期中测试得出的结论合理延伸至期末

三、多项选择题

1.在风险导向审计模式下，注册会计师应当从以下（　　）方面了解被审计单位及其环境。

A.行业状况、法律环境与监管环境以及其他外部因素

B.被审计单位的性质

C.被审计单位对会计政策的选择和运用

D.被审计单位的内部控制

2.风险评估程序包括（　　）。

A.询问　　　　　　　B.分析程序　　　　　　C.控制测试　　　　　　D.观察和检查

3.注册会计师应当了解被审计单位的内部控制，内部控制包括的要素有（　　）。

A.控制环境　　　　　　B.风险评估过程　　　　　　C.信息系统与沟通

D.控制活动　　　　　　E.对控制的监督

4.内部控制作为企业的一项重要管理活动，在合理保证（　　）等方面，起着十分关键的作用。

A.财务报告的可靠性　　　　　　　B.经营的效率

C.对法律法规的遵循　　　　　　　D.经营的效果

5.内部控制存在固有局限性，无论如何设计和执行，只能对财务报告的可靠性提供合理的保证。下列属于内部控制固有局限性的是（　　）。

A.在决策时人为判断可能出现错误

B.由于人为失误而导致内部控制失效

C.可能由于两个或更多的人员进行串通而失效

D.因管理层凌驾于内部控制之上而被规避

6.下列（　　）程序属于细节测试的具体程序。

A.重新计算　　　　B.函证　　　　　　C.检查文件或记录　　D.重新执行

7.下列属于针对财务报表层次重大错报风险的总体应对措施有（　　）。

A.提供更多的督导

B.向项目组强调在收集和评价审计证据过程中保持职业怀疑态度

C.审计程序的不可预见性

D.只在期末实施实质性程序

8.在确定进一步审计程序的时间时，注册会计师应当考虑（　　）因素。

A.控制活动　　　　　　　　　　B.何时能得到相关信息

C.错报风险的性质　　　　　　　D.审计证据适用的期间或时点

9.在设计进一步审计程序时，注册会计师需要考虑（　　）因素。

A.风险的重要性

B.重大错报发生的可能性

C.涉及的各类交易、账户余额和列报的特征

D.被审计单位采用的特定控制的性质

10.实质性程序包括（ ）两种基本类型。

A.细节测试   B.符合性测试

C.实质性分析程序   D.内部控制程序

四、简答题

1.什么是风险评估程序？风险评估包括哪几个程序？

2.注册会计师应从哪些方面了解被审计单位及其环境？

3.注册会计师应如何对被审计单位的内部控制进行风险评估？

4.注册会计师如何识别和评估财务报表层次和认定层次的重大错报风险？

5.需要注册会计师特别考虑的重大错报风险有哪些？

6.财务报表层次重大错报风险的总体应对措施包括哪些？

7.什么是进一步审计程序？设计进一步审计程序时应考虑哪些因素？

8.如何确定进一步审计程序的性质、时间和范围？

9.什么是控制测试？如何确定控制测试的性质和范围？

10.什么是实质性程序？如何确定实质性程序的性质和范围？

五、案例分析题

练习一

【资料】利发公司有三位职员需要分担以下工作：

（1）记录并保管总账。

（2）记录并保管应付账款明细账。

（3）记录并保管应收账款明细账。

（4）记录货币资金日记账。

（5）保管并送存现金收入。

（6）记录、填写支票。

（7）调节银行贷款日记账与银行存款对账单。

（8）发出销货退回及折让的贷项通知单。

【要求】应如何将上述工作分配给三位职员，才能达到内部控制制度的要求。

练习二

【资料】友联制造企业部分内部控制的描述如下：

（1）检修部的采购程序通常是由检修部的主管李华，根据机器修理需要，向供货商订购零配件。订货单一式三联，一联交供货商，一联留存，另一联送交验收部。收到零配件，验收部主管张丽在订货单上签字，表示货物已收到，然后把该订货单送交财务部，以备将采购的零配件和发生的应付账款登记入账。验收后的零配件，用车装运到检修车间的材料堆放点，车间的材料管理员在库存账上登记收到的零配件的数量。

（2）企业用工时卡打卡登记员工的工作时间。计时员每周将这些卡片收集起来，送到计算机中心。在计算机中心，由王义负责将计时卡上的数据全部输入电脑。输入电脑的数据将用于核算应付工资、填制工资支票，用于编制人工成本分配记录和工资明细账。财务主管王权核对工资支票与工资明细账，确定无误后，签发工资支票，并将工资支票还给王义。王义再将工资支票发给相应的员工。

（3）企业设立了一家销售点，雇用李婷为负责人，并在工商银行华南分行开立了一个账户,仅供销售点支付费用使用。企业要支付费用,必须由李婷和销售点的会计董小莉共同签发支票。银行退回的作废支票,如损坏、填写不合规定等支票,以及每月的银行对账单,均交由李婷处置保管。李婷登记从银行收到的作废支票和银行对账单,并负责复核销售点的账目,还定期编制现金支出报告单,送交给公司总部。

【要求】

(1)列举上述内部控制存在的问题及弱点。

(2)对于每一个内部控制的弱点,尽可能详细地指出其可能导致的错报类型。

(3)对于上述企业改进内部控制方面,注册会计师应提出什么建议?

练习三

【资料】 A注册会计师在审计工作底稿中记录了实施的控制测试和实质性程序及其结果,部分内容摘录见表7-9。

表7-9   审计工作底稿部分内容摘录

序号	控制	控制测试和实质性程序及其结果
1	产品送达后,甲公司要求客户的经办人员在发运凭单上签字。财务部将客户签字确认的发运凭单作为收入确认的依据之一	A注册会计师对控制的预期偏差率为零,从收入明细账中抽取25笔交易,检查发运凭单是否经客户签字确认。经检查,有2张发运凭单未经客户签字。销售人员解释,这2批货物在运抵客户时,客户的经办人员出差。由于以往未发生过客户拒绝签收的情况,经财务部经理批准后确认收入,A注册会计师对上述客户的应收账款实施函证,回函结果表明不存在差异
2	如需对ERP系统中设定的生产成本计算方法和公式进行变更,财务部将系统变更申请在当月提交至信息技术部,由其在月末前完成变更	在检查信息技术部是否及时、恰当处理收到的申请时,A注册会计师发现2024年11月财务部提交的系统变更申请未在当月处理。信息技术部解释当月由于工作繁忙,未及时更改,已通知财务部。财务人员通过手工计算调整生产成本,A注册会计师进行了相关测试,未发现生产成本计算错误
3	现金销售通过收银机集中收款,并自动生成销售小票和每日现金销售汇总表。财务人员将每日现金销售汇总表金额和收到的现金核对一致。除财务部经理批准外,出纳应在当日将收到的现金存入指定银行	A注册会计师对控制的预期偏差率为零,抽取25张银行现金缴款单回单与每日现金销售汇总表进行核对,发现有3张银行现金缴款单回单的日期比每日现金销售汇总表的日期晚一天。财务人员解释,由于当日核对工作结束较晚,银行已结束营业,经财务部经理批准,出纳将现金存入公司保险柜,并于次日存入银行,A注册会计师检查了财务部经理签字批准的记录,未发现异常

【要求】针对第1至3项,假定这些控制的设计有效并得到执行,根据控制测试和实质性程序及其结果,逐项指出上述所列控制运行是否有效,若认为运行无效,请简要说明理由。

采购与付款循环审计

【任务引例】

注册会计师张宏对鸿运有限公司的采购与付款循环进行审计时，发现该公司的原材料采购流程存在如下问题：（1）采购与付款循环审计业务未经请购环节；（2）采购工作由副厂长张民负责；（3）原材料到货后，由保管员徐苗直接验收入库；（4）公司未制定采购与付款循环的专门管理制度。

任务分析：

针对上述采购与付款循环审计存在的问题，分析该公司存在哪些内部控制缺陷？如何优化采购审批、执行、验收、付款等环节的职责分工？

❋ 学习目标

知识目标：

了解采购与付款循环主要业务活动及其涉及的主要凭证与会计记录。

掌握采购与付款循环业务的内部控制与控制测试。

掌握应付账款、固定资产的实质性程序。

理解采购与付款循环中相关的审计工作底稿。

职业能力目标：

培养审计人员在采购与付款审计环节中，能够切中时弊地进行综合分析，为加强企业管理提出相应建议。

✿ 本章内容思维导图

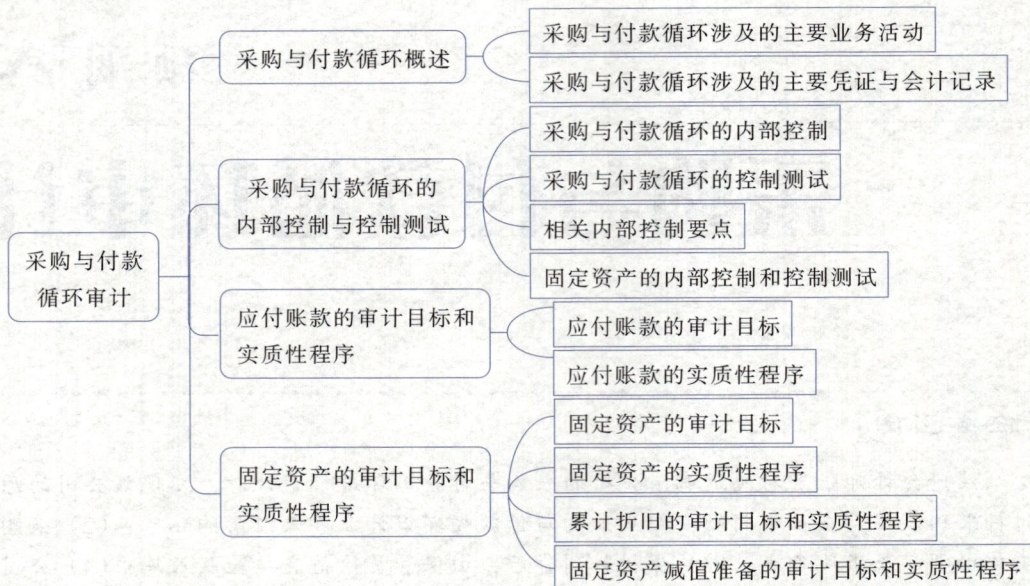

```
                                         ┌─ 采购与付款循环涉及的主要业务活动
                         采购与付款循环概述 ┤
                                         └─ 采购与付款循环涉及的主要凭证与会计记录
                                         ┌─ 采购与付款循环的内部控制
                         采购与付款循环的  ├─ 采购与付款循环的控制测试
                         内部控制与控制测试 ├─ 相关内部控制要点
采购与付款                                └─ 固定资产的内部控制和控制测试
循环审计 ┤
                         应付账款的审计目标和 ┌─ 应付账款的审计目标
                         实质性程序          └─ 应付账款的实质性程序
                                           ┌─ 固定资产的审计目标
                         固定资产的审计目标和 ├─ 固定资产的实质性程序
                         实质性程序          ├─ 累计折旧的审计目标和实质性程序
                                           └─ 固定资产减值准备的审计目标和实质性程序
```

任务一　采购与付款循环概述

采购与付款循环是企业经过请购、订货、验收、支付货款有关活动所组成的业务循环。注册会计师只有了解采购与付款循环涉及的主要凭证、会计记录及主要活动，才能对采购与付款循环涉及的相关账户的审计风险予以把握，进而提高审计的工作质量和工作效率。

一、采购与付款循环涉及的主要业务活动

（一）请购商品和劳务

仓库负责对需要购买的已列入存货清单的项目填写请购单，其他部门也可以对所需要购买的未列入存货清单的项目编制请购单。对资本支出和租赁等项目请购，只允许指定人员提出请购。为加强控制，每张请购单必须经过对这类支出预算负责的主管人员签字批准。

（二）编制订购单

采购部门在收到请购单后，只能对经过批准的请购单发出订购单。订购单应正确填写所需要的商品品名、数量、价格、厂商名称和地址等，预先予以顺序编号并经过被授权的采购人员签名。为保证供货的质量、降低采购成本，采购部门应确定最佳的供应来源，必要时采取竞价方式来确定供应商。

（三）验收商品

有效的订购单代表企业已授权验收部门接受供应商发运来的商品。验收部门首先应比较所收商品与订购单上所列商品的品名、摘要、数量、到货时间等是否相符，然后再盘点商品并检查商品有无损坏。

验收后，验收部门应对已收货的每张订购单编制一式多联、预先按顺序编号的验收

单，作为验收和检验商品的依据。验收人员还应将其中的一联验收单送交应付凭单部门。

（四）储存已验收的商品存货

仓库或其他请购部门收到验收人员送交的商品时，应在验收单的副联上签收，以确立他们对所采购的资产应负的保管责任。将已验收商品的保管与采购的其他职责相分离，可减少未经授权的采购和盗用商品的风险。存放商品的仓储区应相对独立，限制无关人员接近。

（五）编制付款凭单

货物验收后，应付凭单部门应根据经过签字的验收单编制付款凭单。应付凭单部门应核对验收单、订购单与供应商发票内容的一致性；编制有预先顺序编号并填入应借记的资产或费用账户名称的付款凭单；由被授权人员在凭单上签字后送交财会部门，据以付款。

（六）确认与记录负债

应付账款部门在收到供应商发票时，应将发票上所记载的品名、规格、价格、数量、条件及运费与订购单、验收单上的有关资料核对，核对无误后，按正确的数额记载企业发生的购货和接受劳务事项，编制有关记账凭证和登记应付账款明细账。

（七）支付款项

企业有多种款项结算方式，在支付款项时，必须遵守支付环节相应的控制要求。

（八）记录现金、银行存款支出

会计部门应根据已付款的凭据编制付款凭证，并据以登记现金、银行存款日记账及其他相关账簿。

采购与付款循环的主要业务流程如图8-1所示。

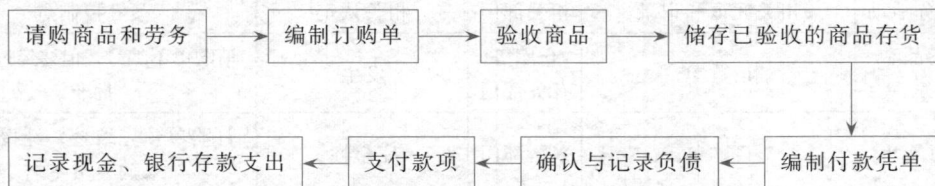

图8-1 采购与付款循环的主要业务流程

二、采购与付款循环涉及的主要凭证与会计记录

采购与付款循环所涉及的主要凭证与会计记录有以下几种：

（一）请购单

请购单是由商品制造、资产使用等部门的有关人员填写，送交采购部门，申请购买商品、劳务或其他资产的书面凭证。

（二）订购单

订购单是由采购部门填写，向另一企业购买订购单上所指定的商品、劳务或其他资产的书面凭证。订购单应当送交的部门如图8-2所示。

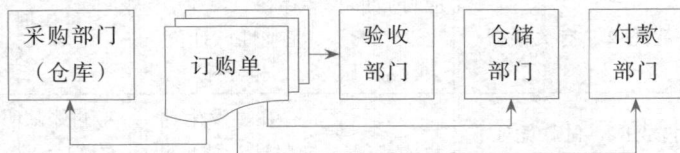

图8-2 订购单应当送交的部门

（三）验收单

验收单是收到商品、资产时所编制的凭证，列示从供应商处收到的商品、资产的种类和数量等内容。

（四）供应商发票

供应商发票是供应商开具的，交给买方以载明发运的货物或提供的劳务、应付款金额和付款条件等事项的凭证。

（五）付款凭单

付款凭单是采购方企业的应付凭单部门编制的，载明已收到的商品、资产或接受的劳务、应付款金额和付款日期的凭证。付款凭单是采购方企业内部记录和支付负债的授权证明文件。

（六）转账凭证和付款凭证

（七）应付账款明细账，现金、银行存款日记账，以及相关存货类别明细账等

思考拓展

采购与付款循环涉及的主要凭证哪些需要连续编号？应如何编制？

一般地，企业的采购与付款循环主要业务活动、相关凭证和记录、相关认定、关键控制点的关系如表8-1所示。

表8-1　采购与付款循环主要业务活动、相应凭证和记录、相关认定、关键控制点的关系

主要业务活动	相关凭证和记录	相关部门	相关认定	关键控制点
请购商品和劳务	请购单	仓库等有关部门	发生	请购单不编号，但要经过签字批准
编制订购单	订购单	采购部门	完整性	订购单预先编号，经授权的采购人员签名
验收商品	验收单、订购单	验收部门	存在或发生、完整性	验收单一式多联，预先编号
储存已验收的商品存货	验收单	仓库部门	存在	保管与采购职责分离
编制付款凭单	付款凭单、验收单、订购单、供应商发票	应付凭单部门	存在、发生、完整性、计价和分摊、权利和义务	预先编号，并经过适当批准
确认与记录负债	付款凭单、验收单、订购单、供应商发票、转账凭证、应付账款明细账	会计部门	存在、完整性、计价和分摊、权利和义务	记录现金收支的人员不得经手现金、有价证券和其他资产，独立检查入账的及时与正确性
支付款项	付款凭单、有关票据	应付凭单部门、会计部门	存在、发生、完整性、计价和分摊	支付凭据预先编号，支持性凭证要注销
记录现金、银行存款支出	支付凭据、付款凭证、现金和银行存款日记账	会计部门	存在、发生、完整性、计价和分摊	应付账款明细账与现金和银行存款日记账核对、独立编制银行存款余额调节表

任务二　采购与付款循环的内部控制与控制测试

为规范采购与付款行为，防范采购与付款过程中的差错和舞弊，单位应建立健全采购与付款环节的内部控制。

一、采购与付款循环的内部控制

1.适当的职责分离

企业应当建立采购与付款交易的岗位责任制，明确相关部门和岗位的职责、权限，确保办理采购与付款交易的不相容岗位相互分离、制约和监督。采购与付款交易不相容岗位至少包括：请购与审批；询价与确定供应商；采购合同的订立与审批；采购与验收；采购、验收与相关会计记录；付款审批与付款执行。

2.恰当的授权审批

企业应当对采购与付款业务建立严格的授权审批制度。

首先，明确审批人员对采购与付款业务的授权批准方式、权限、程序和相关控制措施，规定经办人员的职责范围和工作要求。

其次，审批人应当根据采购与付款授权批准制度的规定，在授权范围内进行审批，不得超越审批权限。经办人员应当在职责范围内，按照审批人的批准意见办理业务。对于审批人超越授权范围审批的采购与付款业务，经办人员有权拒绝处理，并及时向审批人的上级授权部门报告。

> **提示**
>
> 采购与付款循环过程中，对于重要的采购业务，应组织专家论证，实施集体决策和审批，防止出现决策失误而造成严重损失。

3.会计系统控制

企业应加强对购买、验收、付款业务的会计系统控制。通过充分的凭证和记录，详细记录和反映供应商情况、采购申请、采购合同、验收证明、入库凭证、款项支付等情况，并做好相关资料的核对工作，确保会计记录、采购记录与仓储记录一致。

4.请购与预算控制

企业应建立采购申请制度，依据购买物资或接受劳务的类型，确定归口管理部门，授予相应的请购权，并明确相关部门或人员的职责权限及相应的请购程序。企业应当加强采购业务的预算管理，对于预算内采购项目，具有请购权的部门应严格按照预算办理请购，对于超预算和预算外采购项目，应当明确审批权限，经审批后，再行办理请购。

5.采购与验收控制

企业应当建立采购与验收环节的管理制度，对采购方式的确定、供应商选择、验收程序等作出明确规定。企业应根据物资和劳务的性质和供应情况确定采购方式。一般物资或劳务的采购应采用订单采购或签订合同订货等方式，零星采购可以采取直接购买等方式。企业应建立科学的供应商评估、准入、淘汰制度及供应商信息管理系统，采购部门按照公平、公正的竞争原则择优选择供应商。企业应当建立明确的验收标准、规范的验收程序、及时处理验收中存在的异常情况等方面控制。

6.付款控制

企业财会部门在办理付款交易时，应当对采购发票、结算凭证、验收证明等相关凭证的真实性、合法性及合规性进行严格审核。企业应当建立预付账款和定金的授权批准制度，加强预付账款和定金的管理。企业应当建立退货管理制度，对退货条件、退货手续、货物出库、退货货款回收等作出明确规定，及时收回退货款。企业应当合理选择付款方式，严格遵循合同规定，防范付款方式不当带来的风险。

二、采购与付款循环的控制测试

注册会计师可以通过询问、现场观察和检查被审计单位有关规章制度、文件资料等方式，了解该循环的内部控制制度，并用流程图、文字叙述法、调查法进行描述，记录于审计工作底稿。采购与付款循环的控制测试程序一般包括：

1.询问被审计单位人员，了解被审计单位采购与付款的主要控制是否被执行。

2.观察采购与付款关键控制点及特定控制点。例如，观察验收部门在收货时货物的检查情况，观察存货出入库等。

3.检查关键控制点生成的有关文件和记录。例如，检查请购单、订购单核准手续的完整性，检查订购单是否连续编号，检查每一张记录负债增加的记账凭证是否均附有订购单、验收单、购货发票。

4.必要时重新执行以证实控制执行的有效性。例如，重新执行银行存款调节程序，重新执行独立检查。

5.通过穿行测试，获取对关键控制点控制有效支持的审计证据。

6.评估采购与付款控制是否可信赖。

【例8-1】（案例题）ABC会计师事务所的A注册会计师负责审计甲公司2024年度财务报表。审计工作底稿中与负债审计相关的部分内容摘录如下：

（1）甲公司各部门使用的请购单未连续编号，请购单由部门经理批准，超过一定金额还需总经理批准。A注册会计师认为该项控制设计有效，实施了控制测试，结果满意。

（2）为查找未入账的应付账款，A注册会计师检查了资产负债表日后应付账款明细账贷方发生额的相关凭证，并结合存货监盘程序，检查了甲公司资产负债表日前后的存货入库资料，结果满意。

【要求】针对上述事项，逐项指出A注册会计师的做法是否恰当。如不恰当，简要说明理由。

【正确答案】（1）恰当。各部门使用的请购单无须连续编号，因此，内部控制设计有效。

（2）不恰当。还应当检查资产负债表日后货币资金的付款项目；获取甲公司与供应商之间的对账单并与财务记录进行核对调节；检查采购业务形成的相关原始凭证。

三、相关内部控制要点

注册会计师应当测试和评价采购与付款循环审计相关的内部控制设计的健全性以及执行的有效性，并评估控制风险。采购与付款循环审计的相关内部控制调查表如表8-2所示。

表8-2　　　　　　　　　　　　采购与付款循环相关内部控制调查表

被审计单位：华大集团　　　　　调查者：张云　　　　　调查日期：2025/02/14
被调查者：刘力　　　　　　　　复核人员：李华　　　　复核日期：2025/02/15

调查问题	回答			备注
	是	否	不适用	
一、请购与合同				
1.主要物资的采购是否编制了采购计划并经批准	√			
2.主要物资的采购是否有订货合同并经授权批准	√			
3.主要物资的供货单位是否经招标确定		√		主要由采购部门确定，必要时，报主管领导同意。采购价格可能不是最优的
4.所有物资的采购是否均有请购单并经授权批准	√			
二、订货、验收与仓储				
5.采购部门是否只根据经批准的请购单发出订货单	√			
6.订货单是否事先顺序编号	√			
7.物资入库之前是否根据订货合同、订货单对其品名、规格型号、质量进行验收	√			
8.验收后是否出具验收单和质量鉴定报告	√			
9.物资入库后是否开具入库单并顺序编号	√			
10.采购物资出现数量短缺或质量问题时是否查明原因并追究责任	√			
三、会计记录				
11.会计部门是否根据与订货单、质检单、入库单核对无误后的进货发票编制记账凭证	√			
12.进货费用的列支是否符合财务会计制度的规定	√			
13.进项税额的处理是否遵守税法的规定	√			
14.是否每月对应付账款总账与明细账进行核对	√			
15.应付账款的记录是否定期与供货单位核对	√			只与主要供货单位对账，一般每季度至少一次；一般单位则很少对账

调查问题	回答			备注
	是	否	不适用	
16.支付货款的凭证是否及时入账	√			
四、支付货款				
17.出纳办理的货款支付是否经过授权批准				
五、职责分工				
18.主要物资供货单位是否由企业最高管理层集体确定		√		主要由采购部门确定,必要时,报主管领导同意。这样,可能导致采购价格不是最优的
19.请购单是否由仓库或物资使用部门签发	√			
20.验收是否由采购部门之外的人员负责	√			
21.付款申请是否由会计部门审核并经主管财务的领导审批	√			
六、内部审计				
22.内部审计师是否定期对采购与付款循环内部控制执行情况进行检查		√		未由独立审计部门对内部控制执行情况进行必要的检查监督,可能使其未能得到一贯遵守,存在的问题可能未能得到改善
23.内部审计意见是否及时得到采纳		√		

其他:

内部控制设计的主要缺陷及改进建议:

主要缺陷:

1.大宗物资的供货单位不是经过招标方式确定的,只由采购部门决定,使采购部门的权力过于集中。可能使企业未能采购到最优价格的物资,并可能存在损害企业利益的情况;

2.除主要供货单位外,未与对方定期对账,可能存在与中小供货单位债权债务记录不符的情况;

3.本循环的内部控制执行情况未受到内部审计的独立检查监督,不能保证被一贯地遵守执行,实际执行中可能存在的问题未被及时发现和改进。

主要改进建议:

1.主要物资供货单位应当通过招标方式,由企业最高管理层集体确定,以获得质优价廉的物资,最大限度地降低采购成本;

2.在坚持与主要供货单位每季至少对账一次的基础上,应每年与中小供货单位至少对账一次,确保双方记录的一致性;

3.建议由企业内部审计部门定期对内部控制执行情况进行独立检查监督,以确保内部控制得到一贯的遵照执行,并能及时改进可能存在的问题

简要说明及结论：
1.经问卷调查、询问和简易测试后，认为采购与付款循环内部控制的可信赖程度为： 高（ √ ）　　中（　）　　低（　）
2.该循环是否需要进一步做控制测试： 是（ √ ）　　否（　）
3.该循环内部控制设计虽然存在个别缺陷，但不会对财务报表的相关认定产生重大影响
复核说明及结论：

四、固定资产的内部控制和控制测试

（一）固定资产的内部控制

如果被审计单位属于制造业，其固定资产在资产总额中占比会较大，固定资产的购建会直接影响其现金流量，而且固定资产的折旧、维修等费用也将会成为影响损益的重要因素。固定资产管理一旦失控，将远远超过商品存货等流动资产所造成的损失。因此，为了确保固定资产的真实、完整、安全和有效利用，被审计单位应当建立和健全固定资产的内部控制。

1.职责分离控制

建立固定资产职责岗位的分离、制约和监督：固定资产投资预算的编制、审批与执行；固定资产的采购、验收与款项支付；固定资产的处置申请、审批与执行；固定资产取得、处置业务的执行与记录。

2.固定资产的预算控制

通常，大中型企业应编制旨在预测与控制固定资产增减和合理运用资金的年度预算；小规模企业即使没有正规的预算，对固定资产的购建也要事先加以计划。

3.授权批准控制

企业应对固定资产建立完善的授权批准制度，明确授权批准方式、权限、程序和相关控制措施，规定经办人员的职责范围和工作要求，严禁未经授权的机构和人员办理固定资产业务。例如，企业的资本性预算只有经过董事会等高层管理机构批准方可生效；所有固定资产的取得和处置均需经企业管理层书面认可。

4.会计记录控制

固定资产的增减变化均要有充分的原始凭证，企业应设置固定资产总账、明细分类账和固定资产登记卡反映固定资产的增减变化情况。

5.固定资产的处置控制

企业应建立固定资产处置的相关制度，确定固定资产处置的范围、标准、程序和审批权限等相关内容。

6.固定资产的定期盘点控制

企业应组织固定资产盘点小组对固定资产进行定期盘点，根据盘点结果填写固定资产盘点表，并与账簿记录核对，验证固定资产是否真实存在，对账实不符的情况，应编制固定资产盘盈、盘亏表。

7.固定资产的维护、保养制度

固定资产应有严格的维护、保养制度，保证固定资产的正常运行，提高固定资产的使用效率。

固定资产内部控制关键点如图8-3所示。

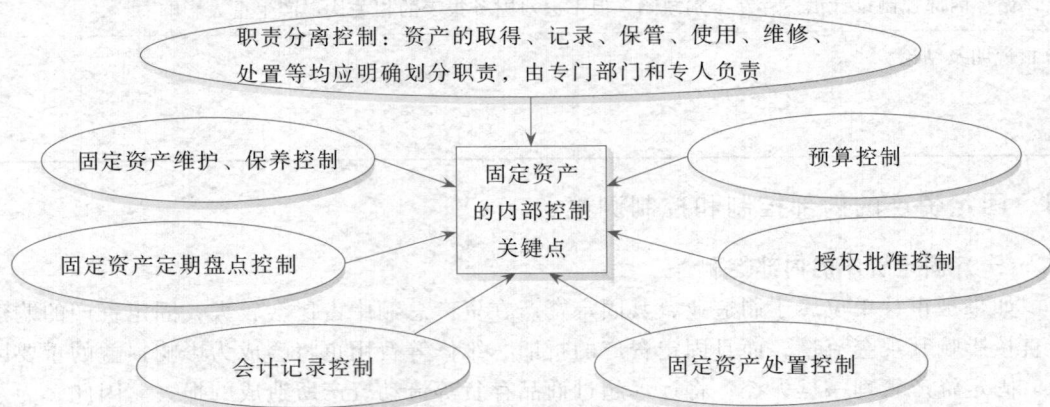

图8-3　固定资产内部控制关键点

【例8-2】（案例题）永生会计师事务所注册会计师接受委派，对惠达股份有限公司2024年度财务报表进行审计，注册会计师在对部分业务的内部控制进行了解和测试时，发现以下情况：

（1）采购部门收到经批准的请购单后，由其职员甲进行询价并确定供应商，再由其职员乙编制和发出预先连续编号的订购单。订购单一式四联，经被授权的采购人员签字后，分别送交供应商、验收部门、提交请购单的部门和负责采购业务结算的应付凭单部门。

（2）验收部门根据订购单上的要求对所采购的材料进行验收，完成验收后，将原材料交由仓库保管人员存入仓库，并编制预先连续编号的验收单交仓库保管人员签字确认。验收单一式三联，其中一联送交应付凭单部门，一联送交仓库，一联留存。

（3）应付凭单部门根据供应商发票、验收单和订购单，编制预先连续编号的付款凭单。在付款凭单经被授权人员批准后，应付凭单部门将付款凭单连同供应商发票及时送交会计部门，并将未付款凭单副联保存在未付款凭单档案中。会计部门收到附供应商发票的付款凭单后及时编制记账凭证，并登记原材料和应付账款账簿。

（4）应付凭单部门负责确定尚未付款凭单在到期日付款，并将留存的未付款凭单及其附件根据授权审批权限送交审批人审批。审批人审批后，将未付款凭单连同附件交复核人复核，然后交出纳人员丙。出纳人员丙据此办理支付手续，登记现金和银行存款总账和日记账，并在每月末编制银行存款余额调节表，交会计主管审核。

根据以上资料，假定不考虑其他条件，分析惠达股份有限公司内部控制中存在的缺陷，简要说明理由并提出改进建议。

【正确答案】（1）"由采购部门的职员甲进行询价并确定供应商"不恰当。询价与确定供应商是不相容的岗位，建议职责分离。

（2）符合内部控制制度要求。

（3）会计部门根据只附供应商发票的付款凭单进行账务处理，不恰当。如果会计部门仅根据付款凭单和供应商发票记录存货和应付账款，而不需同时核对验收单和订购单，会计部门将无法核查材料采购的真实性，从而可能记录错误的存货数量和金额。建议会计部门在核对发票、验收单和订购单的基础上进行相关的账务处理。

（4）出纳人员丙登记现金和银行存款总账和日记账，并在每月末编制银行存款余额调节表，不恰当。登记现金、银行存款日记账与总账、记录现金收入支出与调节银行账户是不相容的岗位，建议职责分离。

（二）固定资产的控制测试

在充分了解被审计单位固定资产内部控制后，还需要通过对被审计单位的固定资产实施控制测试来进一步确定固定资产的内部控制是否有效执行，包括下列情况：

1. 对于固定资产的预算控制

注册会计师应注意检查固定资产的取得是否均依据预算，对实际支出与预算之间的差异以及未列入预算的特殊事项，应检查其是否履行特别的审批手续。如果固定资产增减均能处于良好的经批准的预算控制之内，注册会计师可适当减少针对固定资产增加、减少实施的实质性程序的样本量。

2. 对于固定资产的授权批准控制

注册会计师不仅应检查被审计单位固定资产授权批准制度本身是否完善，还应关注授权批准制度是否得到切实执行。

3. 对于固定资产的账簿记录控制

注册会计师可以抽查应付账款、现金、银行存款、营业外收支、制造费用、管理费用、固定资产等会计记录的相关资料，审查其增减变动记录是否完善。

4. 对于固定资产的处置制度

注册会计师应当关注被审计单位是否建立了有关固定资产处置的申请报批程序，抽取固定资产报废单，检查报废是否经适当批准和处理；抽取固定资产增减变动情况分析报告，检查是否经复核等。

★ **素养提升**（素养目标：遵守勤勉尽责的职业道德守则）

注册会计师对同济堂年报的审计项目

2023年6月12日，中国证监会对大信会计师事务所（特殊普通合伙，简称大信所）在同济堂年报审计项目中未勤勉尽责的行为进行了立案调查，认为应付账款检查程序存在重大漏洞。审计工作底稿记载，大信所对同济堂2016年至2018年《应付账款检查表》所列明细进行抽查过程中，查验了入库单与发票、明细账与发票，得出未见异常的审计结论。但是经证监会调查发现，并未实际执行查验每一笔发货单、合同、发票等程序，上述抽查明细中涉及的武汉健民、武汉马应龙等虚假供应商的采购业务未向同济堂开具增值税专用发票。这表明事务所在抽查采购及应付账款中未认真查验每笔发货单、合同、发票等凭证，该项审计程序执行不到位，未能有效应对相关舞弊风险。该案例也为注册会计师敲响了警钟，审计过程中应当严格按照审计准则的要求执行程序，对不合理或舞弊迹象保持职业怀疑和应有的谨慎。

资料来源：一墨财经.大信会计师事务所被罚没 444 万［EB/OL］.［2023-07-15］.https：//baijiahao.baidu.com/s？id=1771482378865348156&wfr=spider&for=pc.

香榭丽 1

香榭丽 2

任务三　应付账款的审计目标和实质性程序

应付账款是企业在正常经营过程中，因赊购商品和劳务等引起的短期债务。应付账款业务是随着企业赊购交易的发生而发生的，因此，注册会计师应结合购货业务进行应付账款的审计。

一、应付账款的审计目标

应付账款的审计目标一般包括：

1.确定资产负债表中记录的应付账款是否存在（"发生"认定）。

2.确定所有应当记录的应付账款是否均已记录（"完整性"认定）。

3.确定资产负债表中记录的应付账款是否为被审计单位应当履行的现时义务（"权利和义务"认定）。

4.确定应付账款是否以恰当的金额包括在财务报表中，与之相关的计价调整是否已恰当记录（"准确性、计价和分摊"认定）。

5.确定应付账款是否已按照企业会计准则的规定在财务报表中作出恰当的列报（"列报"认定）。

二、应付账款的实质性程序

1.获取或编制应付账款明细表

复核应付账款明细表加计是否正确，并与报表数、总账数和明细账合计数核对是否相符。检查非记账本位币应付账款的折算汇率及折算是否正确。

应付账款明细表是从关联方和非关联方两个方面对应付账款明细情况予以审计形成的工作底稿，其格式如表8-3所示。

表8-3　　　　　　　　　　　　　　　应付账款明细表

被审计单位名称：	索引号：
项目：　应付账款	财务报表截止日/期间：
编制人：	复核人：
日期：	日期：

单位名称	借方余额			贷方余额			合计			备注
	原币	汇率	折合本位币	原币	汇率	折合本位币	原币	汇率	折合本位币	
一、关联方										
小计										
合计										
二、非关联方										
小计										
合计										

审计说明：

2.实施实质性分析程序

根据被审计单位实际情况，对应付账款实施以下实质性分析程序：

（1）对期末应付账款余额与上期期末余额进行比较，分析波动原因。

（2）分析长期挂账的应付账款，判断被审计单位是否缺乏偿债能力或利用应付账款隐瞒利润。

（3）计算应付账款与存货的比率、应付账款与流动负债的比率，并与以前年度相关比率对比分析，评价应付账款整体的合理性。

（4）根据存货、营业收入、营业成本等项目的增减变动，判断应付账款增减变动的合理性。

3.函证应付账款

一般情况下，不需要对应付账款实施函证，这是因为函证不能保证查出未记录的应付账款，况且注册会计师能够取得采购发票等外部凭证来证实应付账款的余额。但如果控制风险较高，对重要项目的应付账款，则应考虑函证。

（1）函证对象。进行函证时，注册会计师应选择较大金额的债权人；在资产负债表日金额不大，甚至为零，但为被审计单位重要供应商的债权人。

（2）函证方式。函证最好采用积极函证方式，并具体说明应付金额。

（3）函证的控制与评价。注册会计师必须对函证的过程进行控制，要求债权人直接回函，并根据回函情况编制与分析函证结果汇总表，对未回函的，应考虑是否再次函证。

4.对未回函的实施替代的检查程序

例如，检查合同、发票、验收单、应收账款明细账，核实应付账款的真实性。应付账款替代测试表是从应付账款贷方发生额、借方发生额和期后付款三方面抽取样本检查原始凭证、记账凭证与账务处理而形成的工作底稿。其格式如表8-4所示。

表8-4 应付账款替代测试表

被审计单位名称：	索引号：
项目： 应付账款	财务报表截止日/期间：
编制人：	复核人：
日期：	日期：

一、期初余额							
二、贷方发生额							
入账金额				检查内容（用"√""×"表示）			
序 号	日 期	凭证号	金 额	①	②	③	……
1							
2							
……							
小计							
全年贷方发生额合计							
测试金额占全年贷方发生额的比例							
三、借方发生额							
入账金额				检查内容（用"√""×"表示）			
序 号	日 期	凭证号	金 额	①	②	③	……
1							
2							
……							
小计							
全年借方发生额合计							
测试金额占全年借方发生额的比例							
四、期末余额							
五、期后付款检查							
检查内容说明：①原始凭证内容是否完整；②记账凭证与原始凭证是否相符；③账务处理是否正确；④……							

审计说明：

5.检查是否存在未入账的应付账款

为了防止企业低估负债，注册会计师应检查被审计单位有无故意漏计应付账款的行为。

（1）结合存货监盘，检查被审计单位在资产负债表日前后的验收报告或入库单，检查是否有大额货到单未到的情况，以确认应付账款余额的准确性。

（2）检查供应商发票、验收报告或入库单、应付账款明细账贷方发生额的相应凭证等，查找有无未及时入账的应付账款，确认应付账款期末余额的完整性。应付账款核对表是注册会计师检查发票、入库单和应付账款明细账等形成的工作底稿。其格式如表8-5所示。

表8-5　　　　　　　　　　　　　应付账款核对表

被审计单位名称：＿＿＿＿＿＿＿＿＿　　　索引号：＿＿＿＿＿＿＿＿＿

项目：　应付账款＿＿＿＿＿＿＿＿＿　　　财务报表截止日/期间：＿＿＿＿＿

编制人：＿＿＿＿＿＿＿＿＿＿＿＿＿　　　复核人：＿＿＿＿＿＿＿＿＿

日期：＿＿＿＿＿＿＿＿＿＿＿＿＿＿　　　日期：＿＿＿＿＿＿＿＿＿

序号	明细账凭证			摘要	入库单			购货发票			入库单与发票核对情况	明细账与发票核对情况
	编号	日期	金额		编号	日期	金额	日期	供应商名称	金额		

核对要点：

1.入库单中的货物名称、数量、单价及金额与购货发票核对是否一致；

2.明细账凭证内容与购货发票核对是否一致。

审计说明：

（3）针对资产负债表日后付款项目，检查银行对账单及有关付款凭证，如银行汇款通知、供应商收据等，询问被审计单位内部或外部的知情人员，查找有无未及时入账的应付账款。应付账款日后付款测试表是注册会计师为查找未入账应付账款细节测试而形成的工作底稿。其格式如表8-6所示。

表8-6　　　　　　　　　　　　应付账款日后付款测试表

被审计单位名称：＿＿＿＿＿＿＿＿＿　　　索引号：＿＿＿＿＿＿＿＿＿

项目：　应付账款＿＿＿＿＿＿＿＿＿　　　财务报表截止日/期间：＿＿＿＿＿

编制人：＿＿＿＿＿＿＿＿＿＿＿＿＿　　　复核人：＿＿＿＿＿＿＿＿＿

日期：＿＿＿＿＿＿＿＿＿＿＿＿＿＿　　　日期：＿＿＿＿＿＿＿＿＿

从资产负债表日后的付款凭证中抽取若干张：

序号	银行对账单		支票		明细账凭证		说明	截止是否适当
	金额	日期	编号	日期	编号	日期		

审计说明：

6.针对异常或大额交易及重大调整事项

例如，对大额的购货折扣或退回、会计处理异常的交易、未经授权的交易或缺乏支持性凭证的交易等，检查相关原始凭证和会计记录，以分析交易的真实性、合理性。

7.检查应付账款是否已按照企业会计准则的规定在财务报表中作出恰当列报

一般来说，"应付账款"项目应根据"应付账款"和"预付账款"科目所属明细科目的期末贷方余额的合计数填列。

【例8-3】（案例题）中盛会计师事务所注册会计师A和B在审计W公司2024年度财务报表时，注意到与购货和付款循环相关的内部控制存在缺陷。注册会计师A和B怀疑W公司管理层可能在资产负债表日故意推迟记录发生的应付账款，于是决定实施审计程序进一步查找未入账的应付账款业务。

【要求】注册会计师A和B应如何查找未入账的应付账款？

【正确答案】（1）检查债务形成的相关原始凭证，如供应商发票、验收报告或入库单等，查找有无未及时入账的应付账款，确认应付账款期末余额的完整性。

（2）检查资产负债表日后应付账款明细账贷方发生额的相应凭证，关注其购货发票的日期，确认其入账时间是否合理。

（3）获取被审计单位与其供应商之间的对账单，并将对账单和被审计单位财务记录之间的差异进行调节，如在途款项、在途商品、付款折扣、未记录的负债等，查找有无未入账的应付账款，确定应付账款金额的准确性。

（4）针对资产负债表日后付款项目，检查银行对账单及有关付款凭证，如银行汇款通知、供应商收据等，询问被审计单位内部或外部的知情人员，查找有无未及时入账的应付账款。

（5）结合存货监盘程序，检查被审计单位在资产负债表日前后的存货验收报告或入库单，检查是否有大额料到单未到的情况，确认相关负债是否计入了正确的会计期间。

任务四　固定资产的审计目标和实质性程序

固定资产是指为生产商品、提供劳务、出租或经营管理而持有的，使用寿命超过一个会计年度的有形资产。由于固定资产在企业全部资产总额中所占比重较大，其能反映企业的生产经营能力，固定资产的安全、完整对企业的生产经营具有极大影响，注册会计师应高度重视固定资产的审计。

一、固定资产的审计目标

固定资产的审计目标一般包括：

1. 确定资产负债表中记录的固定资产是否存在（"发生"认定）。

2. 确定所有应记录的固定资产是否均已记录（"完整性"认定）。

3. 确定记录的固定资产是否由被审计单位拥有或控制（"权利和义务"认定）。

4. 确定固定资产是否以恰当的金额包括在财务报表中，与之相关的计价或分摊已恰当记录（"准确性、计价和分摊"认定）。

5. 确定固定资产是否已按照企业会计准则的规定在财务报表中作出恰当列报（"列报"认定）。

二、固定资产的实质性程序

1. 获取或编制固定资产、累计折旧及减值准备明细表，复核加计是否正确，并与总账数和明细账合计数核对是否相符，与报表数核对是否相符。

固定资产、累计折旧及减值准备明细表是按照固定资产原价、累计折旧、减值准备、账面价值四方面内容对固定资产明细情况予以审计而形成的工作底稿。其格式如表8-7所示。

表8-7　　　　　　　　　　　　　固定资产、累计折旧及减值准备明细表

被审计单位名称：＿＿＿＿＿＿＿＿＿　　索引号：＿＿＿＿＿＿＿＿＿

项目：固定资产、累计折旧及减值准备明细表　　财务报表截止日/期间：＿＿＿＿＿＿

编制人：＿＿＿＿＿＿＿＿＿　　复核人：＿＿＿＿＿＿＿＿＿

日期：＿＿＿＿＿＿＿＿＿　　日期：＿＿＿＿＿＿＿＿＿

项目名称	期初余额	本期增加	本期减少	期末余额	备注
一、原价合计					
其中：房屋、建筑物					
机器设备					
运输工具					
……					
二、累计折旧合计					
其中：房屋、建筑物					
机器设备					
运输工具					
……					
三、固定资产减值准备合计					
其中：房屋、建筑物					
机器设备					
运输工具					
……					
四、固定资产账面价值合计					
其中：房屋、建筑物					
机器设备					
运输工具					
……					

编制说明：备注栏可填列固定资产的使用年限、剩余使用年限、残值率和年折旧率等情况。

审计说明：

2.对固定资产实施实质性分析程序。

（1）分类计算本期计提折旧额与固定资产原值的比率，并与上期比较，分析本期折旧额的计算是否正确。

（2）分类计算累计折旧额与固定资产原值的比率，并与上期比较，分析累计折旧的核算是否正确。

（3）计算固定资产修理及维护费用占固定资产原值的比例，并进行本期各月、本期与

以前各期的比较，分析资本性支出与收益性支出区分的正确性。

3.审计固定资产的增加。

被审计单位如果不正确核算固定资产的增加，将对资产负债表和利润表产生长期影响。因此，审计固定资产的增加，是固定资产实质性程序中的重要内容。固定资产的增加有购置、自制自建、投资者投入、更新改造增加等多种途径，审计时注册会计师应重点关注以下内容：

（1）对于外购固定资产，审查购买固定资产的授权批准手续是否齐备；核对采购合同、发票、保险单、发运凭证等资料，审查其入账价值及会计处理是否正确等。

（2）对于在建工程转入的固定资产，审查建设项目的批准文件，以查明其是否经合法的授权批准；审查在建工程的相关记录是否与竣工决算、验收和移交报告等一致；审查资本化利息金额计算是否恰当；对已经达到预定可使用状态，但尚未办理竣工决算手续的固定资产，检查其是否已暂估入账，并按规定计提折旧，竣工决算完成后，是否及时调整。

（3）对于投资者投入的固定资产，检查投资者投入的固定资产是否有相应的审批手续和合同；检查是否按投资各方确认的价值入账，确认价值是否公允；涉及国有资产的，是否有评估报告并经国有资产管理部门评审备案或核准确认。

（4）对于更新改造增加的固定资产，检查通过更新改造而增加的固定资产，增加的原值是否符合资本化条件，重新确定的剩余折旧年限是否恰当。

（5）对于因其他原因增加的固定资产，应检查增加固定资产的原始凭证，核对其计价及会计处理是否正确，法律手续是否齐全。

固定资产增加检查表是对增加的固定资产原始凭证审查而形成的底稿，其格式如表8-8所示。

表8-8　　　　　　　　　　　　　固定资产增加检查表

被审计单位名称：　　　　　　　　　　　　　索引号：

项目：固定资产增加检查表　　　　　　　　　财务报表截止日/期间：

编制人：　　　　　　　　　　　　　　　　　复核人：

日期：　　　　　　　　　　　　　　　　　　日期：

固定资产名称	取得日期	取得方式	固定资产类别	增加情况		凭证号	核对内容（用"√""×"表示）							
				数量	原价		1	2	3	4	5	6	7	8

核对内容说明：1.与发票是否一致；2.与付款单据是否一致；3.与购买/建造合同是否一致；4.与验收报告或评估报告等是否一致；5.审批手续是否齐全；6.与在建工程转出数核对是否一致；7.会计处理是否正确（入账日期和入账金额）。

审计说明：

4.检查本期固定资产的减少。

固定资产的减少主要包括出售、向其他单位投资转出、向债权人抵债转出、报废、毁损、盘亏等。为了保证固定资产的安全与完整，必须对固定资产的减少进行严格审查，从而确定固定资产减少的合理性、合法性。对各种固定资产减少的审计，注册会计师审查要点如下：

（1）审查减少的固定资产是否经授权批准。

（2）审查减少的固定资产会计处理是否正确。

（3）审查减少的固定资产的净损益，验证其正确性与合规性。

5.对固定资产进行实地检查。

实施实地检查审计程序时，注册会计师可以以固定资产明细分类账为起点，进行实地追查，以证明会计记录中所列固定资产确实存在，并了解其目前的使用状况；也可以以实地为起点，追查至固定资产明细分类账，以获取实际存在的固定资产均已入账的证据。

当然，注册会计师实地检查的重点是本期新增加的重要固定资产，有时观察范围也会扩展到以前期间增加的重要固定资产。固定资产盘点检查情况表是注册会计师实地盘点固定资产形成的工作底稿，其格式如表8-9所示。

表8-9   固定资产盘点检查情况表

被审计单位名称：_____   索引号：_____

项目：固定资产盘点检查情况表   财务报表截止日/期间：_____

编制人：_____   复核人：_____

日期：_____   日期：_____

序号	名称	规格型号	计量单位	单价	账面结存		被审计单位盘点			实际检查			备注
					数量	金额	数量	金额	盈亏(+、−)	数量	金额	盈亏(+、−)	

检查时间：_____   检查地点：_____   检查人：_____   盘点检查比例：_____

审计说明：

6.验证固定资产的所有权。

对各类固定资产，注册会计师应获取、查阅相关原始凭证，以确定其是否确归被审计单位所有。对外购的机器设备等固定资产，通常经审核采购发票、购货合同等予以确定；对于房地产类固定资产，应查明所有权或使用权的证明文件，如检查有关的合同、产权证明、财产税单、抵押借款的还款凭据等书面文件；对融资租入的固定资产，应验证有关融资租赁合同，证实其非经营租赁；对汽车等运输设备，应验证有关运营证件等。

7.检查固定资产的租赁。

对于租赁的固定资产，注册会计师应重点审查：

（1）固定资产的租赁手续是否完备，是否经相关部门的审批。

（2）租入的固定资产是否确属于企业必需的固定资产。

（3）租出的固定资产是否确属于企业多余、闲置不用的，租出的固定资产有无长期不收租金，是否有变相馈赠、转让等情况，租金收取是否签有合同，有无多收、少收现象。

8.检查固定资产的抵押、担保情况。

结合对银行借款等的检查，了解固定资产是否存在重大的抵押、担保情况。如存在，应取证，并作相应的记录，同时提请被审计单位作恰当披露。

9.确定固定资产的列报情况。

确定固定资产是否已按照企业会计准则的规定在财务报表中作出恰当列报。

三、累计折旧的审计目标和实质性程序

（一）累计折旧的审计目标

累计折旧的审计目标包括：确定折旧政策和方法是否符合相关会计准则的规定，并且是否一贯遵循；确定所有应记录的累计折旧是否均已记录；确定折旧费用的计算是否正确，期末余额是否正确；确定累计折旧是否已按照企业会计准则的规定在财务报表中作出恰当列报。

（二）累计折旧的实质性程序

1.获取或编制累计折旧分类汇总表，复核加计是否正确，并与总账数和明细账合计数核对是否相符。

2.检查被审计单位制定的折旧政策和方法是否符合相关会计准则的规定，计提折旧的范围是否正确，确定的使用寿命、预计净残值是否合理。如果被审计单位采用加速折旧法，检查是否有批准文件，并是否建议被审计单位作出调整。

3.复核本期折旧费用的计提和分配是否正确。

（1）已计提部分减值准备的固定资产，计提的折旧是否正确。

（2）已全额计提减值准备的固定资产，是否已停止计提折旧。

（3）检查折旧费用的分配方法是否合理，是否与上期一致。

（4）注意固定资产增减变动时，有关折旧的会计处理是否符合规定。

（5）检查有无已提足折旧的固定资产继续超提折旧和应计提折旧的固定资产不提或少提折旧的情况。

4.将"累计折旧"账户贷方的本期计提折旧额与相应的成本费用中的折旧费用明细账户的借方相比较，以查明所计提折旧金额是否已全部摊入本期产品成本或费用。若存在差异，应追查原因，并考虑是否应建议作适当调整。

5.确定累计折旧的披露是否恰当。

【例8-4】（案例题）成达会计师事务所注册会计师李明负责友邦公司2024年度财务报表的审计，在审计"固定资产"和"累计折旧"项目时，发现下列情况：

（1）2024年2月1日购入并安装价值60万元的生产用机械设备一台，当日投入生产。由于设备的特殊性质，需要2个月的试运行。在此期间内，随时可能需要进行调试，根据这一情况，友邦公司从2024年4月1日起对该设备开始计提折旧。

（2）友邦公司于2023年12月购入空调10台，价款6.5万元，预计使用年限10年，预计净残值5 000元，2024年按其实际使用时间4个月计提折旧，共计提折旧2 000元。

（3）友邦公司于2024年初以经营租赁方式租入丙公司的尚可使用年限为20年的房屋一座，租赁期限到2028年为止，友邦公司在租入该仓库后，立即按照4年使用年限的标准进行了装修，支付的装修费用为60万元，对此项固定资产装修，友邦公司当年采用直线法计提了15万元的折旧。

（4）友邦公司2024年因为一项债务重组事项，导致了10万元固定资产清理净收益，记入"资本公积"科目。

【要求】注册会计师李明判断上述被审计单位相关的经营活动及其会计处理是否符合企业会计准则的规定，并简要说明原因。

【正确答案】（1）按照企业会计准则的规定，友邦公司对此机械设备应从增加当月的下月起计提折旧。

（2）按照企业会计准则的规定，季节性使用的空调在停用期间照常计提折旧。该公司按实际使用时间计提折旧造成2024年少提折旧4 000元，建议被审计单位进行会计调整。

（3）按照企业会计准则的规定，经营租赁的固定资产装修费用应计入长期待摊费用，并在剩余租赁期与租赁资产尚可使用年限中较短的期间内，采用合理的方法进行摊销，而不是计提折旧。

（4）按照企业会计准则的规定，在债务重组中，固定资产清理发生的净收益计入营业外收入，发生的净损失计入营业外支出，而不是计入资本公积。

四、固定资产减值准备的审计目标和实质性程序

（一）固定资产减值准备的审计目标

固定资产减值准备的审计目标包括：确定计提固定资产减值准备的方法是否恰当，计提是否充分；确定所有应记录的固定资产减值准备是否均已记录；确定固定资产减值准备的期末余额是否正确；确定固定资产减值准备的披露是否恰当。

（二）固定资产减值准备的实质性程序

1.获取或编制固定资产减值准备明细表，复核加计是否正确，并与总账数和明细账合计数核对是否相符。

2.检查被审计单位计提固定资产减值准备的依据是否充分，会计处理是否正确。

3.运用分析程序计算本期末固定资产减值准备与期末固定资产原值的比率，并与期初该比率比较，分析固定资产的质量状况。

4.检查被审计单位处置固定资产时原计提的减值准备是否同时结转，会计处理是否正确。

5.确定固定资产减值准备的披露是否恰当。

✿ 项目小结

知识点❶ 采购与付款循环是企业经过请购、订货、验收、支付货款有关活动所组成的业务循环。注册会计师应当对采购与付款循环涉及的相关账户的审计风险予以把握，提高审计的工作质量和工作效率。

知识点❷ 注册会计师可以通过询问、现场观察和检查被审计单位有关规章制度、文件资料等方式，了解采购与付款循环的内部控制制度，并用流程图、文字叙述法、调查法进行描述，记录于审计工作底稿。

知识点❸ 应付账款是企业在正常经营过程中，因赊购商品和劳务等引起的短期债务。应付账款业务是随着企业赊购交易的发生而发生的，因此，注册会计师应结合购货业务进行应付账款的审计。

知识点❹ 采购与付款交易不相容岗位至少包括：请购与审批；询价与确定供应商；采购合同的订立与审批；采购与验收；采购、验收与相关会计记录；付款审批与付款执行。

知识点❺ 固定资产是指为生产商品、提供劳务、出租或经营管理而持有的，使用寿命超过一个会计年度的有形资产。固定资产的安全、完整对企业的生产经营具有极大影响，注册会计师应高度重视固定资产的审计。

知识点❻ 在充分了解被审计单位固定资产内部控制后，还需要通过对被审计单位的固定资产实施控制测试来进一步确定固定资产的内部控制是否有效执行，包括：对于固定资产的预算控制；对于固定资产的授权批准控制；审查与固定资产相关的会计记录的增减变动是否完善；对于固定资产的处置制度等。

知识点❼ 应付账款是企业在正常经营过程中，因赊购商品和劳务等引起的短期债务。注册会计师应结合购货业务进行应付账款的审计。

知识点❽ 一般情况下，不需要对应付账款实施函证，但如果控制风险较高，注册会计师对重要项目的应付账款，则应考虑函证。

知识点❾ 对固定资产减少的审计，注册会计师审查要点包括：(1)审查减少的固定资产是否经授权批准；(2)审查减少的固定资产会计处理是否正确；(3)审查减少的固定资产的净损益，验证其正确性与合规性。

知识点❿ 固定资产的增加有购置、自制自建、投资者投入、更新改造增加等多种途径，注册会计师应重点关注审计固定资产增加的实质性程序审计。

✿ 项目实训题

一、判断题

1.注册会计师对固定资产进行实地观察时，应当以固定资产实物为起点，重点观察本期新增加的重要固定资产。（　　）

2.应付账款通常不需函证，如函证，最好采用否定式函证。（　　）

3.请购单可由手工或计算机编制，不但需事先编号，而且每张请购单必须经过对这类支出预算负责的主管人员签字批准。（　　）

4.一般情况下，应付账款不需要函证，这是因为函证不能保证查出未记录的应付账

款，况且注册会计师能够取得购货发票等外部凭证来证实应付账款的余额。（　　）

5.进行应付账款函证时，注册会计师应选择的函证对象是较大金额的债权人，那些在资产负债表日金额为零的债权人不必函证；同样，当选择重要的应付票据项目进行函证时，不应包括余额为零的项目。（　　）

6.注册会计师实地检查固定资产，如果以明细账为起点进行实地追查，能够证明固定资产的存在认定，并了解其目前的使用状况；如果以实地为起点追查至明细账，则能够证明固定资产完整性认定。（　　）

7.计算固定资产原值与本期产品产量的比率，并与以前期间比较，以判断是否存在闲置的固定资产或已减少而未注销的固定资产。（　　）

8.为了防止企业低估负债，注册会计师应结合存货监盘检查资产负债表日后应付账款明细账贷方发生额的相应凭证，检查漏记的应付账款。（　　）

9.属于测试采购与付款循环中内部控制"发生"认定的常用控制测试程序的是检查付款凭单是否附有购货发票。（　　）

10.A注册会计师在审查X公司2024年度应付账款项目时，发现X公司应付账款明细账中存在确实无法支付的巨额应付账款。对此，A注册会计师应提请X公司管理层作的会计处理是借记"应付账款"，贷记"资本公积"。（　　）

二、单项选择题

1.注册会计师从被审计单位的验收单追查至相应的采购明细账，是为了证实采购与付款循环中的（　　）认定。

A.存在　　　　　　　　B.完整性　　　　　　C.计价和分摊　　　　D.权利

2.验收商品是购货业务中的重要环节，验收单作为这一环节的关键凭证，备受注册会计师的重视。在以下关于验收单的各种说法中，注册会计师不认可的是（　　）。

A.验收部门应对已收到货物的每张订购单编制一式多联、预先编号的验收单

B.验收人员在将已验收商品送交仓库或其他请购部门时，可要求接收人在验收单副联上签字，以确定签收部门的保管责任

C.验收人员应将验收单的副联之一送交应付凭单部门

D.验收单是支持"发生"的重要凭据，但被审计单位无法通过验收单发现购货交易"完整性"认定的错误

3.以下审计程序中，注册会计师最有可能获取固定资产存在的审计证据的是（　　）。

A.观察经营活动，并将固定资产本期余额与上期余额进行比较

B.询问被审计单位的管理当局和生产部门

C.以检查固定资产实物为起点，检查固定资产明细账和相关凭证

D.以检查固定资产明细账为起点，检查固定资产实物和相关凭证

4.下列各项中，与应付账款的"存在"认定最相关的是（　　）。

A.检查应付账款明细账中的记录与订购单、验收单、供应商发票的对应关系

B.检查供应商发票上记载的价格等信息的正确性

C.检查入库单是否预先连续编号

D.检查有无未入账的供应商发票

5.下列各项中，关于请购商品和服务的说法中不恰当的是（　　）。

A.生产部门根据采购计划，对需要购买的已列入存货清单的原材料等项目填写请购单

B.生产部门以外的其他部门也可以对所需要购买的商品或服务编制请购单

C.请购单必须整体连续编号，不得按部门分别设置

D.请购单是证明有关采购交易的"发生"认定的凭据之一

6.以下与付款业务相关的内部控制相违背的是（　　）。

A.建立了退货管理制度，对退货条件、退货手续、货物出库、退货货款回收等作出明确规定

B.定期与供应商核对应付账款、应付票据、预付账款等往来款项

C.已到期的应付款项由记账会计办理结算与支付

D.财会部门在办理付款业务时，对采购发票、结算凭证、验收证明等相关凭证的真实性、完整性、合法性及合规性进行了严格审核

7.在验证应付账款余额不存在漏报时，注册会计师获取的以下审计证据中，证明力最强的是（　　）。

A.供应商开具的销售发票　　　　　　　B.供应商提供的每月对账单

C.甲公司编制的连续编号的验收报告　　D.甲公司编制的连续编号的订货单

8.在企业内部控制制度比较健全的情况下，下列可以证明有关采购交易的"发生"认定的凭据之一，同时也是采购交易轨迹的起点的是（　　）。

A.订购单　　　　　B.请购单　　　　　C.验收单　　　　　D.付款凭单

9.注册会计师向A公司生产负责人询问的以下事项中，最有可能获取审计证据的是（　　）。

A.固定资产的抵押情况　　　　　　　　B.固定资产的报废或毁损情况

C.固定资产的增减变动情况　　　　　　D.固定资产折旧的计提情况

10.下列不属于注册会计师对被审计单位的采购与付款业务实施的控制测试的是（　　）。

A.检查应付账款是否计入了正确的会计期间，是否存在未入账的应付账款

B.检查采购与付款业务授权批准手续是否健全，有无存在越权审批行为

C.检查采购与付款业务相关岗位及人员配置情况，有无不相容职务混岗的现象

D.检查凭证的登记、领用、传递、保管、注销手续是否健全，使用和保管制度是否存在漏洞

三、多项选择题

1.关于应付账款的函证，下列说法中正确的有（　　）。

A.注册会计师应对询证函保持控制

B.将询证函回函确认的余额与已记录金额相比较，如存在差异，检查支持性文件

C.对未回函的项目实施替代程序

D.如果认为回函不可靠，评价对评估的重大错报风险以及其他审计程序的性质、时间安排和范围的影响

2.计算固定资产原值与本期产品产量的比率，并与以前年度相关指标进行比较，注册会计师可能发现（　　）。

A.资本性支出和收益性支出区分的错误

B.闲置的固定资产

C.增加的固定资产尚未作会计处理

D.减少的固定资产尚未作会计处理

3.以下程序中，属于测试采购与付款循环中内部控制完整性目标的常用控制测试程序的有（　　）。

A.检查企业验收单是否有缺号　　　　　　B.检查付款凭单连续编号的完整性

C.检查付款凭单是否附有卖方发票　　　　D.审核采购价格和折扣的标志

4.下列关于采购与付款循环内部控制的设计和运行恰当的有（　　）。

A.相关部门根据需要填写请购单，并经预算主管人员签字批准

B.采购部门根据经批准的请购单编制订购单采购货物

C.货物到达，由独立的验收部门验收，并填制一式多联未连续编号的验收单

D.记录采购交易之前，由应付凭单部门编制付款凭单

5.下列审计程序中，有助于证实采购交易记录的"完整性"认定的有（　　）。

A.从订购单追查至验收单　　　　　　　　B.从验收单追查至采购明细账

C.从付款凭单追查至购货发票　　　　　　D.从购货发票追查至采购明细账

6.固定资产的审计目标一般包括（　　）。

A.确定固定资产是否归被审计单位所有

B.确定固定资产的计价和折旧政策是否恰当

C.确定固定资产的期末余额是否正确

D.确定固定资产及其累计折旧增减变动的记录是否完整

7.在下列情况下，注册会计师需要函证应付账款的有（　　）。

A.检查风险较高　　　　　　　　　　　　B.重大错报风险较高

C.某应付账款明细账户金额较大　　　　　D.被审计单位处于财务困境

8.为证实中桥公司应付账款的发生和偿还记录是否完整，应实施适当的审计程序，以查找未入账的应付账款。以下各项审计程序中，可以实现上述审计目标的有（　　）。

A.结合存货监盘，检查中桥公司在资产负债表日是否存在有材料入库凭证但未收到采购发票的业务

B.抽查中桥公司本期应付账款明细账贷方发生额，核对相应的采购发票和验收单据，确认其入账时间是否正确

C.检查中桥公司资产负债表日后收到的采购发票，确认其入账时间是否正确

D.检查中桥公司资产负债表日后应付账款明细账借方发生额的相应凭证，确认其入账时间是否正确

9.下列关于注册会计师检查固定资产所有权的表述恰当的有（　　）。

A.对外购的机器设备等固定资产，通常经审核采购发票、采购合同等予以确定

B.对汽车等运输设备，应验证有关营运证件等确定其是否归被审计单位所有

C.对于房地产类固定资产，尚需查阅有关的合同、产权证明、财产税单、抵押借款的还款凭据、保险单等书面文件

D.对受留置权限制的固定资产，通常还应审核被审计单位的有关负债项目等予以证实

10.根据被审计单位实际情况，注册会计师对应付账款执行实质性分析程序可以选择的方法有（　　）。

A.将期末应付账款余额与期初余额进行比较，分析波动原因

B.计算应付账款与流动负债的比率，与以前年度相关比率对比分析，评价应付账款整体的合理性

C.计算应付账款与存货的比率，与以前年度相关比率对比分析，评价应付账款整体的合理性

D.分析长期挂账的应付账款，判断被审计单位是否缺乏偿债能力或利用应付账款隐瞒利润

四、简答题

1.简述采购与付款循环的主要业务活动。

2.简述采购与付款循环的主要控制措施及其控制测试。

3.如何查证未入账的应付账款？

4.如何利用分析程序审计固定资产及累计折旧？

5.固定资产内部控制制度包括哪些内容？

6.对应付账款实施实质性程序时形成的工作底稿一般包括哪些？

7.审查不同途径增加的固定资产的实质性程序的内容有哪些？

8.对固定资产进行实质性程序时形成的工作底稿一般包括哪些？

五、案例分析题

练习一

【资料】ABC会计师事务所首次接受甲公司委托审计其2024年财务报表，A注册会计师任项目合伙人。在对采购与付款循环审计的过程中，遇到下列事项：

（1）A注册会计师通过实施询问、观察、检查和分析程序来识别和评估采购与付款循环相关的重大错报风险。

（2）为加快审计工作的进程，A注册会计师未了解甲公司采购与付款循环相关内部控制的设计、执行情况，直接设计和实施了相关控制测试和实质性程序。

（3）函证程序获取的审计证据可靠性较高，因此A注册会计师认为对应付账款必须实施函证程序。

（4）在收到客户S的询证函回函中，增加了一条限制条款"提供的本信息仅出于礼貌，我方没有义务必须提供，我方不因此承担任何明示或暗示的责任、义务和担保"，A注册会计师认为该条款影响回函可靠性，拟不信赖该回函信息。

（5）对于房产类固定资产，A注册会计师通过查阅有关的合同、产权证明、财产税单、抵押借款的还款凭据、保险单等书面文件，以确定所有权。

【要求】针对上述第（1）至（5）项，逐项指出A注册会计师的做法是否恰当。若不恰当，请简要说明理由。

练习二

【资料】注册会计师张芳在对万源集团公司审计过程中，编制的审计工作底稿中记录了具体审计计划，部分内容摘录如下：

万源集团公司将经批准的合格供应商信息录入信息系统形成供应商主文档，生产部员

工在信息系统中填制连续编号的请购单时只能选择该主文档中的供应商。供应商的变动须由采购部经理批准,并由其在系统中更新供应商主文档。注册会计师张芳认为该内部控制设计合理,拟予以信赖。

【要求】假定不考虑其他条件,指出注册会计师张芳的处理是否恰当。若不恰当,请简要说明理由。

生产与仓储循环审计

❈ 学习目标

知识目标：

了解生产与仓储循环主要业务活动及涉及的主要凭证与会计记录。

掌握生产与仓储循环内部控制与控制测试。

掌握存货监盘程序与存货计价审计。

理解生产与仓储循环中相关的审计工作底稿。

职业能力目标：

培养审计人员具有辨析是非的基本素养，善于洞察秋毫、切中时弊地进行综合分析。

❀ 本章内容思维导图

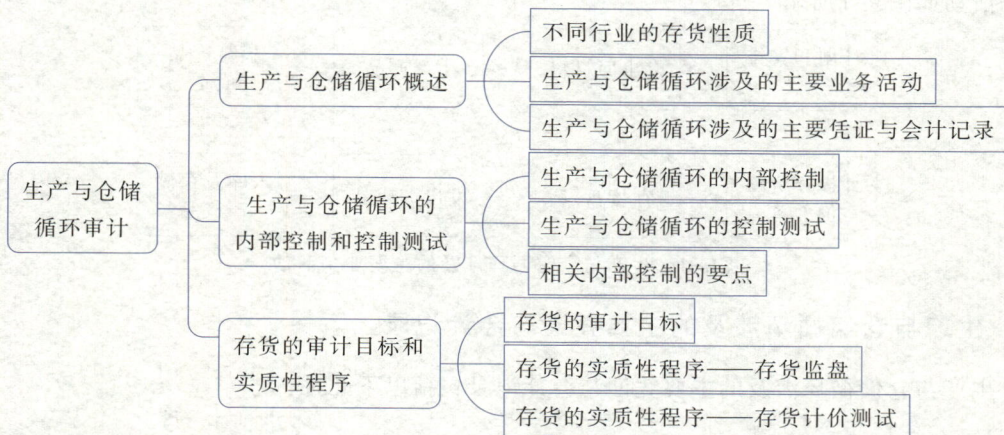

生产与仓储循环审计
- 生产与仓储循环概述
  - 不同行业的存货性质
  - 生产与仓储循环涉及的主要业务活动
  - 生产与仓储循环涉及的主要凭证与会计记录
- 生产与仓储循环的内部控制和控制测试
  - 生产与仓储循环的内部控制
  - 生产与仓储循环的控制测试
  - 相关内部控制的要点
- 存货的审计目标和实质性程序
  - 存货的审计目标
  - 存货的实质性程序——存货监盘
  - 存货的实质性程序——存货计价测试

任务一　生产与仓储循环概述

从企业的生产流程来看，原材料经过采购与付款循环进入生产与仓储循环，然后随着销售与收款循环中的销售环节而结束。在生产与仓储循环中，涉及的内容主要是存货的管理和生产成本的计算，经济业务发生时形成相应的凭证与记录。注册会计师只有了解生产与仓储循环涉及的主要活动及主要凭证与记录，才能对生产与仓储循环涉及的相关账户的审计风险予以把握，进而提高审计的工作效率和工作效果。

一、不同行业的存货性质

存货是企业的重要资产，存货的采购、使用和销售与企业的经营活动密切相关，对企业的财务状况和经营成果具有重大且广泛的影响。存货的性质由于被审计单位业务的不同而表现出很大的差别，不同行业的经营主体的存货性质如表9-1所示。

表9-1　　　　　　　　　不同行业的经营主体的存货性质

行业类型	存货性质
一般制造业	采购的原材料、低值易耗品和配件等，生产的半成品和产成品
贸易业	从厂商、批发商或其他零售商处采购的商品
餐饮业	用于加工食品的食材、饮料等
建筑业	建筑材料、周转材料、在建项目成本（一般包括建造活动发生的直接材料、直接人工成本和间接费用，以及支付给分包商的建造成本等）

二、生产与仓储循环涉及的主要业务活动

生产与仓储循环涉及的主要业务活动包括计划和安排生产、发出原材料、生产产品、核算产品成本、入库及存储产成品、发出产成品等。上述业务活动通常涉及仓库部门、生

产车间、生产计划部门、发运部门、销售部门、会计部门等。生产与仓储循环涉及的主要业务活动如图9-1所示。

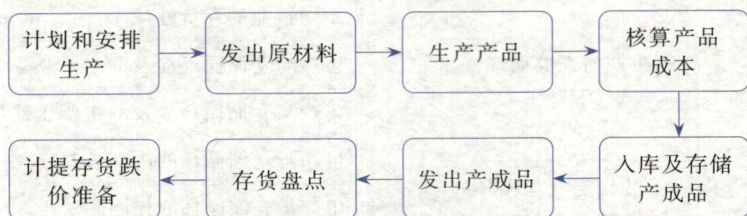

图9-1　生产与仓储循环涉及的主要业务活动

三、生产与仓储循环涉及的主要凭证与会计记录

生产与仓储循环涉及的主要凭证与会计记录包括以下几种：

（一）生产指令

生产指令又称"生产任务通知单"，是企业下达制造产品等生产任务的书面文件，用以通知供应部门组织材料发放，生产车间组织产品制造，会计部门组织成本计算。

（二）领发料凭证

领发料凭证是企业为控制材料发出所采用的各种凭证，如材料发出汇总表、领料单、限额领料单、领料登记簿、退料单等。

（三）产量和工时记录

产量和工时记录是登记工人或生产班组在出勤内完成产品数量、质量和生产这些产品所耗费工时数量的原始记录。常见的产量和工时记录主要有生产任务通知单、工作通知单、工序进程单、工作班产量报告、产量通知单、产量明细表及废品通知单等。

（四）薪酬汇总表及薪酬费用分配表

薪酬汇总表是为了反映企业薪酬的结算情况，并据以进行薪酬总分类核算和汇总整个企业薪酬费用而编制的，它是企业进行薪酬费用分配的依据。薪酬费用分配表反映了各生产车间各产品应负担的生产工人薪酬。

（五）材料费用分配表

材料费用分配表是用来汇总反映各生产车间各产品所耗费的材料费用的原始记录。

（六）制造费用分配汇总表

制造费用分配汇总表是用来汇总反映各生产车间各产品所应负担的制造费用的原始记录。

（七）成本计算单

成本计算单是用来归集成本计算对象所应承担的生产费用，计算该成本计算对象的总成本和单位成本的记录。

（八）存货明细账

存货明细账是用来反映各种存货增减变动情况和期末库存数量及相关成本信息的会计记录。

生产与仓储循环涉及的主要业务活动、对应的凭证和会计记录及部门如表9-2所示。

表9-2   生产与仓储循环涉及的主要业务活动、对应的凭证和会计记录及部门

主要业务活动	对应的凭证及记录	主要部门
计划和安排生产	生产任务通知单	生产计划部门
发出原材料	材料发出汇总表、领料单、限额领料单、领料登记簿、退料单	仓库部门
生产产品	生产任务通知单、工作通知单、工序进程单、工作班产量报告、产量通知单、产量明细表、废品通知单	生产部门
核算产品成本	生产任务通知单、领料单、产量与工时记录、入库单、薪酬汇总表、薪酬费用分配表、存货明细账、制造费用分配汇总表、成本计算单、材料费用分配表	会计部门
入库及存储产成品	入库单、验收单	仓库部门
发出产成品	发运通知单、产成品出库单	发运部门
存货盘点	盘点计划、盘点表、盘点汇总表	仓储、财务部门
计提存货跌价准备	存货减值准备表、审批单	财务、仓储、生产部门

任务二   生产与仓储循环的内部控制和控制测试

一、生产与仓储循环的内部控制

在实务中，为识别、防止企业生产与仓储循环的控制风险，企业设计和执行的生产与仓储循环的关键控制包括以下内容：

（一）职务分离控制

企业应当建立生产与仓储循环业务的岗位责任制，明确内部相关部门和岗位的职责与权限，确保办理生产与仓储业务的不相容职务相互分离。生产与仓储循环业务的岗位分离应当包括：生产计划的编制与复核、审批；存货的请购与审批、执行；存货的采购与验收、付款；存货的保管与记录；存货的发出申请与审批、记录；存货的处置申请与审批、记录；产成品的验收与保管、记录。

（二）计划和安排生产控制

企业生产计划部门应根据顾客订单或者市场销售预测和存货需求的分析决定生产授权，根据授权的生产计划编制预先编号的生产通知单，据以指导企业的生产活动。

（三）发出材料控制

仓库发出材料必须根据经过授权批准并得到复核确认的领料单，必要时采用限额领料，领料单一式三联，其中一联连同材料交还领料部门，一联留在仓库登记材料明细账，一联交会计部门进行材料收发核算和成本保管核算。

（四）生产产品控制

生产部门在收到生产通知单及领取原材料后，执行生产任务，在生产产品过程中，正

确地记录生产活动,正确计量物化劳动和所有耗费。生产任务完成后,将完成的产品交生产部门查点,然后经过检验员检验后转移到产成品库。

(五)储存产成品控制

产成品入库必须履行验收手续,质量检验员应检查并签发预先按顺序编号的产成品验收单,由生产小组将产成品送交仓库。仓库管理员应检查产成品验收单,并清点产成品数量,填写预先顺序编号的产成品入库单,经质检经理、生产经理和仓储经理签字确认后,仓库管理员对入库的产成品进行保管并加以记录。会计部门根据经审核的入库单登记入账。仓库部门应建立严格的存货保管制度,使用经批准的转移单据控制生产部门之间产品的转移。

(六)发出产品控制

产成品发出时须由独立的发运部门进行。装运产成品时,仓库必须持有经有关部门核准的发运通知单,据此编制预先顺序编号的出库单并根据经批准的出库单发货。出库单一般为一式四联,一联交仓库部门,一联由发运部门留存,一联送交顾客,一联作为给顾客开发票的依据。

(七)产品核算控制

为了正确核算并有效控制产品成本,必须建立健全成本会计制度;明确成本费用的开支范围和开支标准;建立健全各项支出的核准制度;会计部门应以经过审核的生产通知单、领发料凭证、产量和工时记录、工薪费用分配表、材料费用分配表、制造费用分配表等为依据,设置相应的会计账户,会同有关部门对生产过程中的成本进行核算和控制;应采用适当的并且前后各期一致的成本核算方法与费用分配方法归集和分配各项成本费用,采用适当的成本核算流程和账务处理流程;定期进行成本分析,查明成本变动的趋势和原因。

【例 9-1】(单项选择题)在审计企业的生产与仓储循环时,注册会计师需要关注相关内部控制。以下关于存货盘点内部控制的说法中,正确的是( )。

A.存货盘点可以完全由仓储部门独立完成,无须其他部门参与

B.盘点时若发现差异,应立即调整账面记录,无须分析原因

C.财务部门应参与监盘,并核对盘点数据与账面记录是否一致

D.存货盘点只需在年末进行一次,平时无须临时抽查

【正确答案】C

二、生产与仓储循环的控制测试

测试生产与仓储循环内部控制是在了解与描述内部控制的基础上,对其在实际业务中的执行与实施情况和过程进行测试,以确定制定的内部控制运行的有效性。对生产与仓储循环内部控制进行测试的程序主要有:

1.询问和观察存货的采购、验收、保管、发货、盘点、记账职务是否分离及各项职责的执行情况;询问和观察人事、考勤、工薪记录、发放职务是否分离及各项职责的执行情况;询问和观察存货与记录的接触控制以及相应的批准程序;询问和观察存货盘点过程、保管程序。

2.抽取生产通知单检查是否与月度生产计划书中的内容一致。

3.抽取出库单及相关的领料单,检查是否经适当层次复核;抽取原材料盘点明细表并

检查是否经适当层次复核，有关差异是否得到处理。

4.抽取产成品验收单、产成品入库单并检查是否一致；抽取发运通知单、出库单并检查是否一致；抽取发运单和相关销售订购单，检查内容是否一致；抽取销售成本结转凭证，检查与支持性文件是否一致并适当复核；抽取产成品存货盘点报告并检查是否经适当层次复核，有关差异是否得到处理。

5.检查生产指令、出库单及相关的领料单、工薪是否经过适当授权批准；检查存货入库是否有严格的验收手续，是否与合同、原始单证核对相符；检查有关成本的记账凭证是否附有生产通知单、领发料凭证、产量和工时记录、工薪费用分配表、材料费用分配表、制造费用分配表等，原始凭证的顺序编号是否完整；检查生产通知单、领发料凭证、产量和工时记录、工薪费用分配表、材料费用分配表、制造费用分配表的顺序编号是否完整。

6.选取样本测试各种费用的归集和分配以及成本的计算，测试是否按照规定的成本核算流程进行核算和账务处理。

【例9-2】（单项选择题）下列各项中，审计人员可以据以判断生产与存货循环内部控制风险较高的有（　　）。

A.内部审计人员监督存货盘点

B.存货盘点只由仓库保管员实施

C.定期对陈旧过时的存货进行处理

D.存货盘点的范围包括寄销外地的存货

E.存货盘点结果显示存在较多账实不符情况

【正确答案】BE

三、相关内部控制的要点

注册会计师应当测试和评价同生产与仓储循环相关的内部控制设计的健全性以及执行的有效性，并评估控制风险。生产与仓储循环相关内部控制调查表如表9-3所示。

表9-3　　　　　　　　　　生产与仓储循环相关内部控制调查表

被审计单位：华大集团　　　　　调查者：张云　　　　　调查日期：2025/02/14

被调查者：刘力　　　　　复核人员：李华　　　　　复核日期：2025/02/15

调查问题	回答			备注
	是	否	不适用	
一、生产管理				
1.是否定期编制生产计划并根据市场情况及时进行调整	√			
2.是否根据批准后的生产计划组织生产	√			
二、领料管理				
3.是否采用限额领料单，超限额领料是否办理特别审批手续	√			
4.车间领料是否由固定的专人负责	√			
5.车间月末剩余材料是否办理假退料手续	√			

调查问题	回答			备注
	是	否	不适用	
三、车间生产管理				
6.车间是否设专人对材料物资、工时、动力消耗及投产、完工等生产情况进行记录	√			
7.是否在每月月末进行在产品的盘点	√			
8.是否建立了生产过程中的废品责任追究制度并贯彻执行	√			
9.利用的边角余料是否办理了入库手续	√			
四、成本管理				
10.是否编制了主要产品的计划成本，并以该计划成本作为成本控制依据	√			
11.是否制定了成本管理考核办法	√			
12.成本核算方法是否符合企业生产特点，是否严格执行	√			
13.成本开支范围是否符合有关规定	√			
14.是否严格划清了生产费用与非生产费用的界限	√			
15.是否定期进行成本分析，发现问题及时处理	√			
五、仓储管理				
16.收入的物资是否经过质量检验并办理了相关的入库手续	√			
17.物资入库时是否经过计量（清点数量或过磅重量）并签发入库单	√			
18.发出材料是否根据制度规定的领料凭证正确计量、手续齐全	√			
19.发出商品是否根据财务签章的销售发票、提货单或运货单正确计量、手续齐全	√			
20.所有物资是否均设有永续盘存记录	√			
21.仓库是否在月末分别原材料、库存商品编制收、发、存报表并由财务部门进行审核	√			
22.物资出门是否有出门验证放行制度	√			
23.物资保管，包括分拣、堆放、卫生、仓储条件等是否良好	√			
24.是否经常对仓储的安全情况进行检查	√			
25.仓库保管员是否在每月月末均对重要物资进行盘点	√			
26.仓库保管员是否定期报告库存物资的积压、质量（毁损、霉烂、接近或超过保质期等）情况并及时进行清理	√			
27.财务部门是否定期或不定期地会同物资管理部门共同进行盘点	√			
28.物资盘盈、盘亏、毁损、报废等是否及时调整账面记录	√			
29.物资盘盈、盘亏、毁损、报废等是否及时按规定审批处理	√			
六、会计记录				
30.会计部门是否定期根据物资出库单编制物资耗用报表并经过审核	√			
31.发出物资的计价方法是否恰当，其确定与变更是否经最高领导批准，并保持前后一致	√			
32.是否根据经审核无误的物资耗用报表编制记账凭证并入账	√			
33.制造费用的支出和归集是否经过审核并正确入账	√			
34.制造费用的分配标准是否恰当，相关计算是否正确并经过审核	√			
35.月末在产品的计价方法、完工产品成本计算方法的确定是否经过授权并保持一贯性	√			
36.产品成本是否根据完工产品数量正确计算，会计处理是否正确	√			

续表

调查问题	回答			备注
	是	否	不适用	
七、职责分工				
37.定额耗用标准的制定或变动是否经企业最高管理层集体审批确定	√			
38.超限额领料是否经主管生产或以上的领导审批	√			
39.物资盘盈、盘亏、毁损等的处理是否报经主管领导审批	√			
40.物资入库的质检验收是否由生产、采购部门之外的人员负责	√			
八、内部审计				
41.内部审计师是否定期对本循环内部控制执行情况进行检查	√			
42.内部审计意见是否及时得到采纳	√			
其他：				
内部控制设计的主要缺陷及改进建议： 主要缺陷： 1.在成本管理方面存在漏洞，不能有效调动职工降低成本的积极性。 2.本循环的内部控制执行情况未受到内部审计的独立检查监督，不能保证被一贯地遵守执行，实际执行中可能存在的问题未能被及时发现和改进。 主要改进建议： 1.健全成本管理制度，如制定废品责任追究制度、定期成本分析制度，并有效执行，调动成本管理人员的积极性，有效控制成本。 2.建议由企业内部审计部门定期对内部控制执行情况进行独立检查监督，以确保内部控制得到一贯的遵照执行，并能及时改进可能存在的问题				
简要说明及结论： 1.经问卷调查、询问和简易测试后，认为生产与仓储循环内部控制的可信赖程度为： 高（ √ ）　　　中（　）　　　低（　） 2.该循环是否需要进一步作控制测试： 是（ √ ）　　　否（　） 3.该循环内部控制设计虽然存在个别缺陷，但不会对财务报表的相关认定产生重大影响				
复核说明与结论：				

经营业绩逐年提升

任务三　存货的审计目标和实质性程序

　　存货是企业重要的资产，存货能够较强地反映企业生产经营能力。存货的重大错报对企业财务状况和经营成果都会产生直接的影响。审计实务中许多复杂和重大的问题都与存货有关。因此，要求注册会计师对存货项目的审计应当予以高度关注。相应地，要求实施存货项目审计的人员应具备专业胜任能力，运用多种有针对性的审计程序。

一、存货的审计目标

注册会计师针对存货实施实质性审计程序的目标在于获取关于存货存在、完整性、权利和义务、计价和分摊等多项认定的审计证据。因此，其审计目标一般包括：

1.确定资产负债表中记录的存货是否存在（"发生"认定）。

2.确定所有应当记录的存货是否均已记录（"完整性"认定）。

3.确定记录的存货是否由被审计单位拥有或控制（"权利和义务"认定）。

4.确定存货是否以恰当的金额包括在财务报表中，与之相关的计价调整是否已恰当记录（"准确性、计价和分摊"认定）。

5.存货是否已按照企业会计准则的规定在财务报表中作出恰当列报（"列报"认定）。拟出具非无保留意见的审计报告。

> ★ **素养提升**（素养目标：倡导和弘扬"以审计精神立身"的审计职业核心价值观）
> ***ST商城的"换审"风波**
>
> 由于2023年度审计机构大华会计师事务所（简称大华所）坚持要将公司已取得的1 597万元收入予以扣除，上交所主板上市公司*ST商城（600306.SH，现已退市）12名股东2024年3月13日提请召开临时股东大会，审议将年审机构由大华所变更为尤尼泰振青会计师事务所，变更后2023年度审计费较2022年度上涨19.3%。
>
> 2024年3月11日，*ST商城公告了大华所出具的《关于沈阳商业城股份有限公司2023年年报审计情况的专项说明》，大华所表示，审计过程中发现该公司自营黄金和家电的销售业务存在异常情况，已经实施的审计程序和获得的审计证据暂时无法支持营业收入的确认，如在实施进一步审计程序后，仍不能获取充分、适当的审计证据以消除我们的疑虑，拟出具非无保留意见的审计报告。
>
> 针对*ST商城的"换审"风波，上交所于3月14日发问询函，要求公司说明辞任大华所是否与大华所拟出具非无保留意见存在直接关联，是否意图通过换所来换取无保留审计意见。
>
> 资料来源：中国注册会计师俱乐部.大华不认可1597万元收入，上市公司12名股东提请更换会计师！[EB/OL].[2024-03-15].https://mp.weixin.qq.com/s?__biz=MzA4ODA5MDI2Ng==&mid=2652136119&idx=1&sn=06db1e44ba6ea8718f8c007aab606c22&chksm=8bcfb142bcb83854d581b6f461e430325e02ab8e879ec37323c4eebf97f6bf88ed96ac644659&scene=27.

二、存货的实质性程序——存货监盘

存货监盘，是注册会计师现场观察被审计单位存货的盘点，并对已盘点的存货进行适当检查。定期盘点存货，合理确定存货的数量和状况是被审计单位管理层的责任，被审计单位管理层应当制定程序以保证每年至少一次对存货进行盘点，以作为编制财务报表的基础，并用以确定被审计单位永续盘存制的可靠性。

存货监盘针对的主要是存货的存在认定、完整性认定以及权利和义务认定，注册会计师实施存货监盘程序，目的在于获取存货的数量和状况充分、适当的审计证据，以确定被审计单位记录的所有存货确实存在，已经反映了被审计单位拥有的全部存货。存货数量的准确性直接影响到这三项认定，存货的状况为存货的计价认定提供部分审计证据。需要指出的是，注册会计师在测试存货的权利和义务认定及完整性认定时，可能还需要实施其他审计程序。

（一）编制存货监盘计划应实施的审计程序

注册会计师在对存货监盘之前，应当根据被审计单位存货的特点、盘存制度和相关内部控制的有效性等情况，在评价被审计单位管理层制订的存货盘点计划的基础上，编制存货监盘计划，对存货监盘作出合理安排。

在编制存货监盘计划时，注册会计师应当实施下列审计程序：

1.了解存货的内容、性质、各存货项目的重要程度及存放场所。

存货包括各类原材料、在产品、半成品、产成品、包装物、低值易耗品和委托代销商品。

在了解存货的性质时，注册会计师需要关注被审计单位容易腐烂、损坏、过时的存货，单位价值较大的存货，以及受托代销的存货等。

针对存货项目的重要程度，注册会计师需要考虑：存货与其他资产和净利润的相对比例及内在联系；各类存货的相对金额；各存放地存货的相对金额。考虑并评价存货项目的重要程度直接关系到如何恰当地分配审计资源。

2.了解与存货相关的内部控制。

与存货相关的内部控制涉及采购、验收、仓储、领用、生产、装运出库、记录等多方面，还包括存货数量的盘存制度。

评估与存货相关的重大错报风险和重要性；查阅以前年度的存货监盘工作底稿；考虑实地查看存货的存放场所特别是金额较大或性质特殊的存货；考虑是否需要利用专家的工作或其他注册会计师的工作；复核或与管理层讨论其存货盘点计划。

3.评估与存货相关的重大错报风险和重要性。

存货通常具有较高水平的重大错报风险，注册会计师应当实施风险评估程序，在了解被审计单位及其环境的基础上，识别和评估存货项目认定层次的重大错报风险，并考虑进一步审计程序的性质、时间和范围。

影响重大错报风险的因素具体包括：存货的数量和种类、成本归集的难易程度、陈旧过时的速度或易损坏程度、遭受失窃的难易程度。例如，技术进步可能导致某些产品过时，从而导致存货价值更容易发生高估。根据对存货错报风险的评估结果，注册会计师应当合理确定存货项目审计的重要性水平。

4.查阅以前年度的存货监盘工作底稿。

注册会计师可以通过查阅以前年度的存货监盘工作底稿，了解被审计单位的存货情况、存货盘点程序以及其他在以前年度审计中遇到的重大问题。对存货盘点的时间安排、周转缓慢的存货的识别、存货的截止确认、盘点小组人员的确定以及存货多处存放等内容，注册会计师应充分关注。

5.实地查看金额较大或性质特殊的存货的存放场所。

实地查看存货的存放场所有助于注册会计师熟悉在库存货及其组织管理方式，也有助于注册会计师在盘点工作进行前发现潜在问题，如存在难以盘点的存货、周转缓慢的存货、过时存货、残次品以及代销存货。

6.考虑是否利用专家或其他注册会计师的工作。

如果存在特殊存货，考虑是否利用专家或其他注册会计师的工作。在确定资产数量、资产实物状况或在收集特殊类别存货（如稀有玉石、房地产、电子器件、工程设计等）的审计证据时，注册会计师可以考虑利用专家的工作。在评估有关在产品的完工程度时，注册会计师也可以根据存货生产过程的复杂程度考虑利用专家的工作。

7.编制存货监盘计划，并将计划传达给每一位存货监盘人员。

【例9-3】（单项选择题）审计人员对丙公司的存货实施了监盘。审计人员实施监盘工作的要点中正确的有（　　）。

A.审计人员参与制订盘点计划

B.审计人员自始至终在现场监督盘点的进行

C.在监盘过程中，对过期、毁损的存货单独作出记录

D.将盘点结果与明细账余额核对

【正确答案】ABCD

（二）存货监盘计划的内容

存货监盘计划应当包括以下主要内容：

1.存货监盘的目标、范围及时间安排。

存货监盘的目标包括获取被审计单位资产负债表日有关存货数量和状况以及有关管理层存货盘点程序可靠性的审计证据，检查存货的数量是否真实完整，是否归属被审计单位，存货有无毁损、陈旧、过时、残次和短缺等状况。存货监盘范围的大小取决于存货的内容、性质以及与存货相关的内部控制的完善程度和重大错报风险的评估结果。存货监盘的时间，包括实地观察盘点现场的时间、观察存货盘点的时间和对已盘点存货实施检查的时间等。

2.存货监盘的要点及关注事项。

存货监盘的要点主要包括注册会计师实施存货监盘程序的方法、步骤，各个环节应注意的问题以及所要解决的问题。注册会计师需要重点关注的事项包括盘点期间的存货移动、存货的状况、存货的截止确认、存货的各个存放地点及金额等。

3.参加存货监盘人员的分工。

注册会计师应当根据存货监盘工作需要确定参加存货监盘的人员组成以及各组成人员的职责和具体的分工情况，并加强督导。

4.检查存货的范围。

注册会计师应当根据对被审计单位存货盘点和对被审计单位内部控制的评价结果确定检查存货的范围。在实施观察程序后，如果认为被审计单位内部控制设计良好且得到有效实施，存货盘点组织良好，可以相应缩小实施检查程序的范围。

> **提示**
>
> 　　在被审计单位盘点存货前，注册会计师应当观察盘点现场，确定应纳入盘点范围的存货是否已经适当整理和排列，并附有盘点标识，防止遗漏或重复盘点。对未纳入盘点范围的存货，注册会计师应当查明未纳入的原因。

（三）存货监盘程序

在存货盘点现场实施监盘时，注册会计师应当实施下列审计程序：

1.观察盘点现场

在被审计单位盘点存货前，注册会计师应当观察盘点现场，确定应纳入盘点范围的存货是否已经适当整理和排列，并附有盘点标识，防止遗漏或重复盘点。对未纳入盘点范围的存货，注册会计师应当查明未纳入的原因。对所有权不属于被审计单位的存货，注册会计师应当取得其规格、数量等有关资料，确定是否已分别存放、标明，且这些存货未被纳入盘点范围。

注册会计师在实施存货监盘过程中，应当跟随被审计单位安排的存货盘点人员，观察被审计单位盘点人员是否遵守盘点计划，盘点人员是否准确无误地记录了被盘点存货的数量和状况，盘点清单是否按要求填制。如果注册会计师在观察的过程中发现问题，注册会计师应当及时指出，并督促企业纠正；如果认为盘点程序和过程有问题，导致盘点结果严重失实，应要求企业组织人员重新盘点。

2.检查已盘点的存货

注册会计师应当对已盘点的存货进行适当检查，将检查结果与被审计单位盘点记录相核对，并形成相应记录。对已盘点的存货实施检查的目的既可以是为了确证被审计单位的盘点计划得到适当的执行，也可以是为了证实被审计单位的存货实物总额。

在检查已盘点的存货时，注册会计师应当从存货盘点记录中选取项目追查至存货实物，以测试盘点记录的准确性；注册会计师还应当从存货实物中选取项目追查至存货盘点记录，以测试存货盘点记录的完整性。注册会计师在实施检查程序时发现差异，很可能表明被审计单位的存货盘点在准确性或完整性方面存在错误，注册会计师应当查明原因，并及时提请被审计单位更正；如果差异较大，注册会计师应当扩大检查范围或提请被审计单位重新盘点。

3.存货监盘时需要特别关注的情况

（1）关注存货的移动情况，防止遗漏或重复盘点。

如果在盘点过程中被审计单位的生产经营仍将持续进行，使得存货发生移动，注册会计师应通过实施必要的检查程序，确定被审计单位是否已经对此设置了相应的控制程序，确保在适当的期间内对存货作出了准确记录。

（2）关注存货的状况，观察被审计单位是否已经恰当区分所有毁损、陈旧、过时及残次的存货。

存货的状况是被审计单位管理层对存货计价认定的一部分，除了对存货的状况予以特别关注以外，注册会计师还应当把所有毁损、陈旧、过时及残次存货的详细情况记录下来，以便于进一步追查这些存货的处置情况，为测试被审计单位存货跌价准备计提的准确性提供证据。

（3）关注存货盘点范围。在存货监盘过程中，注册会计师应当根据取得的所有权不属于被审计单位的存货的有关资料，观察这些存货的实际存放情况，确保其未被纳入盘点范围。即使在被审计单位声明不存在受托代存存货的情形下，注册会计师在存货监盘时也应当关注是否存在某些存货不属于被审计单位的迹象，以避免盘点范围不当。

（4）关注存货截止。注册会计师应当获取盘点日前后存货收发及移动的凭证，检查库存记录与会计记录期末截止是否正确。注册会计师在对期末存货进行截止测试时，通常应当关注：

① 所有在截止日以前入库的存货项目是否均已包括在盘点范围内，并已反映在截止日以前的会计记录中；任何在截止日期以后入库的存货项目是否均未包括在盘点范围内，也未反映在截止日以前的会计记录中。

② 所有在截止日以前装运出库的存货项目是否均未包括在盘点范围内，且未包括在截止日的存货账面余额中；任何在截止日期以后装运出库的存货项目是否均已包括在盘点范围内，并已包括在截止日的存货账面余额中。在存货监盘过程中，注册会计师应当获取存货验收入库、装运出库以及内部转移截止等信息，以便将来追查至被审计单位的会计记录。

③ 所有已确认为销售但尚未装运出库的商品是否均未包括在盘点范围内，且未包括在截止日的存货账面余额中。

④ 所有已记录为购货但尚未入库的存货是否均已包括在盘点范围内，并已反映在会计记录中。

⑤ 在途存货和被审计单位直接向顾客发运的存货是否均已得到了适当的会计处理。

> **知识链接**
>
> 注册会计师通常观察存货的验收入库地点和装运出库地点以执行截止测试。在存货入库和装运过程中采用连续编号的凭证时，注册会计师应当关注截止日期前的最后编号。如果被审计单位没有使用连续编号的凭证，注册会计师应当列出截止日期以前的最后几笔装运和入库记录。如果被审计单位使用运货车厢或拖车进行存储、运输或验收入库，注册会计师应当详细列出存货场地上满载和空载的车厢或拖车，并记录各自的存货状况。

【例9-4】（多项选择题）下列各项审计程序中，注册会计师在被审计单位存货盘点现场执行监盘时应当实施的有（　　　）。

A.评价管理层用以记录和控制存货盘点结果的指令和程序

B.观察管理层制定的盘点程序的执行情况

C.检查存货

D.执行抽盘

【正确答案】ABCD

"存货入库（出库）截止测试"是注册会计师以监盘日为财务报表截止日从存货明细账到存货入库（出库）记录和从存货入库（出库）记录到存货明细账两个方面核对其凭证而形成的底稿，如表9-4所示。

表9-4　　　　　　　　　　　　存货入库（出库）截止测试

被审计单位名称：	索引号：
项目：　存货	财务报表截止日/期间：
编制人：	复核人：
日期：	日期：

一、从存货明细账的借方（贷方）发生额中抽取样本与入库（出库）记录核对，以确定存货入库（出库）被记录在正确的会计期间

序号	摘要	明细账凭证			入库单或购货发票（出库单或销售发票）			是否跨期
		编号	日期	金额	编号	日期	金额	
截止日前								
截止日期：20××年×月×日								
截止日后								

二、从存货入库（出库）记录抽取样本与明细账的借方（贷方）发生额核对，以确定存货入库（出库）被记录在正确的会计期间

序号	摘要	入库单或购货发票（出库单或销售发票）			明细账凭证			是否跨期
		编号	日期	金额	编号	日期	金额	
截止日前								
截止日期：20××年×月×日								
截止日后								

编制说明：本表适用于材料采购/在途物资、原材料、在产品、库存商品等。

审计说明：

4.复核监盘结果，完成存货监盘报告

（1）在被审计单位存货盘点结束前，再次观察盘点现场，以确定所有应纳入盘点范围的存货是否均已盘点。

（2）取得并检查已填用、作废及未使用的盘点表单及号码记录，确定其是否连续编号，查明已发放的表单是否均已收回，并与存货盘点的汇总记录进行核对。必要时，将盘点表上的事项与检查记录进行核对。

（3）注册会计师应当根据自己在存货监盘过程中获取的数据复核存货盘点结果汇总记录，形成存货监盘结果汇总表（格式如表9-5所示），完成存货监盘报告（格式如表9-6所示），并评估其是否正确地反映了实际盘点结果。

表9-5　　　　　　　　　　　　　　存货监盘结果汇总表

被审计单位名称：＿＿＿＿＿＿　　　　索引号：＿＿＿＿＿＿

项目：　存货＿＿＿＿＿＿　　　　财务报表截止日/期间：＿＿＿＿＿

编制人：＿＿＿＿＿＿　　　　复核人：＿＿＿＿＿＿

日期：＿＿＿＿＿＿　　　　日期：＿＿＿＿＿＿

存货类别	存货名称	单位	监盘数量	未经确认盘点报告数量	差异数量	差异原因	索引号	审计确认盘点报告数量

监盘人员签名＿＿＿＿＿＿＿
＿＿＿＿＿＿＿

编制说明：本表适用于监盘日（盘点日）为财务报表截止日的情况。

审计说明：

表9-6　　　　　　　　　　　　　　存货监盘报告

被审计单位名称：＿＿＿＿＿＿　　　　索引号：＿＿＿＿＿＿

项目：　存货＿＿＿＿＿＿　　　　财务报表截止日/期间：＿＿＿＿＿

编制人：＿＿＿＿＿＿　　　　复核人：＿＿＿＿＿＿

日期：＿＿＿＿＿＿　　　　日期：＿＿＿＿＿＿

一、盘点日期：　年　月　日

二、盘点仓库名称：＿＿＿＿＿＿

仓库负责人：＿＿＿＿＿＿；

仓库记账员：＿＿＿＿＿＿；仓库保管员：＿＿＿＿＿＿

仓库概况：（描述仓库共＿＿间，各仓库的特点）

三、监盘参加人员

监盘人员（　　　　事务所）注册会计师：

监盘人员（　　　　事务所）注册会计师：

监盘人员（公司财务处）：

监盘人员（公司供销处）：

公司盘点负责人：＿＿＿＿＿＿＿＿＿＿＿＿＿＿＿＿＿＿＿＿＿＿

公司盘点人员：＿＿＿＿＿＿＿＿＿＿＿＿＿＿＿＿＿＿＿＿＿＿＿

上述人员在监盘过程中，除 ＿＿＿＿＿＿ 外，自始至终未离开现场。

四、监盘开始前的工作

项目	是或否	工作底稿编号
1.索取《期末存货盘点计划》		
2.索取该仓库《存货收发存月报表》		
3.索取存货的《盘点清单》		
4.索取盘点前该仓库收料、发料的最后一张单证		
5.存货是否已停止流动		
6.废品、毁损物品是否已分开堆放		
7.货到单未到的存货是否已暂估入账		
8.发票未开，客户已提走的存货是否已单独记录		
9.发票已开，客户未提走的存货是否已单独记录（或单独堆放）		
10.存货是否已按存货的型号、规格排放整齐		
11.外单位寄存的货物是否已分开堆放		
12.代外单位保管的货物是否已分开堆放		
13.外单位代销的货物是否已分开堆放		
14.其他非本公司的货物是否已分开堆放		
15.委托外单位加工的存货、存放于外单位的存货，是否收到外单位的书面确认书		
16.最近一次盘点存货的日期		
17.最近一次对计量用具（地秤、秤量器和其他计量器）的校对		
18.是否有存货的记录位置或存放图		

五、监盘进行中的工作

1.监盘从＿＿＿点开始，共分＿＿＿个监盘小组，每个小组＿＿＿人，

续表

a.一人点数并报出型号、规格；

b.一人记录《盘点清单》；

c.一人_____。

2.核对仓库报表结存数量与仓库存货账结存数量是否相符；仓库存货账结存数量与仓库存货卡数量是否相符；填制《存货表、账、卡核对记录表》；

3.盘点结束，索取《盘点清单》及《存货盘盈、盘亏汇总表》。

六、复盘

1.盘点结束后，选择数额较大、收发频繁的存货项目进行复盘。

2.复盘人员为：

3.复盘记录详见《存货监盘结果汇总表》。

4.复盘统计：

品种、型号共____种，复盘____种，占____%；

金额共____元，复盘达____元，占____%；

5.计算复盘正确率：

复盘共____种，其中复盘正确的有____种，占____%；

复盘金额共____元，其中复盘正确的有____元，占____%；

6.确定存货中属于残次、毁损、滞销积压的存货及其对当年损益的影响：

存货中属于残次、毁损、滞销积压的存货的金额：

其中：原材料：_____元；

在产品：_____元；

产成品：_____元；

库存商品：_____元；

_____：_____元；

合　计：_____元。

七、盘点结束后的工作

1.再次观察现场并检查盘点表单；

2.复核盘点结果汇总记录；

3.关注盘点日与资产负债表日之间存货的变动情况；

4.关注存货盘点结果与永续盘存记录之间出现重大差异的处理；

5.关注被审计单位盘点方式及其结果无效时的处理，如果认为被审计单位的盘点方式及其结果无效，注册会计师应当提请被审计单位重新盘点；

6.请参加复盘人员在《存货监盘结果汇总表》上签字；

7.索取由仓库人员填写的《复盘差异说明》（请用文字说明，并加盖单位公章）。

八、对盘点及复盘的评价

1.仓库管理人员对存货（一般、不）熟悉；

2.盘点工作及复盘工作很（一般、不）认真；

3.对会计师需要的资料（一般、不）配合；

4.监盘结果总体评价：……

监盘人员签名：_____

（4）如果存货盘点日与资产负债表日不一致，注册会计师应当实施适当的审计程序，确定盘点日与资产负债表日之间存货的变动是否已得到恰当的记录。存货抽盘核对表是注册会计师将盘点日的存货调整为资产负债表日的存货的工作底稿，如表9-7所示。

表9-7 存货抽盘核对表

被审计单位名称：＿＿＿＿＿＿＿＿ 索引号：＿＿＿＿＿＿＿＿

项目： 存货 ＿＿＿＿＿＿＿ 财务报表截止日/期间：＿＿＿＿＿

编制人：＿＿＿＿＿＿＿＿＿＿＿ 复核人：＿＿＿＿＿＿＿＿

日期：＿＿＿＿＿＿＿＿＿＿＿＿ 日期：＿＿＿＿＿＿＿＿

一、资产负债表日前抽盘核对表

序号	品名及规格	单位	抽盘日实存数量	加：抽盘日至资产负债表日入库数量	减：抽盘日至资产负债表日发出数量	资产负债表日实存数量	资产负债表日账面数量	差异	原因分析

二、资产负债表日后抽盘核对表

序号	品名及规格	单位	抽盘日实存数量	加：资产负债表日至抽盘日发出数量	减：资产负债表日至抽盘日入库数量	资产负债表日实存数量	资产负债表日账面数量	差异	原因分析

编制说明：本表适用于抽盘日不是财务报表截止日的情况。

审计说明：

（5）如果通过实施存货监盘发现被审计单位财务报表存在重大错报，且被审计单位拒绝调整，应当考虑出具保留意见或否定意见的审计报告。

5.存货监盘时特殊情况的处理

（1）由于存货的性质或位置导致无法实施监盘程序，注册会计师应当实施下列替代审计程序：检查进货交易凭证或生产记录以及其他相关资料；检查资产负债表日后发生的销货交易记录；向顾客或供应商函证。

如果不能实施替代审计程序，或者实施替代审计程序可能无法获取有关存货的存在和状况的充分、适当的审计证据，注册会计师需要考虑出具保留意见或无法表示意见的审计报告。

（2）因不可预见的因素导致无法在预定日期实施监盘。由于注册会计师无法亲临现场或恶劣的天气等不可预见因素而可能导致无法在预定日期实施存货监盘，注册会计师应当评估与存货相关的内部控制的有效性，另择日期实施监盘，并对该期间发生的交易实施实质性程序。

（3）对被审计单位委托其他单位保管的或已作质押的存货。注册会计师应当实施下列审计程序，以获取有关该存货存在和状况的充分、适当的审计证据：向保管人或债权人函证；实施存货监盘或利用其他注册会计师的工作。

（4）首次接受委托的情况。当首次接受委托未能对上期期末存货实施监盘，且该存货对本期财务报表存在重大影响时，注册会计师应当实施下列一项或多项审计程序，以获取有关本期期初存货余额的充分、适当的审计证据：①查阅前任注册会计师工作底稿；②复核上期存货盘点记录及文件；③检查上期存货交易记录；④运用毛利百分比法等进行分析。

> 👆 提示
>
> 如果被审计单位在盘点过程中无法停止生产，可以考虑在仓库内划分出独立的过渡区域，将预计在盘点期间领用的存货移至过渡区域、对盘点期间办理入库手续的存货暂时放在过渡区域，以此确保相关存货只被盘点一次。

三、存货的实质性程序——存货计价测试

监盘程序主要是对存货的结存数量予以确认。为验证财务报表上存货余额的真实性，还必须对存货的计价进行审计，即确定存货实物数量和永续盘存记录中的数量是否经过正确的计价和汇总。存货计价测试主要是针对被审计单位所使用的存货单位成本是否正确所作的测试。

（一）存货计价测试原理

1.样本的选择

计价审计的样本，应从存货数量已经盘点、单价和总金额已经计入存货汇总表的结存存货中选择。选择样本时应着重选择结存余额较大且价格变化比较频繁的项目，同时考虑所选样本的代表性。抽样方法一般采用分层抽样法，抽样规模应足以推断总体的情况。

2.计价方法的确认

注册会计师应结合企业会计准则的要求并根据被审计单位的特点审查被审计单位存货计价方法是否恰当，是否一贯执行。

3.计价测试

进行计价测试时，注册会计师首先应对存货价格的组成内容予以审核，然后按照所了解的计价方法对所选择的存货样本进行计价测试。待测试结果出来后，应与被审计单位账面记录对比，编制对比分析表，分析形成差异的原因。如果差异过大，应扩大测试范围，并根据审计结果提出审计调整建议。在审计存货计价时，应充分关注企业对存货可变现净值的确定及存货跌价准备的计提。

存货计价测试表是注册会计师抽出样本按照企业选定的计价方法重新计算存货计价而形成的底稿，存货计价测试表如表9-8所示。

表9-8   存货计价测试表

被审计单位名称：_____ 索引号：_____

项目：**存货**_____ 财务报表截止日/期间：_____

编制人：_____ 复核人：_____

日期：_____ 日期：_____

品名及规格：

月份	增加			减少（计价方法：____）			结存		
	数量	单价	金额	数量	单价	金额	数量	单价	金额
期初数									
1月									
2月									
3月									
4月									
5月									
6月									
7月									
8月									
9月									
10月									
11月									
12月									
合计									

注：本表适用于原材料、库存商品、发出商品等。

审计说明：

（二）存货成本的计价审计

存货成本的计价审计包括直接材料成本审计、直接人工成本审计和制造费用审计等内容。

1.直接材料成本审计

（1）抽查产品成本计算单，检查材料费用的计算方法和分配标准是否合理和适当，与领料记录、生产工时记录、材料费用分配汇总表等进行核对，验证是否相符，检查直接材料成本的计算和分配是否正确。

（2）材料耗用量与材料领料单汇总核对是否相符，检查直接材料耗用数量的真实性，有无将非生产用材料计入直接材料费用。

（3）分析比较同一产品前后各年度的直接材料成本，如有重大波动应查明原因。

（4）抽查材料发出及领用的原始凭证，检查领料单的签发是否经过授权，材料发出汇总表是否经过适当的人员复核，材料单位成本的计价方法是否适当，是否正确及时入账。

（5）对采用定额成本或标准成本的企业，应检查直接材料成本差异的计算、分配与会计处理是否正确，并查明直接材料的定额成本、标准成本在本年度内有无重大变更。

直接材料成本情况检查表是注册会计师抽取样本对材料成本进行详细检查而形成的底稿，直接材料成本情况检查表如表9-9所示。

表9-9　　　　　　　　　　　直接材料成本情况检查表

被审计单位名称：＿＿＿＿＿＿＿＿＿＿＿　　索引号：＿＿＿＿＿＿＿＿＿＿＿

项目：直接材料成本　　　　　　　　　　财务报表截止日/期间：＿＿＿＿＿＿＿

编制人：＿＿＿＿＿＿＿＿＿＿＿　　　　复核人：＿＿＿＿＿＿＿＿＿＿＿

日期：＿＿＿＿＿＿＿＿＿＿＿　　　　　日期：＿＿＿＿＿＿＿＿＿＿＿

月份	名称及规格	金额	检查内容（用"√""×"表示）								附件描述
			1	2	3	4	5	6	7	8	

检查内容说明：

1.材料耗用量与材料领料单汇总核对是否相符；

2.材料分配汇总表中该产品分配的直接材料成本与材料耗用量核对是否相符；

3.材料成本在不同产品间的分配标准与计算方法是否合理和适当；

4.材料成本在某产品完工产品和在产品间的分配标准和计算方法是否合理和适当；

5.采用标准成本或定额成本的标准材料成本或定额成本的确定是否合理，材料成本差异的计算和分配是否正确；

6.直接材料的定额成本、标准成本本期有无变化。

……

审计说明：

2.直接人工成本审计

（1）抽查产品成本计算单，检查人工费用的分配标准与计算方法是否合理和适当，与人工费用分配汇总表进行核对，验证是否相符，检查直接人工成本计算是否正确。

（2）比较本年度和以前年度及本年度各个月份的直接人工项目，以确定成本项目是否有异常变动，以及是否存在调节成本的现象。

（3）结合应付职工薪酬的检查，抽查人工费用会计处理是否正确。

（4）对采用标准成本法的企业，应抽查直接人工成本差异的计算、分配与会计处理是否正确，并查明直接人工标准成本在本年度内有无重大变更。

3.制造费用审计

（1）获取或编制制造费用明细表，复核加计是否正确，并与明细账、总账核对确定是否相符，抽查制造费用中的重大数额项目是否合理。

（2）比较本年度和以前年度及本年度各个月份的制造费用项目，以确定成本项目是否有异常变动，以及是否存在调节成本的现象。

（3）审阅制造费用明细账，检查计入生产成本的制造费用是否已扣除非正常消耗的制造费用（如非正常的低生产量、闲置设备等产生的费用），检查其核算内容及范围是否正确。

（4）对制造费用实施截止测试，检查资产负债表日前后若干天的制造费用明细账及其凭证，确定有无跨期入账的情况。

（5）分析各项制造费用的性质，结合生产成本科目的审计，抽查成本计算单，检查制造费用的分配是否合理、正确，检查制造费用的分配方法前后期是否一致。

（6）对于采用标准成本法的被审计单位，应抽查标准制造费用及分配率的确定是否合理，计入成本计算单的数额是否正确，制造费用差异的计算、分配和会计处理是否正确，并查明标准制造费用在本年度内有无重大变动，变动是否合理。

【例9-5】（简答题）制造业企业甲公司是ABC会计师事务所的常年审计客户。A注册会计师负责审计甲公司2024年度财务报表。与存货审计相关的部分事项如下：

（1）A注册会计师取得了甲公司2024年年末存货跌价准备明细表，测试了明细表中的存货数量、单位成本和可变现净值，结果满意，据此认可了年末的存货跌价准备。

（2）A注册会计师于2024年12月31日对甲公司的存货盘点实施了监盘。因人手不足，管理层和A注册会计师分别执行了其中的8个和2个仓库的盘点。在管理层完成8个仓库的盘点后，A注册会计师取得了管理层编制的盘点表，从中选取项目执行了抽盘，结果满意，据此认可了盘点结果。

（3）甲公司年末存放于第三方仓库的原材料金额重大。A注册会计师向第三方仓库函证了这些原材料的名称、规格和数量，并测试了其单价，结果满意，据此认可了这些原材料的年末账面价值。

（4）A注册会计师在对甲公司存货执行监盘时发现部分产成品未纳入盘点范围，管理层解释这些产成品已售出，对方尚未提货。A注册会计师检查了已售未出库产成品台账和销售部门开出的提货单，结果满意，据此认可了管理层的做法。

（5）在甲公司存货盘点现场实施监盘时，A注册会计师发现2个抽盘的存货项目未包含在管理层的盘点表中。管理层解释系疏忽所致并修改了盘点表。A注册会计师检查了修改后的盘点表，结果满意，据此认可了管理层的盘点结果。

（6）2025年1月3日，A注册会计师在甲公司存货盘点现场实施了监盘。因盘点日存货账面余额与2024年末存货账面余额变动较小，A注册会计师认为通过上述监盘已就2024年末的存货数量获取了充分、适当的审计证据。

【要求】针对上述第（1）至（6）项，逐项指出A注册会计师的做法是否恰当。如不恰当，简要说明理由。

【正确答案】（1）不恰当。未测试存货跌价准备明细表的完整性。

（2）不恰当。不能代行管理层的盘点职责。未在现场观察管理层的盘点。

（3）不恰当。没有就第三方保管的原材料状况获取审计证据。

（4）不恰当。已售未出库产成品台账和销售部门开出的提货单属于内部证据，应检查销售发票等外部证据。

（5）不恰当。注册会计师应当查明原因，并考虑错误的潜在范围和重大程度，可以要求被审计单位重新盘点。

（6）不恰当。注册会计师应当实施适当的审计程序，确定盘点日与资产负债表日之间存货的变动是否已得到恰当的记录。

❀ 项目小结

知识点❶ 从企业的生产流程来看，原材料经过采购与付款循环进入存货与仓储循环，然后随着销售与收款循环中的销售环节而结束。因此，生产与仓储循环与其他业务循环关系非常密切。

知识点❷ 生产与仓储循环所涉及的主要业务活动包括：计划和安排生产；发出原材料；生产产品；核算产品成本；入库及存储产成品；发出产成品等。上述业务活动通常涉及以下部门：生产计划部门、仓库部门、生产部门、发运部门、销售部门、会计部门等。

知识点❸ 生产与仓储循环的内部控制包括：职务分离控制；计划和安排生产控制；发出材料控制；生产产品控制；储存产成品控制；发出产品控制；产品核算控制。

知识点❹ 存货的审计目标包括：确定资产负债表中记录的存货是否存在；确定所有应当记录的存货是否均已记录；确定记录的存货是否由被审计单位拥有或控制；确定存货是否以恰当的金额包括在财务报表中，与之相关的计价调整是否已恰当记录；存货是否已按照企业会计准则的规定在财务报表中作出恰当列报。

知识点❺ 存货的实质性程序主要有存货监盘与存货计价测试。

❀ 项目实训题

一、判断题

1.甲公司在资产负债表日对一批账面价值为100万元、可变现净值为84万元的存货计提了跌价准备16万元。该批存货在资产负债表日至审计报告日出售了50%，销售收入为41万元。助理人员确认甲公司对该批存货计提的跌价准备是合理的。（　　）

2.存货监盘只能对期末结存数量和状况予以确认，为了验证财务报表上存货余额的真实性，还必须对存货的计价进行审计。（　　）

3.如果存货盘点日不是资产负债表日，有可能是在资产负债表日之后或之前甚至是在不同日期进行盘点，注册会计师应当根据不同情况的特点实施程度不同的审计程序，以便确定被审计单位对于盘点日与资产负债表日之间的存货变动情况是否已作出了正确的记录。（　　）

4.注册会计师应当根据被审计单位存货的特点、盘存制度和存货内部控制的有效性等

情况，在评价被审计单位存货盘点计划的基础上，编制存货监盘计划，对存货监盘作出合理安排。（　　）

5.注册会计师应在企业盘点人员盘点后，根据自己观察的情况，在盘点标签尚未取下之前，进行复盘抽点，抽点样本一般不得低于存货总量的20%。（　　）

6.对于企业存放或寄销在外地的存货，也应纳入盘点范围，可以由本所注册会计师亲自前往监盘，也可以向寄存寄销单位函证。（　　）

7.存货正确截止的要求是12月31日前购入的存货，即使不验收入库，也必须纳入存货盘点的范围。（　　）

8.在复核或与管理层讨论其存货盘点计划时，注册会计师如果认为被审计单位的存货盘点计划存在缺陷应当提请被审计单位调整。（　　）

9.注册会计师如果无法在预定日期实施存货监盘或接受委托时被审计单位的期末存货盘点已经完成，注册会计师委托内部审计人员协助。（　　）

10.将存货余额与现有订单、资产负债表日后各期的销售额和下一年度的预测销售额进行比较，可以评估存货滞销和跌价的可能性。（　　）

二、单项选择题

1.下列证实存货项目存在认定最可靠的审计程序是（　　）。

A.检查购货发票、验收单的编号以及存货明细账

B.实施存货监盘程序

C.将购货发票上的价格、数量与存货明细账核对

D.从存货明细账中抽取项目检查至购货发票验收单

2.注册会计师A在设计与存货项目相关的审计程序时，确定了以下审计策略，其中不正确的是（　　）。

A.对单位价值较高的存货，以实质性程序为主

B.对由少数项目构成的存货，以实质性程序为主

C.对单位价值较高的存货，以控制测试程序为主

D.实施实质性程序时，检查存货的范围取决于存货的性质和样本选择方法

3.下列有关存货审计表述中，不正确的是（　　）。

A.存货计价审计的样本应着重选择余额较小且价格变动不大的存货项目

B.通过存货的监盘，可以同时实现存货的真实性、完整性、权利和义务等多个审计目标

C.存货监盘程序主要包括控制测试和实质性程序

D.存货截止测试的主要方法是抽查存货盘点日前后的购货发票与验收报告，确定每张发票均附有验收报告

4.下列属于被审计单位健全有效的存货内部控制需要由独立的采购部门负责的是（　　）。

A.编制购货订单　　　　　　　　　　　B.编制请购单

C.检验购入货物的数量、质量　　　　　D.控制存货水平以免出现积压

5.在对存货实施监盘程序时，以下做法注册会计师不应该选择的是（　　）。

A.对于已作质押的存货，向债权人函证与被质押存货相关的内容

B.对于受托代存的存货，实施向存货所有权人函证等审计程序

C.对于因性质特殊而无法监盘的存货，实施向顾客或供应商函证等审计程序

D.被审计单位相关人员完成存货盘点后，注册会计师进入存货存放地点对已盘点存货实施检查程序

6.在对存货实施抽查程序时，以下做法中，注册会计师应该选择的是（   ）。

A.尽量将难以盘点或隐蔽性较大的存货纳入抽查范围

B.事先就拟抽取测试的存货项目与被审计单位沟通，以提高存货监盘的效率

C.从存货盘点记录中选取项目追查至存货实物，以测试盘点记录的完整性

D.如果盘点记录与存货实物存在差异，要求被审计单位更正盘点记录

7.下列有关存货监盘程序的说法中，错误的是（   ）。

A.由于既定盘点日的航班取消导致注册会计师无法亲临现场，注册会计师决定实施替代审计程序

B.存货监盘的相关程序可以用作控制测试或者实质性程序

C.注册会计师应评价管理层用以记录和控制存货盘点结果的指令和程序

D.如果存货盘点日不是资产负债表日，注册会计师应实施恰当的审计程序以确定盘点日与资产负债表日之间存货的变动均已得到记录

8.注册会计师在检查被审计单位存货时，注意到某些存货项目实际盘点的数量大于永续盘存记录中的数量。假定不考虑其他因素，以下各项中，最可能导致这种情况的是（   ）。

A.供应商向被审计单位提供购货折扣   B.被审计单位向客户提供销货折扣

C.被审计单位已将购买的存货退给供应商   D.客户已将购买的存货退给被审计单位

9.以下有关期末存货的监盘程序中，与测试存货盘点记录的完整性不相关的是（   ）。

A.从存货盘点记录中选取项目追查至存货实物

B.从存货实物中选取项目追查至存货盘点记录

C.在存货盘点过程中关注存货的移动情况

D.在存货盘点结束前，再次观察盘点现场

10.下列有关生产与存货循环涉及的主要凭证和会计记录的说法中，不恰当的是（   ）。

A.工薪费用分配表反映了各生产车间各产品应负担的生产工人工薪及福利费

B.在实施存货盘点之前，注册会计师通常编制存货盘点指令，对存货盘点的时间、人员、流程及后续处理等方面作出安排

C.产成品入库单是产品生产完成并经检验合格后从生产部门转入仓库的凭证

D.存货明细账是用来反映各种存货增减变动情况和期末库存数量及相关成本信息的会计记录

三、多项选择题

1.注册会计师在对期末存货进行截止测试时，通常应当关注（   ）。

A.所有在截止日以前入库的存货项目是否均已包括在盘点范围内，并已反映在截止日以前的会计记录中

B.所有在截止日以前装运出库的存货项目是否均未包括在盘点范围内，且未包括在截止日的存货账面余额中

C.所有已确认为销售但尚未装运出库的商品是否均未包括在盘点范围内，且未包括在截止日的存货账面余额中

D.所有已记录为购货但尚未入库的存货是否均已包括在盘点范围内，并已反映在会计记录中

2.被审计单位有一批寄销在外地的存货，该存货对财务报表是重要的，注册会计师可以采取的审计程序有（　　）。

A.向寄销单位函证

B.审查存货证明或寄销合同

C.亲自前往外地监盘

D.委托当地的注册会计师监盘

3.中桥会计师事务所接受甲公司（制造类公司）全体股东委托，审计甲公司2024年财务报表，"影响生产与仓储交易和余额的重大错报风险"可能包括（　　）。

A.交易的数量庞大，业务复杂，这就增加了错误和舞弊的风险

B.可能存在产品的多元化

C.某些存货项目的可变现净值可能难以确定

D.大型企业可能将存货存放在很多地点，并且可以在不同的地点之间配送存货，这将增加商品途中毁损或遗失的风险

4.对被审计单位存货监盘时，注册会计师应特别关注的问题有（　　）。

A.注册会计师应当特别关注存货的状况，观察被审计单位是否已经恰当地区分了所有毁损、陈旧、过时及残次的存货

B.注册会计师应当获取盘点日前后存货收发及移动的凭证，检查库存记录与会计记录期末截止日期是否正确

C.注册会计师应当特别关注存货的移动情况，防止遗漏或重复盘点

D.在存货监盘过程中，注册会计师应当获取存货验收入库、装运出库以及内部转移截止等信息，以便将来追查至被审计单位的会计记录

5.在被审计单位存货盘点结束前，注册会计师应当（　　）。

A.复核盘点结果汇总记录，评估其是否正确地反映了实际盘点结果

B.再次观察盘点现场，以确定所有应纳入盘点范围的存货是否均已盘点

C.取得并检查已填用、作废及未使用盘点表单的号码记录，确定其是否连续编号，查明已发放的表单是否均已收回，并与存货盘点的汇总记录进行核对

D.如果存货盘点日不是资产负债表日，注册会计师应当实施适当的审计程序，确定盘点日与资产负债表日之间存货的变动是否已作正确的记录

6.存货监盘计划的主要内容包括（　　）。

A.存货监盘的目标、范围及时间安排　　B.抽查的范围

C.参加存货监盘人员的分工　　D.存货监盘的要点及关注事项

7.若注册会计师无法实施存货实地观察盘点程序，且又无可依赖的替代程序，则注册会计师可发表（　　）。

A.带强调事项段的无保留意见　　　　B.保留意见

C.否定意见　　　　　　　　　　　　　　D.无法表示意见

8.注册会计师对于被审计单位委托其他单位保管或已作质押的存货未进行监盘应实施的以下审计程序有（　　）。

A.向保管人或债权人函证

B.实施监盘

C.利用其他注册会计师的工作

D.对存放于外单位存货，注册会计师通常需要向该单位获取委托代管存货的书面确认函

9.下列各项中，如果存货盘点日不是资产负债表日，注册会计师的下列做法中不恰当的有（　　）。

A.资产负债表日再次实施盘点及监盘

B.实施适当的审计程序，确定盘点日与资产负债表日之间存货的变动是否已得到恰当的记录

C.如盘点日与资产负债表日相隔较近，可直接将盘点日存货余额视为资产负债表日存货余额

D.与管理层沟通后，直接利用内部审计工作，以确定资产负债表日存货余额

10.注册会计师对存货检查时发现了差异，下列处理中恰当的是（　　）。

A.查明原因，及时提请被审计单位更正

B.不管是什么差异，应当提请被审计单位先挂"待处理财产损溢——待处理流动资产损溢"账后再作处理

C.注册会计师应当考虑错误的潜在范围和重大程度，在可能的情况下，增加检查范围以减少错误的发生

D.注册会计师根据检查的结果如果认为盘点记录中错误程度非常严重，应当要求被审计单位重新进行盘点

四、简答题

1.简述存货审计对整个财务报表审计的影响。

2.简述生产与仓储循环主要内部控制与控制测试措施。

3.什么是存货监盘？存货监盘的目的是什么？

4.编制存货监盘计划时，注册会计师应当考虑哪些因素？

5.存货监盘计划包括哪些内容？

6.简述存货审计目标包括的内容。

7.简述注册会计师对已盘点存货实施检查的目的、范围及采取的审计程序。

8.由于存货性质或位置等原因导致注册会计师无法实施存货监盘程序，可实施怎样的替代程序？

9.如何实施存货的截止测试？

10.简述直接材料成本、直接人工成本及制造费用审计的主要内容。

五、案例分析题

练习一

【资料】ABC会计师事务所的A注册会计师负责审计甲公司2024年度财务报表，与存

货审计相关的部分事项摘录如下：

（1）甲公司的存货存在特别风险。A注册会计师在了解相关内部控制后，未测试控制运行的有效性，直接实施了细节测试。

（2）A注册会计师实施存货监盘程序，以获取针对存货存在、完整性认定充分、适当的审计证据。

（3）在存货盘点现场实施监盘时，A注册会计师执行的程序为观察管理层制定的盘点程序的执行情况、检查存货、执行抽盘。

（4）因甲公司在产品存货金额巨大，且在产品完工进度的确定较为复杂，A注册会计师拟利用专家的工作。

（5）甲公司存货存放在多个地点，A注册会计师要求管理层提供一份完整的存货存放地点清单（不包括期末库存量为零、租赁及第三方代为保管存货的仓库）。

【要求】针对上述第（1）至（5）项，逐项指出A注册会计师的做法是否恰当。如不恰当，简要说明理由。

练习二

【资料】中汇会计师事务所注册会计师王明和李林负责审计丙公司2024年度的财务报表。丙公司属于商品零售业，其存货占其资产总额的70%。除自营业务外，丙公司还将部分柜台对外出租，并为承租商提供商品仓储服务。根据对丙公司期中测试结果，注册会计师王明认为丙公司存货的内部控制有效，并计划于2024年12月31日实施存货监盘程序。注册会计师王明和李林编制的存货监盘计划部分内容摘录如下：

（1）在到达存货盘点现场后，监盘人员观察代柜台承租商保管的存货是否已经单独存放并予以标明，确定其未被纳入存货盘点范围。

（2）在丙公司开始盘点存货前，监盘人员在拟检查的存货项目上作出标识。

（3）对以标准规格包装箱包装的存货，监盘人员根据包装箱的数量及每箱的标准容量直接计算确定存货的数量。

（4）在存货监盘过程中，监盘人员除关注存货的数量外，还需要特别关注存货是否出现毁损、陈旧、过时及残次等情况。

（5）对存货监盘过程中收到的存货，要求丙公司单独存放，不纳入存货监盘的范围。

（6）检查相关凭证以证实盘点截止日前所有已确认为销售但尚未装运出库的存货均已纳入盘点范围。

（7）对于存放在外地公用仓库的存货，因暴雨导致监盘人员于原定存货监盘日未能到达盘点现场，实施了检查货运文件、出库记录等替代程序。

（8）在存货监盘结束时，监盘人员将除作废的盘点表单以外的所有盘点表单的号码记录于监盘工作底稿。

【要求】针对上述事项，逐项指出是否存在不当之处。如果存在不当，简要说明理由。

练习三

【资料】乙公司是中诚会计师事务所的常年审计客户，主要从事电子产品的生产和销售，中诚会计师事务所委派注册会计师王林担任乙公司2024年度财务报表审计项目合伙人。在审计存货时，了解到乙公司存货A、B原材料主要分别用于生产甲产品、乙产品，甲产品是乙公司目前最畅销的产品，乙产品期后售价下调20%。注册会计师王林编制了相关工作底稿，部分内容摘录见表9-10。

表9-10   相关工作底稿资料   单位：万元

被审计单位名称：乙公司					索引号：C1-1	
项目：存货跌价准备审计表				编制：王林	日期：2025年2月8日	
财务报表截止日/期间：2024年12月31日				审核：李明	日期：2025年2月8日	
项目	索引	结存成本	可变现净值	应计提的跌价准备	账面已计提的跌价准备	差异
A原材料	注释1	50	120	0	0	0
B原材料	注释1	190	200	0	0	0
小计		288	377	0	0	0
甲产品	注释2	440	580	0	0	0
乙产品	注释2	280	290	0	0	0
小计		870	1 030	0	0	0

注释1：原材料可变现净值按照于2024年12月31日的相关原材料市场价格扣除对外转让原材料的预计销售费用和相关税费确定。我们核对了相关原材料供应商于2024年12月31日的报价、预计销售费用和税费的计算表（索引号（略）），没有发现差异。审计处理建议：无须提出审计调整建议。

注释2：产成品可变现净值按照于2024年12月31日的相关产品销售价格扣除必要销售费用和相关税费确定。我们核对了乙公司相关产品于2024年12月31日的售价目录以及预计销售费用和税费的计算表（索引号（略）），没有发现差异。审计处理建议：无须提出审计调整建议。

【要求】

（1）针对上述资料，假定不考虑其他条件，指出资料中所列的存货跌价准备审计表的内容存在哪些不当之处。

（2）针对上述资料，假定不考虑其他条件，针对A、B原材料以及甲、乙产品，逐项指出是否存在需要建议乙公司计提存货跌价准备的情况，并简要说明理由。

销售与收款循环审计

❋ 学习目标

知识目标：

了解销售与收款循环主要业务活动及其涉及的主要凭证与记录。

掌握销售与收款循环内部控制与控制测试。

理解函证与销售截止性测试。

掌握应收账款、营业收入的实质性程序，熟练运用各种审计技术。

理解销售与收款循环中相关的审计工作底稿。

职业能力目标：

培养审计人员具有操守为重的家国情怀，能够实际操作业务交易循环的审计。

❀ 本章内容思维导图

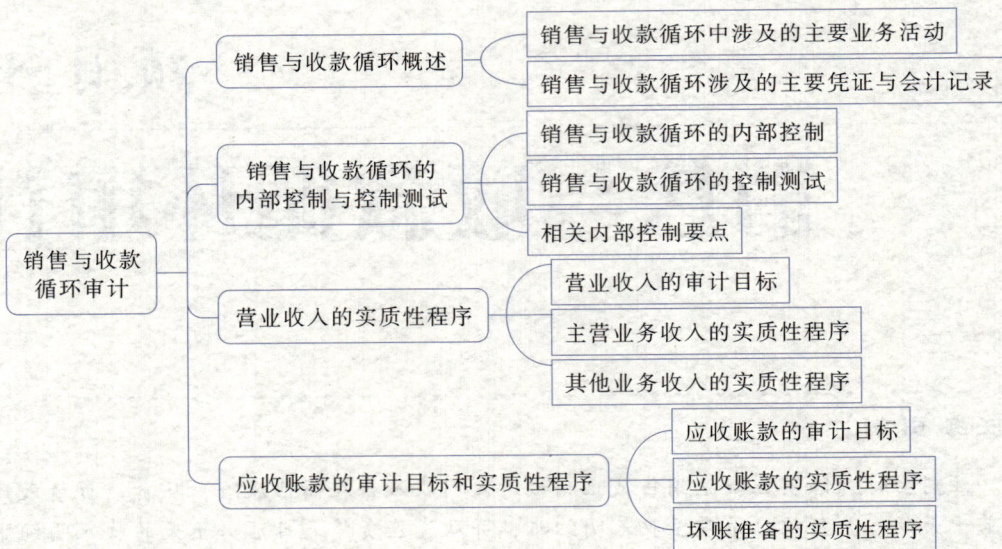

销售与收款循环审计
- 销售与收款循环概述
  - 销售与收款循环中涉及的主要业务活动
  - 销售与收款循环涉及的主要凭证与会计记录
- 销售与收款循环的内部控制与控制测试
  - 销售与收款循环的内部控制
  - 销售与收款循环的控制测试
  - 相关内部控制要点
- 营业收入的实质性程序
  - 营业收入的审计目标
  - 主营业务收入的实质性程序
  - 其他业务收入的实质性程序
- 应收账款的审计目标和实质性程序
  - 应收账款的审计目标
  - 应收账款的实质性程序
  - 坏账准备的实质性程序

任务一　销售与收款循环概述

销售与收款循环是企业向顾客提供商品或劳务，直到收回货款的有关活动所组成的业务循环。注册会计师只有了解销售与收款循环涉及的主要凭证与记录及主要活动，才能对销售与收款循环涉及的相关账户的审计风险予以把握，进而提高审计的工作效率和工作效果。

一、销售与收款循环中涉及的主要业务活动

（一）接受顾客订购单

顾客提出订货要求是整个销售与收款循环的起点，从法律意义上讲，是购买某种货物或接受某种劳务的一项申请。顾客的订购单只有在符合企业管理层的授权标准时才能被接受。

顾客订购单在批准之后，应编制销售单。顾客订购单和销售单是证明管理层有关销售交易的"发生"认定的凭据。

（二）批准赊销信用

对于赊销业务，信用管理部门应根据管理层的赊销政策对每个顾客的已授权的信用额度以及比较至今尚欠的账款余额，决定是否批准赊销。设计赊销信用批准的目的是降低坏账风险，这一程序与应收账款账面余额的"计价和分摊"认定有关。

（三）按销售单供货

企业管理层通常要求仓库只有在收到经过批准的销售单时才能供货，在未经授权的情况不能擅自发货。

（四）按销售单装运货物

将按经批准的销售单供货与按销售单装运货物职责相分离，有助于避免负责装运货物的职员在未经授权的情况下装运产品。装运凭证是一式多联的提货单，它提供了商品确实已装运的证据，是证实销货交易"发生"认定的凭据，定期检查每张装运凭证后是否附有相应的销售发票，则有助于验证销货交易的"完整性"认定。

（五）向顾客开具账单

开具账单包括编制和向顾客寄送事先连续编号的销售发票。向顾客开具账单时必须做好以下几方面工作：

1.开具账单职员在开具每张销售发票之前，应独立检查是否存在装运凭证和相应的经批准的销售单。

2.依据已授权批准的商品价目表开具，独立检查销售发票计价和计算的正确性。

3.将装运凭证上的商品总数与相对应的销售发票上的商品总数进行比较。

上述程序与销售交易的"发生"、"完整性"以及"准确性"认定有关。

（六）记录销售

记录销售是指按销售发票编制转账凭证或收款凭证，再据以登记销售明细账和应收账款明细账或现金、银行存款日记账。

记录销售与销售交易的"发生"、"完整性"、"准确性"以及"计价和分摊"认定有关。

（七）办理和记录现金、银行存款收入

这项业务涉及的是有关货款收回活动。处理货币资金收入时最重要的是要保证全部货币资金都必须如数、及时地记入现金、银行存款日记账或应收账款明细账。

（八）办理和记录销售退回、销售折扣与折让

发生销售退回、销售折扣与折让时，必须经授权批准，并应确保与办理此事有关的部门和职员各司其职，分别控制实物流和会计处理。

（九）注销坏账

销售企业若认为某项货款再也无法收回，就必须注销这笔货款。对这些坏账，正确的处理方法应该是获取货款无法收回的确凿证据，经适当审批后及时作账项调整。

（十）提取坏账准备

坏账准备提取的数额必须能够抵补企业以后无法收回的销货款。

销售与收款循环涉及的主要活动如图10-1所示。

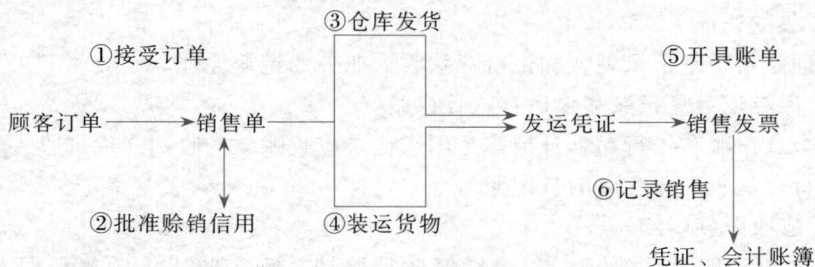

图10-1　销售与收款循环所涉及的主要活动

二、销售与收款循环涉及的主要凭证与会计记录

典型的销售与收款循环所涉及的主要凭证与会计记录包括以下几种：

（一）客户订购单

客户订购单是顾客提出的书面购货要求。企业可以通过销售人员或其他途径向现有的及潜在的顾客发送订购单等方式接受订货，取得顾客订购单。

（二）销售单

销售单是列示顾客所订商品的名称、规格、数量以及其他顾客订购单有关资料的表格，作为销售方内部处理顾客订购单的依据。

（三）发运凭证

发运凭证（出库单或者提货单）是在发运货物时编制的用以反映发出商品的规格、数量和其他有关内容的凭据。该凭证可用作向顾客开具账单的依据。

（四）销售发票

销售发票是一种用来表明已销售商品的名称、规格、数量、销售金额、运费和保险费、开票日期、付款条件等内容的凭证。销售发票是在会计账簿中登记销售交易的基本凭证。

（五）商品价目表

商品价目表是列示已经授权批准的、可供销售的各种商品的价格清单。

（六）红字电子专票

通常是发生销售退回、已批准的折让或开票错误等事项，且不符合发票作废条件时，需要开具红字电子专票来冲抵此前开出的蓝字发票。

（七）汇款通知书

汇款通知书是一种注明了顾客的姓名、销售发票号码、销售单位开户银行账号以及金额等内容并寄给顾客，由顾客在付款时再寄回销售单位的凭证。

（八）坏账审批表

坏账审批表是一种用来批准将某些应收款项注销为坏账的凭证。

（九）顾客月末对账单

顾客月末对账单是一种按月定期寄送给顾客的用于购销双方定期核对账目的凭证。

（十）转账凭证

转账凭证是根据有关转账业务的原始凭证编制的，记录转账业务的记账凭证。

（十一）收款凭证

收款凭证是指用来记录现金和银行存款收入业务的记账凭证。

（十二）库存现金日记账和银行存款日记账

库存现金日记账和银行存款日记账是用来记录应收账款的收回或现销收入以及其他各种现金、银行存款收入和支出的日记账。

（十三）应收账款明细账

应收账款明细账是用来记录每个顾客各项赊销、现金收入、销售退回及折让的明细账。

（十四）主营业务收入明细账

主营业务收入明细账通常是记载和反映不同类别商品或服务的营业收入的明细发生情况和总额的明细账。

（十五）折扣与折让明细账

折扣与折让明细账是一种用来核算企业销售商品时，按销售合同规定为了及早收回货款而给予顾客的销售折扣（现金折扣）与因商品品种、质量等原因而给予顾客的销售折让情况的明细账。

★ 素养提升（素养目标：具备审计职业的五种品质）

审计风暴的启示

2003年6月，在第十届全国人大常委会第十次会议上，原审计署审计长李金华作了《关于2003年度中央预算执行和其他财政收支的审计工作报告》，这是第一次向社会公开审计报告。这份报告详细列举了多个部委机关违法使用资金的事实，其数额之大、范围之广令人震惊，一场严查"乱管理、乱投资、违规挪用资金"的"审计风暴"随即席卷全国。媒体对此反应强烈，将其称为"审计风暴"。可见，审计工作要关注体制、机制上的问题，更要加大对重大违法违规和经济犯罪问题的查处力度。把改善民生摆在更加突出的位置，审计机关要切实加强对农业、环保、社保、医疗、教育等关系民生的财政资金的监督，促进各项惠民政策的落实。

审计风暴对学生的启示：学生除掌握学科知识、专业技能之外，还要具备五种品质：

敬畏：敬畏法律和规则，做遵纪守法、恪守职业道德的典范。

独立：养成独立思考的习惯，坚守初心，忠于职守，坚持客观公正的原则。

诚信：诚信待人，诚信做事，珍惜声誉，不为名利所诱惑。

责任：勇于担当、敢于负责的责任感和使命感。

明辨：明辨是非，明辨事理。

任务二　销售与收款循环的内部控制与控制测试

为规范销售与收款行为，防范销售与收款过程中的差错和舞弊，单位应建立健全销售与收款环节的内部控制。

一、销售与收款循环的内部控制

1.严格的职责分离

企业应当建立销售与收款的岗位责任制，明确相关部门和岗位的职责与权限，确保办理销售与收款业务的不相容岗位相互分离、制约和监督。企业应当将办理销售、发货、收款三项业务的部门（或岗位）分别设立；企业在销售合同订立前，应当指定专门人员就销售价格、信用政策、发货及收款方式等具体事项与顾客进行谈判。谈判人员至少应有两人，并与订立合同的人员相分离；编制销售发票通知单的人员与开具销售发票的人员应相互分离；销售人员应当避免接触销货现款；企业应收票据的取得和贴现必须经由保管票据以外的主管人员的书面批准。适当的职责分离有助于防止各种有意或无意的错误。

2.恰当的授权审批

企业应当对销售与收款业务建立严格的授权审批制度。首先，明确审批人员对销售与收款业务的授权批准方式、权限、程序和相关控制措施，规定经办人员的职责范围和工作要求。其次，审批人应当根据销售与收款授权批准制度的规定，在授权范围内进行审批，不得超越审批权限。经办人员应当在职责范围内，按照审批人的批准意见办理业务。对于超过企业既定销售政策和信用政策规定范围的特殊销售交易，企业应当进行集体决策，以防止因审批人决策失误而造成严重损失。

> 👆 **提示**
>
> 对于授权审批问题，注册会计师应当关注以下关键点的审批程序：在销售发生之前，赊销已经正确审批；非经正当审批，不得发出货物；销售价格、销售条件、运费、折扣等必须经过审批。

3.会计系统控制

企业应加强对销售、发货、收款业务的会计系统控制。通过充分的凭证和记录，详细记录和反映销售客户、销售合同、发运凭证、销售发票、款项收回等情况，并确保会计记录、销售记录与仓储记录一致。

4.销售与发货控制

企业应建立健全销售定价、销售合同订立及审批制度。企业应根据有关价格政策，综合考虑财务目标、营销目标、产品成本、市场状况情况等多方面因素确定产品基准定价，制定价目表、销售折扣、折让政策。企业应明确签订销售合同的范围，规范销售合同的订立程序，确定销售合同的审核、审批程序。

销售部门应根据审核后的销售合同开具销售通知单，仓储部门对销售通知单进行审核，严格按照销售通知单所列的货物品种和规格、发货数量、发货时间、发货方式组织发货，并建立货物出库、发运等环节的岗位责任制，确保货物安全。

5.收款控制

（1）企业应当按照《企业会计准则》《企业内部控制基本规范》及相关应用指引等规定，及时办理销售收款业务。应将销售收入及时入账，不得账外设账，不得擅自坐支现金。要严格执行收支两条线制度，防止销售人员直接收取销售现款。

（2）企业加强赊销管理。一是对客户信用等级进行审核及审批；二是对赊销商品取得客户的书面确认，必要时，要求客户办理资产抵押、担保手续；三是完善应收账款账龄分析制度和逾期应收账款催收制度。销售部门负责应收账款的催收，财会部门应当督促销售部门加紧催收。

（3）建立票据管理制度。一是对单位应收票据的取得、贴现、背书、保管等活动予以明确规定；二是应有专人保管应收票据，对于即将到期的应收票据，应及时向付款人提示付款；三是票据的贴现、背书必须经恰当批准。

注册会计师可以通过询问、现场观察和检查被审计单位有关规章制度、文件资料等方式，了解该循环的内部控制制度，并用流程图、文字叙述法、调查法进行描述，记录于审计工作底稿。销售与收款循环中主要业务活动、相关凭证与会计账户、涉及部门、相关认定、内部控制要点的关系如表10-1所示。

表10-1　　销售与收款循环中主要业务活动、相关凭证与会计账户、
涉及部门、相关认定、内部控制要点

主要业务活动	相关凭证与会计账户	涉及部门	相关认定	内部控制要点
接收顾客订购单	顾客订购单、销售单	销售单管理部门	销售交易的发生	顾客名单已被授权批准
批准赊销信用	销售单	信用管理部门	应收账款净额的计价和分摊	信用管理部门签署意见
按销售单供货	销售单	仓库	销售交易的发生、完整性	收到经过批准的销货单才供货
按销售单装运货物	销售单、发运凭证	装运部门	销售交易的发生、完整性	供货和运货职能相分离
向顾客开具账单	销售单、发运凭证、商品价目表、销售发票	开具账单部门	销售交易的发生、完整性、计价和分摊	销售发票连续编号
记录销售	销售发票及附件、转账凭证、收款凭证、销售明细账、应收账款明细账、库存现金和银行存款日记账	会计部门	销售交易的发生、完整性、计价和分摊	销售发票连续编号、记录销售与处理销售职能分离、定期独立检查并向顾客寄送对账单
办理和记录现金、银行存款收入	汇款通知书、收款凭证、库存现金和银行存款日记账	会计部门	销售交易的发生、完整性、计价和分摊	利用汇款通知书加强货币资金控制
办理和记录销售退回、销售折扣与折让	红字电子专票	会计部门、仓库	销售交易的发生、完整性、计价和分摊	必须经授权处理、分别控制实物流和会计处理
注销坏账	坏账审批表	赊销部门、会计部门	计价和分摊	审批后及时作会计调整
提取坏账准备	坏账准备提取表	会计部门	计价和分摊	审批后作会计调整

二、销售与收款循环的控制测试

销售与收款循环的控制测试是在评价销售与收款循环内部控制设计合理并被执行的基础上，考虑成本效益原则和风险水平，获取销售与收款循环的控制是否有效运行的审计证据。

销售与收款循环的控制测试程序一般包括：

1.询问被审计单位人员，了解被审计单位销售与收款的主要控制是否被执行。

2.观察销售与收款关键控制点及特定控制点。例如，被审计单位工作人员在执行授权、发货、开票等职责时的表现，确定被审计单位是否存在必要的职务分离，执行是否到位。

3.检查关键控制点生成的有关文件和记录。例如，检查销售发票、发运凭证是否连续编号，检查销售发票是否附有发运凭证及销售单，确定被审计单位是否发货给真实的客户以及是否将交易登记入账。

4.必要时重新执行来证实控制执行的有效性。例如，重新执行销售截止检查程序，确定收入入账的会计期间的正确性。

5.通过穿行测试，获取对关键控制点控制有效支持的审计证据。例如，从主营业务收入明细账追查至销售发票，确定登记入账的销售是否已正确开具账单，以验证"计价"认定的正确性。

6.评估销售与收款控制是否可信赖。

> 👆 **提示**
>
> 在审计工作的计划阶段，注册会计师应当对销售与收款循环中的业务活动进行充分了解和记录，通过分析业务流程中可能发生重大错报的环节，进而识别和了解被审计单位为应对这些可能的错报而设计的相关控制，并通过审计方法对这些流程和相关控制加以证实。

三、相关内部控制要点

注册会计师应当测试和评价同销售与收款循环相关的内部控制设计的健全性以及执行的有效性，并评估控制风险。销售与收款循环相关内部控制调查表如表10-2所示。

表10-2　　　　　　　　　**销售与收款循环相关内部控制调查表**

被审计单位：华大集团　　　　　调查者：张云　　　　　调查日期：2025/02/14
被调查者：刘力　　　　　　　　复核人员：李华　　　　　复核日期：2025/02/15

调查问题	回答			执行人		
	是	否	不适用	总经理	财务经理	其他
一、接受订货						
1.是否签订了销售合同	√					销售部
2.已签订的销售合同是否有专人负责登记和控制	√					销售部
二、批准销售						
3.是否有健全的经授权批准的开票和结算制度	√					结算部
4.是否定期检查客户的信用程度	√					结算部
5.赊销和分期收款销售是否经过审批	√					
6.销售折扣与折让、销售退回是否经授权批准	√					结算部

续表

调查问题	回答			执行人		
	是	否	不适用	总经理	财务经理	其他
三、销售发货						
7.仓库是否根据发票提货联或运货单发货	√					仓库
8.销货退回是否重新入库，计入存货并冲减销售收入	√					财务部
9.所有已发出的商品是否均已向顾客开出销售发票	√					结算部
四、会计记录						
10.销售业务发生后，财务是否及时取得有关凭证或单据，如销售发票出库单、出口产品报关单，以便收款或转账	√					财务部
11.销售发票中所列商品的单价是否与商品价目表核对相符	√					结算部
12.应收账款明细账与总账是否按月核对相符	√					财务部
13.是否定期编制应收账款账龄分析表	√					财务部
14.应收账款是否定期与客户对账并催收货款	√					财务部
15.坏账核销是否按有关规定审核批准	√					财务部
五、职责分离						
16.销售业务中签订合同、组织供货、开票、发货、收款、入账等职责是否分离	√					销售部 仓库 财务部
17.应收票据的保管和记账人员职责是否分离		√				
六、内部审计						
18.内部审计师是否定期检查循环的有关内容		√				
19.内部审计意见是否及时正确调整入账		√				

其他：

简要说明及结论：
1.经问卷调查、询问和简易测试后，认为销售与收款循环内部控制的可信赖程度为：
高（√）　　　中（　）　　　低（　）
2.该循环是否需要进一步作控制测试：
是（√）　　否（　）
3.该循环内部控制设计虽然存在个别缺陷，但不会对财务报表的相关认定产生重大影响

复核说明及结论：

销售收入与经营活动产生的现金流量的趋势不一致

任务三　营业收入的实质性程序

一、营业收入的审计目标

营业收入的审计目标一般包括：

1.确定利润表中记录的营业收入是否已发生，且与被审计单位有关（"发生"认定）。

2.确定所有应当记录的营业收入是否均已记录（"完整性"认定）。

3.确定与营业收入有关的金额及其他数据是否已恰当记录，包括对销售退回、销售折扣与折让的处理是否适当（"准确性"认定）。

4.确定营业收入是否已记录于正确的会计期间（"截止"认定）。

5.确定营业收入是否已记录于恰当的账户（"分类"认定）。

6.确定营业收入是否已按照企业会计准则的规定在财务报表中作出恰当的列报（"列报"认定）。

二、主营业务收入的实质性程序

1.获取或编制主营业务收入明细表和主要产品销售明细表。

复核加计是否正确，并与总账数和明细账合计数核对是否相符，结合其他业务收入科目与报表数核对是否相符；检查以非记账本位币结算的主营业务收入的折算汇率及折算是否正确。主营业务收入明细表、主营业务收入明细账与主营业务收入总账核对如图10-2所示。

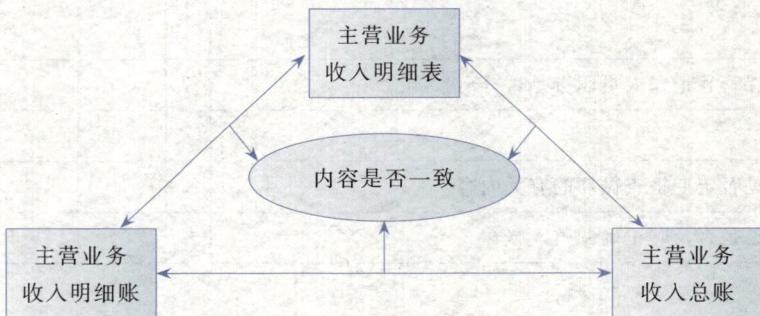

图10-2　主营业务收入明细表、主营业务收入明细账与主营业务收入总账核对

主营业务收入明细表记录了被审计单位1—12月营业收入明细情况，其工作底稿格式如表10-3所示。

2.检查主营业务收入确认方法是否符合企业会计准则规定。

检查主营业务收入的确认条件、方法是否符合企业会计准则，前后期是否一致；关注周期性、偶然性的收入是否符合既定的收入确认原则、方法。

3.实施实质性分析程序。

（1）将本期的主营业务收入与上期的主营业务收入、销售预测数进行比较，分析主营业务收入及其构成的变动是否异常，并分析异常变动的原因。

表10-3 主营业务收入明细表

被审计单位名称：_____

索引号：_____

项目：主营业务收入_____

财务报表截止日/期间：_____

编制人：_____

复核人：_____

日期：_____

日期：_____

月份	主营业务收入明细项目								
	合计								
1月									
2月									
3月									
4月									
5月									
6月									
7月									
8月									
9月									
10月									
11月									
12月									
合计									
上期数									
变动额									
变动比例									

审计说明：

（2）计算本期重要产品的毛利率，与上期或预测数比较，检查是否存在异常，各期之间是否存在重大波动，查明原因。

（3）比较本期各月各类主营业务收入的波动情况，分析其变动趋势是否正常，是否符合被审计单位季节性、周期性的经营规律，查明异常现象和重大波动的原因。

（4）将本期重要产品的毛利率与同行业企业进行对比分析，检查是否存在异常。

（5）比较当年及以前年度销售退回、折扣与折让的总额及其与主营业务收入的比率，并查明异常情况的原因。

（6）比较当年及以前年度现销与赊销的比例，并查明异常情况的原因。

（7）将营业收入、主营业务利润与经营活动产生的现金流量、净利润进行比较分析，判断营业收入、主营业务利润的合理性。

抽取一些主要产品的数据，与其相关明细账数核对是否相符。业务/主要产品销售明细表（如表10-4所示）、月度毛利率分析表（如表10-5所示）记录了注册会计师执行实质性分析程序的情况，目的在于寻找营业收入确认中存在的异常或重大情况，并证实报表中的收入是否具有合理性。

表10-4　　　　　　　　　　　　　业务/主要产品销售明细表

产品名称	本年实际				本年计划				上年实际			
	销售数量	销售收入	销售成本	销售成本率	销售数量	销售收入	销售成本	销售成本率	销售数量	销售收入	销售成本	销售成本率
A												
B												
C												
…												
合计												
审计标识与说明												
复核说明与结论												

表10-5　　　　　　　　　　　　　月度毛利率分析表

被审计单位名称：_____　　索引号：_____

项目：月度毛利率分析表　　　　　　　财务报表截止日/期间：_____

编制人：_____　　　　　复核人：_____

日期：_____　　　　　　日期：_____

月份	本期数				上期数				变动幅度
	主营业务收入	主营业务成本	毛利	毛利率	主营业务收入	主营业务成本	毛利	毛利率	
1									
2									
3									
4									
5									
6									
7									
8									

续表

月份	本期数				上期数				变动幅度
	主营业务收入	主营业务成本	毛利	毛利率	主营业务收入	主营业务成本	毛利	毛利率	
9									
10									
11									
12									
合计									

审计说明：

4.获取产品价格目录，抽查售价是否符合价格政策，并注意销售给关联方或关系密切的重要客户的产品价格是否合理，有无以低价或高价结算的方法，相互之间转移收入和利润的现象。

5.结合对应收账款实施的函证程序，选择主要客户函证本期销售额。

6.实施销售的截止测试。

对销售实施截止测试，其目的主要在于确定被审计单位营业收入的会计记录归属期是否正确，应记入下期的营业收入是否提前至本期。一般地，在审计中注册会计师应该把握三个与营业收入确认有着密切关系的日期：发票开具日期、记账日期、发货日期（或提供劳务日期）。营业收入截止测试的关键在于检查三个日期是否归属于同一适当的会计期间。可选择三条审计路线实施销售的截止测试，如表10-6所示。

表10-6　　　　　　　　　销售的截止测试

起点	路线	目的	优点	缺点
账簿记录	从报表日前后若干天的账簿记录审查至记账凭证，检查发票存根与发货凭证	证实已入账收入是否在同一期间已开具发票并发货，有无多计收入，防止高估收入	比较直观，容易追查至相关凭证记录	缺乏全面性，只能查多计，无法查漏计
销售发票	从报表日前开具的若干天发票审查至发货凭证与账簿记录	确认已开具发票的货物是否已发货并于同一会计期间确认收入，防止低估收入	较全面、连贯，容易发现漏计的收入	较费时、费力，尤其是难以查找相应的发货及账簿记录，不易发现多计收入
发运凭证	从报表日前后若干天的发货凭证审查至发票开具情况与账簿记录	确认收入是否已计入适当的会计期间，防止低估收入	较全面、连贯，容易发现漏计的收入	难以查找相应的发货及账簿记录，不易发现多计收入

主营业务收入截止测试一（如表10-7所示）和主营业务收入截止测试二（如表10-8所示）记录了审计人员在截止日前后按不同的路径核对相关凭证和记录的情况，以查证收入确认是否跨期。

表10-7 主营业务收入截止测试一

被审计单位名称： 索引号：

项目： 主营业务收入截止测试 财务报表截止日/期间：

编制人： 复核人：

日期： 日期：

从发货单到明细账

编号	发货单		发票内容					明细账				是否跨期
	日期	号码	日期	客户名称	货物名称	销售额	税额	日期	凭证号	主营业务收入	应交税费	
截止日前												
截止日期：20××年×月×日												
截止日后												

审计说明：

表10-8 主营业务收入截止测试二

被审计单位名称： 索引号：

项目： 主营业务收入截止测试 财务报表截止日/期间：

编制人： 复核人：

日期： 日期：

从明细账到发货单

编号	明细账				发票内容					发货单		是否跨期
	日期	凭证号	主营业务收入	应交税费	日期	客户名称	货物名称	销售额	税额	日期	号码	
截止日前												
截止日期：20××年×月×日												
截止日后												

审计说明：

7.检查销售退回、销售折扣与折让业务。

销售退回、销售折扣与折让都是对收入的抵减，直接影响收入的确认和计量，注册会计师应重视销售退回、销售折扣与折让的审计，销售退回、销售折扣与折让的实质性程序主要包括：

（1）对于销货退回业务，检查相关手续是否符合规定，结合原始销售凭证检查其会计处理是否正确，退回的产品是否已验收入库并登记入账，结合存货项目审计关注其真实性。

（2）获取或编制折扣与折让明细表，复核加计是否正确，并与明细账合计数核对相符。

（3）取得被审计单位有关销售折扣与折让的具体规定和其他文件资料，并抽查较大销售折扣与折让的授权批准情况，与实际执行情况进行核对，检查其是否经授权批准，是否合法、规范。

（4）审查销售折扣与折让是否及时足额提交对方，有无虚设中介、转移收入、私设账外"小金库"等情况。

（5）检查销售折扣与折让的数额计算是否正确，会计处理是否恰当。

8.调查向关联方销售的情况，记录其交易品种、价格、数量、金额以及占主营业务收入总额的比例。对于合并范围内的销售活动，记录应予合并抵销的金额。

9.确定主营业务收入在财务报表中的列报是否恰当。

★ **素养提升**（素养目标：法治、敬业、公正）
康得新财务造假案的审计警示

康得新复合材料集团股份有限公司（以下简称"康得新"）因系统性财务造假被证监会查处，其2015至2018年累计虚增利润高达115.3亿元，成为A股市场影响恶劣的典型案例。该案不仅导致公司退市、投资者巨额损失，更暴露了审计监督的严重失职，为审计从业人员与相关专业学生提供了深刻教训。

首先，审计独立性缺失是本案的关键问题。康得新通过虚构海外业务、伪造银行单据等手段虚增收入，而审计机构未能保持职业怀疑，未对异常客户和资金流水实施有效核查，甚至忽视"存贷双高"的明显风险信号。这警示审计人员必须严格遵循审计准则，避免因利益关系弱化独立性。其次，审计程序的执行缺陷值得反思。康得新利用关联方交易及虚假回款循环操纵利润，若审计人员严格执行函证、实地走访、分析性程序等基本步骤，或可发现舞弊迹象。因此，审计人员需要深刻理解程序严谨性的重要性，避免流于形式。最后，职业道德与法律责任不容忽视。本案中，相关注册会计师因未勤勉尽责被处罚，凸显审计职业的高风险性。以此为鉴，在未来的执业中恪守诚信原则，审计人员应该强化风险意识，警惕管理层舞弊动机。

康得新案表明，审计不仅是技术工作，更是守护资本市场公信力的关键防线。唯有提升专业能力、严守职业操守，才能有效识别财务舞弊，维护审计行业的权威性与社会价值。

【例10-1】（单项选择题）下列有关收入确认的舞弊风险的说法中，错误的是（　　）。

A.关联方交易比非关联方交易更容易增加收入的发生认定存在舞弊风险的可能性

B.对于以营利为目的的被审计单位，收入的发生认定存在舞弊风险的可能性通常大于完整性认定存在舞弊风险的可能性

C.如果被审计单位已经超额完成当年的利润目标，但预期下一年度的目标较难达到，表明收入的截止认定存在舞弊风险的可能性较大

D.如果被审计单位采用完工百分比法确认收入，且合同完工进度具有高度估计不确定性，表明收入的准确性认定存在舞弊风险的可能性较大

【正确答案】B

【解析】选项A正确，与公开市场交易相比，关联方之间可能利用彼此的特殊关系从事虚构交易，从而导致收入的发生认定存在舞弊风险的可能性更高。

选项B错误，以营利为目的的单位，管理层实施舞弊的动机或者压力不同，所处内外环境也不同，舞弊风险涉及的具体认定可能不同，舞弊风险的可能性也不同。例如，可能为了完成业绩指标而高估收入或者为了降低税费而低估收入等，注册会计师要具体问题具体分析。

选项C正确，如果被审计单位预期下一年度的目标较难达到，而又超额完成了本年的利润目标，可能将本期的收入推迟到下一年度确认，进而导致收入的截止认定存在舞弊风险的可能性较大。

选项D正确，完工进度具有高度估计不确定性，进而导致收入的准确性认定存在舞弊风险的可能性较大。

三、其他业务收入的实质性程序

其他业务收入的实质性程序一般包括以下内容：

1.获取或编制其他业务收入明细表。复核加计是否正确，并与总账数和明细账合计数核对是否相符，结合主营业务收入科目与营业收入报表数核对是否相符。

2.检查其他业务收入确认方法是否符合企业会计准则规定。检查原始凭证等相关资料，分析交易的实质，看其内容是否真实、合法，确定其是否符合收入确认的条件，并检查其会计处理是否正确。

3.实施分析程序。计算本期其他业务收入与其他业务成本的比率，并与上期比较，检查是否有重大波动，如有应查明原因。

4.实施截止测试。确定其他业务收入入账时间是否正确，对于重大跨期事项建议作必要的调整。

5.确定其他业务收入在财务报表中的列报是否恰当。

营业收入的审计目标及审计关键控制点举例如表10-9所示。

表10-9　营业收入的审计目标及审计关键控制点举例

主要项目	认定	审计目标	常见重大错报风险	常见舞弊手段	关键控制点举例	常用的控制测试举例	常用的实质性程序举例
主营业务收入/营业收入	发生	确定利润表中记录的营业收入是否已发生，且与审计单位有关	高估收入/提前确认收入	虚构销售交易，进行显失公允的交易；通过隐瞒退货条款，在发货时全额确认销售收入	是否实行适当的职务分离；有关业务的执行是否经过恰当的授权；有关销售是否价价价格、数量、品名、售合同、销售订单一致；检查销售合同与客户信用管理与客户信用管理部门的核准；注意产品销售价格、现金折扣与销售折让是否合理；从销售发票追查到适当的销售记账凭证及销售记账凭证汇总表	比较本期各月各种营业收入的波动情况，分析其变动趋势是否正常，并查明异常波动的原因和重大波动的原因；计算本期重要的毛利率，分析比较本期与上期各类产品毛利率变化情况，注意收入与成本配比的问题，并解释重大波动和异常情况
	完整性	确定所有应当记录的营业收入是否均已记录					
	准确性	确定与营业收入有关的金额及其他数据是否已恰当记录，包括对销售退回、可变对价的处理是否适当					
	截止	确定营业收入是否已记录于正确的会计期间	低估收入/延迟确认收入	未按实际履约进度确认收入			
	分类	确定营业收入记录于恰当的账户	隐瞒收入	对于应采用总额法确认收入的交易，采用净额法			
	列报	确定营业收入已被给恰当地汇总或分解，按照企业会计准则的规定在财务报表中作出相关披露；确定财务报表中作出的相关披露是相关的、可理解的					

【例10-2】（案例题）甲公司是中亚会计师事务所常年审计客户，注册会计师李林负责审计甲公司2024年度财务报表。注册会计师李林对主营业务收入的发生认定进行审计，编制的审计工作底稿部分内容摘录如表10-10所示。

表10-10　　　　　　　　　主营业务收入的审计工作底稿　　　　　　金额单位：万元

记账凭证日期	记账凭证编号	记账凭证金额	发票日期	出库单日期
2024年1月7日	转字11	15	2024年1月9日	2024年1月9日
2024年2月20日	转字30	-120	2024年2月20日	不适用
2024年2月28日	转字45	7	2024年2月27日	2024年2月27日
2024年3月20日	转字40	8	2024年3月19日	2024年3月19日
略				
2024年11月3日	转字4	10	2024年11月2日	2024年11月2日
2024年11月15日	转字18	200	2024年11月14日	2024年11月14日
2024年12月10日	转字40	250	2024年12月10日	2024年12月10日
略				

审计说明：

（1）根据销售合同约定，在客户收到货物、验收合格并签发收货通知后，甲公司取得收取货款的权利。审计中已检查销售合同。

（2）已检查记账凭证日期、发票日期和出库日期，未发现异常。

（3）11月转字18号和12月转字40号记账凭证反映的销售额较高，财务经理解释系调整售价所致。

（4）2月转字30号记账凭证反映，甲公司在2023年度销售并确认收入的一笔交易，于2024年2月发生销货退回。甲公司未按规定调整2023年度财务报表，前任注册会计师于2024年3月对甲公司2023年度财务报表出具了标准审计报告。

【要求】

1.针对上述资料中的审计说明第（1）至（3）项，逐项指出注册会计师实施的审计程序中存在的不当之处，并简要说明理由。

2.针对上述资料中的审计说明第（4）项，假定不考虑其他条件，如果拟对2024年度财务报表出具标准审计报告，指出管理层和注册会计师分别应当采取哪些措施。

【正确答案】第（1）事项，注册会计师的审计程序存在不当之处，因为已经说明"在客户收到货物、验收合格并签发收货通知后，甲公司取得收取货款的权利"，所以，此时注册会计师在审计中仅检查了销售合同是不够的，还应该检查客户签发的收货通知单。

第（2）事项，注册会计师的审计程序存在不当之处，对1月转字11号记账凭证未实施进一步检查。该记账凭证的日期早于发票日期和出库单日期，要实施进一步检查。

第（3）事项，注册会计师的审计程序存在不当之处。对11月转字18号和12月转字40号记账凭证未实施进一步检查，上述两笔记账凭证反映的销售额明显高于其他测试项目，有可能表明存在舞弊，不应仅依赖管理层的解释。

针对事项（4），属于注册会计师注意到的可能影响上期财务报表的重大错报，而以前未就该重大错报出具非无保留意见的审计报告，则这种情况下：

①管理层应当采取下列措施：一是更正上期财务报表；二是在本期财务报表中对比较数据进行恰当调整和列报，使之与更正后的上期财务报表一致，并在附注中对更正情况作出充分披露。

②注册会计师应当采取下列措施：一是针对更正的上期财务报表重新出具审计报告；二是针对管理层采取的措施实施必要的审计程序，获取充分、适当的审计证据。

> **知识链接**
>
> 实务中，注册会计师可以实施"延伸检查"程序：（1）在获取被审计单位配合前提下，对相关供应商、客户实地走访，针对相关采购、销售交易的真实性获取进一步的审计证据。（2）利用企业信息查询工具，查询供应商和客户的股东及控制人等。（3）当发现存在关联方配合被审计单位虚构收入的迹象时，获取并检查相关关联方的银行账户资金流水，关注是否存在被审计单位与供应商或客户的异常资金往来。

任务四　应收账款的审计目标和实质性程序

应收账款指企业在销售商品、提供劳务中形成的债权，即企业因销售商品、提供劳务等原因，应向购货单位或接受劳务的单位收取的款项或代垫的运杂费等。企业的应收账款是在销售交易或提供劳务过程中产生的。因此，应收账款的审计应结合销售交易来进行。

一、应收账款的审计目标

应收账款的审计目标一般包括：

1.确定资产负债表中记录的应收账款是否存在（"发生"认定）。

2.确定所有应当记录的应收账款是否记录完整（"完整性"认定）。

3.确定记录的应收账款是否是被审计单位拥有或控制（"权利和义务"认定）。

4.确定应收账款是否以恰当的金额包括在财务报表中，与之相关的计价调整是否已恰当记录（"准确性、计价和分摊"认定）。

5.确定应收账款是否已按照企业会计准则的规定在财务报表中作出恰当列报（"列报"认定）。

二、应收账款的实质性程序

1.取得或编制应收账款明细表

复核加计是否正确，并与总账数和明细账合计数核对是否相符，结合坏账准备科目与报表数核对是否相符。应收账款明细表是从关联方和非关联方两个方面对应收账款明细情况予以审计形成的底稿，其格式如表10-11所示。

表10-11 应收账款明细表

被审计单位名称：＿＿＿＿＿＿＿＿＿＿＿＿＿ 索引号：＿＿＿＿＿＿＿＿＿＿＿＿＿

项目：应收账款 财务报表截止日/期间：＿＿＿＿＿＿＿

编制人：＿＿＿＿＿＿＿＿＿＿＿＿＿＿ 复核人：＿＿＿＿＿＿＿＿＿＿＿＿＿

日期：＿＿＿＿＿＿＿＿＿＿＿＿＿＿ 日期：＿＿＿＿＿＿＿＿＿＿＿＿＿

项目名称	期末未审数					账项调整		重分类调整		期末审定数				
	合计	1年以内	1～2年	2～3年	3年以上	借方	贷方	借方	贷方	合计	1年以内	1～2年	2～3年	3年以上
一、关联方														
二、非关联方														
合计														

编制说明：外币应收账款应列明原币金额及折合汇率。

审计说明：

2.分析应收账款账龄

注册会计师可以通过获取或编制应收账款账龄分析表来分析应收账款的账龄，以便了解应收账款的可收回性。编制应收账款账龄分析表时，可以考虑选择重要的客户及其余额列示，而将不重要的或余额较小的汇总列示。应收账款账龄分析表的合计数减去已计提的相应坏账准备后的净额，应该等于资产负债表中的应收账款项目余额。应收账款账龄分析表参考格式如表10-12所示。

表10-12 应收账款账龄分析表

年 月 日

货币单位：

客户名称	期末余额	账龄			
		1年以内	1～2年	2～3年	3年以上
合计					

💡 **提示**

对未回函项目实施替代程序：（1）检查资产负债表日后收回的货款；（2）检查相关的销售合同、销售单、出库单等文件；（3）检查被审计单位与客户之间的往来邮件，如有关发货、对账、催款等事宜的邮件。

3.执行分析性程序

（1）复核应收账款借方累计发生额与主营业务收入关系是否合理。将当期应收账款借方发生额占销售收入净额的百分比与管理层考核指标比较，与被审计单位相关赊销政策比较。若存在异常情况，应查明原因。

（2）计算应收账款周转率、应收账款周转天数等指标，并与被审计单位相关赊销政策、被审计单位以前年度指标、同行业同期相关指标对比分析，检查是否存在重大异常。

4.向债务人函证应收账款

函证应收账款，是指注册会计师为了获取影响财务报表或相关披露认定项目的信息，通过直接来自第三方（被询证者）对有关信息和现存状况的声明，获取和评价审计证据的过程。其目的在于证实应收账款账户余额的真实性、正确性，防止或发现被审计单位及其有关人员在销售交易中发生的错误或舞弊行为。通过函证应收账款，可以证明债务人的存在和被审计单位记录的可靠性。注册会计师应当对应收账款实施函证程序，除非有充分证据表明应收账款对财务报表不重要，或函证很可能无效。如果认为函证很可能是无效的，注册会计师应当实施替代审计程序，以获取充分、适当的审计证据。如果注册会计师不对应收账款进行函证，应当在审计工作底稿中说明理由。

注册会计师应当考虑被审计单位的经营环境、内部控制的有效性、应收账款账户的性质、被询证者处理询证函的习惯做法及回函的可能性等，以确定应收账款函证的方式、范围、对象和控制等。

（1）函证的方式

注册会计师可采用积极的或消极的函证方式实施函证，也可将两种方式结合使用。

积极的函证要求被询证者在所有情况下必须回函，确认询证函所列示信息是否正确，或填列询证函要求的信息。当存在下列情况时，注册会计师可考虑采用积极的函证方式：重大错报风险评估为高水平；个别账户的欠款金额较大；预计差错率较高；有理由相信欠款存在纠纷。

消极的函证方式只要求被询证者仅在不同意询证函列示信息的情况下才予以回函。当存在下列情况时，注册会计师可考虑采用消极的函证方式：重大错报风险评估为低水平；涉及大量余额较小的账户；预期不存在大量的错误；没有理由相信被询证者不认真对待函证。

积极式询证函与消极式询证函的参考格式如下所示：

积极式询证函（格式一）

企业询证函

编号：

××（公司）：

本公司聘请的××会计师事务所正在对本公司××年度财务报表进行审计，按照中国注册会计师审计准则的要求，应当询证本公司与贵公司的往来账项等事项。下列数据出自本公司账簿记录，如与贵公司记录相符，请在本函下端"信息证明无误"处签章证明；如有不符，请在"信息不符"处列明不符金额。回函请直接寄至××会计师事务所。

回函地址：

邮编：　　　　电话：　　　　传真：　　　　联系人：

1.本公司与贵公司的往来账项列示如下：

单位：元

截止日期	贵公司欠	欠贵公司	备注

2.其他事项：

本函仅为复核账目之用，并非催款结算。若款项在上述日期之后已经付清，仍请及时函复为盼。

（被审计单位盖章）

年　　月　　日

结论：1.信息证明无误。

（公司盖章）

年　　月　　日

经办人：

2.信息不符，请列明不符的详细情况：

（公司盖章）

年　　月　　日

经办人：

积极式询证函（格式二）

企业询证函

编号：

××（公司）：

本公司聘请的××会计师事务所正在对本公司××年度财务报表进行审计，按照中国注册会计师审计准则的要求，应当询证本公司与贵公司的往来账项等事项。请列示截至××年×月×日贵公司与本公司往来款项余额。回函请直接寄至××会计师事务所。

回函地址：

邮编：　　　　电话：　　　　传真：　　　　联系人：

本函仅为复核账目之用，并非催款结算。若款项在上述日期之后已经付清，仍请及时函复为盼。

（被审计单位盖章）

年　月　日

1.贵公司与本公司的往来账项列示如下：

单位：元

截止日期	贵公司欠	欠贵公司	备　注

2.其他事项：

（公司盖章）

年　月　日

经办人：

消极式询证函格式

企业询证函

编号：

××（公司）：

　　本公司聘请的××会计师事务所正在对本公司××年度财务报表进行审计，按照中国注册会计师审计准则的要求，应当询证本公司与贵公司的往来账项等事项。下列数据出自本公司账簿记录，如与贵公司记录相符，则无须回复；如有不符，请直接通知会计师事务所，并请在空白处列明贵公司认为是正确的信息。回函请直接寄至××会计师事务所。

回函地址：

邮编：　　　　　电话：　　　　传真：　　　　　联系人：

1.本公司与贵公司的往来账项列示如下：

截止日期	贵公司欠	欠贵公司	备　注

2.其他事项：

　　本函仅为复核账目之用，并非催款结算。若款项在上述日期之后已经付清，仍请及时核对为盼。

（被审计单位盖章）

年　月　日

××会计师事务所：

上面的信息不正确，差异如下：

（公司盖章）

年　月　日

经办人：

（2）函证的范围

注册会计师一般应在全部应收账款中选取适当样本进行函证。影响注册会计师确定应收账款函证样本量的因素主要有以下几个方面：

① 应收账款的重要性。如果应收账款在资产总额中所占的比重较大，则应多选择样本。

② 被审计单位内部控制的强弱。若内部控制较弱，则相应扩大函证量；反之，则应相应缩小函证范围。

③ 以前年度的函证结果。若以前年度函证中发现过较大差异，或未曾回函的账户，则选为重点函证的样本。

④ 所采用函证的类型。通常采用否定式函证所需样本量比采用肯定式函证时要多。

⑤ 评估的认定层次重大错报风险。评估的认定层次重大错报风险水平越高，则相应扩大函证样本量；反之，则应相应缩小函证样本量。

（3）函证的对象

注册会计师应选择以下项目作为函证对象：金额较大的项目；账龄较长的项目；交易频繁但期末余额较小的项目；与债务人存在纠纷的项目；重大关联方交易项目；新增客户项目；可能产生重大错弊的非正常项目。

（4）函证的控制

当实施函证时，注册会计师通常对函证时间、实施过程、收取回函及函证评价保持控制。

①函证的时间控制

注册会计师通常以资产负债表日为截止日，在资产负债表日后适当时间内实施函证。如果重大错报风险评估为低水平，注册会计师可选择资产负债表日前适当日期为截止日实施函证，并对所函证项目自该截止日起至资产负债表日止发生的变动实施实质性程序。

②函证实施过程的控制

注册会计师应当采取下列措施对函证实施过程进行控制：将被询证者的名称、地址与被审计单位有关记录核对；将询证函中列示的账户余额或其他信息与被审计单位有关资料核对；在询证函中指明直接向接受审计业务委托的会计师事务所回函；询证函经被审计单位盖章后，由注册会计师直接发出；将发出询证函的情况形成审计工作记录；将收到的回函形成审计工作记录，并汇总统计函证结果。

③收取回函的控制

如果被询证者以电子邮件、传真等方式回函，注册会计师应当直接接受，并要求被询证者寄回询证函原件。如果采用积极的函证方式实施函证而未能收到回函，注册会计师应当考虑与被询证者联系，要求对方作出回应或再次寄发询证函。

如果未能得到被询证者的回应，注册会计师应当实施替代审计程序。所实施的替代程序应当能够提供实施函证所能够提供的同样效果的审计证据。例如，对应收账款的存在性认定的替代审计程序有检查被审计单位资产负债表日后收到款项的记录，包括银行对账单、银行存款日记账、汇款证明等；检查销售合同、销售发票和发货记录能证明销售确实已经发生的证据。

> **提示**
>
> 　　如果替代程序不能提供注册会计师所需要的审计证据，如未获取回函，注册会计师应当确定其对审计工作和审计意见的影响。

④函证评价的控制

在评价函证的可靠性时，注册会计师应当考虑：对询证函的设计、发出及收回的控制情况；被询证者的胜任能力、独立性、授权回函情况、对函证项目的了解及其客观性；被审计单位施加的限制或回函中的限制。

如果认为询证函回函不可靠，注册会计师应当实施适当的审计程序予以证实或消除疑虑。

注册会计师应当考虑不符事项，以确定是否表明存在错报及其对财务报表可能产生的影响。如果不符事项构成错报，注册会计师应当评价该错报是否表明存在舞弊，并重新考虑所实施审计程序的性质、时间和范围。

注册会计师可以通过函证结果汇总表的方式对询证函的收回情况加以控制。函证结果汇总表如表10-13所示。对于函证回函不符、查明原因需要调整的，填制应收账款函证结果调节表，如表10-14所示。对于收不到回函、需要执行替代程序的，填制应收账款替代测试表，如表10-15所示。

表10-13　　　　　　　　　　　　　　**应收账款函证结果汇总表**

被审计单位名称：＿＿＿＿＿＿＿＿＿＿　　索引号：＿＿＿＿＿＿＿＿＿＿

项目：应收账款＿＿＿＿＿＿＿＿＿＿　　财务报表截止日/期间：＿＿＿＿＿＿＿

编制人：＿＿＿＿＿＿＿＿＿＿　　复核人：＿＿＿＿＿＿＿＿＿＿

日期：＿＿＿＿＿＿＿＿＿＿　　日期：＿＿＿＿＿＿＿＿＿＿

一、应收账款函证情况列表

项目　　　单位名称	询证函编号	函证方式	函证日期		回函日期	账面金额	回函金额	经调节后是否存在差异	调节表索引号
			第一次	第二次					

二、对误差的分析

	金　额
1.已识别的误差	
2.推断出的总体误差（扣除已识别的误差）	

　　审计说明：

表10-14 应收账款函证结果调节表

被审计单位名称：＿＿＿＿＿＿＿　　索引号：＿＿＿＿＿＿＿

项目：应收账款＿＿＿＿＿＿　　财务报表截止日/期间：＿＿＿＿＿

编制人：＿＿＿＿＿＿＿　　复核人：＿＿＿＿＿＿＿

日期：＿＿＿＿＿＿＿　　日期：＿＿＿＿＿＿＿

被询证单位：＿＿＿＿＿＿＿　　回函日期：＿＿＿＿＿＿＿

1.被询证单位回函余额　　金额：＿＿＿＿＿＿

2.减：被询证单位已记录项目

序号	日期	摘要（运输途中、存在争议的项目等）	凭证号	金 额
1				
2				
3				
……				
合计				

3.加：被审计单位已记录项目

序号	日期	摘要（运输途中、存在争议的项目等）	凭证号	金 额
1				
2				
3				
……				
合计				

4.调节后金额

5.被审计单位账面金额

6.调节后是否存在差异，差异金额

审计说明：

表10-15　　　　　　　　　　　　　　应收账款替代测试表

被审计单位名称：＿＿＿＿＿＿＿＿＿＿　　索引号：＿＿＿＿＿＿＿＿＿＿

项目：　应收账款——替代测试＿＿＿＿　　财务报表截止日/期间：＿＿＿＿＿＿＿

编制人：＿＿＿＿＿＿＿＿＿＿　　　　　复核人：＿＿＿＿＿＿＿＿＿＿

日期：＿＿＿＿＿＿＿＿＿＿　　　　　　日期：＿＿＿＿＿＿＿＿＿＿

一、期初余额							
二、借方发生额							
入账金额				检查内容（用"√""×"表示）			
序号	日期	凭证号	金额	①	②	③	……
1							
2							
3							
……							
小计							
全年借方发生额合计							
测试金额占全年借方发生额的比例							
三、贷方发生额							
入账金额				检查内容（用"√""×"表示）			
序号	日期	凭证号	金额	①	②	③	……
1							
2							
3							
……							
小计							
全年贷方发生额合计							
测试金额占全年贷方发生额的比例							
四、期末余额							
五、期后收款检查							

检查内容说明：①原始凭证是否齐全；②记账凭证与原始凭证是否相符；③账务处理是否正确；④是否记录于恰当的会计期间；⑤……

审计说明：

【例10-3】（案例题）ABC会计师事务所接受委托，审计W公司2024年度的财务报表，并委派A注册会计师担任项目负责人。A注册会计师了解和测试了与W公司应收账款相关的内部控制，并将控制风险评估为高水平。A注册会计师取得2024年12月31日的应收账款明细表，于2025年1月18日采用积极的函证方式对5个重要客户寄发了询证函，对截至2024年12月31日的应收账款余额实施函证，并根据回函结果编制了应收账款函证结果汇总表，有关内容摘录如表10-16所示。

表10-16　　　　　　　　　应收账款函证结果汇总表　　　　　　　　　单位：万元

客户编号	客户名称	W公司账面金额	回函金额	差异金额	回函方式	审计说明
D1	甲公司	700	500	200	原件	（1）
D2	乙公司	910	850	60	原件	（2）
D3	丙公司	530	530	0	传真件	（3）
D4	丁公司	650	未回函	不适用	未回函	（4）
D5	戊公司	200	0	200	原件	（5）

审计说明：

（1）回函直接寄回本所。经询问W公司财务负责人得知，回函差异是由于甲公司的回函金额已扣除其在2024年12月31日以电汇的方式向W公司支付的一笔200万元的货款。W公司于2025年1月4日实际收到该笔款项，并记入2025年应收账款明细账中。该回函差异不构成错报，无须实施进一步的审计程序。

（2）回函直接寄回本所。经询问W公司财务负责人得知，回函差异是由于W公司在2024年12月31日向乙公司发出一批产品（合同价款60万元），同时确认了应收账款60万元及相应的销售收入。乙公司于2025年1月5日收到这批产品。其回函未将该60万元款项包括在回函金额中，经检查相关的销售合同、销售发票、出库单以及相关记账凭证，没有发现异常。该回函差异不构成错报，无须实施进一步的审计程序。

（3）回函由丙公司直接传真至本所。回函没有差异，无须实施进一步的审计程序。

（4）未收到回函。执行替代测试程序：从应收账款借方发生额选取样本，检查相关的销售合同、销售发票、出库单以及相关记账凭证，并确认这些文件中的记录是一致的。没有发现异常，无须实施进一步的审计程序。

（5）回函直接寄回本所。经询问W公司财务负责人得知，回函差异是由于W公司委托戊公司代销的产品尚未销售。该回函差异不构成错报，无须实施进一步的审计程序。

【要求】针对上述资料中的审计说明（1）至（5）项，假定不考虑其他条件，逐项指出A注册会计师实施的审计程序及其结论是否存在不当之处。如果存在不当，简要说明理由并提出改进建议。

【正确答案】（1）存在不当。理由：未对被审计单位资产负债表后是否真实收到200万元货款进行追查。改进建议：结合货币资金审计，确认被审计单位在资产负债表日后是否实际收到甲公司的200万元货款。

（2）存在不当。理由：未向乙公司进一步函证。改进建议：应当向乙公司再次函证，询证乙公司于2025年1月5日是否收到这批产品，以验证赊销业务的真实性。

（3）存在不当。理由：未向丙公司获取询证函回函原件。改进建议：丙公司直接传真至会计师事务所后，还应当要求将原件寄回到会计师事务所。

（4）存在不当。理由：未再次向丁公司实施函证。改进建议：应再次向丁公司实施函证。

（5）存在不当。理由：未对代销产品是否售出的真实性进行审查。改进建议：注册会计师应检查W公司与戊公司的代销合同和代销清单，确定代销产品是否售出。若未售出，提请W公司调整应收账款。

> 👆 **提示**
>
> 对回函出现的不符事项，注册会计师应调查原因，不能仅通过询问被审计单位相关人员对不符事项的性质和原因得出结论，应在询问原因的基础上，检查相关的原始凭证和文件资料予以证明。

5.审查未函证的应收账款

通常，注册会计师不可能对所有应收账款进行函证，因此，对于未函证的应收账款，注册会计师应抽查有关原始凭据，如销售合同、销售订单、销售发票副本及发运凭证等，以验证与其相关的应收账款的真实性。

6.检查坏账的确认和处理

首先，注册会计师应检查有无债务人破产或者资不抵债，或者债务人长期未履行清偿义务的应收账款；其次，应检查被审计单位坏账的处理是否经授权批准，有关会计处理是否正确。

7.抽查有无不属于结算业务的债权

不属于结算业务的债权，不应在应收账款中进行核算。因此，注册会计师应抽查应收账款明细账，并追查有关原始凭证，查证被审计单位有无不属于结算业务的债权。如有，应建议被审计单位作适当调整。

8.审查外币应收账款的折算

9.确定应收账款的列报是否恰当

如果被审计单位为上市公司，则其财务报表附注通常应披露期初、期末余额的账龄分析，期末欠款金额较大的单位账款，以及持有5%以上（含5%）股份的股东单位账款等情况。

> 👆 **提示**
>
> 函证差异的原因：①记账时间不同和拒付（款未收到；货未收到；退货；拒付）。②记账错误。③虚列应收账款。

三、坏账准备的实质性程序

（一）坏账准备的审计目标

坏账准备的审计目标一般包括：确定计提坏账准备的方法和比例是否恰当，计提是否充分；记录是否完整；确定坏账准备是否已按照企业会计准则的规定在财务报表中作出恰当列报。

（二）坏账准备的实质性程序

1.取得或编制坏账准备明细表，复核加计是否正确，与坏账准备总账数、明细账合计数核对是否相符。

2.将应收账款坏账准备本期计提数与资产减值损失相应明细项目的发生额核对是否相符。

3.审查坏账损失。对于被审计单位在被审计期间内发生的坏账损失，注册会计师应检查其原因是否清楚，是否符合有关规定，有无授权批准，有无已作坏账处理后又重新收回的应收账款，相应的会计处理是否正确。对有确凿证据表明确实无法收回的应收账款，如债务单位已撤销、破产、资不抵债、现金流量严重不足等，企业应根据管理权限，经股东（大）会或董事会，或经理（厂长）办公会或类似机构批准作为坏账损失，冲销提取的坏账准备。

4.实施分析程序。通过比较前期坏账准备计提数和实际发生数，以及检查期后事项，评价应收账款坏账准备计提的合理性。

5.检查函证结果。对债务人回函中反映的例外事项及存在争议的余额，注册会计师应查明原因并作记录。必要时，应建议被审计单位作相应的调整。

6.确定应收账款坏账准备的披露是否恰当。

收入规模持续增长

> 👆 **提示**
>
> 注册会计师应当将询证函回函作为审计证据，纳入审计工作底稿管理，询证函回函的所有权归属所在会计师事务所。

❋ **项目小结**

知识点❶　销售与收款循环是企业向顾客提供商品或劳务，直到收回货款的有关活动所组成的业务循环。

知识点❷　为防范销售与收款过程中的差错和舞弊，企业应建立健全销售与收款环节的内部控制，主要包括：①严格的职责分离；②恰当的授权审批；③会计系统控制；④销售与发货控制；⑤收款控制等。

知识点❸　函证应收账款，是指注册会计师为了获取影响财务报表或相关披露认定项目的信息，通过直接来自第三方（被询证者）对有关信息和现存状况的声明，获取和评价审计证据的过程。通过函证应收账款，可以证明债务人的存在和被审计单位记录的可靠性。

知识点❹　注册会计师可采用积极的或消极的函证方式实施函证，也可将两种方式结合使用。

知识点❺　注册会计师应选择以下项目作为函证对象：①金额较大的项目；②账龄较长的项目；③交易频繁但期末余额较小的项目；④与债务人存在纠纷的项目；⑤重大关联方交易项目；⑥可能产生重大错弊的项目。

✿ **项目实训题**

一、判断题

1.通过函证应收账款，可以比较有效地证明被询证者（即债务人）的存在和被审计单位记录的可靠性。　　　　　　　　　　　　　　　　　　　　　　　（　　）

2.注册会计师采用积极的函证方式实施函证未能收到回函时，应当考虑与被询证者联系，要求对方作出回应或再次寄发询证函，否则视审计范围受到限制。　　　（　　）

3.注册会计师实施主营业务收入截止测试时应当以该年度的销售发票为起点，以检查主营业务收入是否多计。　　　　　　　　　　　　　　　　　　　　　（　　）

4.询证函由注册会计师利用被审计单位提供的应收账款明细账户名称及地址编制，并由被审计单位寄发；回函应直接寄给被审计单位并由其转交给会计师事务所。　　（　　）

5.红字电子专票是一种用来表示由于销售退回、已批准的折让或开票错误等事项，且不符合发票作废条件时，需要开具红字发票来冲抵此前开出的蓝字发票。　　　（　　）

6.注册会计师在进行实质性程序中，通常要编制或索取所审计项目的明细表，是因为明细表是与总账、报表数核对以及分析程序的基础。　　　　　　　　　　　（　　）

7.注册会计师在编制应收账款账龄分析表时，可以选择重要的顾客及其余额列示，对不重要的或余额较小的不用列示。　　　　　　　　　　　　　　　　　　　（　　）

8.为了证实被审计单位是否存在对同一笔销货重复入账的情况，注册会计师应检查营业收入明细账中与销货分录相应的销货单，以确定销货是否经过赊销审批手续和发货审批手续，以使审计程序的针对性更强。　　　　　　　　　　　　　　　　　　（　　）

9.商品价目表对于主营业务收入来说一般能证明准确性及权利和义务认定。（　　）

10.单位应当建立应收账款账龄分析制度和逾期应收账款催收制度，销售部门应当负责应收账款的催收，财会部门应当督促销售部门加紧催收。　　　　　　　　（　　）

二、单项选择题

1.对实施函证程序无法证实的应收账款，注册会计师应当执行的最有效的审计程序是（　　）。

A.重新测试相关的内部控制

B.抽查有关原始凭证，如销售合同、销售订单、销售发票副本及发运凭证等

C.实施实质性程序

D.审查资产负债表日后的收款情况

2.在识别和评估重大错报风险时，下列各项中，注册会计师应当假定存在舞弊风险的是（　　）。

A.复杂衍生金融工具的计价　　　　　B.存货的可变现净值

C.收入确认　　　　　　　　　　　　D.应付账款的完整性

3.下列关于应收账款的说法中，正确的是（　　）。

A.函证应收账款可以证实应收账款的完整性认定

B.如果注册会计师认为函证很可能无效，则根据影响情况出具保留或无法表示意见的审计报告

C.应收账款函证必须采用积极式函证方式

D.除非有充分证明表明应收账款对财务报表而言不重要或函证很可能无效，否则，注册会计师应对应收账款进行函证

4.注册会计师在检查登记入账的销货业务是否发生时，有效的做法是（　　）。

A.从主营业务收入明细账追查至发运凭证及销售发票存根

B.从销售发票存根追查主营业务收入明细账

C.从发运凭证追查至主营业务收入明细账

D.从发运凭证追查至销售发票存根

5.注册会计师在对被审计单位营业收入进行审计时，运用了实质性分析程序，计算本期重要产品的毛利率，与上期的数据进行比较，主要是分析（　　）。

A.是否符合被审计单位季节性、周期性的经营规律，并查明异常现象和重大波动原因

B.产品销售的结构和价格的变动是否正常，并分析异常变动原因

C.是否存在异常，收入与成本是否配比，并查清重大波动和异常情况的原因

D.销售业务的分类是否正确

6.被审计单位内部控制规定仓库管理人员只有在收到经过批准的销售单时才能编制发运凭证并供货，该项控制活动的直接目的是（　　）。

A.防止销售单未经审批　　　　　　　B.防止仓库在未经授权的情况下擅自发货

C.防止遗漏发运凭证　　　　　　　　D.防止销售单数量和发运凭证数量不一致

7.以下与回函结果相关的审计建议中，正确的是（　　）。

A.对由于地址不详导致询证函退回的应收款项，全额计提坏账准备

B.对函证结果相符的应收款项，仍应进一步检查是否需按个别认定法计提坏账准备

C.对回函金额与函证金额不一致的应收款项，根据回函金额调整应收款项

D.对已经审计确认，但在审计报告日后回函不符，且影响重大的应收款项，提请修正报告期财务报表

8.下列有关销售与收款循环所涉及的主要业务活动及其相关认定的说法中，不正确的是（　　）。

A.销售单是销售交易轨迹的起点之一，是证明销售交易"发生"认定的凭据之一

B.为降低坏账风险设计信用批准控制，这些控制与应收账款的"计价和分摊"认定有关

C.只对实际装运的货物才开具账单，与销售交易的"完整性"认定有关

D.开具账单时依据已授权批准的商品价目表所列价格计价，与销售交易的"准确性"认定有关

9.对于被审计单位销售退回、折让、折扣采取实质性程序，注册会计师应检查（　　）。

A.销售退回和折让的会计处理是否正确

B.所退回的商品是否具有仓库签发的退货验收报告

C.销售退回与折让的批准与贷项通知单的签发职责是否分离

D.现金折扣是否经过适当授权，授权人与收款人的职责是否分离

10.下列关于对销售与收款循环的相关内部控制实施测试的说法中，不正确的是（　　）。

A.如果重大错报风险较低，注册会计师在期中实施了控制测试，可以直接获取控制

在整个被审计期间持续运行有效的审计证据

B.需要通过控制测试获取的保证程度影响控制测试的范围

C.如果拟信赖的内部控制是由计算机执行的自动化控制，注册会计师除了测试自动化应用控制的运行有效性，还需要就相关的信息技术一般控制的运行有效性获取审计证据

D.控制测试所使用的审计程序的类型主要包括询问、观察、检查和重新执行，其提供的保证程度依次递增

三、多项选择题

1.在对询证函的处理方法中，正确的有（　　）。

A.在粘封询证函时对其统一编号，并将发出询证函的情况记录于审计工作底稿

B.询证函经会计师事务所盖章后，由注册会计师直接发出

C.收回询证函后，将重要的回函复制给被审计单位以帮助催收货款

D.对以电子邮件方式回收的询证函，要求被询证单位将原件盖章后寄至会计师事务所

2.注册会计师确定应收账款函证数量的大小、范围时，应考虑的主要因素有（　　）。

A.应收账款在全部资产中的重要性　　　B.被审计单位内部控制的强弱

C.以前年度的函证结果　　　　　　　　D.函证方式的选择

3.注册会计师经审计发现被审计单位有为了达到报告期内降低税负的目的而少计收入或推迟确认收入的倾向，下列各项中表明存在该风险的有（　　）。

A.被审计单位采用以旧换新的方式销售商品时，以新旧商品的差价确认收入

B.通过隐瞒不符合收入确认条件的售后回购或售后租回协议，而将以售后回购或售后租回方式发出的商品作为销售商品确认收入

C.对于属于在某一时点履约的销售交易，被审计单位未在客户取得相关商品或服务控制权时确认收入，推迟收入确认时点

D.对于属于在某一时段内履约的销售交易，通过高估履约进度的方法实现当期多确认收入

4.被审计单位在销售及收款循环中的主要业务活动包括（　　）。

A.批准赊销

B.按销售单装运货物

C.办理和记录现金收入

D.办理并记录销货退回、销货折扣与折让

5.对于被审计单位销售退回、折让、折扣的控制测试，注册会计师应检查（　　）。

A.销售退回和折让是否附有顺序编号并经主管人员核准的贷项通知单

B.所退回的商品是否具有仓库签发的退货验收报告

C.销售退回与折让的批准与贷项通知单的签发职责是否分离

D.现金折扣是否经过适当授权，授权人与收款人的职责是否分离

6.为了防止因向无力支付货款的顾客发货而使企业财产蒙受损失，企业应当严格把握以下（　　）关键控制点上的审批程序。

A.未经批准，不得赊销　　　　　　　　B.未经批准，不得发货

C.销售价格和条件须经审批　　　　　　　　D.设定授权审批范围

7.在主营业务收入的审计中，注册会计师常用的分析程序有（　　　）。

A.将本期与上期的主营业务收入进行比较

B.根据增值税发票申报表或普通发票，估算全年收入，与实际收入金额比较

C.计算本期重要产品的毛利率，与上期比较

D.将本期重要产品的毛利率与同行业比较

8.注册会计师对收入确认实施分析程序时，下列相关说法中，正确的有（　　　）。

A.如果注册会计师发现被审计单位不断地为完成销售目标而增加销售量，需要对销售收入的真实性予以额外关注

B.如果注册会计师发现单笔大额收入能够减轻被审计单位盈利方面的压力，需要警惕被审计单位虚构收入的可能性

C.在收入确认领域，注册会计师可以借助数据分析技术

D.如果发现异常或偏离预期的趋势或关系，表明存在重大错报

9.收入交易和余额存在的固有风险可能包括（　　　）。

A.收入的复杂性　　　　　　　　　　　　　B.管理层对收入造假的偏好和动因

C.款项无法收回的风险　　　　　　　　　　D.没有及时更新商品价目表

10.下列各项审计程序中，属于针对应收账款余额实施的实质性程序的有（　　　）。

A.测试与应收账款账龄分析报告编制相关的控制

B.检查坏账的冲销和转回

C.对应收账款实施函证程序

D.分析与应收账款相关的财务指标

四、简答题

1.简述销售与收款循环的主要业务活动。

2.简述销售与收款循环的主要内部控制。

3.简述销售与收款循环的控制测试措施。

4.简述主营业务收入的审计目标与主要实质性程序。

5.实施应收账款的函证程序时应如何确定函证的范围、对象、方式与时间？

6.如何实施销售业务的截止测试？并指出其实现的审计目标。

7.简述函证银行存款与函证应收账款的异同点？

8.简述对主营业务收入实施实质性程序时形成的工作底稿以及它们之间的逻辑关系。

9.简述对应收账款实施实质性程序时形成的工作底稿以及它们之间的逻辑关系。

10.如何对应收账款进行函证控制？

五、案例分析题

练习一

【资料】ABC会计师事务所指派A注册会计师担任甲公司2024年度财务报表审计业务的项目合伙人。审计工作底稿记录的与销售业务相关的部分情况摘录如下：

（1）基于收入确认存在舞弊风险的假定，A注册会计师直接将与收入确认相关的所有认定均假定为存在舞弊风险。

（2）A注册会计师发现甲公司2024年度应收账款增长幅度高于销售收入的增长幅度，

采取了分析赊销政策和信用期限是否发生变化、扩大函证比例、增加截止测试和期后收款测试的比例、使用与前期不同的抽样方法、实地走访客户等应对措施。

（3）为应对甲公司 2024 年度销售收入发生认定及截止认定的重大错报风险，A 注册会计师分别从接近 2024 年年末及 2025 年年初的发运凭证追查至营业收入明细账。

（4）甲公司存在管理层利用虚假销售做高利润的舞弊导致的重大错报风险，A 注册会计师了解被审计单位及其环境后拟不信赖相关的内部控制，拟通过实施实质性分析程序应对该风险。

（5）甲公司财务人员手工编制了应收账款账龄分析表。A 注册会计师直接就账龄结构变化较大的项目进行了询问并依据该账龄分析表对相关坏账准备的计提实施了重新计算，检查结果未发现异常。

【要求】针对上述第（1）至（5）项，假定不考虑其他条件，逐项指出 A 注册会计师的做法是否恰当。若不恰当，请简要说明理由。

练习二

【资料】A 注册会计师在审计工作底稿中记录了实施进一步审计程序的情况，部分内容摘录如下：

甲公司的直销设备在送达客户指定场所并安装验收后确认收入。在测试直销设备营业收入的完整性时，A 注册会计师检查了仓储部门留存的出库单的完整性，从中选取样本，追查至营业收入明细账，结果满意。

【要求】针对上述内容，假定不考虑其他条件，指出 A 注册会计师的做法是否恰当。若不恰当，请简要说明理由。

项目十一

货币资金循环审计

【任务引例】

绿城集团内部审计部门对公司2024年度财务报表进行常规性内部审计。考虑到零售企业现金流量比较大，内部审计部门将货币资金审计作为重点项目，重要性水平确定也较低，定为8 000元，并安排了经验丰富的张志负责实施货币资金项目审计。张志在审计过程中发现公司货币资金的内部控制存在一些漏洞，主要表现为：（1）财务部稽核人员对收款现金未能经常进行不定期盘点。（2）领用的票据号码不连续编号，存在领用支票不登记的现象。（3）对支付现金的审批、职责权限划分不明确，例如相同业务的审批有时是财务经理签字，有时是业务经理签字。内部审计人员张志确认该公司的内部控制属于中等信赖程度。（4）公章由出纳保管。

任务分析：

针对上述问题，张志应当如何扩大对绿城集团货币资金的实质性测试范围？

✳ 学习目标

知识目标：

了解货币资金与各交易循环的关系。

掌握货币资金的内部控制和控制测试。

掌握库存现金的审计目标和实质性程序。

掌握银行存款的审计目标和实质性程序。

职业能力目标：

培养审计人员品德为先、坚持以科学的审计方法解决理论与实践问题的能力。

❀ 本章内容思维导图

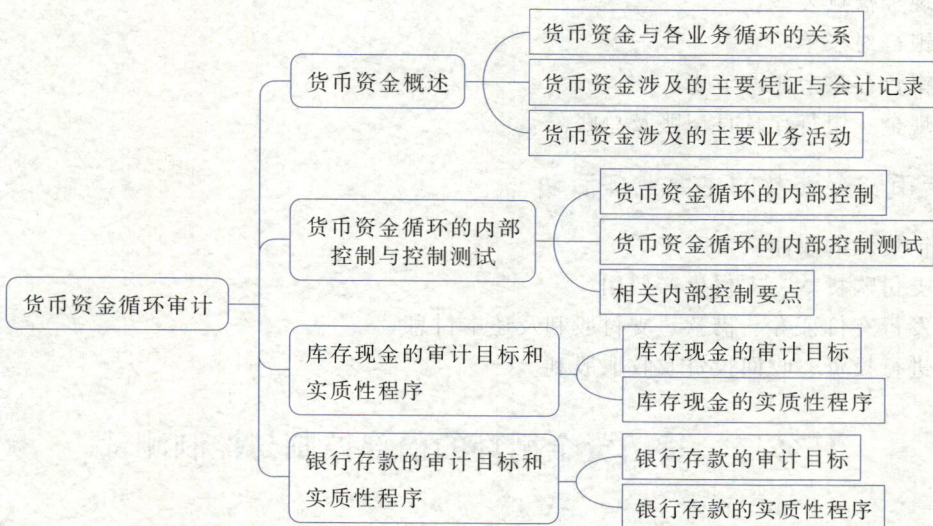

```
                                    ┌─ 货币资金与各业务循环的关系
                        货币资金概述 ─┼─ 货币资金涉及的主要凭证与会计记录
                                    └─ 货币资金涉及的主要业务活动

                        货币资金循环的内部    ┌─ 货币资金循环的内部控制
                        控制与控制测试      ─┼─ 货币资金循环的内部控制测试
货币资金循环审计 ─────┤                      └─ 相关内部控制要点

                        库存现金的审计目标和   ┌─ 库存现金的审计目标
                        实质性程序          ─┴─ 库存现金的实质性程序

                        银行存款的审计目标和   ┌─ 银行存款的审计目标
                        实质性程序          ─┴─ 银行存款的实质性程序
```

任务一 货币资金概述

货币资金是企业生产经营必不可少的物质条件，任何企业进行生产经营都必须拥有一定数额的货币资金。企业的生产经营过程，实质上就是货币资金的垫支、支付过程与货币资金的收回、分配过程的结合。同时，货币资金是企业资产中流动性最强的一种资产，其收付业务频繁，容易产生弊端，因此，对货币资金项目审计尤为重要。货币资金项目审计包括库存现金、银行存款和其他货币资金的审计。本章主要介绍库存现金和银行存款审计。

一、货币资金与各业务循环的关系

货币资金与各业务循环直接相关，其关系如图11-1所示。

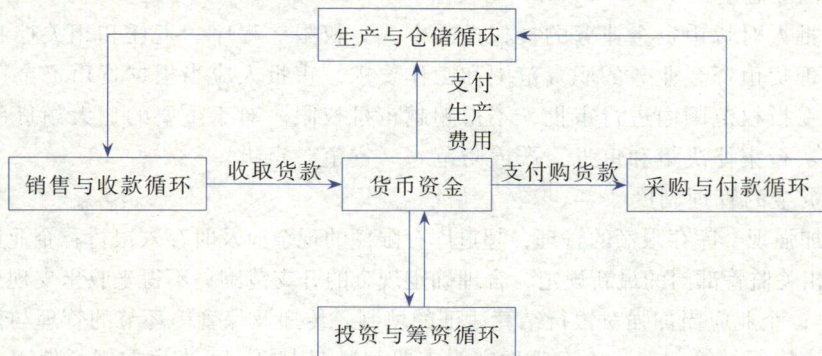

图11-1 货币资金与各业务循环的关系

二、货币资金涉及的主要凭证与会计记录

货币资金涉及的主要凭证与会计记录有以下几种：

1.现金及银行存款的收付款原始单据、收付款凭证。

2.现金盘点表。

3.银行对账单。

4.银行存款余额调节表。

5.现金、银行存款日记账及总账。

三、货币资金涉及的主要业务活动

1.销货款的收回。

2.支付购货款、支付生产费用。

3.发行有价证券、借款、支付股利及还本付息。

4.进行投资、收回投资及收取股利。

任务二　货币资金循环的内部控制与控制测试

一、货币资金循环的内部控制

货币作为流通手段，在实务中存在舞弊的风险较高，为了确保货币资金的安全与完整，保证货币资金的收付符合国家的有关规定，保证货币资金的会计记录正确可靠，被审计单位应当根据国家有关法律、法规的规定，加强货币资金管理，建立良好的货币资金内部控制，并组织实施。一般而言，货币资金内部控制通常包括：

1.岗位分工制度

企业应当建立货币资金业务的岗位责任制，明确相关部门和岗位的职责权限，确保办理货币资金业务的不相容岗位相互分离和制约。出纳人员负责货币资金的收支与保管，负责库存现金和银行存款日记账的登记工作，不得兼任稽核、会计档案保管和收入、支出、费用、债权、债务账目的登记工作。单位不得由一人办理货币资金业务的全过程。

2.授权批准制度

明确审批人对货币资金业务的授权批准方式、权限、程序、责任和相关控制措施，规定经办人办理货币资金业务的职责范围和工作要求。审批人应当根据货币资金授权批准制度的规定，在授权范围内进行审批，不得超越审批权限。对于重要的、大额货币资金支付业务，应当实行集体决策和审批，严谨防范"一支笔"审批。

3.货币资金的管理制度

企业应加强现金库存限额的管理，超过库存限额的现金应及时存入银行；企业应按照中国人民银行和相关监管部门的最新规定，合理确定现金的开支范围；不得坐收坐支现金；不得私设"小金库"；企业应当加强对银行结算凭证的填制、传递及保管等环节的管理与控制；企业应当严格遵守银行结算纪律，不准签发空头支票和远期支票，不准套取银行信用，不准出租出借银行账户；企业应当指定专人定期核对银行账户，编制银行存款余额调节表，使银行存款账面余额与银行对账单相符；企业应当建立库存现金盘点制度，做到账实核对及时并相符。

4.票据及印章的管理

企业应当加强与货币资金相关的票据的管理，明确票据的购买、保管、领用、背书转让、注销等环节的职责权限和程序，并专设登记簿进行记录，票据和印章的保管要贯彻不相容职务相互分离的原则，严禁一人保管支付款项所需的全部印章。

5.内部监督检查

为降低货币资金错弊风险，企业应当建立对货币资金业务的监督检查制度，明确监督检查机构或人员的职责权限，定期和不定期地对货币资金业务相关岗位及人员的设置情况、授权审批制度的执行情况及印章与票据的保管情况进行检查，对监督检查过程中发现的货币资金内部控制中的薄弱环节，应当及时采取措施，加以纠正和完善。

二、货币资金循环的内部控制测试

1.检查货币资金内部控制是否建立并严格执行。

注册会计师可以根据被审计单位实际情况采用不同的审计程序对货币资金内部控制的设计和执行情况进行检查。例如，查阅被审计单位有关货币资金规章制度，现场观察货币资金业务的岗位分工，检查货币资金的收支是否按规定的权限和程序办理，库存现金是否妥善保管，是否定期盘点、核对，是否定期取得银行对账单并编制银行存款余额调节表等。

2.现金和银行存款收入的控制测试。

抽取适量的收款凭证，作如下检查：

（1）核对收款凭证与存入银行账户的存款单日期和金额是否相符。

（2）核对银行存款收款凭证与银行对账单是否相符。

（3）核对收款凭证与销售发票、收据是否相符。

（4）核对收款凭证与应收账款明细账的有关记录是否相符。

（5）核对实收金额与销售发票是否一致。

（6）核对收款凭证的对应科目与付款单位的户名是否一致。

3.现金和银行存款支付的控制测试。

抽取适量的付款凭证，作如下检查：

（1）检查付款的授权批准手续是否符合规定。

（2）核对付款凭证与记入库存现金、银行存款日记账的金额是否一致。

（3）核对付款凭证与银行对账单是否相符。

（4）核对付款凭证与应付账款明细账的记录是否一致。

（5）核对实付金额与购货发票或其他原始单据是否相符。

4.抽取一定期间的银行存款余额调节表，查验是否按月及时、正确编制并经过复核。

5.检查外币资金的折算方法是否符合有关规定，是否与上年度一致。对于有外币资金的被审计单位，注册会计师应检查外币资金日记账及"财务费用""在建工程"等账户的记录，确定企业有关外币资金的增减变动是否采用交易发生日的即期汇率将外币金额折算为记账本位币金额，选择采用汇率的方法前后各期是否一致；检查企业的外币资金的期末余额是否采用期末即期汇率折算为记账本位币金额；折算差额的会计处理是否正确。

6.评价货币资金的内部控制。注册会计师在完成上述程序之后，即可对货币资金的内部控制进行评价。在评价时，注册会计师应首先确定货币资金内部控制可信赖的程度以及存在的薄弱环节，然后据以确定在货币资金实质性程序中哪些环节可以适当减少审计程序，哪些环节应增加审计程序，以减少审计风险。

★ **素养提升**（素养目标：培育和践行社会主义核心价值观）

扎实勤勉工作，推进廉政建设

　　审计是党和国家监督体系的重要组成部分。习近平总书记强调，审计机关认真贯彻落实党中央决策部署，依法履职尽责，扎实勤勉工作，在推动党中央政令畅通、助力打好三大攻坚战、维护财经秩序、保障和改善民生、推进党风廉政建设等方面发挥了重要作用。审计机关要在党中央统一领导下，适应新时代新要求，紧紧围绕党和国家工作大局，全面履行职责，坚持依法审计，完善体制机制，为推进国家治理体系和治理能力现代化作出更大贡献。

　　资料来源：新华社.习近平对审计工作作出重要指示［EB/OL］.［2020-01-02］.https://www.gov.cn/xinwen/2020-01/02/content_5466058.htm.

三、相关内部控制要点

　　注册会计师应当测试和评价同货币资金循环相关的内部控制设计的健全性以及执行的有效性，并评估控制风险。货币资金循环相关内部控制调查表如表11-1所示。

表11-1　　　　　　　　　　　货币资金循环相关内部控制调查表

被审计单位：华大集团　　　　　调查者：张云　　　　　　调查日期：2025/02/14
被调查者：刘力　　　　　　　　复核人员：李华　　　　　复核日期：2025/02/15

调查问题	回答			备注
	是	否	不适用	
1.是否建立了货币资金业务的岗位分工责任制	√			
2.是否配备了合格的人员，并根据单位具体情况进行岗位轮换	√			
3.对货币资金业务是否建立了严格的授权批准制度	√			
4.审批人是否超越审批权限进行审批	√			
5.是否按照规定的程序办理货币资金支付业务	√			
6.对于重要的货币资金支付业务是否实行集体决策和审批，并建立责任追究制度	√			
7.对于货币资金是否有接触性控制	√			
8.超过库存限额的现金是否及时存入银行，是否有坐支现金现象	√			
9.是否存在超越现金开支范围支付现金的情况	√			
10.货币资金收入是否及时准确入账	√			在库存现金未突破规定限额时，部分小额零星收入有坐支现象
11.企业是否根据不同的银行账号分别开设银行存款日记账	√			
12.企业除零星支付外的支出是否通过银行结算	√			
13.银行存款日记账与总账是否每月末核对相符	√			
14.银行存款日记账是否定期与银行对账单核对	√			
15.是否按月与银行对账，编制银行存款余额调节表，做到账实相符	√			
16.银行存款日记账是否逐笔序时登记	√			
17.现金是否做到日清月结，并建立和实行定期盘点制度	√			
18.现金收入、支出是否有合理、合法的凭据	√			
19.现金收付款凭证是否符合制单、复核、主管终审的三审纵横检控原则	√			
20.现金支票及现金收付款凭证是否由专人管理	√			
21.现金支票和银行预留印鉴是否做到分管及签盖分工负责制	√			
22.支票是否按序签发，开出支票是否使用支票登记簿	√			
23.作废支票是否加盖"作废"戳记，并与存根一并保存	√			
24.有无现金收支业务的内部审计制度	√			

结论：

1.经内部控制问卷和简易测试后，认为货币资金循环内部控制的可信赖程度为：

高（√） 　 中（ 　 ） 　 低（ 　 ）

2.该循环是否需要进一步作控制测试：

是（√） 　 否（ 　 ）

3.该循环内部控制设计虽然存在个别缺陷，但不会对财务报表的相关认定产生重大影响

复核说明与结论：

同时出现高负
债和高货币资
金余额

任务三 库存现金的审计目标和实质性程序

由于现金流动性强，牵涉性大，单位发生的舞弊事件大多与现金有关，因此，注册会计师在审计实务中应精心设计审计程序对现金进行审计。

一、库存现金的审计目标

库存现金的审计目标一般应包括：

1.确定被审计单位资产负债表的货币资金项目中的库存现金在资产负债表日是否确实存在（"发生"认定）。

2.确定被审计单位所有应当记录的现金收支业务是否均记录完毕，有无遗漏（"完整性"认定）。

3.确定记录的库存现金是否为被审计单位拥有或控制（"权利和义务"认定）。

4.确定库存现金是否以恰当的金额包括在资产负债表的货币资金项目中，与之相关的计价调整已恰当记录（"准确性、计价和分摊"认定）。

5.确定库存现金是否已按照企业会计准则的规定在财务报表中作出恰当列报（"列报"认定）。

二、库存现金的实质性程序

为实现库存现金审计目标，库存现金的实质性程序一般包括：

1.核对库存现金日记账与总账的余额是否相符

核对库存现金日记账与总账的余额是否相符是注册会计师测试现金余额的起点，是确定记录的库存现金是否为被审计单位拥有或控制的一项重要程序。在核对时，如果不相符，应查明其原因，必要时建议作出适当调整。

2.监盘库存现金

监盘库存现金是证实资产负债表中所列现金是否存在的一项重要程序。企业盘点库存现金，通常包括对已收到但未存入银行的现金、零用金等的盘点。监盘库存现金的步骤和方法如下：

（1）对库存现金的监盘最好实施突击性检查，以防止出纳员采取措施移东补西，掩盖错弊。

（2）监盘时间最好安排在外勤工作期间单位上午上班前或下午下班时进行，避开单位

现金收支的高峰时间。

（3）监盘范围一般包括被审计单位各部门经管的现金。单位在进行盘点前，应由出纳员将现金集中起来存入保险柜。必要时可加以封存，然后由出纳员把已办妥现金收付手续的收付款凭证登入库存现金日记账，并结出现金余额。如被审计单位库存现金存放部门有两处或两处以上的，应同时进行盘点。

（4）盘点库存现金的人员应视被审计单位的具体情况而定，但必须有出纳员和被审计单位会计主管人员参加，由注册会计师进行监盘。

（5）注册会计师应根据监盘结果编制"库存现金监盘表"，由单位财务负责人和出纳员及监盘人员在监盘表上签字确认。

（6）审阅库存现金日记账并同时与现金收付凭证相核对：一方面检查库存现金日记账的记录与凭证的内容和金额是否相符；另一方面了解凭证日期与库存现金日记账日期是否相符或接近。

（7）出纳员根据库存现金日记账加计累计数额，结出现金结余。

（8）将盘点金额与库存现金日记账余额进行核对，如有差异，应查明原因，并作出记录或适当调整。如无法查明原因，应要求被审计单位按管理权限批准后作出调整。

（9）若有冲抵库存现金的借条、未提现支票、未作报销的原始凭证，应在"库存现金监盘表"中注明或作出必要的调整。

监盘后，形成"库存现金监盘表"工作底稿，其格式如表11-2所示。

表11-2　　　　　　　　　　　库存现金监盘表

被审计单位名称：	索引号：
项目：库存现金	财务报表截止日/期间：
编制人：	复核人：
日期：	日期：

检查盘点记录					实有库存现金盘点记录						
项目	项次	人民币	美元	某外币	币种	人民币		美元		某外币	
					面额	张	金额	张	金额	张	金额
上一日账面库存余额	①				1 000元						
盘点日未记账传票收入金额	②				500元						
盘点日未记账传票支出金额	③				100元						
盘点日账面应有金额	④=①+②-③				50元						
盘点实有库存现金数额	⑤				10元						
盘点日应有与实有差异	⑥=④-⑤				5元						
差异原因分析	白条抵库（张）				2元						
					1元						
					0.5元						

续表

检查盘点记录					实有库存现金盘点记录						
项　目	项次	人民币	美元	某外币	币种	人民币		美元		某外币	
					面额	张	金额	张	金额	张	金额
差异原因分析					0.2元						
					0.1元						
					合计						
追溯调整　报表日至审计日库存现金付出总额											
报表日至审计日库存现金收入总额											
报表日库存现金应有余额											
报表日账面汇率											
报表日余额折合本位币金额											
本位币合计											

出纳员：　　　会计主管人员：　　　监盘人：　　　检查日期：

审计说明：

　　【例11-1】（案例题）达利会计师事务所注册会计师王力与张卫对中桥汇普有限责任公司（以下简称"汇普公司"）2024年度财务报表货币资金项目进行审计时，实施的部分审计程序如下：

　　（1）为顺利监盘库存现金，注册会计师王力在监盘前一天通知汇普公司会计主管人员做好监盘准备。

　　（2）对汇普公司总部和营业部库存现金的监盘时间定在2025年2月15日下午5点。

　　（3）汇普公司会计主管人员当场盘点现金，在与库存现金日记账核对后编制"库存现金监盘表"，并在签字后形成审计工作底稿。

　　（4）2025年2月15日注册会计师王力和张卫对汇普公司全部现金进行监盘后，确认库存现金实有数额为15 600元，另有保险柜中单独包封的未领工资2 000元。

　　（5）汇普公司2025年2月14日库存现金账面余额为21 000元，2月15日发生的现金收支全部未登记入账，其中：收入金额为3 000元，支出金额为5 000元。

　　（6）注册会计师在对库存现金监盘过程中，发现库存现金日记账中夹有借据一张，金额3 400元，未经任何审批手续。

　　（7）经核实，该公司2025年1月1日至2月14日现金收入总额为15 500元，现金支出总额为16 400元，准确无误。

　　（8）银行核定库存现金限额10 000元。

【要求】

（1）指出上述库存现金审计工作中有哪些不当之处，并提出改进建议。

（2）指出汇普公司现金管理中存在的主要问题，并提出改进意见。

（3）审查汇普公司 2024 年 12 月 31 日库存现金余额，并编制"库存现金监盘表"审计工作底稿。

【正确答案】（1）库存现金审计工作中的不当之处及改进建议：

①提前通知汇普公司会计主管人员做好库存现金监盘准备的做法不当。注册会计师应当对汇普公司库存现金实施突击性检查。

②现金盘点操作不当。库存现金应由出纳员盘点，由注册会计师监盘。"库存现金监盘表"应由注册会计师编制，由公司出纳员、会计主管人员和注册会计师共同签字。

（2）汇普公司现金管理中存在的主要问题及改进建议：

①白条借据抵库。出纳员以白条借给职工现金 3 400 元，至今抵充库存现金不入账。公司对外借款应经审批人正式审批，作其他应收款处理，或限期归还。

②账款不符。盘点日止账面应存额为 19 000 元，而实际盘存库存现金仅为 15 600 元，短缺 3 400 元。原因为出纳员擅自以白条借据 3 400 元抵充库存，应按中国人民银行和相关监管部门的最新规定及时作出处理。

③银行核定该公司库存现金限额为 10 000 元，而实际库存超过限额 5 600 元。今后应坚持按银行核定限额存放库存现金。

（3）汇普公司 2024 年 12 月 31 日库存现金余额为：19 000+16 400−15 500=19 900（元）。编制"库存现金监盘表"（略）。

3.抽查大额库存现金收支

着重检查大额现金收支的原始凭证是否齐全，原始凭证内容是否完整、有无授权批准，记账凭证与原始凭证是否相符，账务处理是否正确、是否记录于恰当的会计期间等项内容。

4.审查现金收支的正确截止日期

被审计单位资产负债表的货币资金项目中的库存现金数额，应以结账日实有数额为准。因此，注册会计师应抽查资产负债表日后若干天的、一定金额以上的现金收支凭证，实施截止测试，以确定是否存在跨期事项，防止被审计单位低估或高估现金余额。

5.检查库存现金是否在资产负债表上恰当披露

注册会计师应在实施审计程序后，确定"库存现金"账户的期末余额是否恰当，进而确定库存现金是否在资产负债表上恰当披露。

👆 **提示**

在审计实务中，库存现金监盘时间一般在资产负债表日后进行，注册会计师应进行追溯调整，调整至资产负债表日的金额，即：

$$报表日库存现金应有余额 = 审计日库存现金余额 + 报表日至审计日的现金支出金额 − 报表日至审计日的现金收入金额$$

任务四　银行存款的审计目标和实质性程序

一、银行存款的审计目标

银行存款的审计目标一般应包括：

1.确定被审计单位资产负债表的货币资金项目中的银行存款在资产负债表日是否确实存在（"发生"认定）。

2.确定被审计单位所有应当记录的银行存款收支业务是否均记录完毕，有无遗漏（"完整性"认定）。

3.确定记录的银行存款是否为被审计单位拥有或控制（"权利和义务"认定）。

4.确定银行存款是否以恰当的金额包括在财务报表的货币资金项目中，与之相关的计价调整已恰当记录（"准确性、计价和分摊"认定）。

5.确定银行存款是否已按照企业会计准则的规定在财务报表中作出恰当列报（"列报"认定）。

二、银行存款的实质性程序

为实现上述审计目标，银行存款的实质性程序一般包括：

1.获取或编制银行存款余额明细表。

复核明细表的加计是否正确，并与总账数和日记账合计数核对是否相符；检查非记账本位币银行存款的折算汇率及折算金额是否正确。注册会计师核对银行存款日记账与总账的余额是否相符，是确定记录的银行存款是否为被审计单位拥有或控制的一项重要程序。在测试时，如果不相符，应查明其原因，必要时建议作出适当调整。

2.实施实质性分析程序。

计算银行存款累计余额应收利息收入，分析比较被审计单位银行存款应收利息收入与实际利息收入的差异是否恰当，评估利息收入的合理性，检查是否存在高息资金拆借，确认银行存款余额是否存在，利息收入是否已经完整记录。

3.检查银行存单。

编制银行存单检查表，检查是否与账面记录金额一致，是否被质押或限制使用，存单是否为被审计单位所拥有。

（1）对已质押的定期存款，应检查定期存单，并与相应的质押合同核对，同时关注定期存单对应的质押借款有无入账。

（2）对未质押的定期存款，应检查开户证实书原件。

（3）对审计外勤工作结束日前已提取的定期存款，应核对相应的兑付凭证、银行对账单和定期存款复印件。

检查银行存单形成的"银行存单检查表"工作底稿格式如表11-3所示。

表11-3 银行存单检查表

被审计单位名称：_____　　索引号：_____
项目： 银行存款　　　　　　　财务报表截止日/期间：_____
编制人：_____　　　　　复核人：_____
日期：_____　　　　　　日期：_____

开户银行	账号	币种	户名	存入日期	到期日	期末存单余额	期末账面余额	备注

注：备注栏可填写是否被质押、用于担保或存在其他使用限制等情况说明。
审计说明：

4.取得并检查银行存款余额调节表。

取得并检查银行存款余额调节表是证实资产负债表中所列银行存款是否存在的重要程序。银行存款余额调节表通常应由被审计单位根据不同的银行账户及货币种类分别编制。具体测试程序通常包括：

（1）将被审计单位资产负债表日的银行存款余额对账单，与银行询证函回函核对，确认是否一致，抽样核对账面记录的已付票据金额及存款金额是否与对账单记录一致。

（2）获取资产负债表日的银行存款余额调节表，检查调节表中加计数是否正确，调节后银行存款日记账余额与银行对账单余额是否一致。

（3）检查调节事项的性质和范围是否合理。

（4）检查是否存在未入账的利息收入和利息支出。

（5）检查是否存在其他跨期收支事项。

（6）检查银行存款余额调节表中支付异常的领款、签字不全、收款地址不清、金额较大票据的调整事项，确认是否存在舞弊。

检查银行存款余额调节表形成的工作底稿格式如表11-4所示。

表11-4 对银行存款余额调节表的检查

被审计单位名称：_____　　索引号：_____
项目： 银行存款　　　　　　　财务报表截止日/期间：_____
编制人：_____　　　　　复核人：_____
日期：_____　　　　　　日期：_____

开户银行：_____　银行账号：_____　币种：_____

项　目	金额	调节项目说明	是否需要审计调整
银行对账单余额			
加：企业已收，银行尚未入账合计金额			

续表

项 目	金额	调节项目说明	是否需要审计调整
其中：1.			
2.			
减：企业已付，银行尚未入账合计金额			
其中：1.			
2.			
调整后银行对账单余额			
企业银行存款日记账余额			
加：银行已收，企业尚未入账合计金额			
其中：1.			
2.			
减：银行已付，企业尚未入账合计金额			
其中：1.			
2.			
调整后企业银行存款日记账余额			
经办会计人员（签字）： 会计主管（签字）：			

审计说明：

★**素养提升**（素养目标：坚持法治导向，加强司法保障）

康得新消失的122亿元

　　康得新是因重大违法启动强制退市程序的首个案例，创出了资本市场近年来最大虚增利润额事件。2021年3月15日，深圳证券交易所向康得新复合材料集团股份有限公司发出终止上市事先告知书。证监会对于个别投资者质疑公司大股东康得新集团涉及占用大量货币资金，康得新银行账户122亿元存款"不翼而飞"的问题，作出答复。证监会发言人回应：经调查认定，康得新涉案银行账户主要是为了配合财务造假，便于完成虚假销售收入回款，2018年末该账户显示的122亿元"余额"，是累计归集金额，并不是真实的银行存款余额。

　　在康得新案中，康得新财务造假主要通过虚构销售业务、虚构采购等方式进行，并将资金体外循环，用于造假所需业务收入回款，增强了造假手段的隐蔽性。对于康得新个案，要加强相关司法保障，坚持法治导向，坚持应退尽退，对严重违法违规、严重扰乱资本市场秩序的公司坚决出清，对相关责任人严肃追责。

　　资料来源：佚名.122亿"存款"并不存在 康得新造假利用"资金归集"掩人耳目［EB/OL］.［2021-03-15］.https://baijiahao.baidu.com/s? id=1694309347249697681&wfr=spider&for=pc.

5.函证银行存款余额。

函证银行存款余额是证实资产负债表所列银行存款是否存在的重要程序。通过向往来银行函证，注册会计师不仅可以了解企业资产的存在，还可以了解企业账面反映所欠银行债务的情况，并有助于发现企业未入账的银行借款和未披露的或有负债。

函证时，注册会计师应向被审计单位在本年存过款（含外埠存款、银行汇票存款、银行本票存款、信用卡存款、信用证保证金存款）的所有银行发函，其中包括企业存款账户已结清的银行，因为有可能存款账户已结清，但仍有银行借款或其他负债存在。同时，虽然注册会计师已经直接从某一银行取得了银行对账单和所有已付支票，但仍应向这一银行进行函证。

"银行询证函"与"银行存款函证结果汇总表"工作底稿参考格式分别如表11-5、表11-6所示。

表11-5　　　　　　　　　　　　　　银行询证函　　　　　　　索引号：
编号：

××（银行）：

本公司聘请的××会计师事务所正在对本公司××年度财务报表进行审计，按照中国注册会计师审计准则的要求，应当询证本公司与贵行相关的信息。下列信息出自本公司记录，如与贵行记录相符，请在本函下端"信息证明无误"处签章证明；如有不符，请在"信息不符"处列明不符项目及具体内容；如存在与本公司有关的未列入本函的其他重要信息，也请在"信息不符"处列出其详细资料。回函请直接寄至××会计师事务所。

回函地址：　　　　邮编：　　　　电话：　　　　传真：　　　　联系人：

截至××年×月×日止，本公司与贵行相关的信息列示如下：

1.银行存款

账户名称	银行账号	币种	利率	余额	起止日期	是否被质押、用于担保或存在其他使用限制	备注

除上述列示的银行存款外，本公司并无贵行的其他存款。

注："起止日期"一栏仅适用于定期存款，如为活期或保证金存款，可只填写"活期"或"保证金"字样。

2.银行借款

借款人名称	币种	本息余额	借款日期	到期日期	利率	借款条件	抵（质）押品/担保人	备注

除上述列示的银行借款外，本公司并无贵行的其他借款。

注：此项仅函证截至资产负债表日本公司尚未归还的借款。

3.截至函证日之前12个月内注销的账户

账户名称	银行账号	币　种	注销账户日

除上述列示的账户外，本公司并无截至函证日之前12个月内在贵行注销的其他账户。

4.委托存款

账户名称	银行账号	借款方	币种	利率	余额	存款起止日期	备注

除上述列示的委托存款外，本公司并无通过贵行办理的其他委托存款。

5.委托贷款

账户名称	银行账号	资金使用方	币种	利率	本金	利息	贷款起止日期	备注

除上述列示的委托贷款外，本公司并无通过贵行办理的其他委托贷款。

6.担保

（1）本公司为其他单位提供的、以贵行为担保受益人的担保

被担保人	担保方式	担保金额	担保期限	担保事由	担保合同编号	被担保人与贵行就担保事项往来的内容（贷款等）	备注

除上述列示的担保外，本公司并无其他以贵行为担保受益人的担保。

注：如采用抵押或质押方式提供担保的，应在备注中说明抵押或质押物情况。

（2）贵行向本公司提供的担保

被担保人	担保方式	担保金额	担保期限	担保事由	担保合同编号	备注

除上述列示的担保外，本公司并无贵行提供的其他担保。

7.本公司为出票人且由贵行承兑而尚未支付的银行承兑汇票

银行承兑汇票号码	票面金额	出票日	到期日

除上述列示的银行承兑汇票外，本公司并无由贵行承兑而尚未支付的其他银行承兑汇票。

8.本公司向贵行已贴现而尚未到期的商业汇票

商业汇票号码	付款人名称	承兑人名称	票面金额	票面利率	出票日	到期日	贴现日	贴现率	贴现净额

续表

除上述列示的商业汇票外，本公司并无向贵行已贴现而尚未到期的其他商业汇票。

9.本公司为持票人且由贵行托收的商业汇票

商业汇票号码	承兑人名称	票面金额	出票日	到期日

除上述列示的商业汇票外，本公司并无由贵行托收的其他商业汇票。

10.本公司为申请人、由贵行开具的、未履行完毕的不可撤销信用证

信用证号码	受益人	信用证金额	到期日	未使用金额

除上述列示的不可撤销信用证外，本公司并无由贵行开具的、未履行完毕的其他不可撤销信用证。

11.本公司与贵行之间未履行完毕的外汇买卖合约

类　别	合约号码	买卖币种	未履行的合约买卖金额	汇率	交收日期
贵行卖予本公司					
本公司卖予贵行					

除上述列示的外汇买卖合约外，本公司并无与贵行之间未履行完毕的其他外汇买卖合约。

12.本公司存放于贵行的有价证券或其他产权文件

有价证券或其他产权文件名称	产权文件编号	数量	金额

除上述列示的有价证券或其他产权文件外，本公司并无存放于贵行的其他有价证券或其他产权文件。

13.其他重大事项

注：此项应填列注册会计师认为重大且应予函证的其他事项，如信托存款等；如无则应填写"不适用"。

（公司盖章）
年　月　日

────────以下仅供被询证银行使用────────

结论：

1.信息证明无误。	2.信息不符，请列明不符项目及具体内容（对于在本函前述第1项至第13项中漏列的其他重要信息，请列出详细资料）。
（银行盖章） 经办人： 年　月　日	（银行盖章） 经办人： 年　月　日

表11-6　　　　　　　　　　　　银行存款函证结果汇总表

被审计单位名称：_____　　索引号：_____

项目：银行存款_____　　　财务报表截止日/期间：_____

编制人：_____　　　　　　复核人：_____

日期：_____　　　　　　　日期：_____

开户银行	账号	币种	函证情况					冻结、质押等事项说明	备注
			对账单余额	函证日期	回函日期	回函金额	金额差异		

审计说明：

6. 检查银行存款收支的正确截止日期。

选取资产负债表日前后若干天的银行存款收支凭证实施截止测试，关注业务内容及对应项目，如有跨期收支事项，应考虑是否提出调整建议。

7. 检查银行存款账户存款人是否为被审计单位。

若存款人非被审计单位，应获取该账户户主和被审计单位的书面声明，确认资产负债表日是否需要调整。

8. 关注是否存在质押、冻结等对变现有限制或存在境外的款项。

9. 抽查大额银行存款收支的原始凭证。

检查原始凭证是否齐全、记账凭证与原始凭证是否相符、账务处理是否正确、是否记录于恰当的会计期间等内容。检查是否存在非营业目的的大额货币资金转移，并核对相关账户的进账情况；如有与被审计单位生产经营无关的收支事项，应查明原因并作相应的记录。

10. 检查银行存款在财务报表中是否恰当披露。

【例11-2】（简答题）甲公司是ABC会计师事务所的常年审计客户，A注册会计师负责审计甲公司2024年度财务报表，确定财务报表整体的重要性为300万元。与货币资金审计相关的部分事项如下：

（1）甲公司一笔1 000万元的定期存款于2025年1月到期。A注册会计师于2024年末检查了相关的开户证实书原件，于2025年2月检查了到期兑付的银行凭证及相关的银行对账单，据此认可了该笔定期存款的存在。

（2）A注册会计师实施实质性分析程序发现，甲公司2024年度账面记录的银行存款利息收入明显少于预期值，经调查系年内向关联方借出资金、甲公司账面未作记录所致。因借出资金已于年末收回，不影响银行存款余额，A注册会计师认为不存在错报。

（3）甲公司与其子公司、乙银行签订的集团现金管理账户协议约定，子公司银行账户余额超过500万元的部分自动拨入甲公司银行账户。A注册会计师检查了相关协议，并通过函证向乙银行确认了资金归集账户的具体信息，结果满意。

（4）为验证银行对账单的真实性，A注册会计师要求甲公司财务人员提供相关的网银记录截屏，将网银记录截屏信息与银行对账单信息进行了核对，结果满意。

（5）在测试银行存款余额调节表时，A注册会计师针对企付银未付和企收银未收调节事项，分别检查了相关的付款和收款原始凭证，据此确认了调节事项的适当性。

要求：针对上述第（1）至（5）项，逐项指出A注册会计师的做法是否恰当。若不恰当，请简要说明理由。

【正确答案】（1）不恰当。定期存款期末余额重大，应当实施银行函证程序。

（2）不恰当。可能存在关联方交易的披露错报。

（3）恰当。

（4）不恰当。应核实网银记录截屏的真实性，亲自到银行获取对账单，观察甲公司人员登录并操作网银系统导出信息的过程。

（5）不恰当。还应检查期后银行对账单。

❈ 项目小结

知识点❶　货币资金是企业资产中流动性最强的一种资产，其收付业务频繁，容易产生弊端。

知识点❷　货币资金项目审计包括库存现金、银行存款和其他货币资金的审计。

知识点❸　货币资金内部控制通常包括：①岗位分工制度；②授权批准制度；③货币资金的管理制度；④票据及印章的管理；⑤内部监督检查。

知识点❹　库存现金的实质性程序包括：①核对库存现金日记账与总账的余额是否相符，检查非记账本位币库存现金的折算汇率及折算金额是否正确；②监盘库存现金；③抽查大额库存现金收支；④审查现金收支的正确截止日期；⑤检查库存现金是否在资产负债表上恰当披露。

知识点❺　银行存款的实质性程序包括：①获取或编制银行存款余额明细表；②实施实质性分析程序；③检查银行存单；④取得并检查银行存款余额调节表；⑤函证银行存款余额；⑥检查银行存款收支的正确截止日期；⑦检查银行存款账户存款人是否为被审计单位；⑧关注是否存在质押、冻结等对变现有限制或存在境外的款项；⑨抽查大额银行存款收支的原始凭证；⑩检查银行存款在财务报表中是否恰当披露。

❈ 项目实训题

一、判断题

1.被审计单位资产负债表上的银行存款数额，应以编制或取得银行存款余额调节表日银行存款账户数额为准。　　　　　　　　　　　　　　　　　　　　　　（　　）

2.通过向往来银行进行函证，注册会计师不仅可以了解企业银行存款的存在，同时，还可了解企业欠银行的债务，并有助于发现企业未入账的银行借款和未披露的或有负债。
（　　）

3.盘点库存现金必须有出纳员和被审计单位会计主管人员参加，并由注册会计师进行盘点。
（　　）

4.如果现金盘点不是在资产负债表日进行的，注册会计师应将资产负债表日至盘点日的收付金额调整至盘点日金额。
（　　）

5.即使企业银行存款账户余额为零，只要存在本期发生额，注册会计师就应进行函证。
（　　）

6.为证实银行存款记录的正确性，注册会计师必须抽取一定期间的银行存款余额调节表，将其同银行对账单、银行存款日记账及总账进行核对，确定被审计单位是否按月正确编制并复核银行存款余额调节表。
（　　）

7.注册会计师应检查银行存款收支的正确截止，其操作方法是抽查资产负债表日前后若干天的银行存款收支凭证实施截止测试，关注业务内容及对应项目，如有跨期收支事项，应考虑是否应提出调整建议。
（　　）

8.出纳员不得兼管稽核与会计档案的管理工作，不得兼管债权、债务及收入的登记工作。
（　　）

9.企业现金收入应当及时存入银行，不得用于直接支付企业自身的支出，因特殊情况需坐支的，应事先经公司管理层或治理层批准。
（　　）

10.企业应当严格遵守银行结算纪律，不准签发没有资金保证的票据或远期支票，套取银行信用，但可以出借银行账号。
（　　）

二、单项选择题

1.监盘库存现金是注册会计师证实资产负债表所列现金是否存在的一项重要程序，被审计单位必须参加盘点的人员是（　　）。

A.会计主管人员和内部注册会计师　　　　B.出纳员和会计主管人员

C.出纳员和记账会计　　　　　　　　　　D.出纳员和内部注册会计师

2.银行存款截止测试的关键在于（　　）。

A.确定被审计单位各银行账户最后一张支票的号码

B.检查大额银行存款的收支

C.确定被审计单位当期记录的最后一笔银行存款业务

D.取得并检查银行存款余额调节表

3.2024年3月5日，对A公司全部现金进行监盘后，确认实有现金数额为1 000元。A公司3月4日账面库存现金余额为2 000元。3月5日发生的现金收支全部未登记入账，其中收入金额为3 000元、支出金额为4 000元。2024年1月1日至3月4日现金收入总额为165 200元、现金支出总额为165 500元，则推断2023年12月31日库存现金余额应为（　　）元。

A.1 300　　　　　　　B.2 300　　　　　　　C.700　　　　　　　D.2 700

4.下列职责分工可以不分离的是（　　）。

A.现金支付的审批与执行　　　　　　　　B.现金保管与库存现金日记账的记录

C.库存现金日记账与收入明细账的记录　　D.现金保管与现金总分类账的记录

5.针对甲公司下列与现金相关的内部控制，A注册会计师应提出改进建议的是（　　）。

A.每日及时记录现金收入并定期向顾客寄送对账单

B.担任登记库存现金日记账及总账职责的人员与担任现金出纳职责的人员分开

C.现金支付需经过适当授权审批

D.每日盘点现金并与账面余额核对

6.货币资金内部控制的以下关键环节中，存在重大缺陷的是（　　）。

A.对重要货币资金支付业务，实行集体决策

B.现金收入及时存入银行，特殊情况下经主管领导审查批准方可坐支现金

C.财务专用章由专人保管，个人名章由本人或其授权人员保管

D.指定专人定期核对银行账户，每月核对一次，编制银行存款余额调节表，使银行
存款账面余额与银行对账单调节相符

7.下列说法中正确的是（　　）。

A.出纳人员可以同时从事银行对账单的获取、银行存款余额调节表的编制等工作

B.在对银行存款实施函证程序时，要对所有存款的银行都寄发询证函

C.被审计单位资产负债表上的银行存款余额，应以编制或取得银行存款余额调节表日
银行存款实有数额为准

D.如果现金盘点不是在资产负债表日进行的，注册会计师应将资产负债表日至盘点
日的收付金额调整至盘点日金额

8.注册会计师在审计天普公司某银行账户的银行存款时发现，银行存款对账单余额与
银行存款日记账余额不符，注册会计师应当执行的最有效的审计程序是（　　）。

A.审查该账户的银行存款余额调节表

B.审查银行存款日记账中记录的该账户资产负债表日前后的收付情况

C.审查银行对账单中记录的该账户资产负债表日前后的收付情况

D.抽查天普公司该年度的银行存款收支业务

9.在对银行存款实施审计时，实施的函证程序可以证实若干项目标，其中最基本的目
标是（　　）。

A.是否有漏记的银行借款

B.银行存款的真实性

C.是否有充作抵押担保的存货

D.是否有企业已经记录但是银行方没有记录的交易事项

10.下列审计程序中，通常不能为定期存款的存在认定提供可靠的审计证据的是（　　）。

A.函证定期存款的相关信息

B.对于未质押的定期存款，检查开户证实书原件

C.对于已质押的定期存款，检查定期存单复印件

D.对于在资产负债表日后已到期的定期存款，核对兑付凭证

三、多项选择题

1.良好的货币资金内部控制要求是（　　）。

A.控制现金坐支，当日收入现金应及时送存银行

B.货币资金收支与记账的岗位分离

C.全部收支及时准确入账，并且支出要有核准手续

D.按月盘点现金，编制银行存款余额调节表，以做到账实相符

2.注册会计师应当注意检查库存现金内部控制的建立和执行情况，关注（　　）。

A.库存现金的收支是否按规定的程序和权限办理

B.是否存在与被审计单位经营无关的款项收支情况

C.是否存在出租、出借银行账户的情况

D.出纳与会计的职责是否严格分离

3.下列符合货币资金的内部控制规范的有（　　）。

A.单位负责人的直系亲属不得担任本单位会计机构负责人

B.会计机构负责人的直系亲属不得担任本单位出纳人员

C.为了加强内部控制，单位应指定专人集中保管单位负责人、财务负责人的个人印章和财务专用章

D.出纳人员不得兼任固定资产、无形资产账目的登记工作

4.下列（　　）审计程序属于银行存款实质性程序。

A.核对银行存款日记账余额与总账的余额是否相符

B.函证银行存款余额

C.抽取一定期间银行存款余额调节表，查验其是否按月正确编制并经复核

D.检查是否存在未入账的利息收入和利息支出

5.下列各项中，符合现金盘点要求的有（　　）。

A.参与盘点的人中必须有出纳员、被审计单位会计主管和注册会计师

B.盘点之前应将已办理现金收付款手续的收付凭证记入库存现金日记账

C.不同存放地点的现金应同时进行盘点

D.盘点时间必须安排在当日现金收付业务进行中并采取突击盘点

6.在进行年度财务报表审计时，为了证实被审计单位在临近12月31日签发的支票未予入账，注册会计师可以实施的审计程序有（　　）。

A.函证12月31日的银行存款余额

B.审查12月份的支票存根

C.审查12月31日的银行对账单

D.审查12月31日的银行存款余额调节表

7.函证银行存款余额，注册会计师可以证实（　　）。

A.银行存款是否存在　　　　　　　　B.银行借款金额

C.是否存在企业未入账的负债　　　　D.是否存在或有负债

8.下列说法中正确的有（　　）。

A.注册会计师对银行存款的函证，应采用积极式函证

B.注册会计师审计银行存款时不需要对账户余额为零的进行函证

C.注册会计师应向被审计单位在本年存过款的所有银行发函，其中包括企业存款账户已结清的银行，因为有可能存款账户已结清，但仍有银行借款或其他负债存在

D.向银行函证企业的银行存款，能够证实企业银行存款的真实性，也能证实企业银

行借款的完整性

9.为测试银行存款付款内部控制,注册会计师应选取适当的样本量检查(　　)。

A.检查付款的授权批准手续是否符合规定

B.核对付款凭证与应付账款明细账的记录是否一致

C.核对付款凭证与银行对账单是否相符

D.核对实付金额与购货发票是否相符

10.被审计单位2024年12月31日的银行存款余额调节表包括一笔"企业已付、银行未付"调节项,其内容为以支票支付赊购材料款。下列审计程序中,能为该调节项提供审计证据的有(　　)。

A.检查2025年1月的银行对账单

B.就2024年12月31日相关供应商的应付账款余额实施函证

C.检查支票开具日期

D.检查付款申请单是否经适当批准

四、简答题

1.简述货币资金内部控制包括哪些内容?如何进行控制测试?

2.简述银行存款的审计目标。

3.简述银行存款实质性测试程序。

4.简述注册会计师在执行库存现金监盘程序时应注意的事项。

5.简述银行存款函证的内容与对象。

五、案例分析题

练习一

【资料】注册会计师了解到某公司货币资金的内部控制情况。具体情况如下:

(1)该公司会计和出纳分设,由于会计工作量大,财务经理安排由出纳负责登记三大期间费用账户,并且根据规定,收款的同时为销售部门开具销售发票。

(2)办理付款手续时,直接根据采购人员提供的发票办理支付手续。

(3)在财务部负责人的授意下,开立多个结算账户,资金紧张时就从没有金额的账户给客户开支票,拖延还款时间。

(4)对于超过授权范围审批的货币资金业务,出纳人员在办理后再向上级部门报告。

(5)对于签发票据所必需的印鉴,由财务主管负责保管,出纳人员使用完毕及时交还财务主管。

(6)设置内部审计部,由主管会计兼任内部审计负责人。

【要求】找出该公司货币资金内部控制存在的问题,并提出改进建议。

练习二

【资料】ABC会计师事务所对甲公司2024年度财务报表进行审计,甲公司在总部和营业部均设有出纳部门,A注册会计师负责审计货币资金项目。具体要点如下:

(1)为顺利完成监盘库存现金的任务,A注册会计师在监盘前一天通知甲公司出纳员做好监盘准备。

(2)考虑到出纳日常工作安排,对总部和营业部库存现金的监盘时间分别定在上午十点和下午三点。

（3）监盘库存现金的工作由A注册会计师以及甲公司总部和营业部出纳员共同进行。

（4）监盘时，出纳员把现金放入保险柜，并将已办妥现金收付手续的交易登入库存现金日记账，结出库存现金日记账余额，A注册会计师当场盘点出纳员负责的库存现金。

（5）A注册会计师核对库存现金日记账后填写"库存现金监盘表"，并在签字后形成审计工作底稿。

【要求】针对上述（1）至（5）项，逐项指出上述库存现金监盘工作中的做法是否恰当。若不恰当，请简要说明理由。

项目十二

终结审计与审计报告

【任务引例】

　　顺达会计师事务所承接胜龙股份有限公司吴平总经理离任审计工作，于 2025 年 2 月对吴经理在 2023 年 6 月 1 日至 2024 年 12 月工作期间的财务活动进行离任审计。本次审计先由公司的财务内部工作人员自行全面清查并形成自查报告，审计主审人员根据自查报告的重点、难点、疑点内容在审计项目负责人的协助和指导下予以复查，以形成审计报告。

　　任务分析：

　　针对离任审计的重点，审计人员应如何把控审计风险，对该公司财务管理提出相关经营管理建议。

✿ 学习目标

　　知识目标：

了解终结审计的流程。

掌握审计差异汇总表、试算平衡表的编制。

理解如何形成审计意见。

掌握审计报告的基本要素。

掌握审计报告类型的确定。

　　职业能力目标：

能够对审计过程中发现的问题进行系统分析，提出具有建设性的审计建议，为被审计单位的改进提供参考。

❀ 本章内容思维导图

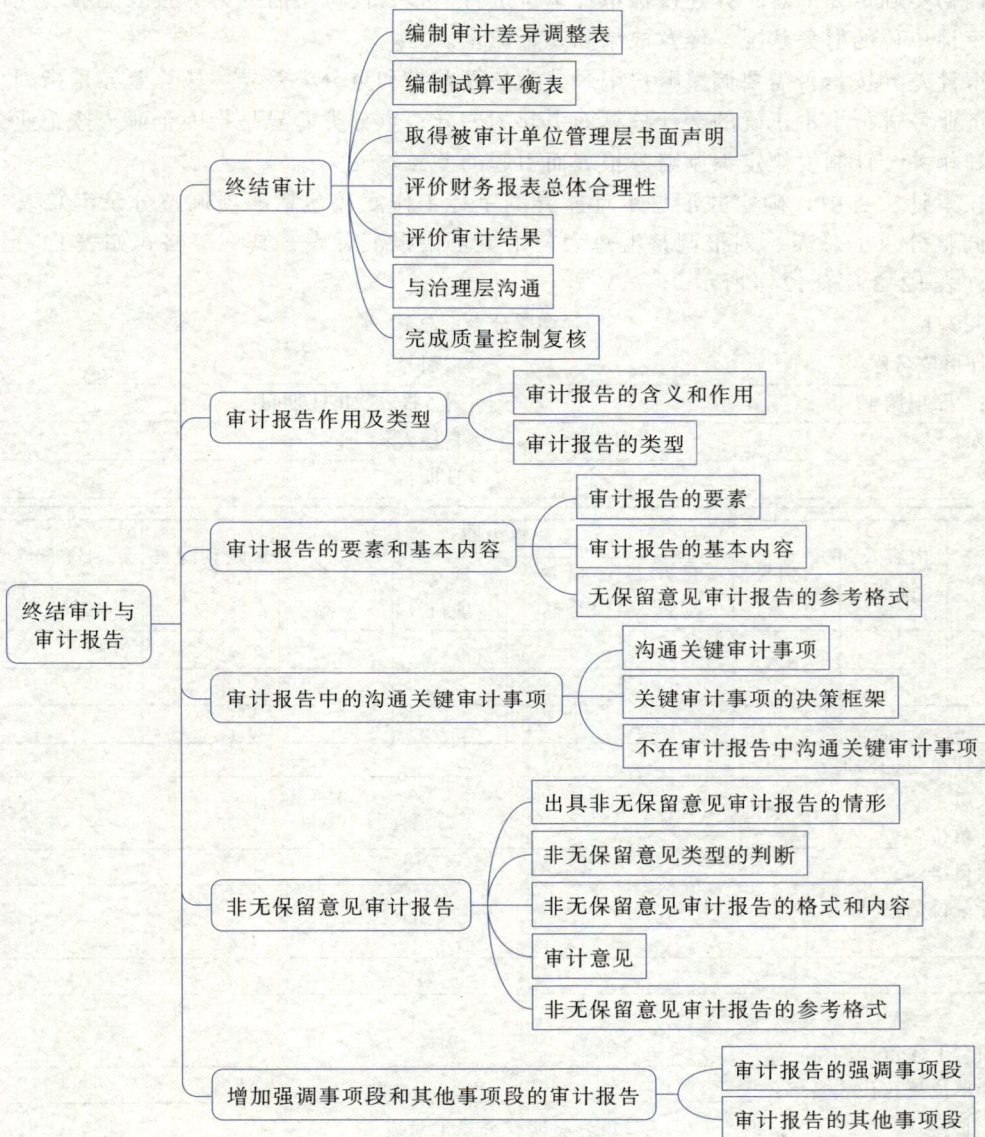

```
终结审计与
审计报告
│
├── 终结审计 ───┬── 编制审计差异调整表
│               ├── 编制试算平衡表
│               ├── 取得被审计单位管理层书面声明
│               ├── 评价财务报表总体合理性
│               ├── 评价审计结果
│               ├── 与治理层沟通
│               └── 完成质量控制复核
│
├── 审计报告作用及类型 ───┬── 审计报告的含义和作用
│                         └── 审计报告的类型
│
├── 审计报告的要素和基本内容 ───┬── 审计报告的要素
│                               ├── 审计报告的基本内容
│                               └── 无保留意见审计报告的参考格式
│
├── 审计报告中的沟通关键审计事项 ───┬── 沟通关键审计事项
│                                   ├── 关键审计事项的决策框架
│                                   └── 不在审计报告中沟通关键审计事项
│
├── 非无保留意见审计报告 ───┬── 出具非无保留意见审计报告的情形
│                           ├── 非无保留意见类型的判断
│                           ├── 非无保留意见审计报告的格式和内容
│                           ├── 审计意见
│                           └── 非无保留意见审计报告的参考格式
│
└── 增加强调事项段和其他事项段的审计报告 ───┬── 审计报告的强调事项段
                                            └── 审计报告的其他事项段
```

任务一　终结审计

　　注册会计师按业务循环完成各财务报表项目的审计测试工作后，在审计终结阶段应汇总审计测试结果，完成审计结果评价，与客户沟通，确定应出具审计报告的意见类型，编制并致送审计报告等一系列工作，终结审计工作。

一、编制审计差异调整表

　　在审计测试后，对审计项目组成员在审计中发现的被审计单位的会计处理方法与企业会计准则、会计制度规定的不一致，即审计差异，项目负责人应根据重要性原则对审计差异予以初步确定并汇总，并建议被审计单位进行调整，使调整后的财务报表能够公允地反映被审计单位的财务状况、经营成果和现金流量。

审计差异按是否需要调整账户记录分为核算差异和重分类差异。核算差异是指因企业对经济业务进行了不正确的会计核算而引起的差异；重分类差异是指因企业未按企业会计准则和相关会计制度规定编制财务报表而引起的差异。

在审计实务中，确定并汇总审计差异的审计工作底稿包括账项调整分录汇总表、重分类调整分录汇总表、列报调整汇总表与未更正错报汇总表，其一般格式如表12-1、表12-2、表12-3及表12-4所示。

表12-1　　　　　　　　　　　　　账项调整分录汇总表

被审计单位名称：＿＿＿＿＿＿＿＿＿＿　索引号：＿＿＿＿＿＿＿＿＿＿

项目：账项调整＿＿＿＿＿＿＿＿＿　财务报表截止日/期间：＿＿＿＿＿＿

编制人：＿＿＿＿＿＿＿＿＿　复核人：＿＿＿＿＿＿＿＿＿

日期：＿＿＿＿＿＿＿＿＿　日期：＿＿＿＿＿＿＿＿＿

序号	内容及说明	索引号	调整内容				影响利润表 + （-）	影响资产负债表 + （-）
			借方项目	借方金额	贷方项目	贷方金额		

与被审计单位的沟通：＿＿＿＿＿＿＿＿＿＿＿＿＿＿＿＿＿＿＿＿＿＿

参加人员：

被审计单位：＿＿＿＿＿＿＿＿＿＿＿＿＿＿＿＿＿＿＿＿＿＿＿＿＿＿

审计项目组：＿＿＿＿＿＿＿＿＿＿＿＿＿＿＿＿＿＿＿＿＿＿＿＿＿＿

被审计单位的意见：

＿＿＿＿＿＿＿＿＿＿＿＿＿＿＿＿＿＿＿＿＿＿＿＿＿＿＿＿＿＿＿＿

＿＿＿＿＿＿＿＿＿＿＿＿＿＿＿＿＿＿＿＿＿＿＿＿＿＿＿＿＿＿＿＿

结论：

是否同意上述审计调整：＿＿＿＿＿＿＿＿＿＿＿＿＿＿＿＿＿＿＿＿＿

被审计单位授权代表签字：＿＿＿＿＿＿＿＿＿＿＿　日期：＿＿＿＿＿＿

表12-2　　　　　　　　　　　　　重分类调整分录汇总表

被审计单位名称：＿＿＿＿＿＿＿＿＿＿　索引号：＿＿＿＿＿＿＿＿＿＿

项目：重分类调整＿＿＿＿＿＿＿＿　财务报表截止日/期间：＿＿＿＿＿＿

编制人：＿＿＿＿＿＿＿＿＿　复核人：＿＿＿＿＿＿＿＿＿

日期：＿＿＿＿＿＿＿＿＿　日期：＿＿＿＿＿＿＿＿＿

序号	内容及说明	索引号	调整项目和金额			
			借方项目	借方金额	贷方项目	贷方金额

与被审计单位的沟通：_____

参加人员：

被审计单位：_____

审计项目组：_____

被审计单位的意见：

_____

_____

结论：

是否同意上述审计调整：_____

被审计单位授权代表签字：_____　　　日期：_____

表12-3　　　　　　　　　　　列报调整汇总表

被审计单位名称：_____　　索引号：_____

项目：列报调整_____　　财务报表截止日/期间：_____

编制人：_____　　复核人：_____

日期：_____　　日期：_____

被审计单位财务报表附注中的漏报项目包括：_____

_____

被审计单位财务报表附注中的错报调整项目包括：_____

_____

与被审计单位的沟通：

参加人员：

被审计单位：_____

审计项目组：_____

被审计单位的意见：_____

结论：

是否同意上述审计调整：_____

被审计单位授权代表签字：_____　　　日期：_____

表12-4　　　　　　　　　　未更正错报汇总表

被审计单位名称：_____　　索引号：_____

项目：未更正错报_____　　财务报表截止日/期间：_____

编制人：_____　　复核人：_____

日期：_____　　日期：_____

序号	内容及说明	索引号	未调整内容				备注
			借方项目	借方金额	贷方项目	贷方金额	

续表

未更正错报的影响：			
项目	金额	百分比	计划百分比
1.总资产	_____	_____	_____
2.净资产	_____	_____	_____
3.销售收入	_____	_____	_____
4.费用总额	_____	_____	_____
5.毛利	_____	_____	_____
6.净利润	_____	_____	_____

结论：

被审计单位授权代表签字：_____ 日期：_____

　　"账项调整分录汇总表"用于汇总注册会计师查证出来的且被审计单位同意调整的所有审计差异，通过本表可以综合反映财务报表项目应调整的数额。"重分类调整分录汇总表"用于汇总注册会计师查证出来的，要求被审计单位应予调整的所有重分类分录，通过本表可以综合反映财务报表项目应重分类调整的数额。"列报调整汇总表"用于汇总注册会计师在财务报表审计中发现的所有被审计单位财务报表附注中的漏报或错报调整项目。"未更正错报汇总表"用于汇总注册会计师查证出来的，被审计单位拒绝调整的所有审计差异。

　　注册会计师应获得被审计单位同意账项调整、重分类调整的书面确认。如果被审计单位不同意调整，应要求其说明原因，并根据未更正错报的重要性，确定是否在审计报告中予以反映，以及如何反映。

二、编制试算平衡表

　　试算平衡表是注册会计师在被审计单位提供未审计财务报表的基础上，考虑调整分录、重分类分录等内容确定已审数与报表披露数的表式。有关资产负债表和利润表的试算平衡表的参考格式分别如表12-5和表12-6。

表12-5　　　　　　　　　　　　资产负债表试算平衡表

被审计单位名称：_____	索引号：_____
项目：资产负债表	财务报表截止日/期间：_____
编制人：_____	复核人：_____
日期：_____	日期：_____

项目	期末未审数	账项调整借方	账项调整贷方	重分类调整借方	重分类调整贷方	期末审定数	项目	期末未审数	账项调整借方	账项调整贷方	重分类调整借方	重分类调整贷方	期末审定数
货币资金							短期借款						
交易性金融资产							交易性金融负债						

项目	期末未审数	账项调整 借方	账项调整 贷方	重分类调整 借方	重分类调整 贷方	期末审定数	项目	期末未审数	账项调整 借方	账项调整 贷方	重分类调整 借方	重分类调整 贷方	期末审定数
衍生金融资产							衍生金融负债						
应收票据							应付票据						
应收账款							应付账款						
应收款项融资							预收款项						
预付款项							应付职工薪酬						
其他应收款							应交税费						
存货							其他应付款						
合同资产							持有待售负债						
一年内到期的非流动资产							一年内到期的非流动负债						
其他流动资产							其他流动负债						
债权投资							长期借款						
其他债权投资							应付债券						
长期应收款							长期应付款						
长期股权投资							预计负债						
其他权益工具投资							递延收益						
其他非流动金融资产							递延所得税负债						
投资性房地产							其他非流动负债						
固定资产							实收资本（或股本）						
在建工程							其他权益工具						
生产性生物资产							资本公积						
油气资产							其他综合收益						
使用权资产							专项储备						
无形资产							盈余公积						
开发支出							未分配利润						
商誉													
长期待摊费用													
递延所得税资产													
其他非流动资产													
合　计							合　计						

表12-6 　　　　　　　　　　　　利润表试算平衡表

被审计单位名称：＿＿＿＿＿＿＿＿＿＿　　　索引号：＿＿＿＿＿＿＿＿＿＿

项目：利润表＿＿＿＿＿＿＿＿＿＿　　　财务报表截止日/期间：＿＿＿＿＿＿＿

编制人：＿＿＿＿＿＿＿＿＿＿　　　复核人：＿＿＿＿＿＿＿＿＿＿

日期：＿＿＿＿＿＿＿＿＿＿　　　日期：＿＿＿＿＿＿＿＿＿＿

项　目	未审数	调整金额		审定数	索引号
		借方	贷方		
一　营业收入					
减：营业成本					
税金及附加					
销售费用					
管理费用					
财务费用					
加：其他收益					
投资收益					
净敞口套期收益					
公允价值变动收益					
信用减值损失					
资产减值损失					
资产处置收益					
二　营业利润					
加：营业外收入					
减：营业外支出					
三　利润总额					
减：所得税费用					
四　净利润					
五　其他综合收益的税后净额					
六　综合收益总额					
七　每股收益					

值得注意的是：

1.试算平衡表中的"期末未审数"列，应根据被审计单位提供的未审计财务报表填列。

2.试算平衡表中的"账项调整"列，应根据经被审计单位同意的"账项调整分录汇总表"填列。

3.试算平衡表中的"重分类调整"列，应根据经被审计单位同意的"重分类调整分录汇总表"填列。

4.在编制完试算平衡表后，应当核对相应的勾稽关系。

三、取得被审计单位管理层书面声明

管理层书面声明，是指管理层向注册会计师提供的书面陈述，用以确认某些事项或支持其他审计证据。书面声明不包括财务报表及其认定，以及支持性账簿和相关记录。

管理层书面声明是在审计过程中，注册会计师与管理层就财务报表审计的相关重大事项不断沟通而形成的。管理层书面声明具有两方面的作用：一是明确管理层认可财务报表的责任；二是提供具有补充作用的审计证据。

注册会计师应当获取审计证据，以确定管理层认可其按照适用的会计准则和相关会计制度的规定编制财务报表的责任，并且已批准财务报表。在获取此类审计证据时，注册会计师应当考虑查阅治理层相关会议纪要、向管理层获取书面声明或已签署的财务报表副本。

四、评价财务报表总体合理性

注册会计师应确定审计调整后的财务报表整体是否与其对被审计单位的了解一致，如果识别出以前未识别的重大错报风险，应重新考虑对全部或部分交易、账户余额、列报评估的风险是否恰当，并在此基础上重新评价之前实施的审计程序是否充分，是否有必要追加审计程序。

五、评价审计结果

注册会计师评价审计结果，目的是确定将要发表的审计意见的类型以及在整个审计工作中是否遵循了审计准则。

1.对重要性和审计风险进行最终的评价

对重要性和审计风险进行最终评价，是注册会计师决定发表何种类型审计意见的必要过程。该过程可通过以下步骤来完成：

（1）确定可能错报金额。可能错报金额包括已经识别的具体错报和推断误差。

（2）确定财务报表项目可能错报金额的汇总数（即可能错报总额）对财务报表层次重要性水平的影响程度。

2.对被审计单位已审计财务报表形成审计意见并草拟审计报告

在审计终结阶段，为了对财务报表整体发表适当的意见，审计项目经理必须将项目组成员形成的分散的审计结果加以汇总和评价，然后再逐级交给部门经理和主任会计师认真复核。

在对审计意见形成最后决定之前，会计师事务所通常要与被审计单位召开沟通会。注册会计师可口头报告本次审计所发现的问题，并说明建议被审计单位作必要调整或表外披露的理由。管理层也可以申辩其立场。最后，通常会对需要被审计单位作出的更改达成协议。如达成了协议，注册会计师一般即可发表无保留意见，签发标准审计报告；否则，注册会计师则考虑发表其他类型的审计意见，签发非标准审计报告。

【例12-1】（单项选择题）下列有关审计报告日的说法中，错误的是（　　　　）。
A.审计报告日可以晚于管理层签署已审计财务报表的日期
B.审计报告日不应早于管理层书面声明的日期
C.在特殊情况下，注册会计师可以出具双重日期的审计报告
D.审计报告日应当是注册会计师获取充分、适当的审计证据，并在此基础上对财务报表形成审计意见的日期
【正确答案】D

六、与治理层沟通

根据《中国注册会计师审计准则第1151号——与治理层的沟通》的规定，注册会计师应当根据自身的独立性与治理层进行书面沟通。此外，注册会计师还应当就与财务报表审计相关且根据职业判断认为与治理层责任相关的重大事项，以适当的方式及时与治理层沟通。保持有效的双向沟通关系，有利于注册会计师与治理层履行各自的职责。注册会计师与治理层沟通如图12-1所示。

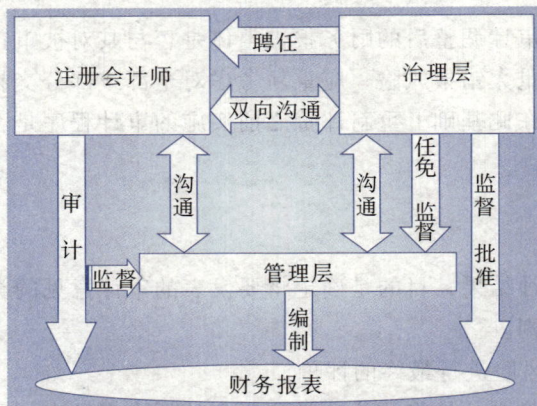

图12-1　注册会计师与治理层沟通

沟通的事项包括：

1.注册会计师与财务报表审计相关的责任。注册会计师应当向治理层说明注册会计师负责对管理层在治理层监督下编制的财务报表形成和发表意见，应当说明对财务报表审计并不减轻管理层或治理层的责任。

2.注册会计师应当与治理层沟通计划的审计范围和时间安排的总体情况。

3.注册会计师对被审计单位会计实务（包括会计政策、会计估计和财务报表披露）重大方面的质量的看法。

4. 审计工作中遇到的重大困难。

5. 审计中出现的、根据职业判断认为对监督财务报告过程重大的其他事项。

七、完成质量控制复核

为了保证特定业务执行的质量，会计师事务所应当实施审计工作底稿的分级复核制度，以支持审计报告的签发。

1. 项目组内部复核

项目组内部复核分为审计项目经理的现场复核和项目合伙人的复核两个层次。

（1）审计项目经理的现场复核。审计项目经理通常在审计现场对形成的每一份审计工作底稿进行复核，以便及时发现和解决问题，争取审计工作的主动。

（2）项目合伙人的复核。项目合伙人的复核是指会计师事务所中负责某项审计及其执行，并代表会计师事务所在审计报告上签字的主任会计师或经授权签字的注册会计师在完成审计外勤工作时，对审计工作底稿实施的复核。该复核既是对审计项目经理复核的再监督，也是对重要审计事项的重点把关。

2. 项目质量控制复核

项目质量控制复核是指在审计报告日或审计报告日之前，项目质量控制复核人员对项目组作出的重大判断和在编制审计报告时得出的结论进行客观评价的过程。

项目质量控制复核的目标是合理保证注册会计师在审计工作中遵守执业准则和适用的法律法规的规定，以及会计师事务所出具符合具体情况的审计报告。

项目质量控制复核人员，通常由项目组成员以外的，具有足够、适当的经验和权限，对项目组作出的重大判断和在编制审计报告时得出的结论进行客观评价的合伙人、会计师事务所其他人员、具有适当资格的外部人员组成。

针对审计项目经理和项目合伙人的复核以及项目质量控制复核，可以通过填列业务执行复核工作核对表的方式来进行。

任务二 审计报告作用及类型

一、审计报告的含义及作用

（一）审计报告的含义

审计报告是指注册会计师根据中国注册会计师审计准则的规定，在执行审计工作的基础上对被审计单位财务报表发表审计意见的书面文件。

审计报告是注册会计师在完成审计工作后，对被审计单位财务报表的合法性与公允性发表审计意见并向审计委托人提交的书面文件，因此，注册会计师应当将已审计的财务报表附于审计报告之后，以便财务报表使用者正确理解和使用审计报告。财务报表是对企业财务状况、经营成果和现金流量的结构化表述。一套完整的财务报表至少应当包括"四表一附注"，即资产负债表、利润表、现金流量表、所有者权益（或股东权益）变动表以及财务报表附注。

（二）审计报告的作用

注册会计师签发的审计报告，主要具有鉴证、保护和证明三方面的作用。

1.鉴证作用

注册会计师签发的审计报告，是以独立的第三者身份，对被审计单位财务报表所反映的财务状况、经营成果及现金流量等的合法性、公允性发表意见。这种意见得到了投资人、债权人、政府及其各部门与社会公众的认可，具有鉴证作用。例如，股份制公司现在的或者潜在的投资者主要依据注册会计师的审计报告来判断该公司的财务报表是否公允地反映了财务状况、经营成果及现金流量，以作出理性的投资决策。

2.保护作用

注册会计师通过审计，可以对被审计单位财务报表出具不同类型审计意见的审计报告，以提高或降低财务信息使用者对财务报表的信赖程度，能够在一定程度上对被审计单位股东的权益、债权人及企业利害关系人的利益起到保护作用。例如，上市公司的投资者为了控制投资风险，通过经审计后的财务报表和注册会计师出具的审计报告来了解该公司的财务状况和经营结果，作出投资决策。

3.证明作用

审计报告是对注册会计师审计任务完成情况及其结果所作的总结，因此，审计报告可以证明注册会计师的审计工作质量和审计责任的履行情况。通过审计报告，可以证明注册会计师是否按照审计准则的规定执行了审计工作，是否获取充分、适当的审计证据以支持审计意见，审计工作的质量是否符合要求。注册会计师出具的审计报告，应由审计项目负责人签名盖章并由所在会计师事务所签章，以明确注册会计师作出结论的审计责任，从而证明注册会计师对审计责任的履行情况。

二、审计报告的类型

审计过程中，注册会计师认为财务报表在所有重大方面按照适用的财务报告编制基础编制并实现公允反映，注册会计师应当发表无保留意见。无保留意见，是指注册会计师认为财务报表在所有重大方面按照适用的财务报告编制基础编制并实现公允反映时发表的审计意见。

非无保留意见，是指注册会计师对财务报表发表的保留意见、否定意见或无法表示意见。当存在下列情况之一时，注册会计师应当在审计报告中发表非无保留意见：

（1）根据获取的审计证据，得出财务报表整体存在重大错报的结论。

（2）无法获取充分、适当的审计证据，不能得出财务报表整体不存在重大错报的结论。

> 👆 **提示**
>
> 实际审计工作中，按审计报告的详略程度，也可以分为简式审计报告和详式审计报告。详式审计报告一般是指注册会计师对被审计单位重要的经济业务都要进行详细说明和分析的审计报告，如用于企业经营管理审计和受托进行经济责任审计而出具的审计报告。

任务三　审计报告的要素和基本内容

一、审计报告的要素

审计报告应当包括下列元素：（1）标题；（2）收件人；（3）审计意见；（4）形成审计意见的基础；（5）管理层对财务报表的责任；（6）注册会计师对财务报表审计的责任；（7）按照相关法律法规的要求报告的事项（如适用）；（8）注册会计师的签名和盖章；（9）会计师事务所的名称、地址和盖章；（10）报告日期。

二、审计报告的基本内容

（一）标题

为突出审计业务性质，并与其他业务报告相区别，审计报告的标题统一规范为"审计报告"。

（二）收件人

审计报告应当按照审计业务约定的要求载明收件人。审计报告的收件人是指注册会计师按照业务约定书的要求报送审计报告的对象，一般是指审计业务的委托人，通常为被审计单位的全体股东或董事会。审计报告应当载明收件人的全称。例如，对于股份有限公司，收件人一般为"××股份有限公司全体股东"。

（三）审计意见

审计意见部分由已审计财务报表和注册会计师发表审计意见的缘由两部分组成。

第一部分指出已审计财务报表。注册会计师审计了被审计单位的财务报表，包括构成整套财务报表的每一财务报表的名称、日期或涵盖的期间以及相关财务报表附注，包括：

1.被审计单位的名称。

2.说明财务报表已经审计。

3.构成整套财务报表的每一财务报表的名称，以及财务报表附注。

4.构成整套财务报表的每一财务报表的日期或涵盖的期间。

第二部分应当说明注册会计师发表的审计意见。如果对财务报表发表无保留意见，除非法律法规另有规定，审计意见应当使用"我们认为，财务报表在所有重大方面按照适用的财务报告编制基础编制，公允反映了……"的措辞。

（四）形成审计意见的基础

该部分提供关于审计意见的重要背景及说明情况，包括：

1.注册会计师按照审计准则的规定执行了审计工作。

2.审计报告中用于描述审计准则规定的注册会计师责任的部分。

3.注册会计师按照与审计相关的职业道德要求对被审计单位保持独立性，遵守注册会计师职业道德守则，并履行了职业道德方面的其他责任。

4.注册会计师获取的审计证据是充分、适当的，为发表审计意见提供了充足基础。

（五）管理层对财务报表的责任

管理层对财务报表的责任用以描述被审计单位中负责编制财务报表的人员的责任。在审计报告中指明管理层的责任，有助于向财务报表使用者解释执行审计工作的前提，说明编制财务报表是管理层的责任，包括：

1.按照适用的财务报告编制基础编制财务报表，并实现公允地反映财务状况。

2.设计、执行和维护必要的内部控制，使财务报表不存在由于舞弊或错误导致的重大错报。

3.评估被审计单位的持续经营能力和使用持续经营假设是否适当。

（六）注册会计师对财务报表审计的责任

审计报告的责任段应当说明下列内容：

1.注册会计师的目标是对财务报表整体是否不存在由于舞弊或错误导致的重大错报获取合理保证，并出具包含审计意见的审计报告。

2.注册会计师在执行审计工作过程中，按照审计准则执行审计工作，运用职业判断，并保持职业怀疑。

3.说明合理保证是高水平的保证，但并不能保证按照审计准则执行的审计在某一重大错报存在时总能被发现。

4.说明错报可能由于舞弊或错误导致。如果出现该情况，应当描述如果合理预期错报单独或汇总可能影响财务报表使用者作出经济决策时的重大错报的情况。

5.注册会计师考虑与审计相关的内部控制，以设计恰当的审计程序。

（七）按照相关法律法规的要求报告的事项（如适用）

除审计准则规定的注册会计师对财务报表出具审计报告的责任外，相关法律法规可能对注册会计师设定了其他报告责任。如果注册会计师在对财务报表出具的审计报告中履行其他报告责任，应当在审计报告中将其单独作为一部分进行陈述。

（八）注册会计师的签名和盖章

注册会计师在审计报告上签名和盖章，有利于明确注册会计师的法律责任。审计报告应当由项目合伙人和另一名负责该项目的注册会计师签名和盖章。在对上市实体整套通用目的的财务报表出具的审计报告中应当注明项目合伙人。

（九）会计师事务所的名称、地址及盖章

审计报告除了应由注册会计师签名和盖章外，还应当载明会计师事务所的名称和地址，并加盖会计师事务所公章。

（十）报告日期

审计报告应当注明报告日期。审计报告的日期不应早于注册会计师获取充分、适当的审计证据，并在此基础上对财务报表形成审计意见的日期。在确定审计报告日时，注册会计师应当确信已获取下列两方面的审计证据：

1.构成整套财务报表的所有报表（包括相关附注）已编制完成。

2.被审计单位的董事会、管理层或类似机构已经认可其对财务报表负责。

👆 **提示**

在实务中，注册会计师签署审计报告的日期通常与管理层签署已审计财务报表的日期为同一天，或晚于管理层签署已审计财务报表的日期。

三、无保留意见审计报告的参考格式

标准审计报告参考格式示例如下：

参考格式12-1：对上市实体财务报表出具的无保留意见的审计报告

背景信息：

1.对上市实体整套财务报表进行审计。该审计不属于集团审计（即不适用《中国注册会计师审计准则第1401号——对集团财务报表审计的特殊考虑》）。

2.管理层按照企业会计准则编制财务报表。

3.审计业务约定条款体现了《中国注册会计师审计准则第1111号——就审计业务约定条款达成一致意见》关于管理层对财务报表责任的描述。

4.基于获取的审计证据，注册会计师认为发表无保留意见是恰当的。

5.适用的相关职业道德要求为中国注册会计师职业道德守则。

6.基于获取的审计证据，根据《中国注册会计师审计准则第1324号——持续经营》，注册会计师认为可能导致对被审计单位持续经营能力产生重大疑虑的相关事项或情况不存在重大不确定性。

7.已按照《中国注册会计师审计准则第1504号——在审计报告中沟通关键审计事项》的规定沟通了关键审计事项。

8.注册会计师在审计报告日前已获取所有其他信息，且未识别出信息存在重大错报。

9.负责监督财务报表的人员与负责编制财务报表的人员不同。

10.除财务报表审计外，按照法律法规的要求，注册会计师负有其他报告责任，且注册会计师决定在审计报告中履行其他报告责任。

审计报告

ABC股份有限公司全体股东：

一、对财务报表出具的审计报告

（一）审计意见

我们审计了后附的ABC股份有限公司（简称ABC公司）财务报表，包括2024年12月31日的资产负债表，2024年度的利润表、股东权益变动表和现金流量表以及财务报表附注。

我们认为，后附的财务报表在所有重大方面按照企业会计准则的规定编制，公允反映了ABC公司2024年12月31日的财务状况以及2024年度的经营成果和现金流量。

（二）形成审计意见的基础

我们按照中国注册会计师审计准则的规定执行了审计工作。审计报告的"注册会计师对财务报表审计的责任"部分进一步阐述了我们在这些准则下的责任。按照中国注册会计师职业道德守则，我们独立于ABC公司，并履行了职业道德方面的其他责任。我们相信，我们获取的审计证据是充分、适当的，为发表审计意见提供了基础。

（三）关键审计事项

关键审计事项是根据我们的职业判断，认为对本期财务报表审计最为重要的事项。这些事项是在对财务报表整体进行审计并形成意见的背景下进行处理的，我们不对这些事项提供单独的意见。

按照《中国注册会计师审计准则第1504号——在审计报告中沟通关键审计事项》的规定描述每一关键审计事项。

（四）其他信息

按照《中国注册会计师审计准则第1521号——注册会计师对其他信息的责任》的规定报告。

（五）管理层和治理层对财务报表的责任

管理层负责按照企业会计准则的规定编制财务报表，使其实现公允反映，并设计、执行和维护必要的内部控制，以使财务报表不存在由于舞弊或错误导致的重大错报。

在编制财务报表时，管理层负责评估ABC公司的持续经营能力，披露与持续经营相关的事项（如适用），并运用持续经营假设，除非计划清算ABC公司、停止营运或别无其他现实的选择。

治理层负责监督ABC公司的财务报告过程。

（六）注册会计师对财务报表审计的责任

我们的目标是对财务报表整体是否不存在由于舞弊或错误导致的重大错报获取合理保证，并出具包含审计意见的审计报告。合理保证是高水平的保证，但并不能保证按照审计准则执行的审计在某一重大错报存在时总能被发现。错报可能由于舞弊或错误导致，如果合理预期错报单独或汇总起来可能影响财务报表使用者依据财务报表作出的经济决策，则通常认为错报是重大的。

在按照审计准则执行审计的过程中，我们运用职业判断，并保持职业怀疑。同时，我们也执行下列工作：

（1）识别和评估由于舞弊或错误导致的财务报表重大错报风险；对这些风险有针对性地设计和实施审计程序；获取充分、适当的审计证据，作为发表审计意见的基础。由于舞弊可能涉及串通、伪造、故意遗漏、虚假陈述或凌驾于内部控制之上，未能发现由于舞弊导致的重大错报的风险高于未能发现由于错误导致的重大错报的风险。

（2）了解与审计相关的内部控制，以设计恰当的审计程序，但目的并非对内部控制的有效性发表意见。

（3）评价管理层选用会计政策的恰当性和作出会计估计及相关披露的合理性。

（4）对管理层使用持续经营假设的恰当性得出结论。同时，根据获取的审计证据，就可能导致对ABC公司持续经营能力产生重大疑虑的事项或情况是否存在重大不确定性得出结论。如果我们得出结论认为存在重大不确定性，审计准则要求我们在审计报告中提请报表使用者注意财务报表中的相关披露；如果披露不充分，我们应当发表非无保留意见。我们的结论基于审计报告日可获得的信息。然而，未来的事项或情况可能导致ABC公司不能持续经营。

（5）评价财务报表的总体列报、结构和内容，并评价财务报表是否公允反映相关交易和事项。

我们与治理层就计划的审计范围、时间安排和重大审计发现等事项进行沟通，包括沟通我们在审计中识别出的值得关注的内部控制缺陷。

我们还就已遵守与独立性相关的职业道德要求向治理层提供声明，并与治理层沟通可能被合理认为影响我们独立性的所有关系和其他事项，以及相关的防范措施（如适用）。从与治理层沟通的事项中，我们确定哪些事项对本期财务报表审计最为重要，因而构成关键审计事项。我们在审计报告中描述这些事项，除非法律法规禁止公开披露这些事项，或在罕见的情形下，如果合理预期在审计报告中沟通某事项造成的负面后果超过在公众利益方面产生的益处，我们确定不应在审计报告中沟通该事项。

二、按照相关法律法规的要求报告的事项

本部分的格式和内容，取决于法律法规对其他报告责任的性质的规定。本部分应当说明相关法律法规规范的事项（其他报告责任），除非其他报告责任涉及的事项与审计准则规定的报告责任涉及的事项相同。如果涉及相同的事项，其他报告责任可以在审计准则规定的同一报告要素部分中列示。当其他报告责任和审计准则规定的报告责任涉及同一事项，并且审计报告中的措辞能够将其他报告责任与审计准则规定的责任（如差异存在）予以清楚地区分时，可以将两者合并列示（即包含在"对财务报表出具的审计报告"部分中，并使用适当的副标题）。

×××会计师事务所　　　　　　　　　中国注册会计师：×××（项目合伙人）
　　（盖章）　　　　　　　　　　　　（签名并盖章）
　　　　　　　　　　　　　　　　　　中国注册会计师：×××
　　　　　　　　　　　　　　　　　　（签名并盖章）
　　中国××市　　　　　　　　　　　二○二五年×月×日

任务四　审计报告中的沟通关键审计事项

一、沟通关键审计事项

注册会计师需要在上市实体整套通用目的财务报表审计报告中增加关键审计事项部分，用于沟通关键审计事项。

关键审计事项，是指注册会计师根据职业判断认为对当期财务报表审计最为重要的事项。在审计报告中沟通关键审计事项，可以提高已执行审计工作的透明度，提高审计报告的决策相关性和有用性。沟通关键审计事项还能够为财务报表使用者提供额外的信息以帮助其了解被审计单位、已审计财务报表中涉及重大管理层判断的领域，以及注册会计师根据职业判断认为对当期财务报表审计最为重要的事项，为财务报表预期使用者进一步与管理层和治理层沟通提供基础。

二、关键审计事项的决策框架

根据关键审计事项的定义，注册会计师在确定关键审计事项时，需要遵循以下决策框架，如图12-2所示。

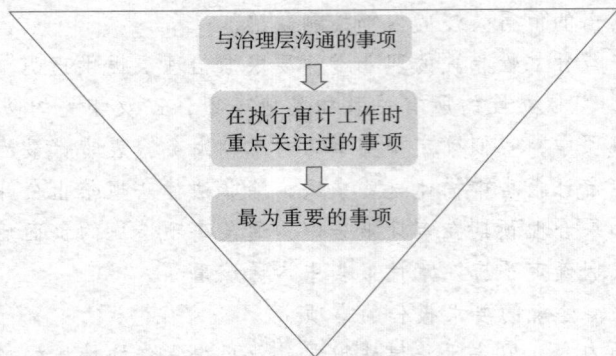

图12-2 关键审计事项的决策框架

注册会计师应按照决策框架确定关键审计事项：

（一）以"与治理层沟通的事项"为起点选择关键审计事项

从"与治理层沟通的事项"中选出"在执行审计工作时重点关注过的事项"。在此阶段，审计人员应重点关注以下方面：

① 评估的重大错报风险较高的领域或识别出的特别风险。

② 与财务报表中涉及重大管理层判断（包括被认为具有高度估计不确定性的会计估计）领域相关的重大审计判断。

③ 当期重大交易或事项对审计的影响。

（二）从"在执行审计工作时重点关注过的事项"中确定哪些事项对本期财务报表审计"最为重要"，从而构成关键审计事项

注册会计师可能已经根据需要重点关注的事项与治理层进行了较多的沟通。根据这些事项与治理层进行沟通的性质和范围，通常能够表明哪些事项对审计而言最为重要。

三、不在审计报告中沟通关键审计事项

审计报告中沟通关键审计事项可以有助于提高审计的透明度。但是，在少数情况下，关键审计事项可能涉及某些"敏感信息"，沟通这些信息可能会给被审计单位带来较为严重的负面影响，包括：

1.法律法规禁止公开披露某事项。

2.如果合理预期在审计报告中沟通某事项造成的负面后果超过产生的公众利益方面的益处，注册会计师确定不在审计报告中沟通该事项。

提示

注册会计师应当在审计工作底稿中记录：

1.注册会计师确定的在执行审计工作时重点关注过的事项，以及针对每一事项，是否将其确定为关键审计事项及其理由。

2.注册会计师确定不存在需要在审计报告中沟通的关键审计事项的理由，或仅需要沟通的关键审计事项是导致非无保留意见的事项，或是可能导致对被审计单位持续经营能力产生重大疑虑的事项或情况存在重大不确定性。

3.确定不在审计报告中沟通某项关键审计事项的理由。

圣博 1

圣博 2

圣博 3

任务五　非无保留意见审计报告

一、出具非无保留意见审计报告的情形

注册会计师出具的非无保留意见审计报告包括保留意见的审计报告、否定意见的审计报告和无法表示意见的审计报告。

当存在下列情形之一时，可以发表恰当的非无保留意见：

（1）根据获取的审计证据，得出财务报表整体存在重大错报的结论。

（2）无法获取充分、适当的审计证据，不能得出财务报表整体不存在重大错报的结论。

注册会计师确定恰当的非无保留意见类型，取决于下列事项：

（1）影响的重大性。导致非无保留意见的事项的性质，是财务报表存在重大错报，还是在无法获取充分、适当的审计证据的情况下，财务报表可能存在重大错报。

（2）影响的广泛性。注册会计师就导致非无保留意见的事项对财务报表产生或可能产生影响的广泛性作出的判断。

> **知识链接**
>
> 广泛性用以说明错报对财务报表的影响，或者由于无法获取充分、适当的审计证据而未发现的错报（如存在）对财务报表可能产生的影响。根据注册会计师的判断，对财务报表的影响具有广泛性的情形包括：
>
> （1）不限于对财务报表的特定要素、账户或项目产生影响。
>
> （2）虽然仅对财务报表的特定要素、账户或项目产生影响，但这些要素、账户或项目是或可能是财务报表的主要组成部分。
>
> （3）当与披露相关时，产生的影响对财务报表使用者理解财务报表至关重要。

二、非无保留意见类型的判断

1.出具保留意见审计报告情形

当存在下列情形之一时，注册会计师应当发表保留意见：

（1）在获取充分、适当的审计证据后，注册会计师认为错报单独或汇总起来对财务报表影响重大，但不具有广泛性。

（2）注册会计师无法获取充分、适当的审计证据以作为形成审计意见的基础，但认为未发现的错报对财务报表可能产生的影响重大，但不具有广泛性。

2.出具否定意见审计报告情形

在获取充分、适当的审计证据后，如果认为错报单独或汇总起来对财务报表的影响重大且具有广泛性，注册会计师应当发表否定意见。

3.出具无法表示意见审计报告情形

如果无法获取充分、适当的审计证据以作为形成审计意见的基础，但认为未发现的错报对财务报表可能产生的影响重大且具有广泛性，注册会计师应当发表无法表示意见。在极其特殊的情况下，可能存在多个不确定事项。尽管注册会计师对每个单独的不确定事项获取了充分、适当的审计证据，但由于不确定事项之间可能存在相互影响，以及可能对财务报表产生累积影响，注册会计师不可能对财务报表形成审计意见。该情况下，注册会计师应当发表无法表示意见。

非无保留意见类型的判断如表12-7所示。

表12-7　　　　　　　　　　　　　　非无保留意见类型的判断

导致发表非无保留意见的事项的性质	对财务报表产生或可能产生影响的广泛性	
	重大但不具有广泛性	重大且具有广泛性
财务报表存在重大错报	保留意见	否定意见
无法获取充分、适当的审计证据	保留意见	无法表示意见

三、非无保留意见审计报告的格式和内容

1.导致发表非无保留意见的事项

如果对财务报表发表非无保留意见，除在审计报告中包含《中国注册会计师审计准则第1501号——对财务报表形成审计意见和出具审计报告》规定的审计报告要素外，还应该对"形成审计意见的基础"部分的标题进行修改，并增加一个说明段落。注册会计师应当将审计报告中"形成审计意见的基础"部分的标题修改为恰当的标题，如"形成保留意见的基础""形成否定意见的基础""形成无法表示意见的基础"，说明导致发表非无保留意见的事项。

> 🖐 **提示**
>
> 　　发表保留意见或否定意见时，应修改"形成保留（否定）审计意见的基础"部分的描述：注册会计师相信，注册会计师获取的审计证据是充分、适当的，为发表保留（否定）意见提供了基础。
>
> 　　发表无法表示意见时，应修改"形成无法表示意见的基础"部分的表述，不应提及审计报告中用于描述注册会计师责任的部分，也不应说明注册会计师是否已获取充分、适当的审计证据以作为形成审计意见的基础。

2.量化财务影响

如果财务报表中存在与具体金额（包括定量披露）相关的重大错报，注册会计师应当在导致非无保留意见的事项段中说明并量化该错报的财务影响。如果无法量化财务影响，注册会计师应当在导致非无保留意见的事项段中说明这一情况。例如，如果企业存货被高

估，注册会计师在审计报告中"形成审计意见"的基础部分说明该重大错报的财务影响，即量化其对所得税、税前利润、净利润以及所有者权益等的影响。

四、审计意见

在发表非无保留意见时，注册会计师应当对"审计意见"段使用恰当的标题，如"保留意见""否定意见""无法表示意见"。

1.发表保留意见

当由于财务报表存在重大错报而发表保留意见时，注册会计师应当在审计意见段中说明：注册会计师认为，除"形成保留意见的基础"部分所述事项产生的影响外，后附的财务报表在所有重大方面按照企业会计准则的规定编制，公允反映了［……］。

当无法获取充分、适当的审计证据而导致发表保留意见时，注册会计师应当在审计意见段中使用"除……可能产生的影响外"等措辞。

2.发表否定意见

当发表否定意见时，注册会计师应当在审计意见段中说明：注册会计师认为，由于"形成否定意见的基础"部分所述事项的重要性，后附的合并财务报表没有在所有重大方面按照××财务报告编制基础的规定编制，未能公允反映［……］。

3.发表无法表示意见

当由于无法获取充分、适当的审计证据而发表无法表示意见时，注册会计师应当在审计意见段中说明：由于"形成无法表示意见的基础"部分所述事项的重要性，我们无法获取充分、适当的审计证据以作为对财务报表发表审计意见的基础。

五、非无保留意见审计报告的参考格式

非无保留意见审计报告参考格式示例如下：

参考格式12-2：由于财务报表存在重大错报而发表保留意见的审计报告

背景信息：

1.对上市实体整套财务报表进行审计，该审计不属于集团审计（即不适用《中国注册会计师审计准则第1401号——对集团财务报表审计的特殊考虑》）。

2.管理层按照企业会计准则编制财务报表。

3.审计业务约定条款体现了《中国注册会计师审计准则第1111号——就审计业务约定条款达成一致意见》关于管理层对财务报表责任的描述。

4.存货存在错报，该错报对财务报表影响重大但不具有广泛性（即保留意见是恰当的）。

5.适用的相关职业道德要求为中国注册会计师职业道德守则。

6.基于获取的审计证据，根据《中国注册会计师审计准则第1324号——持续经营》，注册会计师认为可能导致对被审计单位持续经营能力产生重大疑虑的相关事项或情况不存在重大不确定性。

7.已按照《中国注册会计师审计准则第1504号——在审计报告中沟通关键审计事项》的规定沟通了关键审计事项。

8.注册会计师在审计报告日前已获取所有其他信息，且导致对财务报表发表保留意见的事项也影响了其他信息。

9.负责监督财务报表的人员与负责编制财务报表的人员不同。

10.除财务报表审计外，按照法律法规的要求，注册会计师还承担法律法规要求的其他报告责任，且注册会计师决定在审计报告中履行其他报告责任。

审计报告

ABC股份有限公司全体股东：

一、对财务报表出具的审计报告

（一）保留意见

我们审计了ABC股份有限公司（简称"ABC公司"）财务报表，包括2024年12月31日的资产负债表，2024年度的利润表、现金流量表、股东权益变动表以及相关财务报表附注。我们认为，除"形成保留意见的基础"部分所述事项产生的影响外，后附的财务报表在所有重大方面按照企业会计准则的规定编制，公允反映了ABC公司2024年12月31日的财务状况以及2024年度的经营成果和现金流量。

（二）形成保留意见的基础

ABC公司2024年12月31日资产负债表中存货的列示金额为×元。ABC公司管理层（简称"管理层"）根据成本对存货进行计量，而没有根据成本与可变现净值孰低的原则进行计量，这不符合企业会计准则的规定。ABC公司的会计记录显示，如果管理层以成本与可变现净值孰低来计量存货，存货列示金额将减少×元。相应地，资产减值损失将增加×元，所得税、净利润和股东权益将分别减少×元、×元和×元。

我们按照中国注册会计师审计准则的规定执行了审计工作。审计报告的"注册会计师对财务报表审计的责任"部分进一步阐述了我们在这些准则下的责任。按照中国注册会计师职业道德守则，我们独立于ABC公司，并履行了职业道德方面的其他责任。我们相信，我们获取的审计证据是充分、适当的，为发表保留意见提供了基础。

（三）其他信息

按照《中国注册会计师审计准则第1521号——注册会计师对其他信息的责任》的规定报告，其他信息部分的最后一段需要进行改写，以描述导致注册会计师对财务报表发表保留意见并且影响其他信息的事项。

（四）关键审计事项

关键审计事项是根据我们的职业判断，认为对本期财务报表审计最为重要的事项。这些事项是在对财务报表整体进行审计并形成意见的背景下进行处理的，我们不对这些事项提供单独的意见。除"形成保留意见的基础"部分所述事项外，我们确定下列事项是需要在审计报告中沟通的关键审计事项。

按照《中国注册会计师审计准则第1504号——在审计报告中沟通关键审计事项》的规定描述每一关键审计事项。

（五）管理层和治理层对财务报表的责任

按照《中国注册会计师审计准则第1501号——对财务报表形成审计意见和出具审计报告》的规定报告，参见参考格式12-1。

（六）注册会计师对财务报表审计的责任

按照《中国注册会计师审计准则第1501号——对财务报表形成审计意见和出具审计报告》的规定报告，参见参考格式12-1。

二、按照相关法律法规的要求报告的事项

按照《中国注册会计师审计准则第1501号——对财务报表形成审计意见和出具审计报告》的规定报告，参见参考格式12-1。

×××会计师事务所　　　　　　　　中国注册会计师：×××（项目合伙人）
　（盖章）　　　　　　　　　　　　（签名并盖章）
　　　　　　　　　　　　　　　　中国注册会计师：×××
　　　　　　　　　　　　　　　　（签名并盖章）
　中国××市　　　　　　　　　　　二○二五年×月×日

参考格式12-3：由于合并财务报表存在重大错报而发表否定意见的审计报告

背景信息：

1.对上市实体整套合并财务报表进行审计。该审计属于集团审计，被审计单位拥有多个子公司（即适用《中国注册会计师审计准则第1401号——对集团财务报表审计的特殊考虑》）。

2.管理层按照××财务报告编制基础编制合并财务报表。

3.审计业务约定条款体现了《中国注册会计师审计准则第1111号——就审计业务约定条款达成一致意见》关于管理层对合并财务报表责任的描述。

4.合并财务报表因未合并某一子公司而存在重大错报，该错报对合并财务报表影响重大且具有广泛性（即否定意见是恰当的），但量化该错报对合并财务报表的影响是不切实际的。

5.适用的相关职业道德要求为中国注册会计师职业道德守则。

6.基于获取的审计证据，根据《中国注册会计师审计准则第1324号——持续经营》，注册会计师认为可能导致对被审计单位持续经营能力产生重大疑虑的相关事项或情况不存在重大不确定性。

7.适用《中国注册会计师审计准则第1504号——在审计报告中沟通关键审计事项》。然而，注册会计师认为，除形成否定意见的基础部分所述事项外，无其他关键审计事项。

8.注册会计师在审计报告日前已获取所有其他信息，且导致对合并财务报表发表否定意见的事项也影响了其他信息。

9.负责监督合并财务报表的人员与负责编制合并财务报表的人员不同。

10.除合并财务报表审计外，注册会计师还承担法律法规要求的其他报告责任，且注册会计师决定在审计报告中履行其他报告责任。

审计报告

ABC股份有限公司全体股东：

一、对合并财务报表出具的审计报告

（一）否定意见

我们审计了后附的ABC股份有限公司（简称ABC公司）的合并财务报表，包括2024

年 12 月 31 日的合并资产负债表，2024 年度的合并利润表、合并现金流量表和合并股东权益变动表以及财务报表附注。

我们认为，由于"形成否定意见的基础"部分所述事项的重要性，后附的合并财务报表没有在所有重大方面按照××财务报告编制基础的规定编制，未能公允反映 ABC 集团 2024 年 12 月 31 日的合并财务状况以及 2024 年度的合并经营成果和合并现金流量。

（二）形成否定意见的基础

如财务报表附注×所述，2024 年 ABC 集团通过非同一控制下的企业合并获得对 XYZ 公司的控制权，因未能取得购买日 XYZ 公司某些重要资产和负债的公允价值，故未将 XYZ 公司纳入合并财务报表的范围。按照××财务报告编制基础的规定，该集团应将这一子公司纳入合并范围，并以暂估金额为基础核算该项收购。如果将 XYZ 公司纳入合并财务报表的范围，后附的 ABC 集团合并财务报表的多个报表项目将受到重大影响。但我们无法确定未将 XYZ 公司纳入合并范围对合并财务报表产生的影响。

我们按照中国注册会计师审计准则的规定执行了审计工作。审计报告的"注册会计师对合并财务报表审计的责任"部分进一步阐述了我们在这些准则下的责任。按照中国注册会计师职业道德守则，我们独立于 ABC 集团，并履行了职业道德方面的其他责任。我们相信，我们获取的审计证据是充分、适当的，为发表否定意见提供了基础。

（三）其他信息

按照《中国注册会计师审计准则第 1521 号——注册会计师对其他信息的责任》的规定报告，其他信息部分的最后一段需要进行改写，以描述导致注册会计师对财务报表发表否定意见并且也影响其他信息的事项。

（四）关键审计事项

除"形成否定意见的基础"部分所述事项外，我们认为，没有其他需要在审计报告中沟通的关键审计事项。

（五）管理层和治理层对合并财务报表的责任

按照《中国注册会计师审计准则第 1501 号——对财务报表形成审计意见和出具审计报告》的规定报告，参见参考格式 12-1。

（六）注册会计师对合并财务报表审计的责任

按照《中国注册会计师审计准则第 1501 号——对财务报表形成审计意见和出具审计报告》的规定报告，参见参考格式 12-1。

二、按照相关法律法规的要求报告的事项

按照《中国注册会计师审计准则第 1501 号——对财务报表形成审计意见和出具审计报告》的规定报告，参见参考格式 12-1。

×××会计师事务所　　　　　　　　　　　中国注册会计师：×××（项目合伙人）

（盖章）　　　　　　　　　　　　　　　　（签名并盖章）

　　　　　　　　　　　　　　　　　　　　中国注册会计师：×××

　　　　　　　　　　　　　　　　　　　　（签名并盖章）

中国××市　　　　　　　　　　　　　　二〇二五年×月×日

参考格式12-4：由于注册会计师无法针对财务报表多个要素获取充分、适当的审计证据而发表无法表示意见的审计报告

背景信息：

1.对非上市实体整套财务报表进行审计。该审计不属于集团审计（即不适用《中国注册会计师审计准则第1401号——对集团财务报表审计的特殊考虑》）。

2.管理层按照企业会计准则编制财务报表。

3.审计业务约定条款体现了《中国注册会计师审计准则第1111号——就审计业务约定条款达成一致意见》关于管理层对财务报表责任的描述。

4.对财务报表的多个要素，注册会计师无法获取充分、适当的审计证据。例如，对被审计单位的存货和应收账款，注册会计师无法获取审计证据，这一事项对财务报表可能产生的影响重大且具有广泛性。

5.适用的相关职业道德要求为中国注册会计师职业道德守则。

6.负责监督财务报表的人员与负责编制财务报表的人员不同。

7.按照审计准则要求在注册会计师的责任部分作出有限的表述。

8.除财务报表审计外，按照法律法规的要求，注册会计师负有其他报告责任，且注册会计师决定在审计报告中履行其他报告责任。

审计报告

ABC股份有限公司全体股东：

一、对财务报表出具的审计报告

（一）无法表示意见

我们接受委托，审计ABC股份有限公司（简称"ABC公司"）财务报表，包括2024年12月31日的资产负债表，2024年度的利润表、现金流量表、股东权益变动表以及相关财务报表附注。我们不对后附的ABC公司财务报表发表审计意见。由于"形成无法表示意见的基础"部分所述事项的重要性，我们无法获取充分、适当的审计证据以作为对财务报表发表审计意见的基础。

（二）形成无法表示意见的基础

我们于2025年1月接受ABC公司的审计委托，因而未能对ABC公司2024年初金额为×元的存货和年末金额为×元的存货实施监盘程序。此外，我们也无法实施替代审计程序获取充分、适当的审计证据。并且，ABC公司于2024年9月采用新的应收账款电算化系统，由于存在系统缺陷导致应收账款出现大量错误。截至报告日，管理层仍在纠正系统缺陷并更正错误，我们也无法实施替代审计程序，以对截至2024年12月31日的应收账款总额×元获取充分、适当的审计证据。因此，我们无法确定是否有必要对存货、应收账款以及财务报表其他项目作出调整，也无法确定应调整的金额。

（三）管理层和治理层对财务报表的责任

按照《中国注册会计师审计准则第1501号——对财务报表形成审计意见和出具审计报告》的规定报告，参见参考格式12-1。

（四）注册会计师对财务报表审计的责任

我们的责任是按照中国注册会计师审计准则的规定，对ABC公司的财务报表执行审

计工作，以出具审计报告。但由于"形成无法表示意见的基础"部分所述的事项，我们无法获取充分、适当的审计证据以作为发表审计意见的基础。

按照中国注册会计师职业道德守则，我们独立于ABC公司，并履行了职业道德方面的其他责任。

二、对其他法律和监管要求的报告

按照《中国注册会计师审计准则第1501号——对财务报表形成审计意见和出具审计报告》的规定报告，参见参考格式12-1。

×××会计师事务所	中国注册会计师：×××（项目合伙人）
（盖章）	（签名并盖章）
	中国注册会计师：×××
	（签名并盖章）
中国××市	二〇二五年×月×日

任务六　增加强调事项段和其他事项段的审计报告

一、审计报告的强调事项段

强调事项段，是指审计报告中含有的一个段落，该段落提及已在财务报表中恰当列报或披露的事项，根据注册会计师的职业判断，该事项对财务报表使用者理解财务报表至关重要。

（一）增加强调事项段的情形

如果认为有必要提醒财务报表使用者关注已在财务报表中列报或披露，且根据职业判断认为对财务报表使用者理解财务报表至关重要的事项，注册会计师在已获取充分、适当的审计证据证明该事项在财务报表中不存在重大错报的条件下，应当在审计报告中增加强调事项段。强调事项段应当仅提及已在财务报表中列报或披露的信息。

（二）在审计报告中增加强调事项段，注册会计师应当采取的措施

1.将强调事项段紧接在审计意见段之后。

2.使用"强调事项"这一术语的适当标题。

3.明确提及被强调事项以及相关披露的位置，以便能够在财务报表中找到对该事项的详细描述。

4.指出审计意见没有因该强调事项而改变。

二、审计报告的其他事项段

其他事项段，是指审计报告中含有的一个段落，该段落提及未在财务报表中列报或披露的事项，根据注册会计师的职业判断，该事项与财务报表使用者理解审计工作、注册会计师的责任或审计报告相关。如果在审计报告中包含其他事项段，注册会计师应当将该段落作为单独的一部分，并使用"其他事项"或其他适当标题。

（一）需要在审计报告中增加其他事项段的情形

1.法律法规可能要求注册会计师在审计报告中沟通与计划及范围相关的事项，或者注册会计师可能认为有必要在其他事项段中沟通这些事项。

2.在极少数情况下，即使由于管理层对审计范围施加的限制导致无法获取充分、适当的审计证据可能产生的影响具有广泛性，注册会计师也不能解除业务约定。该情况下，注册会计师可能认为有必要在审计报告中增加其他事项段，解释为何不能解除业务约定。

3.法律法规或得到广泛认可的惯例可能要求或允许注册会计师详细说明某些事项，以进一步解释注册会计师在财务报表审计中的责任或审计报告。当其他事项部分包含多个事项，并且根据注册会计师的职业判断，这些事项与财务报表使用者理解审计工作、注册会计师的责任或审计报告相关时，注册会计师可以使用一个或多个子标题来描述其他事项段的内容。

（二）不需要在审计报告中增加其他事项段的情形

1.其他事项段不包括法律法规或其他职业准则。例如，中国注册会计师职业道德守则中与信息保密相关的规定，禁止注册会计师提供的信息。

2.其他事项段不包括要求管理层提供的信息。

> 👆 **提示**
>
> 如果拟在审计报告中增加强调事项段或其他事项段，注册会计师应当就该事项和拟使用的措辞与治理层沟通。

【例12-2】（案例题）注册会计师王元作为顺龙会计师事务所审计项目的合伙人，在对下列单位的2024年度财务报表进行审计时，发现被审计单位存在下列情况：

（1）审计A公司时，发现A公司2024年度少计资产2.8万元，由于与资产总额相比，比重较小，A公司拒绝调整，王元在计划阶段确定的重要性水平是120万元。

（2）审计B公司的生产与存货循环时，发现B公司的存货占总资产的1.5%，而注册会计师又无法实施存货的实地监盘，也没有可依赖的替代程序。

（3）审计C公司时，发现C公司2024年度向其控股股东甲公司以市场价格销售产品3 200万元，以成本加成价格（公允价格）购入原材料1 200万元，上述销售和采购占C公司当年销货、购货的比例分别为25%和35%，C公司已在财务报表附注中进行了适当披露。

（4）审计D公司时，发现应在2024年8月确认的一项销售费用200万元没有确认。D公司在编制2024年度财务报表时，未对此项会计差错进行任何处理。D公司2024年度利润总额为210万元。

【要求】假定上述情况对各被审计单位2024年度财务报表的影响都是重要的（各个事项相互独立），且对于各事项被审计单位均拒绝接受注册会计师王元提出的审计处理建议（如有）。在不考虑其他因素影响的前提下，请分别针对上述4种情况，判断注册会计师王元应对各被审计单位2024年度财务报表出具何种类型的审计报告，并简要说明理由。

【正确答案】（1）标准无保留意见的审计报告。因为错报金额远远小于财务报表层次的重要性水平。

（2）保留意见的审计报告。由于注册会计师未获取到存货盘点的有关证据，而存货又只占了总资产的1.5%，属于审计范围受到重要的局部限制，并不导致注册会计师发表无法表示意见，而应对此发表保留意见。

（3）标准无保留意见的审计报告。C公司与关联方甲公司的交易价格公允，且关联方关系及其交易已经恰当披露，符合企业会计准则和相关会计制度的规定。

（4）否定意见的审计报告。由于该销售费用会使得D公司由盈利变为亏损，影响非常重大，不符合企业会计准则和相关会计制度的规定，因此应该发表否定意见。

❄ 项目小结

知识点❶ 注册会计师按业务循环完成各财务报表项目的审计测试工作后，对审计差异应予以初步确定并汇总、编制审计差异调整表、编制试算平衡表、取得被审计单位管理层书面声明、评价财务报表总体合理性、评价审计结果、与治理层沟通、完成质量控制复核。

知识点❷ 试算平衡表是注册会计师在被审计单位提供未审计财务报表的基础上，考虑调整分录、重分类分录等内容确定已审数与报表披露数的表式。

知识点❸ 管理层书面声明，是指管理层向注册会计师提供的书面陈述，用以确认某些事项或支持其他审计证据。书面声明不包括财务报表及其认定，以及支持性账簿和相关记录。

知识点❹ 审计报告是指注册会计师根据中国注册会计师审计准则的规定，在执行审计工作的基础上对被审计单位财务报表发表审计意见的书面文件。

知识点❺ 关键审计事项，是指注册会计师根据职业判断认为对当期财务报表审计最为重要的事项。

❄ 项目实训题

一、判断题

1.在与试算平衡表有关的勾稽关系中，资产负债表试算平衡表中"未分配利润"项目的"期末审定数"栏的数额，应等于利润表试算平衡表中"净利润"项目的"审定金额"栏中的数额。 （ ）

2.对于单笔核算错误大大低于所涉及财务报表项目（或账项）层次重要性水平，并且性质不重要的，注册会计师一般应视为未调整不符事项，但应当考虑小金额错报累计起来可能重要的可能性。 （ ）

3 注册会计师无论接受哪一种委托审计业务，只要是委托审计，都必须提交管理建议书。 （ ）

4.注册会计师无法收集审计证据证明被审计单位的持续经营假设是合理的，则应发表否定意见的审计报告。 （ ）

5.注册会计师签署审计报告的日期通常与管理层签署已审计财务报表的日期为同一天，或晚于管理层签署已审计财务报表的日期。 （ ）

6.在执行财务报表审计业务的过程中，如果遇到被审计单位拒绝注册会计师向开户银行函证的情况，注册会计师应出具保留意见或无法表示意见的审计报告。　　　　（　　　）

7.如果在审计报告日后至财务报表对外报出日前，注册会计师发现已审计财务报表与其他信息存在重大不一致，经进一步审查，需要修改被审计单位财务报表，且被审计单位同意修改，则注册会计师应当在实施必要审计程序的基础上针对修改后的财务报表重新出具审计报告。　　　　　　　　　　　　　　　　　　　　　　　　　　　　（　　　）

8.在财务报表审计中，如果注册会计师识别出比较数据存在重大错报，则应当要求管理层更正比较数据，如果管理层拒绝更正，注册会计师应当根据重大错报的程度出具保留意见或无法表示意见类型的审计报告。　　　　　　　　　　　　　　　　　（　　　）

9.在存在可能导致对持续经营能力产生重大疑虑的事项情况下，注册会计师应当在审计报告的意见段后增加强调事项段。　　　　　　　　　　　　　　　　　　（　　　）

10.审计报告分为标准审计报告和非标准审计报告。标准审计报告包括无保留意见和带强调事项段的无保留意见审计报告；非标准审计报告就是非无保留意见的审计报告，包括保留意见、否定意见和无法表示意见的审计报告。　　　　　　　　　　　（　　　）

二、单项选择题

1.下列有关关键审计事项的说法中，错误的是（　　　）。

A.关键审计事项，是指注册会计师根据职业判断认为对当期财务报表审计最为重要的事项

B.在审计报告中沟通关键审计事项，旨在通过提高已执行审计工作的透明度增加审计报告的沟通价值

C.注册会计师可能会对关键审计事项单独发表意见

D.关键审计事项是从注册会计师与治理层沟通过的事项中选取的

2.下列有关关键审计事项的说法中，正确的是（　　　）。

A.关键审计事项可能有多个，但是在关键审计事项部分描述的只有一项

B.注册会计师应当就确定的关键审计事项与治理层进行沟通

C.注册会计师确定不存在需要在审计报告中沟通的关键审计事项，则无须与治理层进行沟通

D.特殊情况下，可能以其他事项代替对关键审计事项的描述

3.如果注册会计师根据被审计单位和审计业务的具体事项和情况，确定仅有的关键审计事项是导致保留意见的事项，注册会计师在审计报告中单设的关键审计事项部分对此进行说明，表述为（　　　）。

A."我们确定不存在需要在审计报告中沟通的关键审计事项"

B."除形成保留意见的基础部分所描述的事项外，我们确定不存在其他需要在审计报告中沟通的关键审计事项"

C."我们确定下列需要在审计报告中沟通的关键审计事项"

D."除形成保留意见的基础部分所描述的事项外，我们确定下列事项是需要在审计报告中沟通的关键审计事项"

4.注册会计师在审计报告中描述单一关键审计事项，下列相关说法中，错误的是（　　　）。

A.注册会计师应当在审计报告中逐项描述每一关键审计事项，如果有相关披露，应

分别索引至财务报表的相关披露

B.描述关键审计事项时，尽量使用一般化或标准化的语言

C.注册会计师应当说明该事项在审计中是如何应对的

D.注册会计师应当说明该事项被确定为关键审计事项的原因

5.下列有关在审计报告中沟通关键审计事项的说法中，错误的是（　　）。

A.并非所有的关键审计事项都需要在审计报告的关键审计事项部分进行描述

B.导致发表保留意见或否定意见的事项，就性质而言属于关键审计事项

C.可能导致对被审计单位持续经营能力产生重大疑虑的事项或情况存在重大不确定性属于关键审计事项，在审计报告的关键审计事项部分进行描述

D.除非法律法规要求沟通，在对财务报表发表无法表示意见时，注册会计师不得在审计报告中沟通关键审计事项

6.下列有关强调事项段的表述中，正确的是（　　）。

A.强调事项段是从与治理层沟通的事项中选择出来的

B.强调事项段的事项对财务报表使用者理解审计工作至关重要

C.强调事项段的事项应当已在财务报表中恰当列报或披露

D.除非法律法规禁止，否则审计报告中应当包含强调事项段

7.下列有关在审计报告中增加强调事项段的说法中，错误的是（　　）。

A.增加强调事项段不影响注册会计师发表的意见类型

B.强调事项段应明确提及被强调事项及相关披露的位置

C.针对审计范围受到重大但不广泛的限制的情形，可以考虑增加强调事项段

D.过于广泛地使用强调事项段，可能会降低注册会计师对强调事项所作沟通的有效性

8.下列有关其他事项段的说法中，错误的是（　　）。

A.如果在审计报告中增加其他事项段，注册会计师应当就其他事项段和拟使用的措辞与治理层沟通

B.其他事项段与财务报表使用者理解审计工作、注册会计师的责任或审计报告相关的事项有关

C.其他事项段不影响审计意见类型

D.其他事项段提及已在财务报表中列报或披露的事项

9.A注册会计师由于无法对甲公司的某一重要子公司执行审计工作而对甲公司上一年度合并财务报表发表了无法表示意见。甲公司本年度12月1日出售了其持有的该子公司全部股权，该子公司被处置前的经营业绩和现金流量对甲公司的合并财务报表本期数仍有重大且广泛的影响，A注册会计师对该项处置损益也无法获取充分、适当的审计证据，此时注册会计师发表（　　）。

A.无保留意见　　　　B.保留意见　　　　C.否定意见　　　　D.无法表示意见

10.上期财务报表存在重大错报，而前任注册会计师发表了无保留意见，如果存在错报的上期财务报表尚未更正，并且没有重新出具审计报告，但对应数据已在本期财务报表中得到适当重述或恰当披露，同时本期数据不存在重大错报和受限的情况，下列相关说法中，错误的是（　　）。

A.注册会计师应当对本期财务报表发表保留或否定意见

B.注册会计师应当对本期财务报表发表无保留意见

C.注册会计师可以在审计报告中增加强调事项段

D.注册会计师可以在审计报告中增加其他事项段提及前任注册会计师对对应数据出具的审计报告

三、多项选择题

1.审计报告是各方面的使用者了解情况和处理问题的重要依据，其作用具体表现为（　　）。

A.鉴证作用　　　　　B.保护作用　　　　　C.证明作用　　　　　D.促进作用

2.审计报告的引言段应当包括（　　）。

A.指出构成整套财务报表的每张财务报表的名称

B.提及财务报表的对应关系

C.被审计单位名称

D.说明财务报表已经审计

3.注册会计师出具保留意见的审计报告，是认为被审计单位对会计事项的处理和财务报表的编制存在（　　）。

A.会计政策的选用、会计估计的作出不符合企业会计准则规定

B.因审计范围受到限制，影响较重大

C.某个重要会计事项的处理方法与前期不一致

D.存在某些重要的未确定事项又无法预计其对财务报表影响

4.如果期初余额存在严重影响本期财务报表的重大错报，且被审计单位拒绝调整，注册会计师应当出具（　　）审计报告。

A.保留意见　　　　　　　　　　　　B.否定意见

C.无法表示意见　　　　　　　　　　D.带强调事项段的无保留意见

5.注册会计师在确定审计报告日期时，以下属于确认审计报告日条件的有（　　）。

A.构成整套财务报表的所有报表已编制完成

B.被审计单位的董事会、管理层或类似机构已经认可其对财务报表负责

C.应当提请被审计单位调整的事项已经提出，但被审计单位还未进行调整

D.相关附注已编制完成

6.在评价财务报表是否实现公允反映时，注册会计师应当考虑的内容有（　　）。

A.管理层作出的会计估计是否合理

B.财务报表是否作出充分披露，使财务报表使用者能够理解重大交易和事项对被审计单位财务状况、经营成果和现金流量的影响

C.财务报表的整体列报、结构和内容是否合理

D.财务报表（包括相关附注）是否公允地反映了相关交易和事项

7.下列属于管理层对财务报表责任的有（　　）。

A.按照企业会计准则的规定编制财务报表，并使其实现公允反映

B.对财务报表是否不存在重大错报获取合理保证

C.设计、执行和维护必要的内部控制，以使财务报表不存在由于舞弊或错误导致的重

大错报

D.在执行审计工作的基础上对财务报表发表审计意见

8.注册会计师在评价财务报表是否按照适用的会计准则和相关会计制度的规定编制时，应考虑的内容有（　　　）。

A.选择和运用的会计政策是否符合适用的会计准则和相关会计制度，并适用于被审计单位的具体情况

B.财务报表反映的信息是否具有相关性、可靠性、可比性和可理解性

C.管理层作出的会计估计是否合理

D.财务报表是否作出充分披露，使财务报表使用者能够理解重大交易和事项对被审计单位财务状况、经营成果和现金流量的影响

9.注册会计师应针对下列事项出具带强调事项段审计报告的有（　　　）。

A.重大诉讼的未来结果存在不确定性

B.2010年度报表的营业收入与2011年度比较报表的上期数存在重大差异

C.被审计单位持续经营能力存在不确定性

D.注册会计师委托当地会计师事务所监盘寄销在外的商品，并对结果满意

10.注册会计师在对被审计单位进行审计时，发现被审计单位存在下列事项，则注册会计师认为应作为前期差错更正的有（　　　）。

A.由于地震使厂房使用寿命受到影响，调减了预计使用年限

B.由于经营指标的变化，必须缩短长期待摊费用的摊销年限

C.根据规定对资产计提准备，考虑到利润指标超额完成太多，根据谨慎性原则，多提了存货跌价准备

D.由于技术进步，将电子设备的折旧方法由直线法变更为年数总和法

四、简答题

1.注册会计师应如何评价审计结果？

2.简述与治理层沟通的具体内容。

3.如何对审计工作底稿进行分级复核？

4.简述审计报告的作用与分类。

5.简述审计报告的要素。

6.非标准审计报告有哪几种形式？分别说明出具这几种形式审计报告的判断标准。

7.审计报告中注册会计师的责任段应当说明哪些内容？

8.简述完成审计工作阶段的主要工作内容。

9.简述审计报告中增加强调事项段的情形。

10.简述需要在审计报告中增加其他事项段的情形。

五、案例分析题

练习一

【资料】运达会计师事务所的注册会计师张云负责审计5家上市公司2024年度财务报表，发现下列情况：

（1）张云在审计报告日后获取并阅读了甲公司2024年财务报表，发现财务信息存在重大错报。与管理层和治理层沟通后该错报未得到更正，张云拟在甲公司股东大会上通报

该事项，但不重新出具审计报告。

（2）因公司转型升级过程中持续经营出现问题，张云无法对乙公司某海外重要子公司执行审计工作，拟对乙公司财务报表发表无法表示意见。管理层在财务报表中充分披露了乙公司持续经营能力存在的重大不确定性。张云拟在无法表示意见的审计报告中增加与持续经营相关的重大不确定性部分，提醒报表使用者关注该事项。

（3）由于丙公司管理层已无法作出准确估计，未对2024年末的长期股权投资、固定资产计提减值准备。张云实施审计程序后，认为该情形导致的错报对财务报表具有重大且广泛的影响，拟对财务报表发表无法表示意见。

（4）丁公司管理层在2024年度财务报表附注中充分披露了与持续经营相关的多项重大不确定性。由于无法判断管理层采用持续经营假设编制财务报表是否适当，张云拟发表无法表示意见，并在审计报告中增加强调事项段，提醒报表使用者关注丁公司因连续亏损而引起的风险。

【要求】

针对上述第（1）至（4）项，指出注册会计师张云的做法是否恰当。若不恰当，请简要说明理由。

练习二

注册会计师张昊负责审计上市公司天江股份有限公司2024年度财务报表。该公司持续经营假设适当，但存在重大不确定性，财务报表附注中对此未作充分披露，拟在审计报告中增加强调事项段。

【要求】指出注册会计师张昊采取的应对措施是否恰当。若不恰当，请简要说明正确做法。

参考文献

［1］中国注册会计师协会. 审计［M］. 北京：中国财政经济出版社，2024.

［2］斯尔教育. 审计［M］. 广州：广东经济出版社，2024.

［3］李彬. 审计［M］. 汕头：汕头大学出版社，2024.

［4］李晓慧. 审计学：实务与案例（第5版）学习指导书［M］. 北京：中国人民大学出版社，2021.

［5］秦荣生，卢春泉. 审计学［M］. 10版. 北京：中国人民大学出版，2024.

［6］杨闻萍，王茂林. 2024年注册会计师全国统一考试审计经典题解［M］. 上海：上海交通大学出版社，2024.